Unternehmensbewertung

Christoph Kuhner • Helmut Maltry

Unternehmensbewertung

2., überarbeitete und erweiterte Auflage

Christoph Kuhner
Köln, Deutschland

Helmut Maltry
Köln, Deutschland

ISBN 978-3-540-74304-0   ISBN 978-3-540-74305-7 (eBook)
DOI 10.1007/978-3-540-74305-7

Die Deutsche Nationalbibliothek verzeichnet diese Publikation in der Deutschen Nationalbibliografie;
detaillierte bibliografische Daten sind im Internet über http://dnb.d-nb.de abrufbar.

Springer Gabler

Gedruckt auf säurefreiem und chlorfrei gebleichtem Papier

Springer Gabler ist Teil von Springer Nature
Die eingetragene Gesellschaft ist Springer-Verlag GmbH Deutschland
Die Anschrift der Gesellschaft ist: Heidelberger Platz 3, 14197 Berlin, Germany

Vorwort zur 2. Auflage

Bei unverändertem Konzept wurde das Buch in wesentlichen Teilen überarbeitet und aktualisiert. Vor allem das regulatorische Umfeld der Unternehmensbewertung hat sich durch die Neufassung des Standards S 1 (von 2008) des Instituts der Wirtschaftsprüfer sowie durch das seit dem Erscheinen der Erstauflage im Jahr 2005 deutlich geänderte Steuersystem grundlegend gewandelt.

Für die kritische Durchsicht des Manuskripts und wertvolle Hinweise danken wir den ehemaligen und aktuellen Wissenschaftlichen Mitarbeitern des Lehrstuhls, Herrn Prof. Dr. Christoph Pelger, Herrn Dr. Christian Engelen, Herrn Dipl.-Kfm Christian Drefahl, Herrn Felix Weidemann, M.Sc., Herrn Dario Bothen, M.Sc., insbesondere aber Frau Selina Orthaus, M.Sc, die uns bei den redaktionellen Arbeiten tatkräftige und unermüdliche Unterstützung geleistet hat.

Nicht zuletzt danken wir dem Springer Gabler Verlag, namentlich Frau Sandra Grundmann, für die gute Zusammenarbeit.

Köln, im November 2016

Christoph Kuhner
Helmut Maltry

Vorwort zur 1. Auflage

In dem Problem der Bewertung von Unternehmen in verschiedenen Entscheidungs-
kontexten treffen zahlreiche betriebswirtschaftliche Teildisziplinen aufeinander: Investitionstheorie, Kapitalmarkttheorie, Entscheidungstheorie, strategische Unternehmensplanung, Rechnungswesen und Finanzplanung, betriebswirtschaftliche Steuerlehre, um nur
die wichtigsten zu nennen. Für jeden Dozenten ist deshalb die Unternehmensbewertung
eine dankbar angenommene Herausforderung.

Das Lehrbuch ist aus Veranstaltungen zur Unternehmensbewertung entstanden, die an
der Universität zu Köln im Zeitraum vom Wintersemester 1999 bis zum Wintersemester
2004 im Wahlpflichtfach „Wirtschaftsprüfung" des betriebswirtschaftlichen Hauptstu-
diums stattfanden und von beiden Verfassern betreut wurden. Der Text versucht, die
verschiedenen, thematisch heterogenen Problembereiche einer Unternehmensbewertung
in der Praxis gleichgewichtig zu berücksichtigen und insbesondere im aktuellen Stand der
deutschsprachigen und internationalen betriebswirtschaftlichen Theorie zu fundieren.
Aufgrund der angestrebten Praxisorientierung werden die beachtlichen neueren Ansätze,
die sich auf die abstrakte Fundierung der Unternehmensbewertung in der Arbitragetheorie
beziehen, nur am Rande gewürdigt.

Ein Text wie der vorliegende bezieht seinen Atem aus der Weitergabe von Lehrtra-
ditionen. Beide Autoren durften davon profitieren. An dieser Stelle danken wir deshalb
jenen, die uns das Geleit in die Thematik gegeben haben. Es sind dies Professor
Dr. Günter Sieben und Professor Dr. Dr. h.c. Wolfgang Ballwieser.

Bei der Erstellung dieses Buchs haben viele geholfen. Für die kritische Durchsicht und
für weiterführende Anmerkungen danken wir den Wissenschaftlichen Mitarbeitern des
Lehrstuhls: Herrn Dr. Jörg-Markus Hitz, Frau Dipl.-Kff. Nadja Päßler, aber insbesondere,
auch für die Beisteuerung ganzer Textelemente, Herrn Dipl.-Kfm. Dirk Schilling sowie
für die Absicherung einer reibungslosen Endredaktion Herrn Dipl.-Kfm. Dipl.-Vw. Hol-
ger Obst. Redaktionellen Beistand haben unsere studentischen Hilfskräfte geleistet: Wir
danken namentlich Herrn Thorsten Stelberg sowie insbesondere Herrn Stephan Schu-
chardt, der uns durch seine professionelle Layout-Technik sowie durch die souveräne
Handhabung zahlloser Einzeldateien wertvolle Unterstützung geleistet hat. Danken

möchten wir ferner Frau Monika Esser für die technische Begleitung des Gesamtprojekts; sie hat stets für Unterstützung gesorgt, wenn wir deren dringend bedurft haben. Auch unseren Studierenden und Diplomanden sei gedankt, die uns durch ihre kritische Auseinandersetzung mit der Unternehmensbewertungslehre in Veranstaltungen und Hausarbeiten des öfteren dazu veranlasst haben, Passagen dieses Buches noch einmal auszutarieren.

Unser herzlicher Dank gilt schließlich dem Springer-Verlag, in Sonderheit Frau Dr. Martina Bihn und ihren Mitarbeitern, für die gute Betreuung unseres Buchprojektes.

Köln, im Dezember 2005   Christoph Kuhner
                                                                             Helmut Maltry

Abkürzungsverzeichnis

A.	Abwerbung
a.A.	anderer Ansicht
a.a.O.	am angegebenen Ort
Abb.	Abbildung
Abs.	Absatz
Abschn.	Abschnitt
abw.	abweichend
abzgl.	abzüglich
a.F.	alte Fassung
AG	Aktiengesellschaft
AktG	Aktiengesetz
Anh.	Anhang
Anm.	Anmerkung
AO	Abgabenordnung
APV	*adjusted present value*
Art.	Artikel
Aufl.	Auflage
BAWe	Bundesaufsichtsamt für den Wertpapierhandel
Bd.	Band
BewG	Bewertungsgesetz
BFH	Bundesfinanzhof
BGB	Bürgerliches Gesetzbuch
BGBl.	Bundesgesetzblatt
BGH	Bundesgerichtshof
BHAR	*buy-and-hold-abnormal-return*
BörsG	Börsengesetz
Bsp.	Beispiel
bspw.	beispielsweise
BStBl	Bundessteuerblatt

BVerfG	Bundesverfassungsgericht
BW	Buchwert
bzgl.	bezüglich
bzw.	beziehungsweise
ca.	circa
CAAR	*cumulative average abnormal return*
CAPM	*capital asset pricing model*
CF	*cash flow*
c.p.	ceteris paribus
D.	Diversifizierung
DAX	Deutscher Aktienindex
DCF	*discounted cash flow*
ders.	derselbe
d.h.	das heißt
Diss.	Dissertation
DM	Deutsche Mark
$	Dollar
DVFA	Deutsche Vereinigung für Finanzanalyse und Anlageberatung
ebd.	ebenda
EBIT	*earnings before interest and taxes*
EBITDA	*earnings before interest, taxes, depreciation and amortisation*
ed.	*edited*
Ed.	*edition*
EStDV	Einkommensteuer-Durchführungsverordnung
EStG	Einkommensteuergesetz
einschl.	einschließlich
et al.	et alii
etc.	et cetera
€	Euro
EU	Europäische Union
e.V.	eingetragener Verein
evtl.	eventuell
f.	folgende
FCF	*free cash flow*
ff.	fortfolgende
FG	Fachgutachten
fig.	*figure*
Fn.	Fußnote
FTE	*flow to equity*
GB	*Great Britain*

gem.	gemäß
GewESt	Gewerbeertragsteuer
GewSt	Gewerbesteuer
GewStG	Gewerbesteuergesetz
GG	Grundgesetz
ggf.	gegebenenfalls
ggü.	gegenüber
GmbH	Gesellschaft mit beschränkter Haftung
GuV	Gewinn- und Verlustrechnung
h. M.	herrschende Meinung
HFA	Hauptfachausschuss des IDW
HGB	Handelsgesetzbuch
hrsg.	herausgegeben von
Hrsg.	Herausgeber
Hs.	Halbsatz
http	*hyper text transfer protocol*
i.A.	im Allgemeinen
i.A.	in Auflösung
IAS	*international accounting standards*
IASB	*international accounting standards board*
i.d.F.	in der Fassung
i. d. R.	in der Regel
i.d.S.	in dem Sinne
IDW	Institut der Wirtschaftsprüfer
i.e.S.	im engeren Sinne
IFRS	*international financial reporting standards*
Inv.	*investition*
IPO	*initial public offering*
i.S.	im Sinne
i.S.d.	im Sinne des
i.S.v.	im Sinne von
i.V.m.	in Verbindung mit
i.w.S.	im weiteren Sinne
IDW S	*IDW standard*
insb.	Insbesondere
Jg.	Jahrgang
k.	keine
Kap.	Kapitel
KSt	Körperschaftsteuer
KStG	Körperschaftsteuergesetz

KStR	Körperschaftsteuerrichtlinien
LG	Landgericht
lt.	laut
M&A	*mergers and acquisitions*
m.a.W.	mit anderen Worten
max	*maximum*
min	*minimum*
Mio.	Million
MM-Szenario	*Modigliani-Miller*-Szenario
Mrd.	Milliarde
m.w.H.	mit weiteren Hinweisen
m.w.N.	mit weiteren Nachweisen
n.b.	nota bene
n.F.	neue Fassung
NOPAT	*net operating profits after taxes*
Nr.	Nummer
NYSE	*new york stock exchange*
o.a.	oben angegeben
o. ä.	oder ähnlich
o. g.	oben genannte
o.J.	ohne Jahr
o.O.	ohne Ortsangabe
o.S.	ohne Seitenangabe
o.V.	ohne Verfasser
OLG	Oberlandesgericht
p.a.	per anno
par.	*paragraph*
p.d.	per definitionem
PKW	Personenkraftwagen
RAP	Rechnungsabgrenzungsposten
rd.	rund
Rn.	Randnummer
RNOA	*return on net operating assets*
ROCE	*return on common equity*
RS	Stellungnahme zur Rechnungslegung (IDW)
Rz.	Randziffer
s.	siehe
S.	Seite
s.d.	siehe dort
SFAC	*statement of financial accounting concepts*
s.o.	siehe oben

sog.	so genannte
Sp.	Spalte
STOXX	Internationaler Aktien Index von Dow Jones & Company
s.u.	siehe unten
Tab.	Tabelle
TAX-CAPM	Nach-Steuer-CAPM
TCF	*total cash flow*
T€	Tausend-Euro
Tsd.	Tausend
Tz.	Textziffer
u.	und
u. a.	unter anderem, und andere
u. ä.	und ähnliche(s)
u. a. m.	und andere(s) mehr
UmwG	Umwandlungsgesetz
US, USA	*united states of america*
US-GAAP	*ienerally accepted accounting principles* in den USA
usw.	und so weiter
u.U.	unter Umständen
v.	von, vom
v. a.	vor allem
vgl.	vergleiche
Verf.	Verfasser
Vol.	*volumes*
vs.	versus
VSTR	Vermögensteuerrichtlinien
wacc	*weighted average cost of capital* (durchschnittlicher Kapitalkostensatz)
WP	Wirtschaftsprüfer
WPG	Wirtschaftsprüfungsgesellschaft
WpHG	Wertpapierhandelsgesetz
www	*world wide web*
z. B.	zum Beispiel
z. T.	zum Teil
zit.	zitiert
zzgl.	zuzüglich

Symbolverzeichnis

a	Anteil des Portefeuilles P der risikobehafteten Wertpapiere am individuellen Mischportefeuille eines Investors
a_{ij}	Element der Matrix A (i-te Zeile, j-te Spalte)
A	Vernetzungsmatrix
α	Parameter für die Hinzurechnung gewerbesteuerlicher Dauerschuldzinsen
B	Budget (monetäre Anfangsausstattung) eines Investors
ß	ß-Faktor (spez. Volatilitätsmaß) eines vollständig eigenfinanzierten (unverschuldeten) Unternehmens
$ß^F$	ß-Faktor eines anteilig fremdfinanzierten (verschuldeten) Unternehmens
cov	Kovarianz
CF	*cash flow*
$CF_{ij}{}^t$	*cash flow* des i-ten Zustands und der j-ten Strategie in der Periode t
CF_{min}	minimaler *cash flow* einer CD-Zufallsverteilung
DR	Durchschnittsrisiko
δ	Dividendenrendite eines Wertpapiers oder Portefeuilles
$\Delta WG^F_{s,t}$	steuerlich induzierter Wertvorteil im Zeitpunkt t durch anteilige Fremdfinanzierung (*tax shield*)
$\Delta WG^F_{n,t}$	positive und negative Komponenten des gesamten steuerlich induzierten Wertvorteils (n = 1, ..., 3) bei Gültigkeit des Halbeinkünfteverfahrens
ΔZ	Saldogröße nicht-zahlungswirksamer Jahresabschlussperiodisierungen (ohne Abschreibungen)
exp	Exponentialfunktion zur Basis e
E	Erwartungswert
EK	Eigenkapital
EBIT	*earnings before interest and taxes*
EBT	*earnings before taxes* (= EBIT eines unverschuldeten Unternehmens)
EU	Erwartungsnutzen (*expected utility*) nach von Neumann-Morgenstern
EW	Ertragswert
FCF	*free cash flow*, entziehbarer Überschuss bei fiktiver vollständiger Eigenfinanzierung nach Steuern

FK	Fremdkapital (= Marktwert des Fremdkapitals WF)
FTE	*flow to equity*
FTE^{F}	*flow to equity* bei anteiliger Fremdfinanzierung
H	Hebesatz der Gewerbesteuer
i	risikoloser Zinssatz (p.d. erwarteter Zinssatz der risikolosen Geldanlage)
KS	Kapitalstruktur (als Quotient von Fremdkapital und Eigenkapital (bzw. deren Marktwerten))
κ	Kursrendite eines Wertpapiers oder Portefeuilles
ln	logarithmus naturalis
M	Marktportefeuille
M_{PG}	Multiplikator einer *peer group*
μ	Erwartungswert
μ_a	erwartete Rendite des Mischportefeuilles
μ_M	erwartete Rendite des Marktportefeuilles M (= Marktrendite)
$\mu_{M,\,s}$	erwartete Rendite des Marktportefeuilles M (Marktrendite) nach Unternehmenssteuern
n_{AV}	Nettoinvestitionsrate ins Anlagevermögen
n_{WC}	Nettoinvestitionsrate ins *working capital*
N(. . .)	Normalverteilung einer Zufallsvariable
NI	Nettoinvestition
NI^{AV}	Nettoinvestitionen ins Anlagevermögen
NI^{WC}	Nettoinvestitionen ins *working capital*
NOPAT	*net operating profits after taxes*
N(μ,σ)	Normalverteilung mit Erwartungswert μ und Standardabweichung σ
p	Wahrscheinlichkeit
P	Portefeuille
PE	Periodenerfolg
PM	*performance*-Maß
r	allgemeiner Kapitalisierungszinssatz
r_{EK}	Eigenkapitalkostensatz (= erwartete Eigenkapitalrendite) eines unverschuldeten Unternehmens in einer Welt ohne Steuern
r_{EK}^{F}	Eigenkapitalkostensatz eines verschuldeten Unternehmens in einer Welt ohne Steuern
$r_{\text{EK},s}$	Eigenkapitalkostensatz eines unverschuldeten Unternehmens in einer Welt mit Steuern
$r_{\text{EK},s}^{\text{F}}$	Eigenkapitalkostensatz eines verschuldeten Unternehmens in einer Welt mit Steuern
$r_{\text{EK},s\ t}^{\text{F}}$	Eigenkapitalkostensatz eines verschuldeten Unternehmens in der Periode t in einer Welt mit Steuern
r_{FK}	Fremdkapitalzinssatz
r_{GK}	Gesamtkapitalrendite

r_M	Kapitalmarktrendite
r_U	Umsatzrentabilitätsrate
rz	Risikozuschlag
rz_t^i	Risikozuschlag des Typs i in der Periode t
RV	*residual value*
ρ	Messgröße der Risikoaversion
$\rho_{l,\,m}$	Korrelationskoeffizient der Zufallsvariablen ZV_l und ZV_m
$\rho_{M,\,rl}$	Korrelationskoeffizient von Portefeuille M und risikoloser Geldanlage
SÄ	Sicherheitsäquivalent
SD	Standardabweichung
s_{AS}	Abgeltungssteuersatz
s_{GE}	Gewerbesteuersatz
s_I	typisierter Einkommensteuersatz
s_K	Körperschaftsteuersatz o. proportionale Ertragsteuer
SW	Substanzwert
σ	Standardabweichung (Streuung) einer Zufallsvariable
σ_a	Standardabweichung der Rendite des Mischportefeuilles
$\sigma_{l,\,m}$	Kovarianz zwischen den Zufallsvariablen ZV_l und ZV_m
σ_M	Standardabweichung der Rendite des Portefeuilles M
σ_{rl}	Standardabweichung der Rendite der risikolosen Geldanlage (p.d. $\sigma_{rl} = 0$)
t	Zeitindex
T	Länge der Detailplanungsphase des einer Unternehmensbewertung zugrunde liegenden Prognosezeitraums
TCF	*total cash flow*
TS	*tax shield*
T_t	Tilgung im Zeitpunkt t
u	Risikonutzenfunktion eines Investors
UW	Unternehmenswert
UWG	Ausprägung einer Unternehmenswertgröße (im Rahmen von Multiplikatorverfahren)
Var	Varianz einer Zufallsvariable
VG	Verschuldungsgrad (als Quotient von Fremdkapital und Gesamtkapital (bzw. deren Marktwerten))
wacc	durchschnittlicher Kapitalkostensatz eines verschuldeten Unternehmens in einer Welt ohne Steuern (*weighted average cost of capital*)
$wacc_s$	durchschnittlicher Kapitalkostensatz eines verschuldeten Unternehmens in einer Welt mit Steuern
$wacc_{s,t}$	durchschnittlicher Kapitalkostensatz eines verschuldeten Unternehmens in der Periode t in einer Welt mit Steuern
$wacc_{s,t}^{FCF}$	durchschnittlicher Kapitalkostensatz eines verschuldeten Unternehmens in der Periode t in einer Welt mit Steuern zur Kapitalisierung des *free cash flow*

$wacc_{s,t}^{TCF}$	durchschnittlicher Kapitalkostensatz eines verschuldeten Unternehmens in der Periode t in einer Welt mit Steuern zur Kapitalisierung des *total cash flow*
W	Ergebnis eines Wertpapierportefeuilles in €
WB_{t-1}^{F}	Barwert der *tax shields* im Zeitpunkt t-1 (Marktwertvorteil durch Fremdfinanzierung)
WE	Marktwert des Eigenkapitals eines unverschuldeten Unternehmens mit WE = WG
WE^{F}	Marktwert des Eigenkapitals eines verschuldeten Unternehmens
WF	Marktwert (= Nominalwert FK) des Fremdkapitals
WG	Marktwert des gesamten unverschuldeten Unternehmens mit WG = WE ($=WE^{G}$)
WG^{F}	Marktwert des gesamten verschuldeten Unternehmens
W_{U}	Wachstumsrate des Umsatzes
x_{k}	relativer Anteil eines Wertpapiers k an einem Portefeuille bzw. absoluter in ein Portefeuille investierter Betrag
z	anteiliger Arbitragegewinn bei Verletzung der *Modigliani-Miller*-Gleichgewichtsbedingungen im Modell mit proportionaler Ertragsteuer
ZV	Zufallsvariable
ΔZ	mit Ausnahme von Abschreibungen und Investitionen die Saldogröße aus nicht zahlungswirksamen Größen, die Einfluss auf die steuerliche Bemessungsgrundlage nehmen (z. B. Rückstellungsbildung), und zahlungswirksamen Größen ohne Einfluss auf die Bemessungsgrundlage der Unternehmenssteuern

Inhaltsverzeichnis

Der Markt für Unternehmensbewertungen

1

1.1 Angebot und Nachfrage

Unternehmensbewertung ist eine Dienstleistung, die auf Märkten gehandelt wird. Nachgefragt werden Unternehmensbewertungen insbesondere dann, wenn Änderungen der Eigentumsverhältnisse an einem Unternehmen geplant sind.

Bei großen Unternehmen gibt es solche Änderungen insbesondere zu folgenden Anlässen:

1. Kauf bzw. Verkauf eines Unternehmens oder einer Beteiligung (*„acquisition"*): Eine Unternehmensbewertung wird hier durchgeführt, um den zu fordernden oder zu bietenden **Kaufpreis** (als jeweils subjektive Grenze der Konzessionsbereitschaft von Käufer und Verkäufer)[1] zu ermitteln.
2. Fusion zweier Unternehmen (*„merger"*): Im Zuge einer Fusion bzw. einer Verschmelzung zweier Unternehmen entsteht eine neue Rechtseinheit. Eine Unternehmensbewertung wird hier durchgeführt, um das **Umtauschverhältnis** für die Anteile beider Unternehmen festzulegen.
3. Einführung eines Unternehmens an der Börse (*„initial public offering"*): Bei einer Börseneinführung wird eine Unternehmensbewertung durchgeführt, um den angemessenen **Emissionspreis** für die neu gehandelten Aktien zu bestimmen.

Viele Unternehmenstransaktionen, die wirtschaftlich betrachtet nichts anderes sind als der Erwerb eines Unternehmens durch ein anderes, werden heute zu Teilen oder ganz durch die Hingabe eigener Aktien (als Transaktionswährung) finanziert. Deshalb ver-

---

[1] Vgl. *Sieben* (1993), S. 4317.

© Springer-Verlag GmbH Deutschland 2017
C. Kuhner, H. Maltry, *Unternehmensbewertung*,
DOI 10.1007/978-3-540-74305-7_1

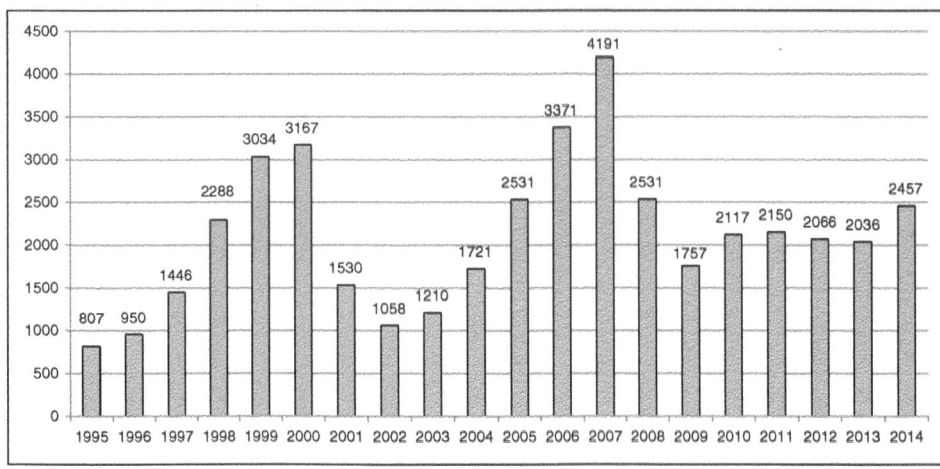

Abb. 1.1 Unternehmenszusammenschlüsse weltweit (Transaktionsvolumen in Mrd. US-$) (Quelle: *Tschöke und Klemen* (2013); *McDermid* (2015))

schwimmen die Grenzen zwischen „*merger*" und „*acquisition*".[2] Auch im allgemeinen Sprachgebrauch werden die beiden Begriffe oft nicht trennscharf verwandt. So fungiert die „Fusion" in vielen Zusammenhängen als Oberbegriff („Fusionswelle", „*merger wave*", „Fusionskontrolle"), obwohl korrekt von „Zusammenschluss" die Rede sein müsste.

Die in den letzten Jahrzehnten dramatisch gestiegene Bedeutung von Fusionen und Akquisitionen in der globalen Wirtschaft wird bei der Betrachtung der Daten in Abb. 1.1 deutlich.

Wie ersichtlich, hat sich das Transaktionsvolumen der Unternehmenszusammenschlüsse weltweit seit Mitte der Neunzigerjahre bis 2007 mehr als verfünffacht, um in der Folgezeit wieder sehr deutlich abzunehmen. Eine gewisse Ahnung der kaum vorstellbaren Zahl von 4.191 Mrd. US-$ für das Jahr 2007 kann man gewinnen, wenn man sich vor Augen hält, dass das deutsche Bruttoinlandsprodukt im Jahre 2007 laut Angabe des statistischen Bundesamtes bei etwa 2.423 Mrd. € gelegen hat. Das weltweite M&A-Transaktionsvolumen im Jahre 2007 machte damit über 130 % des deutschen Bruttoinlandsproduktes aus.

Sehr prägnant zeichnet die Entwicklung des weltweiten M&A-Marktes im letzten Jahrzehnt globale Kapitalmarkt- und Konjunkturtrends nach: Parallel zum weltweiten Einbruch der Börsenkonjunktur 2001 ist in den darauffolgenden Jahren ein nicht minder dramatischer Rückgang des Transaktionsvolumens in 2002 auf etwa 34 % des Höchstwertes von 2000 festzustellen. Seit dem Jahr 2003 befand sich der *mergers & acquisitions*-Markt jedoch wieder im Aufschwung und hat im Jahr 2006 mit einem

---

[2] Vgl. *Alexandridis et al.* (2011).

Rang	Jahr	Käufer	Ziel	Branche	Kaufpreis (ca. Mrd. USD)
1	2001	AOL	TimeWarner	Internet/Medien	186
2	2000	Vodafone AirTouch	Mannesmann	Telekommunikation	185
3	2014	Verizon Communications	Verizon Wireless	Telekommunikation	130
4	2008	Shareholders	Philip Morris	Tabakwaren	108
5	2008	RBS, Fortis, Santander	ABN-AMRO	Banken	100
6	2000	Pfizer	Werner Lambert	Pharma	87
7	2007	AT&T	BellSouth	Telekommunikation	83
8	1999	Exxon	Mobil	Öl	80
9	2005	Royal Dutch Petroleum	Shell Transport and Trading	Öl	80
10	2002	Comcast	AT&T Broadband	Banken	76

Abb. 1.2 Top Ten der größten internationalen Unternehmensübernahmen bis 2015 (Quelle: *Bloomberg* (2015))

Rang	Käufer	Ziel	Kaufpreis (ca. Mrd. EUR)
1	Merck	Sigma-Aldrich Corp	13.00
2	Bayer	Merck & Co	10.40
3	ZF Friedrichshafen	TRW Automotive	9.60
4	Volkswagen	Scania	6.70
5	SAP	Concur Technologies	6.50
6	McKesson	Celesio	6.20
7	British Sky Broadcasting	Sky Deutschland	5.50
8	Lone Star	Hypothekenbank Frankfurt	4.40
9	TUI	TUI Travel	3.50
10	LIXIL	Grohe	3.00

Abb. 1.3 Top Ten Deals mit deutscher Beteiligung nach Volumen im Jahr 2014 (Genehmigung durch Wettbewerbsbehörden bei einigen Transaktionen evtl. noch ausstehend) (Quelle: *Düsterhoff* (2015))

Transaktionsvolumen von 3.371 Mrd. US \$ erstmals wieder die Marke des Jahres 2000 überschritten. Nach dem Höhepunkt im Jahr 2007 spiegelt sich die Finanzmarktkrise im rapiden Abschwung der folgenden zwei Jahre wider, mit erkennbarer Stabilisierung ab 2010.

Die weltweiten M&A-Aktivitäten haben ihren Niederschlag in einzelnen aufsehenerregenden Transaktionen gefunden, von denen die im internationalen Vergleich zehn größten in Abb. 1.2 aufgeführt werden.

Ein Dimensionsunterschied offenbart sich demgegenüber etwa bei der Betrachtung der zehn größten Transaktionen des Jahres 2014 mit jeweils mindestens einem beteiligten deutschen Unternehmen (vgl. Abb. 1.3).

Ein weiterer plakativer Anlass für Unternehmensbewertungen ist der Börsengang. Zumindest auf den ersten Blick wirkt die jährliche Anzahl der Aktienerstemissionen

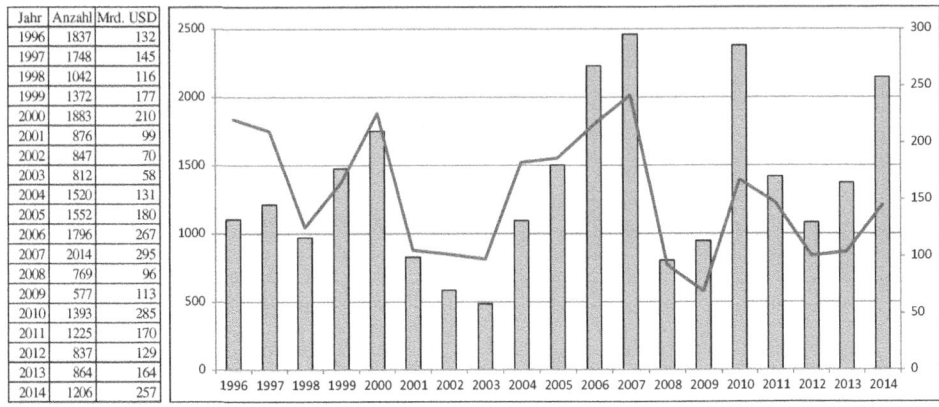

Jahr	Anzahl	Mrd. USD
1996	1837	132
1997	1748	145
1998	1042	116
1999	1372	177
2000	1883	210
2001	876	99
2002	847	70
2003	812	58
2004	1520	131
2005	1552	180
2006	1796	267
2007	2014	295
2008	769	96
2009	577	113
2010	1393	285
2011	1225	170
2012	837	129
2013	864	164
2014	1206	257

Abb. 1.4 Anzahl und Volumen der Aktienerstemissionen weltweit (linke Skala mit Liniendiagramm: Anzahl; rechte Skala mit Stabdiagramm: Volumen in Mrd. US-\$) (Quelle: *Ernst und Young* (2013, 2014); *McDermid* (2015))

gegenüber dem M&A-Volumen nicht so beeindruckend. Immerhin stellen wir eine deutliche Steigerung in den Jahren 1998 bis 2000 fest, der allerdings nach der Jahrtausendwende ein starker Einbruch folgt; erst ab dem Jahr 2004 wird wieder das Niveau der Jahre vor 2000 erreicht. Die Finanzmarktkrise führte wiederum zu einem drastischen Einbruch der Emissionsaktivität, mit anschließender Erholungsphase (vgl. Abb. 1.4).

Ein strukturgleiches, aber noch ausgeprägteres Verlaufsmuster spiegelt sich in den Aktienerstemissionen in Deutschland wider. Nach einem rasanten Anstieg in den Jahren 1998 bis 2000 im Gefolge der Gründung des (im Jahre 2003 eingestellten) „Neuen Markt"-Segments bricht die Emissionstätigkeit nach der Jahrtausendwende förmlich ein. Im Jahr 2003 ist ein völliges Erliegen zu beobachten. Die Anzahl der Börsengänge steigt dann von 2004 bis 2006 wieder deutlich, erreichte aber nicht wieder das Niveau der Jahre 1998 bis 2000. Im Zuge der Finanzmarktkrise ist ab 2007 eine drastische Abwärtsbewegung zu beobachten, mit eher zaghaften Ansätzen der Erholung ab 2010. Es scheint sich der Eindruck einer in Deutschland traditionell eher schwach entwickelten Börsenkultur zu bestätigen (vgl. Abb. 1.5).

Zur Bestimmung angemessener Preise bzw. angemessener Umtauschverhältnisse sind bei Bewertungsanlässen wie Unternehmenszusammenschlüssen und Erstemissionen aufwendige Gesamtbewertungen erforderlich: Millionen von einzelnen Vermögens- und Verbindlichkeitspositionen, Millionen von einzelnen Geschäftsvorfällen müssen im Kalkül des Bewerters zu einem Gesamtwert aggregiert werden. Dazu ist das Wissen hoch spezialisierter Experten notwendig.

Anbieter auf dem Markt für Unternehmensbewertungen sind Investmentbanken, Corporate Finance-Abteilungen von Universalbanken, Wirtschaftsprüfer, Unternehmensberater, M&A-Berater etc. Unternehmensbewertung ist dabei typischerweise Teil eines ganzen Bündels von Dienstleistungen, das im Zuge der Begleitung von Transaktionen

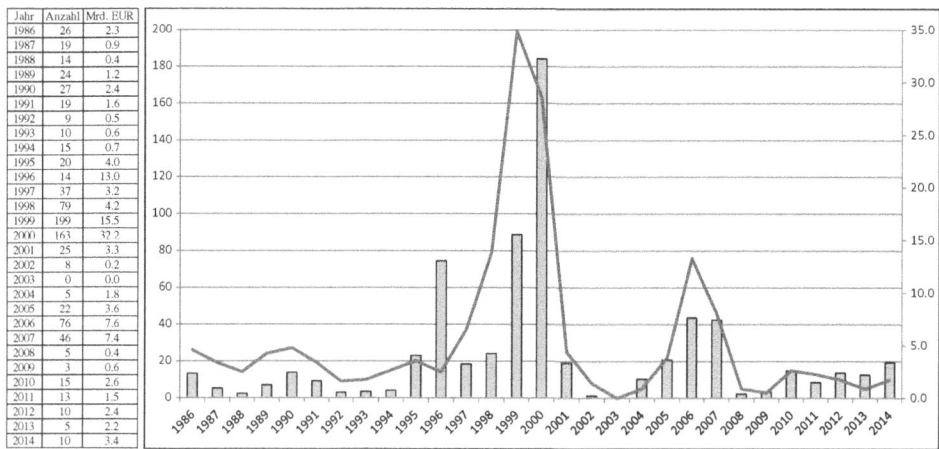

Jahr	Anzahl	Mrd. EUR
1986	26	2.3
1987	19	0.9
1988	14	0.4
1989	24	1.2
1990	27	2.4
1991	19	1.6
1992	9	0.5
1993	10	0.6
1994	15	0.7
1995	20	4.0
1996	14	13.0
1997	37	3.2
1998	79	4.2
1999	199	15.5
2000	163	32.2
2001	25	3.3
2002	8	0.2
2003	0	0.0
2004	5	1.8
2005	22	3.6
2006	76	7.6
2007	46	7.4
2008	5	0.4
2009	3	0.6
2010	15	2.6
2011	13	1.5
2012	10	2.4
2013	5	2.2
2014	10	3.4

Abb. 1.5 Anzahl und Volumen der Aktienerstemissionen in Deutschland (linke Skala mit Liniendiagramm: Anzahl; rechte Skala mit Stabdiagramm: Volumen in Mrd. €) (Quelle: *Düsterhoff* (2015))

angeboten wird, und das beispielsweise Prüfungsdienstleistungen (z. B. *due diligence*[3]), Rechtsberatung, Verhandlungsführung, Beratung in den Bereichen *investor relations* etc. enthält.

Die Verteilung der Marktanteile für die Begleitung von Unternehmenszusammenschlüssen bei grenzüberschreitenden Transaktionen geht aus der Statistik gemäß Abb. 1.6 hervor.

Gemessen an den Transaktionsvolumina sind also die weltweit führenden Großbanken mit schwerpunktmäßigen Investmentaktivitäten Marktführer bei der Begleitung von M&A-Transaktionen. Die Prädominanz dieser Institute prägt besonders die Abwicklung großer globaler Unternehmenstransaktionen.

Misst man den Marktanteil an der Anzahl der betreuten Mandate, dann sieht es schon etwas anders aus, weil hier auch die global agierenden Wirtschaftsprüfungsgesellschaften einen Fuß in der Türe haben, wie Platzierungen *für PwC, KPMG, EY* und *Deloitte* in der Statistik gemäß Abb. 1.7 belegen.

Untrennbar verbunden mit dem Transaktionsvolumen der Institute ist das erwirtschaftete Gebührenvolumen (vgl. Abb. 1.8 für das Jahr 2014).

Bezogen auf Börseneinführungen sind in den Vereinigten Staaten, dem bedeutendsten Kapitalmarkt der Welt, US-amerikanische und internationale Großbanken mit ausgeprägten Investmentaktivitäten bzw. die nach der Finanzmarktkrise noch verbleibenden klassischen Investmentbanken führend (vgl. Abb. 1.9 für das Jahr 2013).

---

[3] Zur *due-diligence*-Prüfung vgl. m. v. N. *Strasser* (2000), S. 81–85; sowie grundsätzlich *Berens et al.* (2013).

Rang	Betreuende Gesellschaft	Volumen (ca. Mrd. USD)	Anzahl der Transaktionen
1	Goldman Sachs	940	378
2	JPMorgan	698	275
3	Morgan Stanley	694	285
4	Bank of America Merill Lynch	647	224
5	Citi	620	236
6	Barclays	529	218
7	Lazard	471	234
8	Deutsche Bank	441	206
9	Credit Suisse	366	211
10	UBS Investment Bank	245	157

Abb. 1.6 Weltweite Rangliste betreuender Gesellschaften für 2014 (nach abgeschlossenem Transaktionsvolumen) (Quelle: *Mergermarket* (2015)). Zu berücksichtigen ist, dass für eine Transaktion mehrere betreuende bzw. beratende Gesellschaften aktiv sein können

Rang	Betreuende Gesellschaft	Volumen (ca. Mrd. USD)	Anzahl der Transaktionen
1	Goldman Sachs	940	378
2	PwC	42	365
3	KPMG	56	324
4	Morgan Stanley	694	285
5	JPMorgan	698	275
6	Deloitte	20	267
7	Rothschild	209	248
8	EY	73	241
9	Citi	620	236
10	Lazard	471	234

Abb. 1.7 Weltweite Rangliste betreuender Gesellschaften für 2014 (nach Anzahl der abgeschlossenen Transaktionen) (Quelle: *Mergermarket* (2015))

Rang	Betreuende Gesellschaft	Volumen (ca. Mrd. USD)	Anzahl der Transaktionen	Zuzurechnende Gebühren (ca. Mio. USD)
1	Goldman Sachs	656	362	2,014.7
2	Morgan Stanley	617	302	1,476.9
3	JPMorgan	584	296	1,521.2
4	Bank of America Merill Lynch	544	226	1,165.4
5	Barclays	485	221	987.9
6	Citi	408	237	933.0
7	Deutsche Bank	334	197	839.6
8	UBS	330	148	499.5
9	Lazard	239	244	850.0
10	Credit Suisse	237	214	817.7

Abb. 1.8 Weltweite Rangliste betreuender Gesellschaften für 2014 (nach abgeschlossenem Transaktionsvolumen in Mrd. USD) sowie Anzahl der Transaktionen und zuzurechnende Gebühren (in Mio. USD) (Quelle: *McDermid* (2015))

Rang	Betreuende Gesellschaft	Volumen (ca. Mrd. USD)	Anzahl der Transaktionen
1	BOA Merill Lynch	6.9	69
2	Goldman Sachs	6.4	62
3	JPMorgan	5.8	61
4	Citi	5.0	57
5	Morgan Stanley	4.8	51
6	Deutsche Bank	4.6	47
7	Barclays	4.4	53
8	Credit Suisse	3.9	54
9	Wells Fargo & Co	3.4	30
10	UBS	2.0	26

Abb. 1.9 Rangliste konsortialführender Institute bei IPOs in 2013 im US-Gebiet (nach Volumen in Mrd. USD) (Quelle: *Bloomberg* (2014))

In Europa, dem Mittleren Osten und Afrika ergibt sich für das Jahr 2013 eine Rangfolge der Institute gemäß Abb. 1.10.

Sowohl bei Abb. 1.9 als auch bei Abb. 1.10 ist zu berücksichtigen, dass es sich hierbei jeweils um die Rangliste der konsortialführenden Institute handelt. Da sich die entsprechenden Emissionskonsortien allerdings – je nach Emissionsvolumen – aus mehreren Finanzdienstleistern zusammensetzen, sind die Ranglisten nicht automatisch als Indikator für die jeweiligen Marktanteile zu bewerten.

Auf dem globalen Spielfeld scheint Unternehmensbewertung also vor allem eine Domäne der führenden Großbanken mit schwerpunktmäßigen Investmentaktivitäten und einiger anderer global operierender Dienstleister zu sein. Man darf aber vermuten, dass in Geschäftssegmenten, in denen es um geringere Volumina geht, die traditionellen Wirtschaftsprüfungsunternehmen große Marktanteile auf sich vereinigen können. Dies nicht zuletzt auch deshalb, weil der Gesetzgeber sie im Rahmen der verschiedenen **Anlässe** der Unternehmensbewertung mit gesetzlich fixierten Aufgaben betraut.[4]

1.2 Systematik der Anlässe einer Unternehmensbewertung

Die bisher betrachteten Anlässe für eine Unternehmensbewertung – Kauf, Fusion und Börsengang – sind jene, die in der Regel das meiste Aufsehen in der Wirtschaftsöffentlichkeit erregen. Aber sie sind nicht die einzigen. Die Anlässe für eine Unternehmensbewertung sind so mannigfaltig, dass ihre Kategorisierung nach den unterschiedlichsten Gesichtspunkten erfolgen kann. So werden als Kategorisierungsmerkmale z. B. die Lebensphasen eines Unternehmens, der Verpflichtungsgrad der Be-

---

[4] Die Durchführung der Unternehmensbewertung gehört zu den Berufsinhalten des Wirtschaftsprüfers gem. § 2 Abs. 3 Nr. 1 u. 2 WPO und stellt keinen Verstoß gegen den Berufsgrundsatz der **Unabhängigkeit** i. S. v. § 43 Abs. 1 S. 1 WPO dar.

Rang	Betreuende Gesellschaft	Volumen (ca. Mrd. USD)	Anzahl der Transaktionen
1	Deutsche Bank	4.2	22
2	JPMorgan	3.0	19
3	Goldman Sachs	2.7	15
4	Bank of America Merill Lynch	2.4	11
5	Morgan Stanley	2.4	14
6	Barclays	2.2	8
7	UBS	1.5	9
8	Credit Suisse	1.5	9
9	Citi	1.3	8
10	Rabee Securities	1.3	1

Abb. 1.10 Rangliste der konsortialführenden Institute bei IPOs in Europa, Mittlerer Osten, Afrika in 2013 (nach Volumen in Mrd. USD) (Quelle: *Bloomberg* (2014))

wertungsdurchführung (gesetzlich, vertraglich oder freiwillig), die Interessenlage der Beteiligten sowie die Durchsetzungsstärke der Beteiligten herangezogen.[5]

Eine verbreitete, detaillierte und systematische Betrachtung der Anlässe von Unternehmensbewertungen unterscheidet zunächst zwischen Anlässen, bei denen es zu einer **Neuzuordnung von Eigentumsverhältnissen** kommt, und sonstigen Anlässen.[6] Eine Neuzuordnung der Eigentumsrechte an einem Unternehmen kann dem übereinstimmenden Willen aller Beteiligten entsprechen. Es ist aber auch möglich, dass eine solche Neuordnung gegen den Willen einiger Beteiligter durchgesetzt wird oder zumindest durchgesetzt werden könnte. Im ersten Falle spricht man von **nicht-dominierten Anlässen**; im zweiten Fall dagegen von **dominierten Anlässen**.[7] Bei dominierten Anlässen liegt ein Eingriff in die Eigentums- und Mitgliedschaftsrechte zumindest eines Rechtssubjekts vor. Unsere Wirtschaftsverfassung schließt solche Situationen nicht grundsätzlich aus, da sie notwendige Begleiterscheinungen der Entfaltung wirtschaftlicher Dynamik, des unabdingbaren Wachsens und Weichens, sind. Bei solchen erzwungenen Eigentumsänderungen dringt die Rechtsordnung allerdings auf eine Kompensation für den Verlust von Verfügungsrechten. Voraussetzung für eine faire Kompensation ist eine Unternehmensbewertung, die oft auch ausdrücklich im Gesetz gefordert wird (vgl. Abb. 1.11).

Aber nicht jede Unternehmensbewertung ist durch eine Umschichtung der Eigentumsrechte am Unternehmen veranlasst. Eine Auflistung von **Anlässen ohne Eigentumsänderung** findet sich in Abb. 1.12. Als langfristige Entwicklung der jüngeren Zeit ist hervorzuheben, dass Unternehmensbewertungskonzepte durch das Vordringen der *shareholder value*-Kultur eine vorher nicht da gewesene Bedeutung für innerbetriebliche Steuerungsentscheidungen erlangt haben.[8]

---

[5] Vgl. *Peemöller* (2015), S. 19.

[6] Vgl. *Mandl und Rabel* (1997), S. 12 ff.; *Sieben* (1993), S. 4320 ff.

[7] Vgl. *Matschke* (1979), S. 31 ff.; *Ballwieser und Leuthier* (1986), S. 546 f.

[8] Zur Unternehmenssteuerung auf der Grundlage des *shareholder value*-Konzepts vgl. m. w. V. *Laas* (2004), S. 15 ff.

Anlass	Rechtliche Normierung	Dominiert	Nicht dominiert
Kauf/Verkauf einer Unternehmung oder von Anteilen daran	-	-	X
Börseneinführung	-	-	X
Stellungnahme von Vorstand und Aufsichtsrat der Zielgesellschaft	§ 27 WpÜG	-	X
Ausscheiden eines Gesellschafters einer Personengesellschaft	§§ 738 BGB, 105 Abs. 2, 161 Abs. 2 HGB u. a.	X	X
Angemessener Ausgleich bzw. Barabfindung oder Abfindung in Aktien an außenstehende Aktionäre bei Gewinnabführungs-, Beherrschungsvertrag oder anderen Verträgen	§§ 304, 305 AktG i. V. m. §§ 291, 292 AktG	X	-
Ausgleich ausscheidender Gesellschafter bei Eingliederung einer Aktiengesellschaft durch Mehrheitsbeschluss	§ 320 b AktG	X	-
Barabfindungen und Entschädigungen bei Verschmelzung, Aufspaltung, Abspaltung, Vermögensübertragungen im Rahmen des Umwandlungsgesetzes	§ 29 Abs. 1, § 36 Abs. 1 S. 1 i. V. m. § 29 Abs. 1 UmwG, § 125 S. 1 i. V. m. § 29 Abs. 1 UmwG, § 174 UmwG	X	-
Ermittlung von Umtauschverhältnissen bei Verschmelzungen, Auf- und Abspaltungen	§ 9 Abs. 1 UmwG, § 125 i. V. m. § 9 Abs. 1 UmwG	-	X
Barabfindung ausscheidender Minderheitsaktionäre bei Übertragung der Aktien auf den Hauptaktionär (≥ 95% der Anteile), aktienrechtlicher Squeeze-Out	§ 327 a, b AktG	X	-
Barabfindung ausscheidender Minderheitsaktionäre bei Übertragung der **stimmberechtigten** Aktien auf den Hauptaktionär (≥ 95 % der Anteile) bei einem vorangegangenen öffentlichen Übernahmeverfahren, übernahmerechtlicher Squeeze-Out [Unternehmensbewertung bei Annahmequote unter 90%]	§ 39 a-c WpÜG	X	-
Barabfindung ausscheidender Minderheitsaktionäre im Vorfeld einer Verschmelzung, falls > 90 % der Anteile an der Tochtergesellschaft im Besitz der Mutter; verschmelzungsrechtlicher Squeeze-Out	§ 62 Abs. 5 UmwG	X	-
Prüfung der Sanierungsfähigkeit		X	-
Enteignung	Art. 14 Abs. 3 GG	X	-
Enteignung krisengefährdeter Finanzinstitute zur Rettung von Unternehmen zur Stabilisierung des Finanzmarktes	§§ 1 Abs. 2 S. 1 Nr. 1-3, 4 Abs. 3 RettungsG	X	-

Abb. 1.11 Wichtige Anlässe der Unternehmensbewertung I: mit Neuzuordnungen von Eigentumsverhältnissen am Unternehmen

Anlass	Rechtliche Normierung
Zugewinnausgleich bei Ehescheidung	§§ 1363-1390 BGB
Erbauseinandersetzung	§§ 1263-1290 BGB
Pachtung, Verpachtung von Unternehmen	-
Kreditwürdigkeitsprüfung	-
Ermittlung des niedrigeren beizulegenden Wertes/Teilwertes für Beteiligungen in der Handelsbilanz/Steuerbilanz	§ 253 Abs. 3 S. 3 HGB
Sonstige steuerliche Wertermittlung	Verschiedene Quellen
Wertorientierte Unternehmenssteuerung	-

Abb. 1.12 Wichtige Anlässe der Unternehmensbewertung II: ohne Neuzuordnung von Eigentumsverhältnissen am Unternehmen

Wie die Abbildungen ausweisen, ergibt sich die Erfordernis einer Gesamtbewertung von Unternehmen im deutschen Recht oft unmittelbar aus gesetzlichen Regelungen. Prominentes Beispiel ist die gesetzlich geforderte Prüfung und Bewertung bei dem Zusammenschluss (Verschmelzung) zweier Unternehmen. So lesen wir in § 8 Abs. 1 Satz 1 1. Halbsatz Umwandlungsgesetz (UmwG):

Die Vertretungsorgane jedes der an der Verschmelzung beteiligten Rechtsträger haben einen ausführlichen schriftlichen Bericht zu erstatten, in dem die Verschmelzung, der Verschmelzungsvertrag oder sein Entwurf im einzelnen und insbesondere das Umtauschverhältnis der Anteile oder die Angaben über die Mitgliedschaft bei dem übernehmenden Rechtsträger sowie die Höhe der anzubietenden Barabfindung rechtlich und wirtschaftlich erläutert und begründet werden (Verschmelzungsbericht) (...).

und weiter in § 9 Abs. 1 UmwG:

Soweit in diesem Gesetz vorgeschrieben, ist der Verschmelzungsvertrag oder sein Entwurf durch einen oder mehrere sachverständige Prüfer (Verschmelzungsprüfer) zu prüfen.

bzw. in § 12 UmwG:

(1) Die Verschmelzungsprüfer haben über das Ergebnis der Prüfung schriftlich zu berichten. (...)
(2) Der Prüfungsbericht ist mit einer Erklärung darüber abzuschließen, ob das vorgeschlagene Umtauschverhältnis der Anteile, gegebenenfalls die Höhe der baren Zuzahlung oder die Mitgliedschaft bei dem übernehmenden Rechtsträger als Gegenwert angemessen ist. (...).

Existierende Rechtssysteme unterscheiden sich in der Dichte der Verrechtlichung von Anlässen und Abläufen der Unternehmensbewertung. So ist es keineswegs in jedem Rechtssystem geläufig, dass ein Wirtschaftsprüfer gleichsam per Verwaltungsakt als vom Gesetzgeber belehnter Hoheitsträger die Angemessenheit eines Umtauschverhältnisses bestätigt: Im anglo-amerikanischen Raum etwa gibt es dazu kein Pendant. Vielmehr ist es üblich, dass eine unabhängige dritte Partei, oft eine Investmentbank oder auch eine Prüfungsgesellschaft, durch eine öffentliche Erklärung die Angemessenheit des Umtauschverhältnisses bestätigt. Eine solche Erklärung wird als *fairness opinion*[9] bezeichnet:

> A fairness opinion is a statement by a financial advisor that, from a financial point of view, the consideration or the financial terms in a merger, acquisition, divesture, securities issuance, or other transaction between specific parties are fair to a specific party. Fairness opinions have two purposes: to provide key decision-makers with information and to act as a factual proof in litigation that the decision maker used reasonable business judgment in making a decision in behalf of others.[10]

Die Glaubwürdigkeit der *fairness opinion* stützt sich dabei nicht primär auf Recht und Gesetz; auch ist der Gutachter grundsätzlich nicht an bestimmte Bewertungsregeln und -verfahren gebunden. Einzig und allein die in vergangenen Jahren erworbene Reputation der erklärenden Institution bzw. das wirtschaftliche Interesse daran, diese Reputation nicht zu verlieren, garantiert für die Qualität des Gutachtervotums. Dass man mehr auf die Glaubwürdigkeit derartiger spontan entwickelter Marktinstitutionen vertraut als auf die Autorität des Gesetzgebers, ist ein oft wiederkehrendes Charakteristikum der anglo-amerikanischen Wirtschaftskultur.

Die zunehmende Verbreitung von *fairness opinions* auch in Deutschland sowie die zunehmende Bedeutung dieser Zertifizierungsdienstleistung für den Berufsstand der Wirtschaftsprüfer haben das *IDW* dazu veranlasst, einen entsprechenden Standard zu verabschieden.[11] Nach dem Wortlaut des Standards ist die *fairness opinion* eine Stellungnahme zur **Angemessenheit** einer Transaktion, insbes. eines vereinbarten Transaktionspreises, aus der Sicht der Auftraggeber.[12] Die Bestätigung der Angemessenheit ist streng von einer (positiven) Empfehlung zur Einwilligung in die Transaktion zu unterscheiden.[13] Aus diesem Grund soll auch nicht etwa ein konkreter Unternehmenswert ermittelt werden, sondern vielmehr eine Bandbreitenschätzung vorgenommen werden.[14]

---

[9] Zur Einführung vgl. die Einzelbeiträge in *Essler et al.* (2008).

[10] Aus: KPMG (o.J.). Einen Überblick über andere in der Literatur geläufigen Definitionen bietet: *Essler et al.* (2008), S. 11 f.

[11] Vgl. *IDW* (2011).

[12] Vgl. *IDW* (2011), Rn. 4.

[13] Vgl. *IDW* (2011), Rn. 14.

[14] Vgl. *IDW* (2011), Rn. 14.

Besondere praktische Bedeutung hat die *fairness opinion* im Zusammenhang mit der nach § 27 WpÜG geforderten Stellungnahme des Vorstands und Aufsichtsrats der Zielgesellschaft zur Angemessenheit von öffentlichen Übernahmeangeboten erlangt. Es ist üblich geworden, dass diese Organe zur Eindämmung von Rechts- und Klagerisiken sich ihre Stellungnahme durch *fairness opinions* absichern lassen.[15]

Fassen wir kurz zusammen: Die Anlässe einer Unternehmensbewertung sind mannigfaltig. Systematisch unterscheiden sie sich im Grad ihrer rechtlichen Normierung und darin, welche Interessen der beteiligten Parteien durch die Bewertung geschützt werden sollen. Aus den verschiedenen Anlässen ergeben sich unterschiedliche Rollen für den Bewerter, je nachdem in wessen Auftrag und in wessen Interesse er die Bewertung vornimmt:

- Gutachter im Dienste einer Partei,
- Gerichtlich oder vertraglich bestellter (Schieds-)Gutachter,
- Gesetzlich bestellter Prüfer.

In späteren Kapiteln wird dargelegt, dass die unterschiedlichen Rollen des Gutachters auch unterschiedliche Bewertungsverfahren implizieren.

1.3   Exkurs: Bedeutung und Logik von Unternehmenszusammenschlüssen

In vielerlei Hinsicht sind Unternehmenszusammenschlüsse als wichtigster Anlass für eine Unternehmensbewertung zu betrachten. Für das Verständnis von Bewertungsproblemen im Zuge von Unternehmenszusammenschlüssen ist es deshalb notwendig, zu analysieren, welches die treibenden Kräfte und Gesetzmäßigkeiten hinter den großen Unternehmenszusammenschlüssen sind. Diesem Ziel ist der folgende Exkurs gewidmet.[16] Er greift vor allem auf US-amerikanisches Anschauungsmaterial zurück; die daraus gewonnenen Einsichten sind ohne Weiteres auf deutsche und europäische Verhältnisse übertragbar.

1.3.1   Fusionswellen als wirtschaftsgeschichtliches Phänomen

Zusammenschlüsse großer Unternehmen hat es schon immer gegeben. Und auch die Beobachtung, dass sie in Wellen auftreten, ist nicht neu. So werden für die USA im vergangenen Jahrhundert fünf große Wellen von Unternehmenszusammenschlüssen

---

[15] Vgl. im Zusammenhang mit § 27 WpÜG die (für den Wirtschaftsprüfer geltenden) besonderen Vorgaben in *IDW* (2011), Rn. 56–62.

[16] Er ist eng angelehnt an: *Kuhner* (2000), S. 333–344.

unterschieden; das erste Jahrzehnt des neuen Jahrhunderts hat die „sechste Übernahmewelle" gesehen.[17]

Die Wende vom 19. zum 20. Jahrhundert war gekennzeichnet durch große Zusammenschlüsse, die vor allem auf die Erlangung von marktbeherrschenden Stellungen zielten – *mergers of monopoly*.[18] Aus gesamtwirtschaftlicher und gesamtgesellschaftlicher Sicht fand diese Welle die Missbilligung ihrer Zeitgenossen: Sie war Anlass für die Entwicklung der äußerst rigiden Antitrust-Gesetzgebung in den Vereinigten Staaten, in deren Folge es zur erzwungenen Auflösung etlicher der neu entstandenen Industrieimperien kam. Im kollektiven Gedächtnis haften geblieben ist die Zerschlagung der *Rockefeller*-Unternehmensgruppe im Jahre 1911.

Im Laufe der Zwanzigerjahre fand wieder eine im Schrifttum relativ wenig beachtete Häufung von Zusammenschlüssen statt, als deren Triebkräfte vor allem die vertikale Integration sowie die Realisierung flächendeckender Angebotsnetze angesehen wurden.

Unternehmenszusammenschlüsse in den Sechzigerjahren waren beherrscht durch das Diversifikationsmotiv: Im typischen Fall erwarb ein großes Unternehmen, das über erhebliche Liquiditätsreserven und *cash flow*-Rückflüsse aus existierenden Segmenten verfügte, ein wesentlich kleineres, branchenfremdes Unternehmen im Wege der freundlichen Übernahme. Finanziert wurden diese Übernahmen vor allem durch Aktientausch.[19]

Die **Konglomeratbildung** wurde durch die rigide Anwendung der Antitrust-Gesetze in den USA begünstigt, die der Akquisition branchengleicher Unternehmen gewöhnlich einen Riegel vorschob. Ökonomisches Motiv der Konglomeratbildung war vor allem die Verstetigung der Ertragslage durch Nivellierung des Einflusses von Branchenkonjunkturen und die Investition in neue Lebenszyklen. In den Jahren der Blüte dieser Transaktionen wurde das Diversifikationsmotiv als ein rationales, auch unter gesamtwirtschaftlichen Vorzeichen sinnvolles Managementziel nicht in Frage gestellt. In der *ex post*-Perspektive zeigt sich allerdings, dass die Mehrzahl der entstandenen Unternehmensgruppen über lange Zeiträume hinweg eine unterdurchschnittliche Eigenkapitalrendite erwirtschaftet hat.[20]

So wird die zu Anfang der Achtzigerjahre in den USA einsetzende Übernahmewelle als eine Reaktion auf die Unrentierlichkeit der fett gewordenen, mangelhaft fokussierten Konglomerate angesehen. Wesentliches Charakteristikum war die Umstrukturierung des Produktportefeuilles im Zuge der – oft feindlichen – Übernahme eines Unternehmens,[21]

---

[17] Zum Kontext dieser Benennung vgl. u. a.: *Achleitner et al.* (2011), S. 663 ff.

[18] Vgl. hierzu etwa *Stigler* (1968), S. 95–207. Der Konzentrationsprozess in der deutschen Industrie verlief im Großen und Ganzen parallel zur US-amerikanischen Entwicklung, wobei die Konzentrationsbestrebungen staatlicherseits eher gefördert als gehemmt wurden, vgl. etwa: *Liefmann* (1928), S. 297–321.

[19] Vgl. hierzu etwa *Shleifer und Vishny* (1991), S. 51–59.

[20] Vgl. m. w. V. *Shleifer und Vishny* (1991), S. 52 f.

[21] Zu Merkmalen und Ausprägungen von feindlichen Übernahmen vgl. etwa: *Jansen* (2008), S. 114–120.

mit dem Ziel der Verschlankung durch Abstoßung von Randsegmenten und Stärkung der Kernsegmente. Die mit der Akquisitionswelle einhergehende Fokussierung auf Kernsegmente führte zu einer erheblichen Konzentration des Marktangebots, die in den vorangegangenen Jahrzehnten ohne Zweifel die Missbilligung des Regulierers gefunden hätte.[22] Erst die permissivere Anwendung der Antitrust-Gesetze durch die *Reagan*-Administration hat diese Entwicklung ermöglicht.

Als zusätzlicher Antriebsmotor der Akquisitionstätigkeit kam im Verlauf der Achtzigerjahre die **Entdeckung von Wertsteigerungspotenzialen durch die Änderung der Kapitalstruktur** des Übernahmeobjektes hinzu: Im Regelfall fand sich das Akquisitionsobjekt nach vollzogener Übernahme mit einem wesentlich gestiegenen Fremdkapitalanteil und wesentlich knapperer Liquidität wieder, wodurch nach US-amerikanischem Recht erhebliche Steuerersparnisse realisiert wurden,[23] aber auch positive Managementanreize sowie (Arbitrage-)Gewinne durch eine vom Kapitalmarkt positiv aufgenommene Neuaufteilung der Finanzierungsparten angestrebt wurden.

Für das Abebben dieser Übernahmewelle zum Ende der Achtzigerjahre werden verschiedene Gründe angeführt: Zu nennen ist der Zusammenbruch des Sekundärmarktes für hochverzinsliche Unternehmensanleihen (*junk bonds*), mit denen Übernahmen oft finanziert wurden, im Jahre 1987, ferner die gegenüber feindlichen Übernahmen zunehmend restriktive Gesetzgebung und Rechtsprechung vieler US-Staaten und schließlich ein Abnehmen des gesamtwirtschaftlichen Restrukturierungsbedarfs.

Hatten die Unternehmensübernahmen der Achtzigerjahre überwiegend **kontraktiven Charakter**, weil eine Verschlankung der Vermögensgesamtheit und Produktpalette des Übernahmeobjektes im Blickfeld stand, so wurde den ab Mitte der Neunzigerjahre wieder gehäuft einsetzenden Großtransaktionen ein oftmals **expansiver Charakter** zugesprochen:[24] Die für Überleben und Erfolg eines Unternehmens relevante kritische Masse an Umsatzvolumen war in vielen Branchen dramatisch gestiegen, was ein Anschwellen der Akquisitionstätigkeit zur Folge hatte. Ursächlich hierfür war zunächst der Wegfall von Markteintrittsbarrieren durch politische Entwicklungen und technologische Innovationen.[25]

Seine besondere Dynamik dürfte der Prozess jedoch durch die Tatsache gewonnen haben, dass der Wettbewerb in vielen Branchen, insbesondere aber im Informations- und Kommunikationssektor, zunehmend nach dem **Netzwerkprinzip** stattfindet: Der Nutzen, der einem Konsumenten durch den Konsum eines Gutes (etwa der Inanspruchnahme eines

---

[22] Vgl. *Shleifer und Vishny* (1991), S. 52 f.

[23] Zur Wertrelevanz des sog. *tax shields* und deren Modellierung vgl. unten, Kap. 6, einführend Abschn. 6.2.2.

[24] Vgl. hierzu *Andrade et al.* (2001), S. 104–109.

[25] Vgl. hierzu im Einzelnen die Darstellung bei *Kleinert und Klodt* (2000), S. 46–50; zur Deregulierung als Antriebsfaktor von Unternehmenszusammenschlüssen in den Neunzigerjahren vgl. *Andrade et al.* (2001), S. 108 f.

Mobilfunknetzes oder einer Versteigerungsplattform im Internet) zuteil wird, steigt mit der Anzahl der anderen Nutzer dieses Gutes.[26] Netzwerkeffekte haben einen dramatischen Anstieg kritischer Massen zur Folge; der Absorptionsdruck auf kleine Anbieter erhöht sich in demselben Maße wie die Attraktivität von Großunternehmen. *„Big is beautiful"* scheint eine Implikation der neuen Konkurrenzspielregeln im Zeitalter der Globalisierung zu sein.[27]

Die vor allem durch Unternehmen der Telekommunikations-, Medien- und Technologiebranche getriebene Fusionswelle der Jahrtausendwende fand mit dem Einbruch der Börsenkonjunktur im Jahre 2001 ein abruptes Ende. Zu einem erneuten rapiden Ansteigen der Transaktionsaktivität kam es in den Jahren 2004 bis 2007.[28] Diese letzte Übernahmewelle war maßgeblich durch die Aktivität von **Finanzinvestoren** getragen. Im Unterschied zu den sogenannten strategischen Investoren werden als Finanzinvestoren Kapitalanleger bezeichnet, die mit ihrer Anlage isoliert betrachtet „(. . .) ausschließlich oder überwiegend Renditeziele"[29] verfolgen. Zentrales Anlagemotiv ist also die Erzielung kurz- oder mittelfristiger Kapitalrückflüsse überdurchschnittlichen Volumens und nicht die strategische Integration des Investitionsobjekts in den Unternehmens- bzw. Konzernverbund eines Mutterunternehmens. Zwei Gruppen von Finanzinvestoren, Hedgefonds und Private Equity-Fonds, haben das Kapitalmarktgeschehen in jüngster Zeit maßgeblich geprägt.

Vergleichbar mit den Achtzigerjahren scheint wiederum die Verschlankung und Neufokussierung von Unternehmensstrukturen als ökonomisches Motiv die wichtigste Rolle gespielt zu haben. Als Finanzierungsart dominierte die Barzahlung, wesentlich angetrieben durch die im Rückblick oft als permissiv kritisierte Zentralbankpolitik dieser Jahre. Hervorzuheben ist die Bedeutung von Transaktionsstrukturen, die auf die massierte Aufnahme von Fremdkapital setzen; insbesondere das Transaktionsmodell des *leveraged buy out* (LBO), d. h. der weitgehenden Finanzierung der Übernahme durch Fremdkapitalaufnahme des Zielunternehmens, erlebte einen erneuten Aufschwung.[30]

Diese jüngste Häufung von Unternehmenstransaktionen hat durch die Finanzmarktkrise ein vorläufiges Ende gefunden. In den Jahren ab 2010 ist ein graduelles Wiederauf-

---

[26] Vgl. für diese grundlegende Definition von Netzwerkexternalitäten: *Katz und Shapiro* (1985), S. 424. Zur Bedeutung des Netzwerkprinzips in der Informationsbranche vgl. allgemein: *Shapiro und Varian* (1999); eine empirische Untersuchung zur Bedeutung des Netzwerkprinzips als werttreibender Faktor bei Unternehmenszusammenschlüssen in der Internet-Branche bieten: *Uhlenbruck et al.* (2006).

[27] Zum Überblick über die ökonomischen Antriebskräfte dieser sogenannten fünften Übernahmewelle vgl. auch knapp: *Jansen* (2008), S. 64–69.

[28] Zu Eigenarten der sogenannten sechsten Übernahmewelle vgl. *Jansen* (2008), S. 69–82.

[29] *Eidenmüller* (2007), S. 2116.

[30] Zu den strategischen Erfolgsfaktoren von LBOs vgl. etwa: *Fraser-Sampson* (2010); zu den rechtlichen Rahmenbedingungen der LBO-Finanzierung in Deutschland: *Becker* (1998), S. 1429–1434; vgl. auch *Jansen* (2008), hier etwa S. 110–114.

leben der Marktaktivität bei Unternehmenszusammenschlüssen erkennbar,[31] ohne dass sich bisher ein deutbares Entwicklungsmuster herausschälen würde.

1.3.2 Die ökonomische Logik von Unternehmenszusammenschlüssen in einzelnen Erklärungsansätzen

Der besondere Charme der dargestellten *ad hoc*-Erklärungen für einzelne Akquisitionswellen ergibt sich aus der Tatsache, dass sie sich z. T. widersprechen: Akquisitionen in den Achtzigerjahren zielten offenbar genau darauf ab, die Konglomeratbildung und Diversifikation ungeschehen zu machen, die ihrerseits das Hauptmotiv der Fusionswelle der Sechzigerjahre gewesen ist. Will man Vorteile und Nachteile von Akquisitionen aus ökonomischer Sicht bewerten, so muss man diesen möglicherweise nur scheinbaren Widerspruch entweder auflösen oder begründen.

Gemäß der primären einzelwirtschaftlichen Motivation von Unternehmensübernahmen können die Erklärungsansätze grob unterteilt werden in expansive und in kontraktive Theorien.[32] Entlang dieser Unterscheidung werden im Folgenden mehrere Erklärungsansätze mit ihren Implikationen für eine Bewertung aus gesamtwirtschaftlicher Sicht dargestellt.

1.3.2.1 Expansive Theorien: Zusammenschlüsse als Ventil der Kapazitätserweiterung

1.3.2.1.1 Tobins q

In der traditionellen makroökonomischen Anwendung der Investitionstheorie werden Investitionsanreize dadurch erklärt, dass die erwarteten Renditen von Neuinvestitionen größer sind als der Refinanzierungszinssatz am Kapitalmarkt. Maßstab für diese Beziehung ist das sogenannte *Tobin*sche q, das den Barwert der erwarteten Rückflüsse in Beziehung setzt zu den Wiederbeschaffungsausgaben für eine Investition. Ein gängiger Schätzer für das *Tobin*sche q auf der Ebene des einzelnen Unternehmens ist die Marktwert/Buchwertrelation.[33]

Die Übertragung der *Tobin*schen q-Theorie auf Unternehmenszusammenschlüsse sieht in einer Unternehmensübernahme nichts anderes als die Konsequenz hoher erwarteter Investitionsrenditen: Die Gründe für eine Fusion bzw. Akquisitionen sind nicht spezifisch; sie unterscheiden sich in nichts von den Gründen für Investitionen in Sachanlagen, Forschung und Entwicklung etc. Die Theorie prognostiziert, dass Firmen, Branchen und Volkswirtschaften mit einem hohen q eine hohe Akquisitionsintensität entfalten werden;

---

[31] Vgl. hierzu nur Abb. 1.11.

[32] Unterscheidung in Anlehnung an: *Andrade und Stafford* (2004), S. 1–5.

[33] Vgl. zur Diskussion dieses Maßes m. w. V. *Andrade und Stafford* (2004), S. 10 f.

die Akquisitionsintensität ist dabei eng mit dem Volumen an Nettoanlageninvestitionen korreliert.[34]

Da aus der Sicht der *Tobin*schen q-Theorie Unternehmensakquisitionen gegenüber sonstigen Investitionen kein Spezifikum sind, kann auch nicht von einer wie immer gearteten positiven oder negativen Bewertung unter gesamtwirtschaftlichem Blickwinkel gesprochen werden. Die Häufung von Unternehmensakquisitionen ist lediglich Anzeichen für eine boomende Wirtschaft und für positive Zukunftsaussichten.

Hält man sich die Entwicklung der Übernahmen in den letzten zwei Jahrzehnten vor Augen[35] – das stetige Anschwellen seit der Mitte der Neunzigerjahre, der Höhepunkt im Jahre 2000, sodann der abrupte Einbruch nach dem Platzen der *dot.com*-Blase, der erneute steile Aufschwung zu Mitte des vergangenen Jahrzehnts sowie der drastische Rückgang im Zuge der Finanzmarktkrise – so könnte man geneigt sein, in dieser Entwicklung, die völlig parallel zur Kursentwicklung der Weltbörsen verlaufen ist, eine Bestätigung der *Tobin*schen *q*-Theorie zu sehen.

1.3.2.1.2   *Economies of scale, economies of scope* und Netzwerkeffekte

Zusammenschlüsse von einzelnen Anbietern können ihre Ursachen in spezifischen Eigenschaften der Kosten- und Erlösstrukturen haben: *Economies of scale* existieren dann, wenn eine proportionale Erhöhung des Faktoreinsatzes zu einer überproportionalen Steigerung der Ausbringungsmenge führt. *Economies of scope* beschreiben das Phänomen, dass bei der Fertigung von mehreren Produkten in einem Unternehmen für jedes einzelne Produkt geringere Durchschnittskosten anfallen, als dies bei der Fertigung jeweils eines einzigen Produktes durch ein Unternehmen der Fall wäre.[36] Ein mit Skalen- und Produktpaletteneffekten verwandtes Phänomen sind die bereits angesprochenen Netzwerkeffekte:[37] Produkte mit Netzwerkeigenschaften gewähren ihren Konsumenten einen Nutzen, der mit der Anzahl der übrigen Nachfrager steigt.

Insbesondere *economies of scope* und Netzwerkeffekte sind ursächlich für die vielfach beschworenen Synergieeffekte: Kosteneinsparungen aufgrund von Synergieeffekten lassen sich dann realisieren, wenn ein spezifischer Inputfaktor gleichzeitig in verschiedenen Produktlinien genutzt werden kann. Beispiele für solche spezifischen Inputs sind etwa vielfältig verwendbare Forschungs- und Entwicklungsergebnisse oder Vertriebsinfrastrukturen. Synergieeffekte entstehen aber auch durch die Verschmelzung unterschiedlicher

---

[34] Die hier präsentierte Variante der makroökonomischen Investitionstheorie, die das *Tobin*sche q als Indikator eines allgemein günstigen Investitionsklimas ansieht, ist nicht zu verwechseln mit der Funktion ebendieses Maßes als Indikator für die relative Vorteilhaftigkeit von Unternehmensakquisitionen gegenüber der unmittelbaren Neugründung. Vgl. zum letzteren: *Spremann* (2002), S. 95–97.

[35] Vgl. Abb. 1.1.

[36] Zu den *economies of scale and of scope* und ihrer Bedeutung für Fusionen und Akquisitionen vgl. etwa: *Kleinert und Klodt* (2000), S. 32 f.

[37] Zur Theorie und Empirie der Netzwerkeffekte vgl. auch: *Gröhn* (1999), S. 25–136.

Netzwerke, z. B. bei Unternehmenszusammenschlüssen in der Telekommunikationsbranche. Skalen-, Produktpaletten- und Netzwerkeffekte bieten allerdings nur dann einen überzeugenden Erklärungsansatz für Unternehmenszusammenschlüsse, wenn solche Effekte nicht schon durch lockerere vertragliche Bindungen zwischen einzelnen Unternehmen realisierbar sind.

Die konzeptionelle Beschreibung möglicher **Synergieeffekte** fällt allerdings erfahrungsgemäß wesentlich leichter als ihre Realisierung. Und auch aus der *ex post*-Perspektive haben sich „eingeplante" Synergieeffekte bei Unternehmensakquisitionen oft als unerfüllbare Hoffnungen herausgestellt, wie ungezählte Beispiele der Marktanekdotik belegen; man betrachte hier nur die hinreichend kolportierten prominenten Fälle mit deutscher Beteiligung wie *Siemens-Nixdorf*, *BMW-Rover* oder *Daimler-Chrysler*.

1.3.2.1.3 Portefeuillediversifikation

Diversifikation in branchenfremde Geschäftssegmente führt zunächst zu einer größeren Unabhängigkeit von Branchenkonjunkturen und damit zu einer Senkung der Varianz betrieblich generierter *cash flows*. Aus der Sicht des Managements liegt der **Vorteil einer Diversifikationsstrategie** auf der Hand: Das Unternehmen steigert seine Unabhängigkeit gegenüber externen Finanziers, emanzipiert sich vom Gängelband der Kapitalgeber. Aus der Sicht der Anteilseigner ist der Nutzen der Diversifikation weniger offensichtlich, solange die Möglichkeit besteht, den risikodämpfenden Effekt durch eigene Portefeuilledispositionen herzustellen.[38]

Finanzwirtschaftliche Vorteile der Diversifikation sind immerhin denkbar, wenn bei interner Refinanzierung gewinnträchtiger Projekte Transaktionskosten externer Kapitalaufnahme eingespart werden können.[39] Trotz dieses Spareffekts ist allerdings damit zu rechnen, dass der tatsächliche Diversifikationsgrad aufgrund der geschilderten Managementanreize über dem gesamtwirtschaftlich optimalen Niveau liegt.

Ein originär betriebswirtschaftliches Motiv für eine diversifizierende Unternehmensakquisition sind die so genannten **finanziellen Synergieeffekte**: Indem ein Unternehmen in verschiedene Branchen diversifiziert, senkt es sein Ertragsrisiko, damit einhergehend mindert sich die eigene Konkurswahrscheinlichkeit. Da Fremdkapitalgeber ihre Kredite in Abhängigkeit der Konkurswahrscheinlichkeit vergeben, schafft die Diversifikation dem Unternehmen einen zusätzlichen Spielraum zur Fremdkapitalaufnahme bzw. bei gleichem Gesamtkapital zur Ersetzung von Eigenkapital durch Fremdkapital. Da Fremdkapitalzinsen auf der unternehmensindividuellen Ebene ertragssteuerlich absetzbar sind (sie gehen als Aufwand in die GuV ein), bietet die zusätzliche Fremdkapitalaufnahme einen Steuervorteil für diversifizierende Unternehmen.[40]

---

[38] Vgl. hierzu die Untersuchung zu Existenz und Gründen eines möglichen Konglomeratabschlags: *Ammann et al.* (2012).

[39] Vgl. hierzu den nachfolgenden Abschn. 1.3.2.1.4.

[40] Vgl. hierzu und zur Einbindung von Finanzsynergien in Unternehmensbewertungskalküle etwa: *Butz* (2002).

1.3.2.1.4   Allgemeine Transaktionskostentheorie

Ein allgemeiner Transaktionskostenvorteil wird der internen Kapitalallokation in hierarchisch organisierten Unternehmen dann zugesprochen, wenn die Ertragschancen einzelner Investitionsobjekte durch übergeordnete interne Instanzen besser identifizierbar sind als durch den Kapitalmarkt und dieser Informationsvorteil die mangelnde Branchenkenntnis der Unternehmensleitung mehr als ausgleicht.[41] Im stetigen Geschäftsumfeld der Sechzigerjahre – so die Vertreter dieses Ansatzes – habe die Transaktionskostenersparnis durch unternehmensinterne Kapitalallokation stärker zu Buche geschlagen als der negative Effekt mangelnden branchenspezifischen Wissens der akquirierenden Unternehmungen; treibende Kraft der Konglomeratbildung sei deshalb der Imperativ gesamtwirtschaftlicher Effizienz gewesen.

Im Laufe der Siebzigerjahre habe sich die Gewichtung allerdings zu Lasten der Hierarchien verschoben: Ein krisenhaftes, durch mehrere gesamtwirtschaftliche Schocks geprägtes Geschäftsumfeld und eine gestiegene Wettbewerbsintensität haben zu einer Steigerung der Bedeutung branchenspezifischen Managementwissens geführt und mithin die **Entflechtung der Konglomerate** nötig gemacht.[42]

1.3.2.1.5   Agency Cost of Free Cash Flow

Kontrastierend zur positiven Bewertung der Konglomeratbildung durch die allgemeine Transaktionskostentheorie sieht eine Variante der *agency*-Theorie[43] Akquisitionen als ein Mittel des Managements an, Ressourcen dem Zugriff der Anteilseigner und damit der Allokation über Kapitalmärkte zu entziehen: Verglichen mit der Ausschüttung an die Anteilseigner ist aus der Sicht des Managements selbst ein Einstieg in branchenfremde Geschäftssegmente noch die bessere Möglichkeit der Verwendung liquider Mittel. Das wahre Motiv der Konglomeratbildung in den Sechzigerjahren sei deshalb die Usurpation von Vermögenswerten gewesen. Die Entflechtung der Konglomerate in den Achtzigerjahren ist nach der *agency cost of free cash flow*-Theorie[44] eine natürliche Entwicklung, die der Tatsache Rechnung trägt, dass diese Zusammenschlüsse von Anfang an ineffiziente Konstruktionen gewesen sind.

In ihren Implikationen ähnelt die *agency cost of free cash flow* -Theorie der sogenannten *Hybris*-Hypothese, nach der die Entscheidungsträger bei großen M&A-Transaktionen in einer signifikanten Vielzahl von Fällen die Integrationskraft und Leistungsstärke der neu entstehenden Organisation überschätzen und somit zum Opfer ihrer eigenen Überheblichkeit werden.[45]

---

[41] Vgl. für den grundlegenden Bezugsrahmen der Transaktionskostentheorie: *Williamson* (1975).

[42] Vgl. *Shleifer und Vishny* (1991), S. 54 f.

[43] Vgl. grundlegend: *Jensen und Meckling* (1976), S. 305–360; *Jensen* (1986), S. 323–329.

[44] Vgl. *Jensen* (1986), S. 323–329.

[45] Vgl. *Roll* (1986), S. 197–216.

1.3.2.1.6 Marktmachttheorien

Ein weiteres Motiv für Akquisitionen liegt in der Gewinnung von Marktmacht auf Beschaffungs- und Absatzmärkten: Zwei Unternehmen schließen sich zusammen, um durch die Koordinierung ihrer Marktaktivitäten einen höheren Einfluss auf den Marktpreis auszuüben, und dadurch eine **Monopolrente** zu erlangen.

Unter einfachen Modellbedingungen des oligopolistischen Wettbewerbs lässt sich zeigen, dass ein solcher Zusammenschluss unabhängig von der Zahl der sonstigen Wettbewerber zu einer Verknappung des Marktangebotes und mithin zu einem Verlust an Konsumentenrente führen wird, wenn die beiden fusionierenden Unternehmen im relevanten Bereich identische Kostenstrukturen aufweisen.[46] Fusionen zur Erlangung von Marktmacht werden i. d. R. verbunden sein mit einer Veränderung der Kostenstrukturen des neu entstehenden Unternehmens und oftmals mit der Einsparung von Kosten durch *economies of scale* und *economies of scope.* Insofern bereitet es Schwierigkeiten, diese beiden Motive zu trennen.

1.3.2.2 Kontraktive Theorien: Fusionen als Ventil des Abbaus von Überkapazitäten

Dramatische Veränderungen im wirtschaftlichen Umfeld – technologische Innovationen, Rohstoffpreisschocks, der Untergang ganzer politischer Systeme sowie das globale Zusammenwachsen von Märkten – haben in den letzten drei Jahrzehnten das bewirkt, was *Michael C. Jensen* als „moderne industrielle Revolution" bezeichnet hat.[47] Ein damit untrennbar verknüpftes Phänomen ist das Entstehen von Überkapazitäten. Voraussetzung hierfür ist einerseits die überall zu beobachtende Tatsache, dass die Wachstumsrate verschiedener Arten von Faktorproduktivitäten die Wachstumsrate des realen Outputs bei weitem übersteigt; andererseits sind unternehmensinterne Kontrollmechanismen der Aufgabe nicht gerecht geworden, einen zügigen Abbau der dadurch entstehenden Überkapazitäten durchzusetzen.[48]

Folgt man der Überkapazitäten-Theorie, dann sind Unternehmensübernahmen mit anschließender Desinvestition nichts anderes als die spontane Antwort des Marktes auf das Versagen interner Kontrollmechanismen. Sie verdienen deshalb eine insgesamt positive Beurteilung unter dem Blickwinkel gesamtwirtschaftlicher Effizienz. Auch und gerade die vielfach angefeindeten Konstruktionen der Finanzierung von Übernahmen durch die Auskehrung von Liquiditätsreserven und die Emission hochverzinslicher Fremdkapitaltitel hätten durch ihre disziplinierende Wirkung auf das Managementgebaren der Gesamtwirtschaft einen guten Dienst erwiesen.[49]

---

[46] Grundlegend hierzu: *Farrell und Shapiro* (1990), S. 107–126; vgl. hierzu auch die Darstellung bei *Kleinert und Klodt* (2000), S. 22–24.

[47] Vgl. *Jensen* (1993), S. 831–879.

[48] Vgl. hierzu im einzelnen *Jensen* (1993), S. 847–850.

[49] Vgl. hierzu *Jensen* (1993), S. 851 f., der diese These anhand zweier spektakulärer Übernahmen – von *Gulf* durch *Chevron* und von *RJR Nabisco* durch *Kohlberg, Kravis and Roberts* – untermauert.

Insbesondere hat – so die Protagonisten dieses Ansatzes – die **US-amerikanische Übernahmewelle der Achtzigerjahre** in die betroffenen Unternehmen vor tief greifenden Krisen auf den Absatzmärkten bewahrt.[50]

> In fact, takeover activities were addressing an important set of problems in corporate America, and doing it before the companies faced serious troubles in the product markets. They were, in effect, providing an early warning system that motivated healthy adjustments to the excess capacity that began to profilate in the worldwide economy.[51]

Im Zuge von Unternehmensübernahmen kommt es zu einer Neuzuordnung von Verfügungsrechten an den Ressourcen der Unternehmung, die über den Wechsel der Anteilseigner hinausgeht: Ihre Wirkung als Katalysator des Kapazitätsabbaus entfalten sie nämlich vor allem durch die Aufkündung von vertraglichen und vertragsähnlichen Beziehungen[52]: Die feindliche Übernahme ist das Schwert, welches das sklerotisch gewordene Geflecht impliziter und expliziter Verträge, das ein Unternehmen in seine Umwelt einbettet, gleich einem gordischen Knoten durchtrennt. Es liegt auf der Hand, dass mit einer solchen Operation nicht nur Effizienzeffekte verbunden sein können. Denn gleichzeitig findet ein Netto-Ressourcentransfer von den um ihre Anspruchsposition gebrachten Stakeholdern hin zu den Übernahmeakteuren statt.[53] Die Aussicht auf einen derartigen Ressourcentransfer konstituiert eine ökonomische Rentenposition, und wie bei anderen Rentenpositionen ist zu erwarten, dass diese Rentenposition Anreize aufwirft zu rentensuchendem Verhalten und mithin zur Verschleuderung von Ressourcen aus gesamtwirtschaftlicher Sicht.[54]

Die seit den Achtzigerjahren in den USA geführte Diskussion über die Wünschbarkeit des *downsizings*, d.h. des Kapazitätsabbaus im Zuge von Unternehmenszusammenschlüssen, hat eine bemerkenswerte Parallele in jüngeren wirtschaftspolitischen Auseinandersetzungen in Deutschland, wo die angeblich schädliche Aktivität internationaler Finanzinvestoren auf diesem Gebiet stark kritisiert wurde.[55] Die hier dargestellten Argumente legen eine differenzierte Betrachtung nahe.

---

[50] Vgl. zu dieser Bewertung auch die grundlegende Untersuchung von *Mitchell und Mulherin* (1996), S. 193–229.

[51] *Jensen* (1993), S. 839.

[52] Vgl. hierzu *Jensen* (1993), S. 849 f. Zum Begriff der impliziten Verträge vgl. etwa *Milgrom und Roberts* (1992), S. 132; *Picot et al.* (2003), S. 43 f.

[53] Vgl. zur Diskussion *Shleifer und Summers* (1988), S. 33–56.

[54] Vgl. zum Motiv des rentensuchenden Verhaltens etwa *Tollison* (1982), S. 575–602; mit Bezug auf Unternehmensübernahmen: *Kuhner* (2008), S. 135 ff.

[55] Vgl. als prominente Kritik die bereits sprichwörtlich gewordene, auf biblische Plagen anspielende Bezeichnung der Finanzinvestoren als „Heuschrecken" durch *Müntefering* (2004).

1.3.3 Empirische Befunde über den Erfolg von Unternehmenszusammenschlüssen: Auswirkungen auf Börsenrenditen und Ertragslage

Die dargestellten unterschiedlichen Antriebskräfte von Unternehmenszusammenschlüssen führen dazu, dass keine verallgemeinerungsfähige Voraussage über die Auswirkung von Zusammenschlüssen auf den Unternehmenswert möglich ist. Umso stärker wird das Augenmerk auf den empirischen Befund gelenkt. Innerhalb der letzten Jahrzehnte sind zahlreiche empirische Studien entstanden, um die mit Unternehmenskontrollwechseln verbundenen Werteffekte sowohl aus der Sicht des Erwerbers und seiner Aktionäre als auch aus der Sicht der Zielgesellschaft zu analysieren. Die im Folgenden vorgestellten, notwendigerweise selektiven Befunde zielen überwiegend auf die Kapitalmarktreaktion ab.

Die empirischen Studien quantifizieren die Werteffekte differenziert nach dem Zeithorizont aus kurzfristiger und aus langfristiger Perspektive; unterschieden wird ferner nach der Rechtsform zwischen Unternehmensübernahmen und Fusionen;[56] weiter wird der betroffene Personenkreis, d. h. Aktionäre des Bieters sowie des Zielobjekts, getrennt betrachtet. Ein gesondertes Augenmerk erfährt die Abwicklung einer Unternehmenstransaktion durch Hingabe von Zahlungsmitteln oder durch Aktientausch. Den Kapitalmarktreaktionen werden die entsprechenden Entwicklungen der Ertragslage in GuV und Kapitalflussrechnung gegenübergestellt.

1.3.3.1 Kurzfristige Kapitalmarktreaktion

Die mit der Ankündigung von Übernahmeangeboten sowie von Verschmelzungen verbundenen kurzfristigen Kapitalmarktreaktionen sind anhand einer tabellarischen Übersicht in Abb. 1.13 und 1.14 dargestellt. Kurzzeitstudien wählen zur Analyse der Kapitalmarktreaktionen der an einem Unternehmenskontrollwechsel beteiligten Gesellschaften als Beobachtungszeitraum regelmäßig einen nur wenige Tage um das Ereignis „Ankündigung der Transaktion" liegenden Zeithorizont.

CAAR steht für *cumulative average abnormal return*. Die *abnormal returns*, auch Überrenditen genannt, ergeben sich als Differenz zwischen der tatsächlich beobachteten

---

[56] Zur Abgrenzung von Unternehmensübernahmen und Fusionen ist anzumerken, dass diese Unterscheidung in der Mehrzahl der referierten Studien nicht trennscharf bzw. überhaupt vorgenommen wird; beispielsweise verweisen *Datta et al.* (2001), S. 2302, lediglich auf die Vorgaben der zu Grunde liegenden Datenbank; *Goergen und Renneboog* (2004), S. 13, definieren Fusionen als Transaktion zwischen zwei Parteien von annähernd gleicher Größe, Unternehmensübernahmen hingegen werden als Transaktionen definiert, bei denen die größere Partei die kleinere übernimmt. Häufig werden die Begrifflichkeiten „*merger*" und „*acquisition*" jedoch gleichbedeutend verwendet. Eine an die nach IFRS und US-GAAP bis 2004 bzw. 2001 zulässige Unterscheidung in „*pooling-of-interest*" und „*purchase-method*" angelehnte Differenzierung findet nicht statt. Dementsprechend werden im Folgenden die Studien grundsätzlich gemeinsam vorgestellt; nur wenn ausdrücklich ausschließlich Fusionen untersucht werden, sind die entsprechenden Befunde separat dargestellt.

Studie	Stichproben umfang	Stichproben zeitraum	Ereignisperio de (in Tagen)	CAAR Bietergesell- schaft	CAAR Zielgesell- schaft
Bradley et al. (1988)	236	1963-1984	-5; +5	0.97%	31.77%
Jarrell und Poulsen (1989)	526	1963-1986	-20; +10	1.29%	28.99%
Andrade et al. (2001)	3688	1973-1998	-1; +1	-0.70%	16.00%
Datta et al. (2001)	142	1993-1998	-1: 0	0.23%	-
Goergen und Renneboog (2004)	136/142	1993-2000	-2; +2	1.18%	12.96%
Bhagat et al. (2005)	1018	1962-2001	-5; +5	0.18%	30.01%
Holmen und Knopf (2006)	121	1985-1995	-5; +5	0.32%	16.99%
Hackbarth und Morrelec (2008)	1086	1985-2002	-1; +1	-0.52%	18.21%
Alexandridis et al. (2011)	3206	1993-2007	-1; +1/ -10; +10	-1.50%/ - 2.05%	19.47%/ 23.31%
Kengelbach und Jostarndt (2014)	26040	1990-2011	-3; +3	1.10%	14.70%

Abb. 1.13 Kurzfristige Kapitalmarktreaktionen bei Übernahmeangeboten (bzw. allen Transaktionsarten) (Vgl. zu Studien im Einzelnen: *Bradley et al.* (1988), S. 340; *Jarell und Poulsen* (1989), S. 16; *Datta et al.* (2001), S. 2314; *Goergen und Renneboog* (2004), S. 19; *Bhagat et al.* (2005), S. 22; *Holmén und Knopf* (2004), S. 179; *Hackbarth und Morellec* (2008), S. 1236; *Alexandridis et al.* (2011), S. 673–674; *Kengelbach und Jostarndt* (2014), S. 409–510)

Aktienrendite eines Unternehmens in einem bestimmen Zeitraum und der ohne die Übernahme erwarteten normalen Aktienrendite. Die erwarteten, ohne Übernahme erzielbaren Renditen werden unter Zuhilfenahme von Marktmodellen, wie z. B. dem CAPM, geschätzt.

Die in Abb. 1.13 aufgeführten Studien spiegeln übereinstimmend eine **hohe kurzfristige Überrendite für die Aktionäre des Zielunternehmens**, sowie einen geringen, **fast neutralen Werteffekt für die Aktionäre des Bieterunternehmens** wider. Zu einem ähnlichen Befund kommen *Jensen und Ruback* in einem Überblicksartikel, in dem 13 empirische Arbeiten über den Erfolg von Unternehmensübernahmen für Untersuchungszeiträume vor 1980 referiert werden: Bei auf Übernahmeangeboten basierenden Transaktionen ergibt sich für die Zielgesellschaftsaktionäre eine in dem Zeitraum von

Studie	Stichproben umfang	Stichproben zeitraum	Ereignisperio de (in Tagen)	CAAR Bietergesell- schaft	CAAR Zielgesell- schaft
Huang und Walkling (1987)	101	1977-1982	-1; 0	-	22.60%
Akhigbe et al. (2000)	192	1987-1996	-1; 0	-	17.40%
Walker (2000)	230	1980-1996	-2; +2	1.13%	-
Datta et al. (2001)	1577	1993-1998	-1: 0	0.00%	-
Goergen und Renneboog (2004)	40/41	1993-2000	-2; +2	4.35%	12.62%
Louis (2005)	3502	1980-2002	-1; +1	-0.59%	-
Fields et al. (2007)	129	1997-2002	-1; 0	1.07%	2.98%
Ishii und Xuan (2014)	519	1999-2007	-1; +1	-1.97%	20.06%
El-Khatib et al. (2015)	776	2000-2009	-3; +3	-1.41%	21.28%

Abb. 1.14 Kurzfristige Kapitalmarktreaktionen bei Fusionen (Vgl. zu den Studien im Einzelnen *Huang und Walkling* (1987), S. 329–349; *Akhigbe et al.* (2000), S. 101–118; *Walker* (2000), S. 60; *Datta et al.* (2001), S. 2314; *Goergen und Renneboog* (2004), S. 21; *Louis* (2005), S. 81); *Fields et al.* (2007), S. 3654–3655; *Ishii und Xuan* (2014), S. 350; *El-Khatib et al.* (2015), S. 360)

einem Monat vor und zwei Monate nach der Ankündigung der Übernahme erzielte kumulierte abnormale Rendite zwischen 16,9 % und 34,1 %. Für die Aktionäre der Bietergesellschaft sind die Ergebnisse dagegen weniger eindeutig: Die Gesellschafter erzielen statistisch signifikante, aber geringe positive abnormale Renditen.[57] Zu ähnlichen, aktuelleren Befunden kommen *Martynova und Renneboog* in ihrem Überblicksartikel.[58] Auch *Achleitner et al.* zeigen für Deutschland einen signifikant positiven Werteffekt i. H. v. 5,90 % um den Ereignistag für die Zielgesellschaftsaktionäre bei *private equity*-Investitionen.[59]

Ebenfalls in tabellarischer Form werden in Abb. 1.14 die kurzfristig realisierten, auf Fusionsankündigungen zurückzuführenden Kapitalmarktreaktionen aufgeführt. Genau wie bei den Befunden zu Unternehmensübernahmen wird hier zwischen Bieter- und Zielaktionären unterschieden, da unter wirtschaftlicher Betrachtungsweise auch bei Fusionen i. d. R. eine solche Differenzierung angebracht ist.

---

[57] Vgl. *Jensen und Ruback* (1983), S. 5–50.

[58] Vgl. hier und im Folgenden *Martynova und Renneboog* (2008), insbesondere S. 2152–2168, zur marktbasierten und operativen Profitabilität von Unternehmenstransaktionen.

[59] Vgl. *Achleitner et al.* (2011) S. 219.

Für den Zeitraum bis 1980 bestätigen wiederum *Jensen und Ruback* in ihrer *survey*-Studie das aus Sicht der Zielgesellschaftsaktionäre positive Ergebnis bei Fusionen: Zielgesellschafter erwirtschaften eine kumulierte Überrenditen von 6,2 % bis 13,4 % im Zeitraum der zwei Tage, die direkt um die Ankündigung liegen.[60] Für die Bietergesellschaftsaktionäre geben die Autoren keine Ergebnisse bekannt.

Renneboog und Goergen unterscheiden in ihrer Studie nicht zwischen Fusionen und Übernahmeangeboten. Sie gelangen für eine Stichprobe von 185 im Zeitraum von 1993 bis 2000 durchgeführten Unternehmenskontrollwechseln bezogen auf den Ereigniszeitraum von einem Tag vor der Ankündigung bis zum Tag der Ankündigung zu einer durchschnittlichen kumulierten Überrendite von 9,01 % aus Sicht der Zielgesellschaftsaktionäre sowie in Höhe von 0,7 % aus Sicht der Bietergesellschaftsaktionäre.[61] Insgesamt zeigt sich somit unabhängig von der Transaktionsart (Übernahme ggü. Fusion) ein weitgehend einheitliches Bild der kurzfristigen Kapitalmarktreaktionen: Aus Sicht der Zielgesellschaftsaktionäre führt eine Unternehmenstransaktion zu signifikant positiven Überrenditen, wohingegen sich für Bietergesellschaftsaktionäre kein wesentlicher kurzfristiger Werteffekt materialisiert.[62]

1.3.3.2 Langfristige Kapitalmarktreaktion

Bei Ausweitung des Untersuchungshorizonts auf i. d. R. mehrjährige Zeiträume zeigen sich differenzierte Befunde. Naturgemäß liegen nach vollzogener Unternehmenstransaktion häufig nur Daten für die Bietergesellschaft vor. Abhängig von untersuchtem Zeitraum, zu Grunde liegender Datenbasis und Schätzmethode[63] zeigen sich aus Bieteraktionärssicht sowohl signifikant positive als auch negative, aber auch nahezu neutrale Werteffekte (siehe Abb. 1.15).[64]

Kommen die vorliegenden Langzeitstudien über Verschmelzungen für die Zielgesellschaftsaktionäre noch zu deutlichen Wertsteigerungen, vermögen sie aus Sicht der Bietergesellschaftsaktionäre lediglich ein negativ gefärbtes Bild zu zeichnen (siehe Abb. 1.16).

Als Ergebnis der in Abb. 1.16 betrachteten Studien ist festzuhalten, dass die Aktionäre der Zielgesellschaft sowohl kurz- als auch langfristig deutliche Überrenditen im Zusammenhang mit Unternehmensübernahmen erzielen können, unabhängig davon, ob es sich um eine Verschmelzung oder um ein Übernahmeangebot handelt.

Für die Aktionäre der Bietergesellschaft sind die empirischen Befunde uneindeutig, zeichnen aber ein tendenziell negatives Bild der zu erzielenden Werteffekte. Das **insge-**

---

[60] Vgl. *Jensen und Ruback* (1983), S. 5–50.

[61] Vgl. *Goergen und Renneboog* (2002).

[62] Vgl. auch *Martynova und Renneboog* (2008).

[63] So wird neben dem CAAR auch der sog. *buy-and-hold-abnormal-return*, jeweils in Relation zu verschiedenen erwarteten (geschätzten) Renditen ermittelt.

[64] Vgl. hierzu auch *Martynova und Renneboog* (2008), S. 2164.

Studie	Stichproben-umfang	Stichproben-zeitraum	Ereignisperio-de (in Tagen)	CAAR, BHAR Bietergesell-schaft	CAAR, BHAR Zielgesell-schaft
Loughran und Vijh (1997)	135	1970-1989	+1 Tag; +5 Jahre	43.00%	126.90%
Higson und Elliott (1998)	722	1975-1990	+1; +36 Monate	0.83%	-
Rau und Vermaelen (1998)	316	1980-1991	+1; +36 Monate	8.85%	-
Mitchell und Stafford (2000)	2068	1961-1993	0; +36 Monate	-1.00%	-
Datta et al. (2001)	48	1993-1998	0; +36 Monate	6.20%	-
Moeller et al. (2004)	12023	1980-2001	Monatliche abnormale Rendite	0.02%	-
Conn et al. (2005)	4344	1984-1998	+1; +36 Monate	-9.02%	-
Sudasanam und Mahate (2006)	519	1983-1995	+40; +750 Tage	-7.94%	-
Dutta und Jog (2009)	1018	1993-2002	+1; +36 Monate	-0.54%	-
Kyriazis (2014)	86	1993-2006	0; +36 Monate	-2.28%	-

Abb. 1.15 Langfristige Kapitalmarktreaktionen bei Übernahmeangeboten (bzw. allen Transaktionsarten) (Vgl. zu den Studien im Einzelnen *Higson und Elliott* (1998), S. 34; *Rau und Vermaelen* (1998), S. 235; *Mitchell und Stafford* (2000), S. 299; *Datta et al.* (2001), S. 2329; *Moeller et al.* (2004), S. 225; *Conn et al.* (2005), S. 837; *Sudarsanam und Mahate* (2006), S. 18; *Dutta und Jog* (2009), S. 1407; *Kyriazis* (2010), S. 74)

samt im Vergleich zu den Zielgesellschaftsaktionären eher bescheidene Ergebnis aus Sicht der Bietergesellschaftsaktionäre wird in einer weiteren, von *Fuller et al.* durchgeführten Studie bestätigt. Sie zeigen für eine nicht nach Fusionen und Übernahmeangeboten differenzierte, zwischen 1990 und 2000 erhobene Stichprobe, dass die Bietergesellschaftsaktionäre bezogen auf das Zeitintervall zwei Tage vor bis zwei Tage nach der Ankündigung eine statistisch signifikante durchschnittliche abnormale Aktienrendite von −1 % erzielt haben.[65] Zu einem ähnlich negativen Ergebnis aus Sicht

---

[65] Vgl. *Fuller et al.* (2002), S. 1763–1794. Mit einem ähnlichen Ergebnis für eine undifferenzierte Stichprobe vgl. *Walker* (2000), S. 53–66.

Studie	Stichproben-umfang	Stichproben-zeitraum	Ereignisperiode (in Tagen)	CAAR, BHAR Bietergesell-schaft	CAAR, BHAR Zielgesell-schaft
Bühner (1990b)	90	1973-1985	-24; +24 Monate	-9.38%	27.09%
Agraval et al. (1992)	1164	1955-1987	+1; +60 Monate	-10.26%	-
Loughran und Vijh (1997)	788	1970-1989	+1 Tag; +5 Jahre	-15.90%	29.60%
Rau und Vermaelen (1998)	2823	1980-1991	+1; +36 Monate	-4.04%	-
Datta et al. (2001)	437	1993-1998	0; +36 Monate	-10.67%	-
Savor und Lu (2009)	2128	1962-2000	-1; +1	-3.30%	12.90%
Alhenawi und Krishnaswami (2015)	316	1998-2007	0; +5 Jahre	-0.30%	-

Abb. 1.16 Langfristige Kapitalmarktreaktionen bei Fusionen (Vgl. zu den Studien im Einzelnen *Bühner* (1990b), S. 295–316; *Agrawal et al.* (1992), S. 1605–1621; *Loughran und Vijh* (1997), S. 1774, 1784; *Rau und Vermaelen* (1998), S. 235; *Datta et al.* (2001), S. 2329; *Savor und Lu* (2009), S. 1075; *Alhenawi und Krishnaswami* (2015))

der Bietergesellschaft gelangt auch *Bühner* bei einer Untersuchung des Erfolgs von Unternehmenszusammenschlüssen in der Bundesrepublik Deutschland.[66]

1.3.3.3 Abwicklungsart: Barzahlung vs. Aktientausch und weitere Differenzierungen

Weiterhin von Interesse bei der Beurteilung von Unternehmensübernahmen aus Sicht der Bietergesellschaftsaktionäre ist die dem Kontrollwechsel zu Grunde liegende Zahlungsart. In der Theorie präferiert das Management der Bietergesellschaft bei unterstellter Finanzierbarkeit immer dann die Barzahlung, wenn die eigene Aktie als unterbewertet gesehen wird; umgekehrt wird ein Aktientausch bei einer vermuteten Überbewertung vorgezogen.[67] *Travlos* zeigt in diesem Zusammenhang, dass sich die Ankündigung von

---

[66] Vgl. *Bühner* (1990a), S. 63–73; m. w. V. *Kleinert und Klodt* (2000), S. 59 f. Vgl. zudem *Avrikam* (1999), S. 991–1013, mit ähnlichen Wertungen aufgrund von *post merger*-Effizienzschätzungen im australischen Banksektor 1985–1996.

[67] Vgl. zu diesem auf Informationsasymmetrie basierenden Finanzierungsphänomen grundlegend *Myers und Majluf* (1984), S. 187–221.

Unternehmensübernahmen negativ auf den Aktienkurs der Bietergesellschaft auswirkt, wenn zur Finanzierung eigene Aktien verwendet werden. So erzielen sie in dem zweitägigen Betrachtungsfenster (ein Tag vor bis ein Tag nach der Ankündigung) eine statistisch signifikante negative kumulierte abnormale Rendite von $-1{,}47\,\%$. Demgegenüber weisen die auf der Grundlage von Barzahlungen erfolgten Kontrollwechsel im Durchschnitt keine signifikante Überrendite[68] aus Bietergesellschaftssicht auf. Diese Befunde werden durch *Franks et al.* bestätigt, die zudem zeigen, dass auch beim Zielunternehmen durch Barzahlung finanzierte Übernahmen zu höheren Überrenditen gegenüber Übernahmen, die durch Hingabe eigener Aktien finanziert werden, führen.[69] Letztere Befunde werden auch in jüngeren Untersuchungen nachgewiesen.[70]

Eine weitere Studie differenziert zwischen diversifizierenden und branchengleichen Fusionen. Auf der Basis von 260 Verschmelzungen im Zeitraum zwischen 1963 und 1996, die durch Aktientausch finanziert wurden, belegen *Maquieira et al.* signifikante Steigerungen des Börsenwertes bei branchengleichen Fusionen und insignifikante Steigerungen des Börsenwertes bei diversifizierenden Fusionen; bei diversifizierenden Fusionen waren i. d. R. die Anteilseigner der Bietergesellschaft auf der Verliererseite, sonst haben sich alle anderen beteiligten Gruppen von Wertpapierinhabern im Durchschnitt *ex post* zumindest nicht schlechter gestellt.[71]

Goergen und Renneboog unterscheiden zwischen sog. feindlichen und freundlichen Übernahmen. Auf Basis von 81 europäischen Übernahmen im Zeitraum von 1993 bis 2000 zeigen sie aus Zielunternehmenssicht positive und signifikant höhere Überrenditen bei feindlichen Übernahmen, wohingegen aus Bietersicht negative und signifikant geringere Überrenditen erzielt werden. Diese Befunde führen die Autoren auf die *Hybris*-Hypothese[72] zurück, d. h. den Entscheidungsträgern des Bieterunternehmens wird unterstellt, die Vorteilhaftigkeit des neu-entstehenden Unternehmens zu überschätzen, was sich in einer überhöhten Zahlungsbereitschaft widerspiegelt.[73]

1.3.3.4 Rendite- und *Cash Flow*-Entwicklung

Neben den Kapitalmarktstudien liegen ferner Arbeiten vor, die sich mit der Ertragslage bzw. der operativen *performance* von den an dem Übernahmeprozess beteiligten Gesellschaften auseinandersetzen.

Ein insgesamt positives Bild der Auswirkung von Fusionen auf die Ertragslage zeichnen *Healy et al.* (1992): Anhand einer Untersuchung über die fünfzig größten US-

---

[68] Vgl. *Travlos* (1987), S. 952, mit dem Befund einer statistisch insignifikanten Überrendite von 0.29 % bei Barzahlung.

[69] Vgl. *Franks et al.* (1991), S. 84.

[70] Vgl. *Andrade et al.* (2001), S. 112; *Goergen und Renneboog* (2004), S. 24–28.

[71] *Maquieira et al.* (1998), S. 3–33.

[72] Vgl. oben, Abschn. 1.3.2.1.5.

[73] Vgl. *Goergen und Renneboog* (2004), S. 20–22, 35.

amerikanischen Unternehmenstransaktionen zwischen 1979 und 1984 werden gegenüber dem jeweiligen Branchendurchschnitt gestiegene Kapitalrenditen bzw. *cash flow*-Renditen nachgewiesen. Besonders erfolgreich schneiden Unternehmen mit überlappenden Tätigkeitsfeldern ab. Auf lange Sicht haben die Transaktionen keine negativen Auswirkungen auf die Investitionstätigkeit der beteiligten Unternehmen gehabt. Diese Ergebnisse stehen im Gegensatz zu zahlreichen Vorgängeruntersuchungen.[74] Da die Vorgängeruntersuchungen sich auf frühere Zeiträume beziehen, liegt eine differenzierte Betrachtung der Effizienzwirkungen verschiedener Fusionswellen nahe.[75]

Für 191 Übernahmen in Großbritannien im Zeitraum zwischen 1985 und 1993 zeigen *Powell und Stark* in methodischer Anlehnung an *Healy et al.* moderate operative *performance*-Verbesserungen nach Abschluss einer Transaktion. Hierbei gibt es leichte Hinweise darauf, dass die Zugehörigkeit zur gleichen Branche mit stärkeren Verbesserungen einhergeht.[76]

Für Europa belegen *Kleinert und Klodt* anhand von 103 Transaktionen, die im Zeitraum von 1991 bis 1996 durch die EU-Kommission geprüft wurden, Rentabilitätssteigerungen in 60,2 % der Fälle. Der Erfolg einer Unternehmenstransaktion, gemessen an Rentabilitätskennzahlen, sinkt dabei mit der Größe der beteiligten Unternehmen: So erwirtschafteten nur 46,2 % der Fusionen mit einem Volumen über 5 Mrd. US-$ *ex post* eine überdurchschnittliche Rendite, während es im Segment unter 1 Mrd. US $ 64,2 % sind.[77] Der insgesamt positive Befund für die Neunzigerjahre steht in einem gewissen Gegensatz zu Rentabilitätsstudien, die sich auf Unternehmensübernahmen in den Achtzigerjahren und davor beziehen.[78]

In ihrem Überblicksartikel weisen *Martynova und Renneboog* jedoch auf verschiedene methodische Schwächen und Unterschiede verschiedener Beiträge zu den Auswirkungen von Übernahmen auf die operative *performance* hin, die, ähnlich den Untersuchungen der langfristigen Kapitalmarktreaktionen, einen Vergleich zwischen Studien, Ländern und Zeiträumen erschweren: So steht dem Tenor der o. g. Studien eine Reihe von Untersuchungen entgegen, die keine nachweisbaren oder auch negative operative Effekte von Unternehmensübernahmen zum Ergebnis haben.[79]

Rentabilitäts- und Kapitalmarktstudien zeichnen also insgesamt ein sehr differenziertes Bild des *ex post*-Erfolges von Unternehmensübernahmen. Dabei schneiden die Kontrollwechsel der Achtziger- und Neunzigerjahre im Allgemeinen besser ab als jene

---

[74] Vgl. insbesondere *Ravenscraft und Scherer* (1987) für die Analyse von 5966 (!) Fusionen in den USA 1950–1977; sowie *Mueller* (1986), der 456 Zusammenschlüsse in den USA 1950–1972 untersucht.

[75] Vgl. oben, Abschn. 1.3.1.

[76] Vgl. *Powell und Stark* (2005), S. 306–307.

[77] Vgl. *Kleinert und Klodt* (2000).

[78] Vgl. u. a. *Bühner* (1990a), S. 51–60.

[79] Vgl. *Martynova und Renneboog* (2008), S. 2164–2168.

vorangegangener Zeiträume. Ein bemerkenswert häufig wiederkehrendes Resultat ist die **recht hohe Misserfolgsquote von Zusammenschlüssen**, zumindest aus der Sicht der Anteilseigner der übernehmenden Unternehmung. In Einzelfallstudien werden solche Akquisitionsmisserfolge vor allem auf eine Überschätzung strategischer Synergiepotenziale[80] und eine Unterschätzung „weicher" Faktoren, wie Integrationsprobleme unterschiedlicher Unternehmenskulturen[81] zurückgeführt.

1.3.4 Konsequenzen für die Unternehmensbewertung

Die theoretischen und empirischen Befunde zum Erfolg und zu den treibenden Kräften von Unternehmenszusammenschlüssen bieten eine erste Wertungsbasis zur Beurteilung der strategischen Motive einer Akquisition sowie ihrer Erfolgswahrscheinlichkeit. Die strategischen Zielsetzungen wirken sich unmittelbar auf die Zahlungsbereitschaft des Bieters aus; sie bestimmen den Unternehmenswert als subjektiven Entscheidungswert. Jeder rational agierende Bieter wird sich selber Rechenschaft geben über die erwarteten wirtschaftlichen Vorteile eines spezifischen Zusammenschlusses und wird deshalb in ähnlicher Form auf die oben entwickelte Kategorisierung zurückgreifen. Im Rahmen der Unternehmensbewertung wird der Bogen geschlagen von einer abstrakten Konzeptualisierung der ökonomischen Vorteile, die man sich von einem Unternehmenszusammenschluss verspricht, über deren materielle Implikationen, die ihren Niederschlag im geplanten Profil erwarteter Zahlungsüberschüsse finden, bis zu ihrer Verdichtung auf den einen Zahlenwert, der die Zahlungsbereitschaft des Erwerbers für sein Zielobjekt vergegenständlicht.

Umgekehrt ergibt sich hieraus aber auch eine Basis zur kritischen Überprüfung der Plausibilität derjenigen Bewertungsprämissen, die ausschlaggebend für gebotene und geforderte Unternehmenspreise sind, durch externe Beobachter und Interessenten. Sie machen ökonomisch greifbar, welche einzelnen Sachverhalte sich hinter dem **Phänomen der positiven Synergieeffekte** verbergen können, das ein unverzichtbares Requisit einer jeden Begründung eines spezifischen Akquisitionsvorhabens ist. Insbesondere ist in diesem Zusammenhang der **Interessengegensatz zwischen Management und Anteilseignern akquirierender Unternehmen** im Auge zu behalten, der zu einer unterschiedlichen Beurteilung der Vorteilhaftigkeit von Expansions- und Diversifikationsstrategien führen kann.

---

[80] Vgl. hierzu etwa: *Lys und Vincent* (1995), S. 353–378.

[81] Vgl. etwa *Kaplan et al.* (2000), S. 179–138.

Die ökonomischen Triebkräfte hinter dem wohl wichtigsten Bewertungsanlass, d. h. der Unternehmensakquisition, treten bei Darstellungen zur Unternehmensbewertung oft gegenüber der Bewertungstechnik und -methodik in den Hintergrund; um dieses zu verhindern wurde ihrer Darstellung zu Eingang des Lehrtextes ein besonderer Raum gewidmet.

Literatur

Achleitner, A.-K., Andres, C., Betzer, A., & Weir, C. (2011). Wealth effects of private equity investments on the German stock market. *The European Journal of Finance, 17*, 217–239.

Agrawal, A., Jaffe, J. F., & Mandelker, G. N. (1992). The post-merger performance of acquiring firms: A re-examination of an anomaly. *The Journal of Finance, 47*, 1605–1621.

Akhigbe, A., Borde, S. F., & Whyte, A. M. (2000). The source of gains to targets and their industry rivals: Evidence based on terminated merger proposals. *Financial Management, 29*, 101–118.

Alexandridis, G., Mavrovitis, C. F., & Travlos, N. G. (2011). How have M&A changed? Evidence from the sixth merger wave. *The European Journal of Finance, 18*, 663–688.

Alhenawi, Y., & Krishnaswami, S. (2015). Long-term impact of merger synergies on performance and value. *Quarterly Review of Economics and Finance, 58*, 93–118.

Ammann, M., Hoechle, D., & Schmid, M. (2012). Is there really no conglomerate discount? *Journal of Business Finance & Accounting, 39*, 264–288.

Andrade, G., & Stafford, E. (2004). Investigating the economic role of mergers. *The Journal of Corporate Finance, 10*, 1–36.

Andrade, G., Mitchell, M., & Stafford, E. (2001). New evidence and perspectives on mergers. *Journal of Economic Perspectives, 15*, 103–120.

Avrikam, N. K. (1999). The evidence on efficiency gains: The role of mergers and the benefits to the public. *Journal of Banking and Finance, 23*, 991–1013.

Ballwieser, W., & Leuthier, R. (1986). Betriebswirtschaftliche Steuerberatung: Grundprinzipien, Verfahren und Probleme der Unternehmensbewertung (Teil I). *Deutsches Steuerrecht, 24*, 545–551.

Becker, R. (1998). Gesellschaftsrechtliche Probleme der Finanzierung von Leveraged-Buy-Outs. *Deutsches Steuerrecht, 36*, 1429–1434.

Berens, W., Brauner, H. U., Strauch, J., & Knauer, T. (Hrsg.). (2013). *Due Diligence bei Unternehmensakquisitionen* (7. Aufl.). Stuttgart.

Bhagat, S., Dong, M., Hirshleifer, D., & Noah, R. (2005). Do tender offers create value? New methods and evidence. *Journal of Financial Economics, 76*, 3–60.

Bloomberg. (2014). Global equity, equity linked & rights league tables 2013, unter. http://www.bloomberg.com/professional/content/uploads/sites/2/2014/01/Equity-Equity-Linked-Rights-2013.pdf. Zugegriffen am 22.10.2014.

Bloomberg. (2015). Largest of all time: M&A deals, unter. http://www.bloomberg.com/visual-data/best-and-worst//largest-of-all-time-m-a-deals. Zugegriffen am 28.09.2015.

Bradley, M., Desai, A., & Kim, H. E. (1988). Synergistic gains from corporate acquisitions and their division between the stockholders of target and acquiring firm. *Journal of Financial Economics, 21*, 3–40.

Bühner, R. (1990a). *Erfolg von Unternehmenszusammenschlüssen in der Bundesrepublik Deutschland*. Stuttgart.

Bühner, R. (1990b). Reaktionen des Aktienmarktes auf Unternehmenszusammenschlüsse. *Zeitschrift für betriebswirtschaftliche Forschung, 42*, 295–316.

Butz, C. A. (2002). *Unternehmensakquisitionen und Finanzsynergien*. Wiesbaden.

Conn, R. L., Cosh, A., Guest, P. M., & Hughes, A. (2005). The impact on UK acquirers of domestic, cross-border, public and private acquisitions. *Journal of Business Finance & Accounting, 32*, 815–870.

Datta, S., Iskandar-Datta, M., & Raman, K. (2001). Executive compensation and corporate acquisition decisions. *The Journal of Finance, 56*, 2299–2336.

Düsterhoff, H. (2015). Wende ja, Welle nein – Jahresrückblick auf das deutsche M&A-Geschehen 2014. *M&A Review, 26*, 73–81.

Dutta, S., & Jog, V. (2009). The long-term performance of acquiring firms: A re-examination of an anomaly. *The Journal of Banking and Finance, 33*, 1400–1412.

Eidenmüller, H. (2007). Regulierung von Finanzinvestoren. *Deutsches Steuerrecht, 45*, 2116–2121.

El-Khatib, R., Fogel, K., & Jandik, T. (2015). CEO network centrality and merger performance. *Journal of Financial Economics, 116*, 349–382.

Ernst & Young. (2013). Global IPO Trends Q4 2013, unter. http://www.ey.com/Publication/vwLUAssets/EY_-_Global_IPO_Trends_Q4_2013/$FILE/EY-Global-IPO-Trends-Q4-2013.pdf. Zugegriffen am 28.09.2015.

Ernst & Young. (2014). Global IPO Trends Q4 2014, unter. http://www.ey.com/Publication/vwLUAssets/ey-q4-14-global-ipo-trends-report/$FILE/ey-q4-14-global-ipo-trends-report.pdf. Zugegriffen am 28.09.2015.

Essler, W., Lobe, S., & Röder, K. (Hrsg.). (2008). *Fairness Opinion – Grundlagen und Anwendung*. Stuttgart.

Farrell, J., & Shapiro, C. (1990). Horizontal mergers: An equilibrium analysis. *American Economic Review, 80*, 107–126.

Fields, L. P., Fraser, D. R., & Kolari, J. W. (2007). Bidder returns in bancassurance mergers: Is there evidence of synergy. *Journal of Banking & Finance, 31*, 3646–3662.

Franks, J., Harris, R., & Titman, S. (1991). The postmerger share-price performance of acquiring firms. *Journal of Financial Economics, 29*, 81–96.

Fraser-Sampson, G. (2010). *Private equity as an asset class* (2. Aufl.). Hoboken.

Fuller, K., Netter, J., & Stegemoller, M. (2002). What do returns to acquiring firms tell us? Evidence from firms that make many acquisitions. *The Journal of Finance, 57*, 1763–1794.

Goergen, M., & Renneboog, L. (2002). *Shareholder wealth effects in large European takeover bids* (Working Paper). University of Manchester Institute of Science and Technology.

Goergen, M., & Renneboog, L. (2004). Shareholder wealth effects of European domestic and cross-border takeover bids. *European Financial Management, 10*, 9–45.

Gröhn, A. (1999). *Netzwerkeffekte und Wirtschaftspolitik – Eine ökonomische Analyse des Softwaremarkets*. Tübingen

Hackbarth, D., & Morellec, E. (2008). Stock returns on mergers and acquisitions. *The Journal of Finance, 63*, 1213–2152.

Healy, P. M., Palepu, K. G., & Ruback, R. S. (1992). Does corporate performance improve after mergers? *Journal of Financial Economics, 31*, 135–175.

Higson, C., & Elliott, J. (1998). Post-takeover returns: The UK evidence. *Journal of Empirical Finance, 5*, 27–46.

Holmén, M., & Knopf, J. D. (2004). Minority shareholder protection and the private benefits of control for Swedish mergers. *Journal of Financial and Quantitative Analysis, 39*, 167–191.

Huang, Y.–. S., & Walkling, R. A. (1987). Target abnormal returns associated with acquisition announcements. *Journal of Financial Economics, 19*, 329–349.

IDW (2011). IDW S 8: „Grundsätze für die Erstellung von Fairness Opinions" vom 17.01.2011, FN-IDW 3/2011, S. 151–162. FN-IDW 1/2013, S. 62.

Ishii, J., & Xuan, Y. (2014). Acquirer-target social ties and merger outcomes. *Journal of Financial Economics, 112*, 344–363.

Jansen, S. A. (2008). *Mergers & Acquisitions, Unternehmensakquisitionen und -kooperationen – Eine strategische, organisatorische und kapitalmarkttheoretische Einführung* (5. Aufl.). Wiesbaden.

Jarrell, G. A., & Poulsen, A. B. (1989). The returns to acquiring firms in tender offers: Evidence from three decades. *Financial Management, 18*, 12–19.

Jensen, M. C. (1986). Agency cost of free cash flow, corporate finance, and takeovers. *American Economic Review, 76*, 323–329.

Jensen, M. C. (1993). The modern industrial revolution, exit, and the failure of internal control systems. *The Journal of Finance, 48*, 831–879.

Jensen, M. C., & Meckling, W. H. (1976). Theory of the firm: Managerial behaviour, agency costs and ownership structure. *Journal of Financial Economics, 3*, 305–360.

Jensen, M. C., & Ruback, R. (1983). The market for corporate control. The scientific evidence. *Journal of Financial Economics, 11*, 5–50.

Kaplan, S. N., Mitchell, M. L., & Wruck, K. H. (2000). A clinical exploration of value creation and destruction in acquisitions: Organization design, incentives, and internal capital markets. In S. N. Kaplan (Hrsg.), *Mergers and productivity* (S. 179–238). Chicago.

Katz, M. L., & Shapiro, C. (1985). Network externalities, competition, and compatibility. *American Economic Review, 75*, 424–440.

Kengelbach, J., & Jostarndt, P. (2014). Erfolgsfaktoren beim Unternehmenskauf – Zwischenbilanz aus zehn Jahren M&A-Forschung. In M. Dobler et al. (Hrsg.), *Rechnungslegung, Prüfung und Unternehmensbewertung, Festschrift zum 65. Geburtstag von Professor Dr. Dr. h.c. Wolfgang Ballwieser* (S. 405–442). Stuttgart.

Kleinert, J., & Klodt, H. (2000). *Megafusionen – Trends, Ursachen, Implikationen*. Tübingen.

KPMG. (o. J.). *Fairness opinion – Assurance for the decision maker*. o. O.

Kuhner, C. (2000). Zum Sinn und Zweck von Unternehmenszusammenschlüssen aus gesamtwirtschaftlicher Sicht. *Betriebswirtschaftliche Forschung und Praxis, 52*, 333–344.

Kuhner, C. (2008). „Unerwünschte Aktivitäten" von Finanzinvestoren und ihre Prävention durch den Gesetzgeber. *Zeitschrift für betriebswirtschaftliche Forschung, Sonderheft 59/08*, 119–153.

Kyriazis, D. (2010). The long-term post acquisition performance of Greek acquiring firms. *International Research Journal of Finance and Economics, 43*, 69–79.

Laas, T. (2004). *Steuerung internationaler Konzerne*. Frankfurt a. M.

Liefmann, R. (1928). Trusts. In L. Elster et al. (Hrsg.), *Handwörterbuch der Staatswissenschaften* (Bd. 8, 4. Aufl.) Jena.

Loughran, T., & Vijh, A. M. (1997). Do long–term shareholders benefit from corporate acquisitions? *The Journal of Finance, 52*, 1765–1790.

Louis, H. (2005). Acquirers' abnormal returns and the non-Big 4 auditor clientele effect. *Journal of Accounting and Economics, 40*, 75–99.

Lys, T., & Vincent, L. (1995). An analysis of value destruction in AT&T's acquisition of NCR. *Journal of Financial Economics, 39*, 353–378.

Mandl, G., & Rabel, K. (1997). *Unternehmensbewertung*. Wien.

Maquieira, C. P., Megginson, W. L., & Nail, L. (1998). Wealth creation versus wealth redistribution in pure stock-for-stock mergers. *The Journal of Financial Economics, 48*, 3–33.

Martynova, M., & Renneboog, L. (2008). A century of corporate takeovers: What have we learned and where do we stand? *Journal of Banking and Finance, 32*, 2148–2177.

Matschke, M. J. (1979). *Funktionale Unternehmensbewertung* (Bd. II: Der Arbitriumwert der Unternehmensbewertung). Wiesbaden.

McDermid, B. (2015). Mergers & acquisitions review full year 2014, unter. http://dmi.tho msonreuters.com/Content/Files/4Q2014_Global_MandA_Financial_Advisory_Review.pdf. Zuge-griffen am 28.09.2015.

Mergermarket. (2015). M&A trend report 2014, unter. http://www.mergermarket.com/pdf/Me rgermarket%202014%20M&A%20Trend%20Report.%20Financial%20Advisor%20League%20 Tables.pdf. Zugegriffen am 28.09.2015.

Milgrom, P., & Roberts, J. (1992). Economics, organisation and management. Englewood Cliffs.

Mitchell, M. L., & Mulherin, J. H. (1996). The impact of industry shocks on takeover and restructuring activity. *Journal of Financial Economics, 41*, 193–229.

Mitchell, M. L., & Stafford, E. (2000). Managerial decisions and long-term stock price performance. *The Journal of Business, 73*, 287–329.

Moeller, S. B., Schlingemann, F. P., & Stulz, R. M. (2004). Firm size and the gains from acquisitions. *Journal of Financial Economics, 73*, 201–228.

Mueller, D. C. (1986). *Profits in the long run*. Cambridge.

Müntefering, F. (2004). Freiheit und Verantwortung; Rede bei der Friedrich-Ebert-Stiftung, 19.11.2004. http://www.franz-muentefering.de/reden/19.11.04.html. Zugegriffen am 28.04.2014.

Myers, S. C., & Majluf, N. S. (1984). Corporate financing and investment decisions when firms have information that investors do not have. *Journal of Financial Economics, 13*, 187–221.

Peemöller, V. H. (2015). Grundlagen der Unternehmensbewertung, Teil B. Anlässe der Unterneh-mensbewertung. In V. H. Peemöller (Hrsg.), *Praxishandbuch der Unternehmensbewertung* (6. Aufl., S. 17–29). Herne.

Picot, A., Reichwald, R., & Wiegand, R. T. (2003). *Die grenzenlose Unternehmung* (5. Aufl.). Wiesbaden.

Powell, R. G., & Stark, A. W. (2005). Does operating performance increase post-takeover for UK takeovers? A comparison of performance measures and benchmarks. *Journal of Corporate Finance, 11*, 293–317.

Rau, P. R., & Vermaelen, T. (1998). Glamour, value and the post-acquisition performance of acquiring firms. *Journal of Financial Economics, 49*, 223–353.

Ravenscraft, D. J., & Scherer, F. M. (1987). *Mergers, sell-offs, and economic efficiency.* Washington, DC.

Roll, R. (1986). The hubris hypothesis of corporate takeovers. *Journal of Business, 59*, 197–216.

Savor, P., & Lu, Q. (2009). Do stock mergers create value for acquirers? *The Journal of Finance, 64*, 1061–1098.

Shapiro, C., & Varian, H. R. (1999). *Information rules: A strategic guide to the network economy.* Boston.

Shleifer, A., & Summers, L. (1988). Breach of trust in hostile takeovers. In Auerbach, A. (Hrsg.), *Corporate takeovers: Causes and consequences* (S. 33–56). Chicago.

Shleifer, A., & Vishny, R. M. (1991). Takeovers in the 60's and the 80's: Evidence and implications. *Strategic Management Journal, 12*, 51–59.

Sieben, G. (1993). Unternehmensbewertung. In W. Wittmann et al. (Hrsg.), *Handwörterbuch der Betriebswirtschaft* (5. Aufl., S. 4315 ff.). Stuttgart.

Spremann, K. (2002). *Finanzanalyse und Unternehmensbewertung*. München.

Stigler, G. J. (1968). Monopoly and oligopoly by mergers. In G. J. Stigler (Hrsg.), *The organisation of industry* (S. 95–207). Chicago.

Strasser, B. (2000). *Informationsasymmetrie bei Unternehmensakquisitionen*. Frankfurt a. M.

Sudarsanam, S., & Mahate, A. A. (2006). Are friendly acquisitions too bad for shareholders and managers? Long-term value creation and top management turnover in hostile and friendly acquirers. *British Journal of Management, 17*, 7–30.

Tollison, R. D. (1982). Rent seeking: A survey. *Kyklos, 35*, 575–602.

Travlos, N. G. (1987). Corporate takeover bids, methods of payment, and bidding firms' stock returns. *The Journal of Finance, 42*, 943–963.

Tschöke, K., & Klemen, B. (2013). M&A am Scheideweg: Erholung von niedrigem Niveau im Nachkrisenumfeld. *M&A Review, 24*, 222–228.

Uhlenbruck, K., Hitt, M. A., & Semadeni, N. (2006). Market value effects of acquisitions involving internet firms: A resource based analysis. *Strategic Management Journal, 27*, 899–913.

Walker, M. M. (2000). Corporate takeovers, strategic objectives, and acquiring-firm shareholder wealth. *Financial Management, 29*, 53–66.

Williamson, O. E. (1975). *Markets and hierarchies*. New York.

Dogmengeschichte der Unternehmensbewertung: Lehre, Praxis, Gesetzgebung, Rechtsprechung

2

2.1 Denkbare Wertkonzeptionen

Im vorigen Kapitel wurden verschiedene Anlässe der Unternehmensbewertung vorgestellt. Zu ermitteln ist der Unternehmenswert, der einem bestimmten Anlass angemessen erscheint; angemessen etwa:

1. als denkbarer Preis für eine Unternehmenstransaktion,
2. als Entschädigung für einen erzwungenen Eigentümerwechsel,
3. als Entscheidungsgrundlage für Kapitalanlagen.

Der Vielfalt der Anlässe steht eine Vielfalt denkmöglicher Bewertungskonzeptionen gegenüber. Auf die Möglichkeit unterschiedlicher Bewertungsmethoden sowie auf das Erfordernis, ihre Anwendung in einem spezifischen Bewertungskontext – hier der Verschmelzung – zu begründen, nimmt auch der Gesetzgeber in § 12 Abs. 2 UmwG Bezug:

(1) Die Verschmelzungsprüfer haben über das Ergebnis der Prüfung schriftlich zu berichten. Der Prüfungsbericht kann auch gemeinsam erstattet werden.

(2) Der Prüfungsbericht ist mit einer Erklärung darüber abzuschließen, ob das vorgeschlagene Umtauschverhältnis der Anteile, gegebenenfalls die Höhe der baren Zuzahlung oder die Mitgliedschaft bei dem übernehmenden Rechtsträger als Gegenwert angemessen ist. Dabei ist anzugeben,
  1. nach welchen Methoden das vorgeschlagene Umtauschverhältnis ermittelt worden ist;
  2. aus welchen Gründen die Anwendung dieser Methoden angemessen ist;
  3. welches Umtauschverhältnis oder welcher Gegenwert sich bei der Anwendung verschiedener Methoden, sofern mehrere angewandt worden sind, jeweils ergeben würde; zugleich ist darzulegen, welches Gewicht den verschiedenen Methoden bei der Bestimmung des vorgeschlagenen Umtauschverhältnisses oder des Gegenwerts und der ihnen zugrundeliegenden Werte beigemessen worden ist und welche besonderen Schwierigkeiten bei der Bewertung der Rechtsträger aufgetreten sind.

© Springer-Verlag GmbH Deutschland 2017
C. Kuhner, H. Maltry, *Unternehmensbewertung*,
DOI 10.1007/978-3-540-74305-7_2

Als alternativ denkbare Konzeptionen werden nachfolgend verschiedene Abgrenzungen dargestellt und auf ihre kontextspezifische Eignung hin überprüft:

1. Bilanzwert
2. Börsenkapitalisierung
3. Liquidationswert
4. Reproduktionswert (Rekonstruktionswert)
5. Substanzwert im Sinne ersparter Ausgaben
6. Barwert der zu erwartenden Überschüsse.

2.1.1 Bilanzwert

Die Bilanzposition **Eigenkapital** repräsentiert das Reinvermögen einer Unternehmung, d. h. den Anteil am Vermögen, der den Eigenkapitalgebern zusteht. Es erscheint naheliegend, diese Ziffer **als Schätzer des Unternehmenswertes**, d. h. der Vermögensposition der Eigenkapitalgeber, zu verwenden. Bilanzwerte sind Buchwerte. Die mangelnde Eignung von Saldogrößen der Buchhaltung zur Bewertung eines Unternehmens ist jedoch eine elementare Erkenntnis; sie ist tatsächlich der Ausgangspunkt einer eigenständigen Lehre der Unternehmensbewertung. Der Grund für die Ablehnung des Bilanzwerts ist in den fundamental unterschiedlichen Zielsetzungen der periodischen Rechnungslegung im Vergleich zu der Wertermittlung von Unternehmen zu sehen. Bei dem herkömmlichen handelsrechtlichen Jahresabschluss steht als zentraler Rechnungslegungszweck die vom Vorsichtsprinzip geprägte Ermittlung ausschüttungsfähiger Gewinne aus der Geschäftstätigkeit eines Unternehmens in einer Periode im Vordergrund. Diese Funktion weist kaum eine Ähnlichkeit mit der anlassgebundenen Messung des Gesamtwertes eines Unternehmens auf.

Der Zweck der handelsrechtlichen Rechnungslegung strahlt dabei unmittelbar auf die Bewertungsregeln für Aktiva und Passiva aus. Im Zuge der handelsrechtlichen Bilanzerstellung ermittelte **Eigenkapitalwerte** als Saldo von Vermögensgegenständen und Schulden sind deshalb als **Schätzgrößen von Unternehmenswerten** grundsätzlich unbrauchbar.

Bilanzen, die nach den existierenden Regelungen der kapitalmarktorientierten Rechnungslegung (IAS/IFRS, US-GAAP) entwickelt werden, haben demgegenüber eine andere Aufgabe: Sie sollen aktuellen und potenziellen Investoren entscheidungsnützliche Informationen kommunizieren, d. h. als Grundlage von Eigen- und Fremdkapitalanlageentscheidungen dienen.[1] Daraus könnte man immerhin den Schluss ziehen, dass

---

[1] Vgl. IASB (2015), Chapter 1, OB 2–3.

solche Abschlüsse im Idealfall Unternehmenswerte widerspiegeln sollten. Gerade dies liegt aber ausdrücklich nicht in der Intention der internationalen Standardsetzer:

> General purpose financial reports are not designed to show the value of a reporting entity (. . .).[2]

Stattdessen soll der Jahresabschluss einen umfassenden Einblick in Ressourcen (*„resources"*) des Unternehmens, Ansprüche gegen das Unternehmen (*„claims"*) sowie in die periodische Wertschöpfung (*„performance"*) des Unternehmens bieten.[3]

Über die unterschiedlichen Zwecke der Rechnungslegung und der Unternehmensbewertung hinausgehend sind es einzelne Bewertungsregeln, die verhindern, dass Bilanzwerte für die Unternehmensbewertung ein brauchbarer Ausgangspunkt sind. Im Einzelnen sind – mit Bezug auf die handelsrechtliche Rechnungslegung – zu nennen:

- **Vergangenheitsbezogenheit** der Wertkonzeption: Wichtigster Wertansatz in der Bilanz sind die Anschaffungskosten des Betriebsvermögens, die nach den handelsrechtlichen Normen (sowie auch nach den Standards der kapitalmarktorientierten Rechnungslegung) in der Folge planmäßig und außerplanmäßig abgeschrieben werden. Bei der Unternehmensbewertung interessiert jedoch ausschließlich die zukünftige Ertragsperspektive des Unternehmens, die durch „historische" Wertansätze kaum zureichend repräsentiert werden kann.
- **Einzelbewertungsprinzip:** Nach § 252 Abs. 1 Nr. 3 HGB sind Vermögensgegenstände und Schulden zum Abschlussstichtag einzeln zu bewerten. Bei der Unternehmensbewertung interessiert jedoch nicht die Summe der Einzelteile, sondern das Unternehmen als Ganzes, einschließlich möglicher Verbundeffekte.
- **Vorsichtsprinzip** der Bilanzierung: Aus Gründen des Gläubigerschutzes ist der Gewinn in der Handelsbilanz vorsichtig zu ermitteln; das bedeutet, dass ein eher pessimistisches Szenario bei der Bewertung zu Grunde liegt.[4] Besondere Ausprägungen des Vorsichtsprinzips sind die Verlustantizipation und das Imparitätsprinzip. Ein solcherart pessimistisches Szenario würde bei der Unternehmensbewertung jedoch eine Partei – nämlich die Verkäuferseite – benachteiligen.

Die mangelnde Repräsentativität von bilanzierten Eigenkapitalwerten für den Unternehmenswert ist durch empirische Erkenntnisse erhärtet. Exemplarisch werden in der

---

[2] Ebd., OB7.

[3] Vgl. ebd., OB 12–21.

[4] Das Vorsichtsprinzip als dominantes Bilanzierungsprinzip ist ein Spezifikum von Bilanzen, die der Ausschüttungsbemessung dienen. In der kapitalmarktorientierten Rechnungslegung nimmt es einen weit geringeren Stellenwert ein. Im aktuell gültigen IASB-Framework wird es nicht mehr explizit als Grundsatz aufgeführt; implizit spielt es aber in zahlreichen IFRS-Standards weiterhin eine erhebliche Rolle.

Käufer	Kaufobjekt	Branche	Jahr	EK-Volumen (Mrd.)	Kaufpreis (Mrd.)
Vodafone Group (GB)	Mannesmann (D)	Telekommunikation	2000	EUR 35,2	EUR 189,7
Pfizer (USA)	Warner-Lambert (USA)	Pharma	2000	USD 5,1	EUR 70,9
Travelers (Citi Group) (USA)	Citicorp (USA)	Banken	1998	USD 20,3	EUR 56,7
SBC Communications	Ameritech (USA)	Telekommunikation	1998	USD 10,8	EUR 48,8
Vodafone Group (GB)	Air Touch Communications (USA)	Telekommunikation	1999	USD 10,1	EUR 48,8
Pfizer (USA)	Pharmacia (USA)	Pharma	2002	USD 12,1	EUR 47,3
Daimler Benz (D)	Chrysler (USA)	Automobilindustrie	1998	USD 13,2	EUR 40,5

Abb. 2.1 Kaufpreise und Eigenkapitalvolumina ausgewählter Akquisitionen

Unternehmen	Branche	Buchwert des EK (Mio. USD)	Marktwert des EK (Mio. USD)	B/M-Ratio
Nestle	Nahrungsmittel	70,596	232,611	0.30
Siemens	Technologie	37,624	89,179	0.42
Singapore Airlines	Fluggesellschaft	13,237	9,741	1.36
Novartis	Biotechnologie/Pharma	70,766	222,257	0.32
SAP	Software	23,602	83,248	0.28
Orange	Telekommunikation	35,769	44,818	0.80
General Electric	Mischkonzern	128,159	254,150	0.50
Caterpillar	Baumaschinen	16,746	55,482	0.30

Abb. 2.2 *book-to-market-ratios* ausgewählter Unternehmen für 2014

Tabelle Kaufpreise und Eigenkapitalbuchwerte einiger Akquisitionen (vgl. Abb. 2.1) im Zeitraum 1998–2002 aufgeführt.

Ein ähnliches Bild offenbart der Vergleich der Bewertung von Unternehmen am Kapitalmarkt mit ihren Eigenkapitalbuchwerten. Wie die folgenden Beispieldaten belegen, weisen viele Unternehmen auch in Zeiten normaler Börsenkonjunktur Buchwerte auf, die nur einen Bruchteil ihrer Marktwerte ausmachen (vgl. Abb. 2.2).

In der Gesamtschau der letzten sechzig Jahre hat sich die **Buchwert-Marktwert-Relation** (*book-to-market-ratio*) zudem erheblich **verringert**; der Erklärungsgehalt von Bilanzwerten für den Unternehmenswert hat also noch abgenommen. Ausschlaggebend hierfür ist der Wandel der Industriegesellschaft hin zur Dienstleistungs- und Informationsgesellschaft, der zu einer dramatischen Bedeutungszunahme nicht einzeln bewertungsfähiger, immaterieller Vermögenswerte als Bestandteil der Wertschöpfungskette geführt hat.[5]

2.1.2 Börsenkapitalisierung

Anteilstitel an Unternehmen werden an Börsen gehandelt. Es liegt daher nahe, die sogenannte Börsenkapitalisierung, d. h. den aktuellen Börsenkurs multipliziert mit der

---

[5] Vgl. hierzu etwa: *Lev* (2001).

Gesamtzahl der ausstehenden Aktien, als Unternehmenswert börsennotierter Gesellschaften anzusetzen.

Auf den ersten Blick erscheint ein derartiges Bewertungskonzept nur konsequent zu sein. Denn der **Börsenkurs** aggregiert die Erwartungen der Anleger darüber, welches Volumen an finanziellen Rückflüssen aus einem Papier zu erwarten ist. Er repräsentiert damit das **Urteil des Marktes über die Werthaltigkeit der finanziellen Rückflüsse** aus einem Papier.

Ein Beispiel soll dies erläutern: Der (finanzielle) Nutzen eines einzelnen Anlegers aus einer Aktie bestimmt sich nach den erwarteten Geldrückflüssen aus der Bestandshaltung. Geldrückflüsse sind Dividenden und Kursgewinne bei Wiederverkauf der Aktie. Stellen wir uns etwa vor, ein Anleger plane eine Haltedauer von drei Jahren. Ohne die Berücksichtigung von Steuern und unter Zugrundelegung des Kalkulationszinsfußes r ist ein einfaches Entscheidungskriterium maßgeblich. Der Anleger steigt ein, wenn gilt:[6]

$$\text{Aktueller Börsenkurs} \leq \sum_{t=1}^{3} \frac{\text{erwartete Ausschüttung in t}}{(1+r)^t}$$
$$+ \frac{\text{erwarteter Verkaufskurs}}{(1+r)^3} \tag{2.1}$$

Entsprechend gilt das Umgekehrte: Ein Anleger würde bei einem umgekehrten Ungleichheitszeichen aus dem Engagement aussteigen.

Wird nun angenommen, dass **jeder** Marktteilnehmer, und zwar zu allen Zeitpunkten t = 0, 1, 2, ..., ∞, entsprechend dieser Entscheidungsregel handelt**, und** weiter, dass **jeder** einzelne Anleger weiß, dass sich alle anderen Anleger in genau dieser Weise verhalten, dann ergibt sich folgender Schluss:

Der Börsenkurs reflektiert die Durchschnittsmeinung **aller** Anleger über den Barwert (zu einem durchschnittlichen Kalkulationszinsfuß) der in Zukunft von dem Unternehmen an die Anteilseigner fließenden Ausschüttungen:

$$\text{Aktueller Börsenkurs} = \sum_{t=1}^{\infty} \frac{\text{erwartete Ausschüttung in t}}{(1+r)^t} \tag{2.2}$$

Für die Unternehmensbewertung ist dies ein attraktiver Wert: Der Barwert der finanziellen Rückflüsse ist ja gerade der Gegenstand, der einen potenziellen Erwerber nach den Regeln und Prämissen der Investitionsrechnung interessieren würde. Die Frage ist nur: **Wie gut ist diese Durchschnittseinschätzung des Marktes über die erwarteten Ausschüttungen?**

---

[6] Für eine entsprechende Darlegung vgl. *Brealey et al.* (2014), S. 80 ff.

Man kann diese Frage auch anders stellen: Wie wahrscheinlich ist es, dass ein einzelner Marktteilnehmer, hier derjenige, der das Unternehmen zu bewerten hat, „es besser weiß" als der Markt und deshalb **nicht** die Börsenkapitalisierung als Maßgröße für den Unternehmenswert heranzieht?

Mit Blick auf unterschiedliche Informationsstände von Marktteilnehmern lassen sich sogenannte Informationseffizienzhypothesen formulieren, um die Frage zu beantworten, wie gut der Börsenkurs die individuellen Erwartungen der Marktteilnehmer widerspiegelt. Hierzu wurden in der kapitalmarkttheoretischen Literatur drei verschiedene Versionen der Effizienzhypothese postuliert.[7]

Informationseffizienz der schwachen Form: Alle Informationen über den bisherigen Wertpapierkursverlauf finden ihren Niederschlag im aktuellen Börsenkurs.

Würde die Informationseffizienzhypothese der schwachen Form zutreffen, so hieße dies, dass durch die sogenannte „technische Analyse", d. h. die Auswertung von Kursverläufen der Vergangenheit nach beliebigen Regeln, keine Gewinne an der Börse erzielt werden können.

Informationseffizienz der halbstrengen Form: Alle bis zum Betrachtungszeitpunkt öffentlich zugänglichen Informationen finden ihren Ausdruck in der Höhe des Wertpapierkurses.

Würde die Informationseffizienzhypothese der halbstrengen Form zutreffen, so hieße dies, dass der Börsenkurs mindestens ebenso gut die Werthaltigkeit eines Papiers schätzt, wie es ein rational handelnder Marktteilnehmer tun würde, der alle öffentlich zugänglichen Informationen auswertet. Durch die Auswertung öffentlich verfügbarer Informationen über die Ertragsperspektiven börsengehandelter Unternehmen lassen sich keine Überrenditen erzielen.

Informationseffizienz der strengen Form: Alle wertrelevanten Informationen, über die einzelne Marktteilnehmer verfügen, seien sie nun öffentlich bekannt oder nicht, spiegeln sich in der Höhe des Börsenkurses wider.

Würde die Informationseffizienzhypothese der strengen Form zutreffen, so hieße dies, dass kein rational handelnder Marktteilnehmer an der Börse überdurchschnittliche Renditen erzielen kann, selbst wenn er alle relevanten Informationen, ob öffentlich oder nichtöffentlich bekannt, verarbeiten würde.

Die strenge Version der Informationseffizienzhypothese stellt in ihrer Radikalität einen Grenzfall dar, der eher von didaktischem Wert ist. Als Beschreibung der Wirklichkeit dürfte das Postulat strenger Informationseffizienz kaum geeignet sein. Es kann nämlich nicht erklären, wie es überhaupt zu einem Niederschlag dezentral vorhandener Informationen in Marktpreisen kommen kann: Wenn alle Marktteilnehmer davon ausgehen, dass der Marktpreis schon unverfälscht die wirklichen Knappheitsverhältnisse widerspiegelt, dann besteht für niemanden ein (Spekulations-)Anreiz, sich Informationen über die

---

[7] Vgl. hierzu grundlegend: *Fama* (1970), S. 383–417.

Werthaltigkeit des gehandelten Aktivums anzueignen und durch den Kauf bzw. Verkauf eines Finanzaktivums zu offenbaren (Informationsparadoxon).[8]

Informationseffizienzhypothesen sind vielfach und mit unterschiedlichen Befunden empirisch getestet worden.[9] Ohne auf die methodischen Probleme solcher Tests[10] und auf ihre sehr differenzierten Ergebnisse einzugehen, kann man zusammenfassen, dass in der Mehrheit der Fälle die Informationseffizienzhypothese der halbstrengen Form nicht falsifiziert werden konnte. Die **Qualität des Börsenkurses als Wertindikator für finanzielle Rückflüsse der Zukunft** lässt sich also nicht einfach von der Hand weisen.

Trotzdem wird dem Börsenkurs nur eine eingeschränkte Brauchbarkeit für die Unternehmensbewertung zugestanden. Häufig werden folgende Einwände gegen die Validität von Börsenkursen im betrachteten Kontext geltend gemacht:

- Oft sind an Börsen **Zufallsschwankungen und kumulative Ereignisse** (Kursblasen, Boom, Crash) zu beobachten, die schwerlich mit der Hypothese individuell-rationalen Verhaltens vereinbar scheinen.[11] Notwendige Bedingung für das Entstehen solcher Kursblasen („*bubbles*") ist dabei nicht ein kollektiv irrationales Verhalten aller Marktteilnehmer; es genügt schon, wenn die sogenannte *common knowledge*-Bedingung nicht gegeben ist, d.h. wenn eine kritische Anzahl von Marktteilnehmern davon ausgeht, dass die anderen sich irrational verhalten oder von falschen Erwartungen ausgehen. Es dürfte naheliegend sein, etwa in der Kursentwicklung von Wachstums- und Hochtechnologieunternehmen zu Ende der Neunzigerjahre und dem anschließenden Kurszusammenbruch die Ausprägung eines solchen *bubble*-Phänomens zu sehen. Auf der anderen Seite ist es schwierig, wenn nicht gar unmöglich, solche Börsenphasen wissenschaftlich fundiert als irrational zu qualifizieren, da der „wahre" Unternehmenswert eine unbeobachtbare Größe ist.
- Zufallsschwankungen und langfristige Verzerrungen des Kurses sind umso wahrscheinlicher, je weniger liquide der Börsenmarkt ist, d.h. je niedriger das regelmäßig gehandelte Wertpapiervolumen ist. Bei **nachhaltig illiquiden Märkten** kommt es

---

[8] Grundlegend hierzu *Grossman und Stiglitz* (1980), S. 393–408; *Diamond und Verrecchia* (1981), S. 221–235. Zum Überblick über Widerlegungsversuche des Informationsparadoxons vgl. *Schildbach* (1986), S. 26–33.

[9] Für einen Überblick über empirische Befunde zur Informationseffizienzhypothese vgl. mit differenziertem Gesamturteil etwa: *Adolff* (2007), S. 96–130, lehrbuchartig: *Wagenhofer und Ewert* (2014), S. 102–109.

[10] Ein wichtiges methodisches Problem besteht etwa darin, dass die meisten Testsettings auf Informationseffizienz die Kenntnis des informationseffizienten Wertpapierkurses voraussetzen. In diesen Testsettings wird dieser Kurs anhand von Bewertungsmodellen aus der Kapitalmarkttheorie entwickelt. Man testet also „verbundene Hypothesen", einerseits die Informationseffizienz und andererseits die Güte des Bewertungsmodells. Zum Inhalt und zum Gewicht dieses Einwands vgl. *Fama* (1991), S. 1575–1617.

[11] Für einen knappen Überblick über Erklärungsansätze für solche Anomalien vgl. etwa: *Adolff* (2007), S. 141–148.

aufgrund der allgegenwärtigen Informationsasymmetrien zu Börsenkursen, die wesentlich niedriger sind als der oben dargestellte innere Wert, bzw. zu erheblichen Abweichungen zwischen Kauf- und Verkaufpreisen („Geld/Brief-Spanne"). Die Verzerrungen können derart extrem sein, dass überhaupt keine Transaktionen mehr stattfinden und der Markt wegen **adverser Selektion**[12] zusammenbricht bzw. „eintrocknet".

- Die einfache Formel: Unternehmenswert = Börsenkurs x Aktienzahl setzt voraus, dass das Ganze genau gleich ist der Summe der Teile (sogenanntes **Wertadditivitätstheorem**).[13] Gerade dies ist aber oft nicht der Fall: Der Käufer größerer Anteile an einer Aktiengesellschaft gewinnt durch sein „Paket" nicht nur Anrechte auf Dividenden; vielmehr eröffnen sich ihm auch **konkrete Einflussmöglichkeiten auf die Strategie der Unternehmung**: Ein Paketinhaber oder gar ein Besitzer von 100 % der Aktien ist in der Lage, Einfluss auf die Strategie der Unternehmung zu nehmen, etwa zur Durchsetzung wertsteigernder Maßnahmen. Insbesondere wird er seinen Einfluss nutzen, um Verbundeffekte (Synergien) zwischen mehreren Unternehmen, an denen er wesentliche Anteile hält, zu realisieren. Die Werthaltigkeit dieser Optionen muss bei der Unternehmensbewertung berücksichtigt werden.
- Bei der Ermittlung von Unternehmenswerten gehen möglicherweise **private Informationen** ein, die dem Markt nicht bekannt sind: Immer wieder kommt es bei Unternehmensbewertungen – auch von Standardwerten wie DAX-Unternehmen – aufgrund nur intern bekannter Informationen zu überraschenden Abweichungen des ermittelten Unternehmenswert vom Börsenkurs.
- Nur eine geringe Anzahl der Unternehmen ist überhaupt börsennotiert.

Trotz der nicht von der Hand zu weisenden Vorteile kann der Börsenwert deshalb i. d. R. nicht als Ersatz für eine gesonderte Unternehmensbewertung angesehen werden. Allerdings gilt, jedenfalls nach dem Willen der deutschen Verfassungsrichter, ebenso das Gegenteil: Sie kamen zu dem Schluss, dass die Abfindung von Minderheitsaktionären nicht unbeachtlich des Börsenkurses stattfinden dürfe. Die Kernaussagen des Urteils lauten:[14]

---

[12] *Akerlof* hat am plastischen Beispiel eines Gebrauchtwagenmarktes beschrieben, wie sich aufgrund von Informationsasymmetrie zwischen Verkäufer und potentiellen Käufern ein Marktgleichgewicht einstellt, in dem für Käufer und Verkäufer vorteilhafte Transaktionen nicht mehr zustande kommen. Diese Art des Marktversagens bezeichnet er als Folge der *„adverse selection"*; vgl. *Akerlof* (1970), S. 488–500.

[13] Vgl. *Franke und Hax* (2009), S. 339 ff.

[14] BVerfG, Beschluss vom 27.04.1999 – 1 BvR 1613/94, BVerfGE 100, S. 289–313 zur Berücksichtigung des Börsenkurses bei Abfindungen. Vgl. hierzu auch die Besprechung dieses Urteils bei *Piltz* (2001), S. 185–213.

Die von Art. 14 Abs. 1 GG geforderte „volle" Entschädigung darf jedenfalls nicht unter dem Verkehrswert liegen. Dieser kann bei börsennotierten Unternehmen nicht ohne Rücksicht auf den Börsenkurs festgesetzt werden.

(…) Da Art. 14 Abs. 1 GG keine Entschädigung zum Börsenkurs, sondern zum „wahren" Wert, mindestens aber zum Verkehrswert verlangt, kommt eine Unterschreitung dann in Betracht, wenn der Börsenkurs ausnahmsweise nicht den Verkehrswert der Aktie widerspiegelt.

Geeignete Kriterien zur Beantwortung der Frage, unter welchen Voraussetzungen der Börsenkurs den „wahren" Wert einer Aktie widerspiegelt, werden allerdings vom Bundesverfassungsgericht nicht genannt. Auch findet keine nähere Konkretisierung dessen statt, was mit „Berücksichtigung des Börsenkurses" gemeint ist. Eine Klärung hat in derselben Streitsache (Altana AG) der Beschluss des BGH vom 12. März 2001[15] gebracht. Hier heißt es:

(…)

b) Der außenstehende Aktionär der beherrschten AG ist grundsätzlich unter Berücksichtigung des an der Börse gebildeten Verkehrswertes der Aktie abzufinden. Ihm ist jedoch der Betrag des quotal auf die Aktie bezogenen Unternehmenswertes (Schätzwertes) zuzubilligen, wenn dieser höher ist als der Börsenwert.
Dieser Grundsatz ist auch für die Bemessung des variablen Ausgleichs maßgebend.

c) Der Festsetzung der angemessenen Barabfindung bzw. der Ermittlung der Verschmelzungswertrelation (Abfindung) und des angemessenen Umtauschverhältnisses (variabler Ausgleich) ist ein Referenzkurs zugrunde zu legen, der – unter Ausschluß außergewöhnlicher Tagesausschläge oder kurzfristiger sich nicht verfestigender sprunghafter Entwicklungen – aus dem Mittel der Börsenkurse der letzten drei Monate vor dem Stichtag gebildet wird.

d) Der Bewertung der Aktien sowohl der beherrschten als auch der herrschenden AG ist grundsätzlich der Börsenkurs zugrunde zu legen, damit möglichst gleiche Ausgangsvoraussetzungen für die Bestimmung der Wertrelation vorliegen. Auf den Schätzwert kann nur ausnahmsweise bei Vorliegen bestimmter Voraussetzungen ausgewichen werden.

In der Entscheidung war mit dem „Stichtag" einer Maßnahme der Tag des korrespondierenden Hauptversammlungsbeschlusses gemeint. Diese Auffassung ist auf Kritik gestoßen, weil durch den zeitlichen Abstand zwischen dem Bekanntwerden der Maßnahme und dem Hauptversammlungsdatum den Kapitalmarktteilnehmern, d.h. insbesondere den ausscheidenden Aktionären, Gelegenheit zur spekulativen Aufblähung des Kurses gegeben war.[16] In einer Folgeentscheidung hat der BGH den Stichtag mit der öffentlichen Bekanntgabe der entsprechenden Maßnahme gleichgesetzt.[17] Unter dem Blickwinkel halbstrenger Informationseffizienz erscheint dies konsequent, wenn spekulative Ele-

---

[15] BGH, Beschluss vom 12.3.2001 – II ZB 15/00, BGHZ 147, S. 108–125.

[16] Vgl. hierzu etwa: *Hachmeister et al.* (2011), S. 606 f.

[17] Vgl. BGH, Beschluss vom 19.7.2010 – II ZB 18/09, „Stollwerck", BGHZ 186, S. 229–242.

mente, die sich auf die Abfindung beziehen, ausgeblendet werden sollen.[18] Gleichzeitig wird erreicht, dass Werteffekte, die auf die Ankündigung und Durchführung der Maßnahme bezogen sind, aus dem Abfindungsbetrag eliminiert werden.[19]

Die im Urteil genannte Dauer von drei Monaten für die Mittelung des Börsenkurses wird aus ökonomischer Sicht als zu lang kritisiert:[20] Bei Vorhandensein eines Kurstrends kommt es zu einer systematischen Verzerrung. Um zufällige Abweichungen vom Gleichgewichtskurs auszuschließen, wird eine Zeitspanne von 5–20 Tagen in Betracht gezogen.[21]

2.1.3 Liquidationswert

Eine weitere potenzielle Näherungsgröße des Unternehmenswerts ist der Liquidationswert, d. h. derjenige Gelderlös, der bei Zerlegung des gesamten Unternehmens in veräußerungsfähige Einzelteile und ihrem anschließenden Verkauf auf dem freien Markt anfiele, abzüglich der Unternehmensschulden unter Einbeziehung von Positionen, die erst aufgrund der Liquidation des Unternehmens entstehen (z. B. Sozialplanverpflichtungen).[22] Will man Liquidationswerte auch nur annähernd zweifelsfrei ermitteln, so muss man Annahmen über das Zerschlagungskonzept[23] treffen, insbesondere also über

- den Liquidationszeitraum sowie
- die Liquidationsintensität, d. h. den „Feinheitsgrad" der Zerlegung der Liquidationsmasse in einzelne Veräußerungsobjekte.

Dies ist aber nicht nur eine Frage der Festlegung, sondern gleichzeitig ein Optimierungsproblem: Bestimmt werden muss die **optimale Liquidationsintensität** und der **optimale Liquidationszeitraum**, damit der Liquidationserlös maximiert wird. Dieses Optimierungsproblem ist nicht trivial.

Unabhängig von dem zu Grunde gelegten Liquidationszeitraum und der zu Grunde gelegten Intensität gilt der Liquidationswert als sehr anfällig für Prognosefehler: Zu prognostizieren sind Zerschlagungswerte von Vermögensgegenständen – so etwa von

---

[18] Vgl. hierzu *Weber* (2004), S. 284–290.

[19] Dies steht im Einklang zur (noch) dominierenden Rechtsprechung bezüglich der Berücksichtigung von Synergieeffekten im Abfindungsbetrag. Vgl. hierzu und zur Kritik: Abschn. 2.3.4.

[20] Vgl. *Weber* (2004), S. 290–296.

[21] Vgl. *Weber* (2004), S. 290.

[22] Vgl. *Mandl und Rabel* (2015), S. 88 f.

[23] Vgl. *Moxter* (1983), S. 50; *IDW* (2014), Rn. A 198.

gebrauchtem Sachanlagevermögen eines Industrieunternehmens –, für die typischerweise kein Markt oder nur ein eingeschränkt funktionsfähiger Markt besteht. Zudem ist zu beachten, dass einige Liquidationswertkomponenten möglicherweise erst durch die Liquidation entstehen (z. B. Sozialplanverpflichtungen, Abfindungen).

Obwohl der Liquidationswert eines Unternehmens vom Grundsatz her ein stichtagsorientierter und synthetischer, d. h. auf die Bewertung einzelner Unternehmensteile ausgerichteter Wert im Sinne einer Momentaufnahme ist, weist er in Abhängigkeit vom Zerschlagungskonzept auch Eigenschaften eines zukunftserfolgsorientierten Werts auf. Denn eine zeitliche Streckung der Unternehmensauflösung, u. U. in Verbindung mit der Bildung neuer operativer Teileinheiten des Unternehmens, lässt keine allein an der Unternehmenssubstanz orientierte Bewertung auf der Basis tagesaktueller Veräußerungspreise mehr zu, sondern erfordert die Berücksichtigung zukünftiger Ein- und Auszahlungen, die aus der Tätigkeit operativer Unternehmensteile resultieren. Ein plakatives Beispiel für diese Problematik ist die *IG Farben* i. A., die sich 60 Jahre (1952–2012) in Liquidation befunden hat, aber in diesem Zeitraum als Rechtsgebilde weiterhin existierte.[24]

Abgesehen von den angedeuteten Ermittlungsproblemen beruht das Liquidationswertkonzept auf einer Prämisse, die im Allgemeinen nicht für die Unternehmensbewertung relevant ist: Es geht i. d. R. gerade nicht darum, zu wissen, was man bei Aufspaltung der Unternehmensgesamtheit in liquidationsfähige Einzelteile und deren anschließender Veräußerung erlösen würde. Gegenstand der Bewertung ist vielmehr die Frage, welchen Wert das Unternehmen für denjenigen besitzt, der es tatsächlich weiterführt.

Von Bedeutung ist der Liquidationswert allerdings dann, wenn er den Fortführungswert des Unternehmens übersteigt. Für diesen Fall stellt die nachhaltige Fortführung des Unternehmens keine ökonomisch lukrative Alternative mehr dar. Der Liquidationswert repräsentiert daher die Wertuntergrenze für alle fortführungsorientiert ermittelten Unternehmenswerte, sofern der potentielle Erwerber frei ist bezüglich der Gestaltung der Zukunft des Unternehmens.[25]

Praktische Relevanz hat die Liquidationswertermittlung weiterhin in einem wichtigen Teilbereich der Unternehmensbewertung: der **Bewertung des nicht-betriebsnotwendigen Vermögens**.[26] Bei der Unternehmensbewertung wird im ersten Schritt die gesamte Vermögensmasse eines Betriebes in betriebsnotwendiges und nicht-betriebsnotwendiges Vermögen aufgeteilt. Das Letztere wird zum Liquidationswert angesetzt, weil hier die Veräußerung eine unmittelbar relevante Handlungsalternative ist.

---

[24] Die Börsennotiz der *IG Farben AG* wurde erst im Jahre 2012 auf Antrag der Insolvenzverwalterin vom August 2011 eingestellt; vgl. o.V. (2011).

[25] Vgl. *Sieben und Maltry* (2015), S. 781.

[26] Vgl. *IDW* (2014), Rn. A 136–139.

	Vollreproduktionswert	Teilreproduktionswert
Brutto-Reproduktionswert	Bruttovollreproduktionsneuwert	Bruttoteilreproduktionsneuwert
	Bruttovollreproduktionsaltwert	Bruttoteilreproduktionsaltwert
Netto-Reproduktionswert	Nettovollreproduktionsneuwert	Nettoteilreproduktionsneuwert
	Nettovollreproduktionsaltwert	Nettoteilreproduktionsaltwert

Abb. 2.3 Varianten des Reproduktionswerts. (Quellen: *Sieben und Maltry* (2012), S. 657; in anderer Darstellungsform *Matschke und Brösel* (2013), S. 316)

2.1.4 Reproduktionswert

Der **Reproduktionswert** ist ein klassischer **Substanzwert**. Er ist definiert als Summe aller isoliert bewerteten Vermögensteile abzüglich der Summe aller isoliert bewerteten Schulden eines Unternehmens; Wertansatz ist dabei der Wiederbeschaffungspreis im Zeitpunkt des Eigentümerwechsels. Der Reproduktions- oder Rekonstruktionswert beantwortet damit die Frage, was es kosten würde, das zu bewertende Unternehmen in allen Einzelteilen zu reproduzieren, sozusagen ein identisches Unternehmen auf die **grüne Wiese** zu stellen. Es handelt sich somit um einen **synthetischen Wert**. In Abhängigkeit vom Umfang der hypothetischen Rekonstruktion (insbesondere hinsichtlich der immateriellen Vermögenswerte sowie der Schulden) sowie der Berücksichtigung des Erhaltungszustands (i. d. R. das Alter des Anlagevermögens) werden verschiedene Varianten des Reproduktionswerts unterschieden (vgl. Abb. 2.3).

Werden bei der Ermittlung des Reproduktionswerts sowohl Vermögenswerte als auch Schulden berücksichtigt, ergibt sich ein **Nettoreproduktionswert**. Ohne Berücksichtigung der Schulden spricht man von einem **Bruttoreproduktionswert**. Ein **Vollreproduktionswert** umfasst neben den materiellen auch sämtliche immateriellen Vermögenswerte (wie Marken, Know-how, Kunden- und Lieferantenbeziehungen o. ä.). Ein **Teilreproduktionswert** beinhaltet demgegenüber nur die selbstständig verkehrsfähigen materiellen und immateriellen Vermögenswerte. In Abhängigkeit davon, ob die einzelnen Vermögenswerte zu vollen tagesaktuellen Wiederbeschaffungskosten oder aber zu fortgeführten Wiederbeschaffungskosten, d. h. unter Berücksichtigung angemessener Wertminderungen, bewertet werden, unterscheidet man **Reproduktionsneuwert** bzw. **Reproduktionsaltwert**.[27]

Der **Nettovollrekonstruktionsaltwert** kann unter bestimmten Prämissen[28] als eine – grobe – Approximation des Ertragswerts[29] eines Unternehmens betrachtet werden. Für seine Ermittlung stellt die Bewertung immaterieller, schwer konkretisierbarer Positionen

---

[27] Vgl. *Sieben und Maltry* (2015), S. 762.

[28] Vgl. dazu die „Normalwerthypothese" nach *Moxter* (1976), S. 45 ff.

[29] Vgl. Abschn. 2.1.6.

wie etwa des Markengoodwills oder des Kundenstamms allerdings ein besonderes Problem dar.[30] Wegen dieser und anderer Schwierigkeiten bei der Ermittlung des Netto-vollrekonstruktionsaltwerts fällt in der Bewertungspraxis die Wahl i. d. R. auf den **Netto-teilrekonstruktionsaltwert**.[31]

Substanzwerte, und hier vor allem Teilreproduktionswerte, haben den Vorteil, dass sie – z. B. in einem Verhandlungsprozess – wegen der weitgehenden Zurückdrängung von Prognoseunsicherheit grundsätzlich kommunizierbar, nachprüfbar und damit akzeptanzfähig sind.[32] Der Ermittlung von Reproduktionswerten kommt aber in Theorie und Bewertungspraxis nur (noch) eine sehr untergeordnete Bedeutung zu. Grund hierfür ist, dass der Reproduktionswert von jenem Aspekt ablenkt, auf den das Hauptinteresse eines Bewerters gerichtet ist: nämlich vom finanziellen Nutzen, der aus dem Unternehmen in Zukunft erwirtschaftet werden kann.

Für Entscheidungszwecke wird ihnen daher weitgehend jede Eignung abgesprochen. Stellvertretend für zahlreiche Stellungnahmen sei hier das seinerzeit richtungsweisende Urteil des OLG Celle vom 4.4.1979[33] zitiert:

> (...)
> Allgemeine Grundlage der Bewertung des betriebsnotwendigen Vermögens ist der Ertragswert, nicht der Substanzwert eines Unternehmens. Ungeachtet aller nicht zu verkennenden Schwierigkeiten, den Zukunftsbezug eines Unternehmens einigermaßen zuverlässig zu bestimmen, besteht heute darüber Einigkeit, dass der Ertragswert bei der Bewertung lebender Betriebe eine mehr oder weniger wichtige, wenn nicht die entscheidende Rolle spielt, weil sich Käufer und Verkäufer mit ihren Preisvorstellungen wesentlich an dem zu erwartenden Nutzen auszurichten pflegen.

Im steuerlichen Zusammenhang kommt dem Reproduktionswert nur noch als (mutmaßliche) Bewertungsuntergrenze nach den §§ 10, 11 BewG (Teilwertermittlung) Bedeutung zu.[34] Dort, wo **Reproduktionswerte** trotz aller theoretischen Bedenken noch Verwendung finden, steht das Bestreben nach Komplexitätsreduktion oder Objektivierung im Sinne einer möglichst gleichmäßigen und praktikablen Bewertung im Vordergrund. In diesen Fällen wird „die Sicherheit der Ermittlung (...) mehr oder weniger bewusst der Sicherheit der Aussage vorgezogen".[35] Als Bereiche, für die die Substanzwertermittlung nach wie vor von Bedeutung ist, nennt das WP-Handbuch die Festlegung des beleihungsfähigen Vermögens, die Ermittlung des Reinvermögenswertes im Rahmen der

---

[30] Vgl. *Münstermann* (1966), S. 139; *Sieben und Maltry* (2015), S. 763.

[31] Vgl. *IDW* (2014), Rn. A 444 ff.

[32] Vgl. zur Ermittlung der Wertansätze verschiedener Vermögensgegenstände *IDW* (2014), Rn. A 451 ff.

[33] Vgl. OLG Celle, Urteil vom 4.4.1979 – 9 Wx 2/77, DB, 32. Jg. (1979), S. 1031–1033.

[34] § 11 Abs. 2 BewG.

[35] *Sieben* (1992), S. 86.

Überschuldungsprüfung, die Aufteilung des Gesamtkaufpreises auf einzelne Vermögensgegenstände und Schulden bzw. einzelne Unternehmensbereiche[36] sowie vertragliche, auf Substanzwerte abgestellte Vermögensauseinandersetzungen.[37]

Als gewogenes Mittel zwischen Ertrags- und Substanzwerten konzipierte Unternehmenswerte werden bei der Formulierung von Abfindungsklauseln häufig zur Grundlage der Ermittlung von Auseinandersetzungsguthaben für einen ausscheidenden Gesellschafter gemacht. Hintergrund ist der Schutz des Unternehmens vor einem bestandsgefährdenden Aderlass durch die zur Zahlung verpflichteten, verbleibenden Gesellschafter. Die rechtliche Zulässigkeit solcher substanzwertbasierter Abfindungsklauseln ist nicht geklärt.[38]

Die Verwendung von Reproduktionswerten in derartigen kombinierten Bewertungsverfahren nach dem Muster des sog. *Stuttgarter Verfahrens*[39] ist als letztlich willkürlicher Versuch zu sehen, einen relativ verlässlichen – aber irrelevanten – Substanzwert mit einem weniger verlässlichen – aber relevanten – Ertragswert zu einem aussagefähigen Unternehmenswert verdichten zu wollen. Die Ergebnisse derartiger **Kombinationsverfahren**[40] werden für Zwecke der Entscheidungsfindung abgelehnt.

2.1.5 Der Substanzwert im Sinne ersparter Ausgaben

Im Gegensatz zu den zuvor beschriebenen Reproduktionswerten, zu deren Ermittlung die „Neuerrichtung auf der grünen Wiese" nur fiktiv, sozusagen als gedankliche Messlatte, zu Grunde gelegt wird, sind konkrete Situationen denkbar, in denen die Errichtung eines dem Kaufobjekt ähnlichen Unternehmens tatsächlich eine für den Bewerter relevante Handlungsalternative darstellt. Ist der Entschluss, in ein Unternehmen eines bestimmten Typs zu investieren, bereits im Grundsatz gefallen, dann verengt sich das Spektrum der Entscheidungsalternativen auf den Kauf des Bewertungsobjekts und die Neuerrichtung eines vergleichbaren Unternehmens (Vergleichsobjekt). Unter der Prämisse identischer

---

[36] Als Anwendungsfall wäre die Aufteilung des Akquisitionsgoodwills auf zahlungsmittelgenerierende Einheiten im Rahmen von Wertminderungstests nach IAS 36.80 erwägenswert.

[37] Vgl. *IDW* (2014), Rn. A 449.

[38] Vgl. *Sieben und Sanfleber* (1989), S. 321–329; *Göllert und Ringling* (1999), S. 516–519.

[39] Das Stuttgarter Verfahren war ein von der Finanzverwaltung vor allem bei erbschafts- und schenkungssteuerlichen Anlässen praktiziertes Bewertungsverfahren i. S. des § 11 Abs. 2 BewG. Es wurde in Bezug auf die Erbschaftsteuer vom Bundesverfassungsgericht im Jahre 2006 für verfassungswidrig erklärt. Vgl. hierzu: BVerfG, Beschluss des Ersten Senats vom 7.11.2006 – 1 BvL 10/02, BStBl II 2007, S. 192–215. Als Ersatz dient das mit der Erbschaftsteuerreform in den neu geschaffenen §§ 199–203 BewG formulierte vereinfachte Ertragswertverfahren, vgl. *Beumer und Duscha* (2015), S. 1422.

[40] Für eine Übersicht über die Kombinationsverfahren vgl. *Helbling* (1998), S. 102 ff.

Erlösströme ergibt sich der Wert des zum Verkauf stehenden Unternehmens daraus, in welchem Umfang die vorhandene Substanz des Bewertungsobjekts dem potenziellen Erwerber die für eine alternative Neuerrichtung notwendigen künftigen Ausgaben (besser Auszahlungen) erspart, vermindert oder sie zumindest zeitlich hinausschiebt.[41]

Der auf diese Weise ermittelte **Substanzwert im Sinne ersparter** (d. h.: vorgeleisteter) **Ausgaben** eines Unternehmens erfasst die mögliche Ersparnis, die durch den Erwerb eines schon vorhandenen Unternehmens gegenüber der vollständigen Neuerrichtung realisiert werden kann, wenn für beide Alternativen identische Konzepte der Unternehmensführung, und damit gleiche Zukunftsperspektiven, angenommen werden.[42] Er stellt die Preisobergrenze des potenziellen Erwerbers dar. Das zum Verkauf stehende Unternehmen und dessen Strategiekonzept müssen dabei nicht völlig identisch mit dem letztlich angestrebten Unternehmen sein. Allerdings wird bei zunehmender Divergenz zwischen dem Geschäftsziel des Bewertungsobjekts und dem letztlich angestrebtem Unternehmenskonzept der Substitutionseffekt der im Bewertungsobjekt vorhandenen Substanz auch zunehmend geringer ausfallen.

Die Quantifizierung des Substanzwerts i. S. ersparter Ausgaben vollzieht sich durch die Gegenüberstellung der Barwerte der künftigen Auszahlungen (für Investitionen und den laufenden Betrieb) von Bewertungs- und Vergleichsobjekt im möglichen Erwerbszeitpunkt.[43]

Der **Substanzwert i. S. ersparter Ausgaben unterscheidet sich grundsätzlich** von dem zuvor dargestellten **Reproduktionswert**: Für die Beurteilung der Angemessenheit des Reproduktionswertkonzepts stellt sich ganz allgemein die Frage, ob eine identische Reproduktion eines Unternehmens am Markt überhaupt eine sinnvolle Denkfigur ist, und wenn, ob die einmalige Wettbewerbsposition eines Unternehmens überhaupt je einer Reproduzierung zugänglich sein kann. Demgegenüber können bei der Ermittlung des Substanzwerts i. S. ersparter Ausgaben Abweichungen von Unternehmenszweck, Unternehmensgröße oder Unternehmensstruktur berücksichtigt werden: Nur derjenige Teil der vorhandenen Substanz geht nämlich zu Wiederbeschaffungskosten in den Kalkül ein, der im Rahmen des angestrebten Konzepts Bestandteil des Fortführungsvermögens ist.[44] Die übrigen Vermögensteile, denen im Rahmen des Zielkonzepts keine Bedeutung zukommt, sind entsprechend der oben dargestellten Entscheidungsregel zu Liquidationswerten anzusetzen.[45] Der **Substanzwert i. S. ersparter Ausgaben** hat damit **Eigenschaften eines Ertragswerts**;[46] er ist zukunftsbezogen, ganzheitlich ermittelt und subjektiv.

---

[41] Vgl. *Sieben und Maltry* (2015), S. 767.

[42] Vgl. hierzu *Sieben* (1963), hier S. 79.

[43] Für exemplarische Ermittlungen vgl. *Sieben und Maltry* (2015), S. 768; *Matschke und Brösel* (2013), S. 337 ff.

[44] Vgl. *Busse von Colbe* (1957).

[45] Vgl. oben, Abschn. 2.1.3.

[46] Zum Ertragswert siehe die Ausführungen im nachfolgenden Abschn. 2.1.6.

Der Substanzwert i. S. ersparter Ausgaben findet dann bevorzugt Anwendung, wenn die Erlösseite der zukünftigen Geschäftstätigkeit eines Unternehmens sich einer fundierten Prognose entzieht. Dies war etwa in größerem Umfang bei der Privatisierung der ehemals Volkseigenen Betriebe in den Neuen Bundesländern zu Beginn der Neunzigerjahre des letzten Jahrhunderts der Fall.[47]

Bei der Interpretation des Substanzwerts i. S. ersparter Ausgaben ist stets zu beachten, dass auf seiner Basis **keine Aussage über die absolute Vorteilhaftigkeit** des Unternehmenskaufs möglich ist, da die Entscheidung über die grundsätzliche Durchführung der Investition bereits im Vorfeld getroffen wurde bzw. werden muss. Im Zweifelsfall wird daher von zwei Alternativen (Kauf versus Neuerrichtung) lediglich die weniger schlechte gewählt.

2.1.6 Barwert der zu erwartenden Überschüsse (Ertragswert)

Der **Ertragswert** misst allgemein den Betrag der mit einem Kapitalisierungszinsfuß r auf den Gegenwartswert abgezinsten finanziellen Überschüsse aus einem Unternehmen, die dem Eigentümer oder potenziellen Erwerber in Zukunft zugutekommen[48]:

$$EW = \sum_{t=1}^{\infty} \frac{\text{Finanzielle Überschusse an die Eigner in t}}{(1+r)^t} \tag{2.3}$$

Abstrahiert man von nicht-finanziellen Eignerinteressen, so kommt dieser Ausdruck der Maßgröße nahe, die bei einer Unternehmensbewertung am meisten interessiert. Es ist deshalb festzuhalten: Außer in dem (seltenen) Fall, dass der Ertragswert eines Unternehmens nachhaltig kleiner ist als sein Liquidationswert, repräsentiert der Ertragswert am besten die **finanzielle Wertschätzung, die ein Erwerber oder Veräußerer mit dem Unternehmen verbindet.** Der Ertragswert ist damit die eigentlich interessierende Größe der gesamten Unternehmensbewertung. Alle anderen Größen haben nur dann eine Funktion, wenn sie als Schätzgrößen des Ertragswertes aufgefasst werden.[49]

Die Zukunftsbezogenheit des Ertragswerts geht mit Ermittlungsschwierigkeiten einher, die aus folgenden Einzelproblemen resultieren:

---

[47] Vgl. *Sieben* (1992), S. 85 ff.

[48] Vgl. hierzu *Ballwieser und Hachmeister* (2013), S. 13–17.

[49] Zur Definition von Reproduktions- und Liquidationswerten als Sonderformen des Ertragswertes vgl. etwa: *Hering* (2006), S. 69–71.

 (i) dem **Prognoseproblem**,
 (ii) dem **Strategieproblem** und
(iii) dem **Kapitalisierungsproblem**.

Ad (i): Finanzielle Rückflüsse aus einem Unternehmen sind abhängig von langfristigen gesellschaftlichen und gesamtwirtschaftlichen Entwicklungen, der makroökonomischen Konjunkturlage, branchenspezifischen Einflussfaktoren etc. Aber auch individuelle Einflüsse spielen eine Rolle: so etwa Standortfaktoren oder die Entwicklung unternehmensinterner Organisationsbeziehungen. All dies ist Gegenstand der Prognose des Bewerters und zum Betrachtungszeitpunkt nicht objektiviert feststellbar. Stattdessen müssen Annahmen und Prognosewertungen aufgestellt werden.[50]

Ad (ii): Selbst wenn das Prognoseproblem gelöst ist, ergibt sich daraus noch keine kapitalisierungsfähige Zahlungsreihe: Eine weitere Entscheidungsvariable ist die einzuschlagende Strategie. Sie hängt insbesondere von Managementpotenzial und Finanzierungsressourcen dessen ab, der das Unternehmen in Zukunft weiterführen wird. Ein Erwerber eines Industrieunternehmens mag daran interessiert sein, allein die Marke zu übernehmen, Fertigung und Vertrieb aber aufzugeben. Für einen anderen Erwerber mag die Übernahme des Vertriebsnetzes von besonderem strategischen Interesse sein, für einen Dritten die möglicherweise hochmoderne Fertigungstechnologie des Kaufobjekts.

Unternehmensbewertung ist damit nicht nur ein Problem der Datenerhebung und der Zukunftsprognose, sondern gleichzeitig ein **strategisches Entscheidungsproblem**. Geht man von der idealtypischen Weltschau der Ökonomen aus und nimmt an, dass die Welt sich gleich einem Ereignisbaum entwickelt und sich in jedem Zeitpunkt mit vorgegebenen Wahrscheinlichkeiten alternative Zustände realisieren, in denen jeweils Zahlungsüberschüsse in einer feststehenden Höhe an die Anteilseigner ausgeschüttet werden, dann ist das Bewertungsproblem abstrakt als Optimierungskalkül darstellbar:

$$EW = \max_{j} \ \sum_{t=1}^{T}\sum_{i=1}^{I} p_i CF_{ij}^{t}\left(\frac{1}{1+r}\right)^{t} \tag{2.4}$$

mit

$j = 1, \ldots, J$	Strategiealternativen
$i = 1, \ldots, I$	Zustandsalternativen, Eintrittswahrscheinlichkeit p_i
$t = 1, \ldots, T$	Perioden des Betrachtungszeitraums
CF_{ij}^{t}	finanzieller Überschuss in Periode t bei Zustand i und Strategie j
r	Kapitalisierungszinsfuß
p_i	Eintrittswahrscheinlichkeit Zustand i

---

[50] Vgl. hierzu vertiefend Kap. 4.

Jahr	2016	2017	2018	2019	2020	2021
„gute Konjunktur" $p_g = 0{,}5$	50	30	50	80	120	100
„schlechte Konjunktur" $p_s = 0{,}5$	30	10	30	30	60	80

Abb. 2.4 Zahlungsreihe I

Jahr	2016	2017	2018	2019	2020	2021
Zahlung in T€	40	20	40	55	90	90

Abb. 2.5 Zahlungsreihe II

Ad (iii): Es sei angenommen, das Problem der Informationsbeschaffung und Strategiewahl sei gelöst: Der Bewerter könne in die Zukunft schauen; er könne genau zwei verschiedene Zustandsalternativen, die mit gleicher Wahrscheinlichkeit eintreten, für jeden Zeitraum der näheren Zukunft identifizieren; er könne weiter die richtige strategische Antwort darauf formulieren, und schließlich genau die Zahlungen berechnen, die das Unternehmen in jeder Zukunftsperiode empfängt oder abgibt. Es ergibt sich dann etwa die Reihe gemäß Abb. 2.4 (in T€).

Für einen potenziellen Erwerber dieses Zahlungsprofils stellt sich die Frage nach der (maximalen) Zahlungsbereitschaft für die Anwartschaft auf diese Ausschüttungsreihe. Die Antwort auf diese Frage wird, durch **persönliche Präferenzen** bedingt, unterschiedlich ausfallen. Denkbar ist ein potenzieller Erwerber, dem das Risiko aus der Zahlungsreihe gleichgültig ist. Dieser Erwerber wird einfach den Mittelwert, d. h. den Erwartungswert, aus den jeweiligen Zustandsalternativen ziehen. Das Zahlungsprofil vereinfacht sich in diesem Fall gemäß Abb. 2.5.

Ein anderer Kaufaspirant könnte jedoch der Meinung sein, dass das Risiko zustandsabhängig schwankender Zahlungen nicht unbeachtlich ist. Er wird sich nicht mit der Mittelwertbildung abfinden, sondern in der Rechnung systematische Ab- oder Zuschläge für das Risiko vom bzw. auf den Erwartungswert ansetzen. Je nachdem, wie ein Erwerber bezüglich des Risikos eingestellt ist (risikoavers/risikoneutral/risikofreudig), wird sich deshalb ein unterschiedlicher Unternehmenswert ergeben.

Schauen wir uns die Zahlungsreihe noch näher an. Es fällt auf, dass die größten Rückflüsse erst nach fünf Jahren anfallen. Auch diesbezüglich mag es unterschiedliche

Präferenzen geben. Der eine Erwerber empfindet dies als Vorteil, weil in fünf Jahren seine Kinder studieren werden, oder in einem anderen Unternehmen, das ihm gehört, Anschlussinvestitionen fällig sind. Ein Anderer könnte eher an einem stetigen Anfall der Zahlungen interessiert sein, weil seine jährlichen Ausgaben in den nächsten Jahren gleichförmig sein werden, oder weil er die Akquisition mit einem Annuitätenkredit finanzieren möchte. Diese unterschiedlich möglichen Wertungen sind letztlich eine Konsequenz der individuell unterschiedlichen Zeitpräferenzen, Erstausstattungen und Finanzierungsmöglichkeiten.

Die Ermittlung von Ertragswerten entpuppt sich mithin nicht nur als äußerst komplexes Planungsproblem; sie ist darüber hinaus auch noch in erheblichem Maße subjektabhängig. Die wichtigsten Gründe für ein Auseinanderklaffen von Ertragswerten verschiedener Bewertungssubjekte sind folgende Faktoren:

- Unterschiedliche Erstausstattungen
- Unterschiedliche Zukunftserwartungen
- Informationsasymmetrie
- Unterschiedliche Strategiealternativen
- Unterschiedliche Steuersituation
- Unterschiedliche Risikopräferenzen
- Unterschiedliche Zeitpräferenzen
- Unterschiedliche Alternativanlagen.

Der Kern der Unternehmensbewertungsmethodologie besteht darin, je nach Bewertungsanlass diese Komplexität der Bewertungssituation in einem intersubjektiv nachvollziehbaren und theoretisch fundierten Verfahren aufzulösen.

2.1.7   Heuristische Bewertungskonzeptionen

Weniger theoretisch fundiert als praktischen Bedürfnissen nach einer vereinfachten Unternehmenswertermittlung gehorchend sind verschiedene Varianten von Überschlagsrechnungen entwickelt worden, die an auf Akquisitionsmärkten tatsächlich gehandelten Preisen für mit dem Bewertungsobjekt vergleichbare Unternehmen festmachen. Aufgrund dieser Orientierung an historischen Transaktionspreisen handelt sich dabei weniger um Bewertungs- als um Preisfindungskonzepte, deren Validität umstritten ist.[51] Die prominenteste Anwendung findet diese heuristische Bewertungskonzeption bei den Vergleichs- und Multiplikatorverfahren.[52]

---

[51] Vgl. *Ballwieser* (2003), S. 25 f.
[52] Für eine vertiefte Darstellung vgl. Kap. 7.

Bewertungs-verfahren	Gesamt-bewertungs-verfahren		Einzel-bewertungs-verfahren		Mischverfahren	Überschlags-rechnung
Wert-konzeptionen	Ertrags-wert	DCF	Liquida-tionswert	Reproduk-tionswert	Substanz- und Ertragswert-komponenten	Vergleichs-"wert"
Bewertungs-grundlage	Zukünftige Erfolge		Vorhandene Substanz		Mischgrößen	Historische Kaufpreise

Abb. 2.6 Wertkonzeptionen und Bewertungsverfahren

2.1.8 Synopse der Wertkonzeptionen

Die dargestellten Wertkonzeptionen stellen die Grundlage für verschiedene in der Bewertungspraxis angewendete Bewertungsverfahren dar.

Unternehmensbewertungsverfahren, die der Wertermittlung die aus der Sicht der Eigentümer oder aller Kapitalgeber zukünftig erzielbaren Überschüsse als das aus dem Unternehmen zukünftig „Herausholbare"[53] zu Grunde legen, werden als **Gesamtbewertungsverfahren** bezeichnet. Im Gegensatz dazu ermitteln **Einzelbewertungsverfahren** (= Substanzwertverfahren) den Wert eines Unternehmens durch die isolierte Bewertung von Vermögenspositionen und Schulden. Die Trennlinie zwischen Gesamt- und Einzelbewertungskonzept kann dabei verschwimmen; dies verdeutlichen der Substanzwert i. S. ersparter Ausgaben, der Liquidationswert bei langem Liquidationszeitraum sowie das (eher theoretische) Konstrukt des Nettovollrekonstruktionsaltwerts (vgl. Abb. 2.6).

2.2 Dogmengeschichtliche Entwicklung der Unternehmenswertkonzeptionen

Die Anschauungen darüber, welche Unternehmenswertkonzeption für unterschiedliche Bewertungszwecke angemessen ist, haben sich im Zeitablauf – vom Beginn einer betriebswirtschaftlichen Diskussion im Schrifttum bis heute – geändert. Die Entwicklung ist in Abb. 2.7 nachgezeichnet.

Die Auseinandersetzung im betriebswirtschaftlichen Schrifttum um das richtige Dogma bei der Unternehmensbewertung rankte sich zunächst insbesondere um die Frage, ob und in welchem Maße der Unternehmenswert eine **objektive** oder eine **subjektive** Größe sei.

---

[53] Vgl. *Moxter* (1977), S. 254.

50er-Jahre: Objektive Bewertungslehre
Unternehmenswert als objektive, einem Unternehmen „an sich" zukommende und damit für jedermann gültige Größe ⇒ Bevorzugung von Substanzwertverfahren
60er-Jahre: Subjektive Bewertungslehre
Unternehmenswert als stets subjektbezogene, d.h. nicht einem Unternehmen als solches anhaftende, sondern nur für ein spezifisches Bewertungssubjekt gültige Größe ⇒ Vordringen von Ertragswertverfahren
70er-Jahre: Funktionale Bewertungslehre
Unternehmenswert als prinzipiell subjektbezogene, zu bestimmten Zwecken aber auf der Grundlage von Konventionen zu ermittelnde Größe ⇒ Anzuwendendes Bewertungsverfahren richtet sich nach dem Bewertungszweck
90er-Jahre bis heute: Kapitalmarktorientierte Konzepte
Verfeinerung des Ertragswertverfahrens auf der Grundlage der Entscheidungs- und Kapitalmarkttheorie, Kapitalmarkt als „neues", fiktives Bewertungssubjekt

Abb. 2.7 Entwicklung der Unternehmensbewertungskonzeptionen. (Quelle: Weiterentwicklung einer Abbildung aus *Mandl und Rabel* (1997), S. 6)

In den ersten Jahrzehnten des vorigen Jahrhunderts bis hinein in die Fünfzigerjahre war es verbreitete Auffassung in der deutschsprachigen betriebswirtschaftlichen Lehre, dass es sich bei dem mit betriebswirtschaftlichen Methoden zu ermittelnden Unternehmenswert um eine objektive Größe handeln muss. So lesen wir beispielsweise bei *Konrad Mellerowicz*:

Es kann nicht Aufgabe der Bewertungslehre sein, den Käufer zu beraten, wie er am besten sein Kapital anlegt. Ihre Aufgabe ist es, den objektiven Nutzen des Betriebes festzustellen, unabhängig von den verschiedenen Interessenlagen von Käufer und Verkäufer. (...) Die Betriebswirtschaftslehre muß also ihren Ausgangspunkt vom Standpunkt der Unternehmung aus nehmen.

(...) Namentlich bei angespannter Wirtschaftslage unterschreitet der gezahlte Preis den tatsächlichen Wert der Unternehmung meist erheblich. Bei umgekehrter Wirtschaftslage ist es umgekehrt. Diese Erscheinung hat ihre Ursache in der wechselnden Machtposition der Parteien im Marktabtausch. Es kann unmöglich Aufgabe der Theorie sein, den Ursachen dieser wechselnden Übervorteilung nachzugehen.

(...) Die Betriebswirtschaftslehre bewegt sich auf einem objektiven Terrain; sie bestimmt nur den Wert der Unternehmung und überläßt es den Parteien, einen Verkaufspreis zu finden.[54]

---

[54] *Mellerowicz* (1952), S. 12, 14.

Vom heutigen Standpunkt aus betrachtet wirkt ein solcher Objektivismus[55] kaum verständlich: Nicht zuletzt aus dem **methodologischen Individualismus** als grundlegendem Paradigma modernen ökonomischen Denkens folgt, dass wirtschaftlicher Wert und wirtschaftlicher Nutzen zunächst etwas Subjektives bezeichnen. Demgegenüber ist die objektive Wertkonzeption offensichtlich vom nicht-individualistischen Rollenverständnis der frühen Betriebswirte geprägt: Beihilfe zu leisten, wenn eine Partei die andere übervorteilt, war offensichtlich unter ihrer Würde; man sah sich nicht als Handlanger der (subjektiven) Nutzen- bzw. Gewinnmaximierung einer bestimmten Person, eines bestimmten Marktteilnehmers an, sondern vielmehr als Sachwalter der „objektiven" Belange des Betriebs, unabhängig von Interessenlagen und Parteienstreit.

Dieses Rollenverständnis hatte seine Wurzel in der Auffassung von Funktion und Wesen eines Unternehmens, die in Deutschland in der ersten Jahrhunderthälfte Verbreitung fand: Unternehmen, insbesondere Großunternehmen, wurden als Einheiten mit eigenen, vom Willen der Eigentümer unabhängigen Zielsetzungen und Interessen angesehen, eine Sichtweise von starker Ausstrahlung auf Recht[56] und Gesellschaft sowie auch auf die akademische Diskussion.

Als Kronzeuge der sogenannten Lehre vom **Unternehmen an sich** wird sehr oft *Walter Rathenau* genannt, im späten Kaiserreich einer der führenden deutschen Industriellen und Intellektuellen und später Außenminister der Weimarer Republik. In seiner 1917 erschienenen Schrift „Vom Aktienwesen" heißt es etwa:

> (...) die Großunternehmung ist heute überhaupt nicht mehr lediglich ein Gebilde privatrechtlicher Interessen, sie ist vielmehr, sowohl einzeln wie in ihrer Gesamtzahl, ein nationalwirtschaftlicher, der Gesamtheit angehöriger Faktor, der zwar aus seiner Herkunft, zu Recht oder zu Unrecht, noch die privatrechtlichen Züge des reinen Erwerbsunternehmens trägt, während er längst und in steigendem Maße öffentlichen Interessen dienstbar geworden ist und hierdurch sich ein neues Daseinsrecht geschaffen hat. Seine Fortbildung im gemeinwirtschaftlichen Sinne ist möglich, seine Rückbildung zur rein privatwirtschaftlichen Bindung oder seine Aufteilung in kleine Privatpartikel ist undenkbar.[57]

Es ist nicht verwunderlich, dass in einer derartigen Welt des Wertobjektivismus dem **Substanzwert** in der Unternehmensbewertung die unangefochtene Hauptrolle zukam.

Mit dem Wiedererstarken marktwirtschaftlicher Konzeptionen und marktwirtschaftlichen Denkens seit der deutschen Währungsreform kam es zu einer gewissen Korrektur dieses deutschen Sonderweges.[58] In der Betriebswirtschaftslehre schlug sich diese Korrektur nieder, indem die **Subjektivität** von Wertkonzeptionen wiederentdeckt und syste-

---

[55] Zum „naiven Wertobjektivismus" vgl. auch: *Adolff* (2007), S. 161–164.

[56] Vgl. hierzu m. w. V. *Kuhner* (2004), S. 247–251.

[57] Vgl. *Rathenau* (1917), S. 38.

[58] Die Lehre vom Unternehmen „an sich" hat etwa keine Parallele im anglo-amerikanisch geprägten Kulturraum; vgl. hierzu etwa: *Kuhner* (2004), S. 274–278.

matisch untersucht, insbesondere aber aus entscheidungstheoretischen Kategorien hergeleitet wurde.[59] Aus der Charakterisierung des Unternehmenswertes als stets subjektbezogene, d. h. nicht einem Unternehmen als solches anhaftende, sondern nur für ein spezifisches Bewertungssubjekt gültige Größe ergab sich der Rang des Ertragswertverfahrens als die einzig angemessene Konzeption.

Eine gewisse Synthese der konkurrierenden Bewertungskonzeptionen – allerdings unter der Prämisse der Subjektbezogenheit aller Bewertung – bot die in den Siebzigerjahren entwickelte **„funktionale Bewertungslehre"**, auch *„Kölner Funktionenlehre"* oder *„Kölner Schule der Unternehmensbewertung"* genannt, da sie an der Universität zu Köln, hauptsächlich von *Münstermann, Sieben, Busse von Colbe* und *Matschke* entworfen wurde.[60] Grundgedanke ist hier, dass der Bewerter bei der Wahl einer Methode sich Rechenschaft abgeben muss über:

1. den Anlass der Bewertung,
2. seine eigene Funktion dabei sowie
3. den Bewertungszweck.

Diese drei für den Kontext einer Unternehmensbewertung wesentlichen Kategorien strahlen auf unterschiedliche Konzepte des Unternehmenswertes aus. Zumindest fünf zweckgebundene Unternehmenswertkonzepte können identifiziert werden:

(1) **Grenzpreis des Verkäufers**: Der Geldbetrag, den der Verkäufer mindestens verlangen muss, um seine wirtschaftliche Situation durch die Transaktion nicht zu verschlechtern.

(2) **Grenzpreis des Käufers**: Der Geldbetrag, den ein Käufer höchstens für ein bestimmtes Unternehmen zahlen darf, um seine wirtschaftliche Situation durch die Transaktion nicht zu verschlechtern.

(3) **Fairer Einigungspreis**: Wert zwischen (1) und (2), den ein neutraler Gutachter unter Würdigung aller Umstände, d. h. insbesondere auch der Einschätzungen anderer Interessenten, für angemessen halten würde, unter der Voraussetzung, dass ein Einigungsbereich besteht, dass also (1) < (2). Sind andere Interessenten nicht vorhanden, dann ist der faire Einigungspreis der Mittelwert zwischen (1) und (2).

(4) **Schiedspreis**: Der Preis, den ein unabhängiger Gutachter ansetzen würde, wenn keine Einigung zustande kommt [insbesondere für (2) < (1); dies kann nicht für einen Kauf/Verkauf eines Unternehmens zutreffen, sondern z. B. beim Ausschluss eines missliebigen Gesellschafters gegeben sein].

(5) **Argumentationspreis**: Der Preis, den eine Partei als „plausiblen" Ausgangspunkt der Verhandlungen kommuniziert, möglicherweise gestützt auf Expertengutachten.

---

[59] Als zentraler Text kann in diesem Zusammenhang *Engels* (1962) gelten.

[60] Vgl. zu einem Überblick über die Kölner Funktionenlehre *Sieben* (1976), S. 491–504; *Sieben* (1983), S. 539 ff.; *Matschke und Brösel* (2013), S. 22 ff., S. 49–74; *Adolff* (2007), S. 168–178.

Bewertungs-funktion	Bewertungszweck	Bewertungskonzept
Beratungs-funktion	Ermittlung des subjektiven Grenzpreises für ein konkretes Bewertungssubjekt (= Entscheidungswert)	Ertragswertverfahren
Vermittlungs-funktion	Ermittlung eines „Arbitriumwertes", der zwischen den Grenzpreisen der Trans-aktionspartner liegt (= Schiedswert, Einigungswert)	Ertragswertverfahren (Zwischenwert zwischen unterschiedlichen Ertragswerten)
Argumentations-funktion	Ermittlung eines Argumentationspreises als Ausgangspunkt für Verhandlungen	Ertragswert, Substanzwert

Abb. 2.8 Funktionale Bewertungslehre (Zur funktionalen Bewertungstheorie vgl. *Peemöller* (2015), S. 7 f. Das IDW kennt im Übrigen zusätzlich noch die Funktion des neutralen Gutachters, während eine gesonderte Argumentationsfunktion keine Anerkennung des *IDW* findet; vgl. dazu Abschn. 2.4)

Aus einer ökonomischen Analyse der jeweiligen Interessenlagen kann auf dieser Grundlage die angemessene Bewertungsmethode gefolgert werden. Sie wird oft, aber nicht immer, mit der Ermittlung des Ertragswerts durch eine Partei identisch sein. Wesentliche Postulate der funktionalen Bewertungslehre sind in Abb. 2.8 zusammengefasst.

Mit der Kölner Funktionenlehre hat die Grundsatzdebatte um die Zweckadäquanz von Bewertungsmethoden wohl ihren Schlusspunkt gefunden.[61] Trotzdem haben sich im Verlauf der letzten drei Jahrzehnte die Gewichte wieder hin zu einem Wertobjektivismus besonderer Prägung verschoben. In der Unternehmensbewertung kommen nämlich zunehmend **fingierte Markt- oder Börsenwerte** zur Anwendung. Ursache hierfür ist die steigende Bedeutung anonymer Kapitalmärkte im Zuge der Globalisierung, aber auch die zunehmende Verfeinerung der Kapitalmarkttheorie, die es erlaubt, den Bewertungsmechanismus durch die Börsen modelltheoretisch nachzuvollziehen. Grundlage ist vor allem die Portefeuille- sowie die Arbitragetheorie, weiterhin kommen etwa optionspreistheoretische Ansätze zur Anwendung. Resultat sind Methoden, die eine Bewertung durch den Markt fingieren, wie die in mehreren Varianten bekannte *discounted cash flow*-**Methode**, die sich von der oben dargestellten Ertragswertmethode im Wesentlichen in der Herleitung des zur Diskontierung verwendeten Kapitalisie-

---

[61] Für eine aktuelle Würdigung der Ausstrahlung der Funktionenlehre auf die Rechtsprechung vgl. *Hachmeister* (2014), S. 219 ff.

rungszinsfußes und ggf. in der Zerlegung des Kapitalwertes in getrennt ermittelte Komponenten für Fremd- und Eigenkapitalwert unterscheiden.[62]

Seitdem kapitalmarktorientierte Ansätze vor etwa drei Jahrzehnten Eingang in die deutsche Fachdiskussion gefunden haben, ist der Stellenwert des kapitalmarktorientierten Paradigmas stetig gestiegen; traditionellere Ansätze der Ertragswertermittlung werden tendenziell zurückgedrängt. Die Ausstrahlung des kapitalmarktorientierten Ansatzes auch in Deutschland schlägt sich besonders eindrucksvoll in der Tatsache nieder, dass er seit 2008 als exklusiver Ansatz für die Ermittlung sogenannter objektivierter Werte[63] nach den Regeln des Berufsstandes der Wirtschaftsprüfer Verbindlichkeit besitzt.[64]

Jüngere Forschungsbeiträge auf dem Gebiet der kapitalmarktorientierten Unternehmensbewertung haben einerseits eine immer weitere Verfeinerung der DCF-Kalküle auf der Grundlage arbitragetheoretischer Argumentationsmuster zum Gegenstand; auf der anderen Seite werden Grundhypothesen des DCF-Ansatzes, wie die Ermittlung von Eigenkapitalkosten durch das *capital asset pricing model* (**CAPM**), hinterfragt und durch alternative Ansätze zur Kapitalkostenermittlung ersetzt.[65]

2.3 Konzeption der Zivilrechtsprechung

Gegenüber der dargestellten dogmengeschichtlichen Entwicklung der Unternehmensbewertungslehre im betriebswirtschaftlichen Schrifttum hat die Rechtsprechung keinen eigenständigen Bewertungsansatz entwickelt. Die Entwicklung originärer Wertkonzeptionen kann auch nicht als Aufgabe der Rechtsprechung angesehen werden, da der Bewertungsvorgang in erster Linie die Klärung einer Tatsachenfrage, und nicht einer Rechtsfrage zum Gegenstand hat.[66] Besondere Bedeutung kommt der Rechtsprechung allerdings bei der Entscheidung über die (Gesetzes-)Zweckadäquanz unterschiedlicher betriebswirtschaftlicher Bewertungskonzeptionen zu. Hierbei kommt es z. T. zur Hinterfragung und zur Ablehnung betriebswirtschaftlicher Konzeptionen. Gegenstand des folgenden Abschnittes ist es, besondere Akzentsetzungen der Rechtsprechung aufzuzeigen und kritisch zu beleuchten.

---

[62] Vgl. dazu die Ausführungen in Kap. 6. Zu einer Würdigung der DCF-Verfahren vor dem Hintergrund der Kölner Funktionenlehre vgl. *Schildbach* (1998), S. 301–322.

[63] Zur Konzeption des objektivierten Wertes vgl. unten, Abschn. 2.4.

[64] Vgl. *IDW* (2008), Rn. 114 ff.

[65] Den kapitalmarktorientierten Ansätzen der Unternehmensbewertung sind die Kap. 6 und 8 unten gewidmet.

[66] Vgl. zur Differenzierung von Rechts- und Tatsachenfrage im Zusammenhang mit der Unternehmensbewertung insbes. *Kuhner* (2007), S. 825–834.

Anlass	Gesetzliche Regelung
Anspruch auf Abfindung bei Ausscheiden eines Gesellschafters einer Personengesellschaft	§§ 738 BGB, 131 HGB
Anspruch auf angemessene Barabfindung von Minderheitsaktionären	§§ 305, 320b AktG, §§ 29, 207 UmwG
Bei Scheidung eines Unternehmers ist die Wertsteigerung des Unternehmens im Zeitraum der Ehe für Zwecke des Zugewinnausgleichs festzustellen	§ 1376 BGB
Bemessung des gesetzlichen Pflichtteils, wenn ein Unternehmen zum Nachlass gehört	§ 2311 BGB
Bemessung eines Barausgleichs bei zu niedrigem Umwandlungsverhältnis	§§ 15, 305 ff. UmwG
Squeeze-out	§§ 327a ff. AktG

Abb. 2.9 Beispiele für das Erfordernis einer Unternehmensbewertung (Vgl. hierzu u. a. *Piltz* (2005), S. 779 ff.; *Hannes* (2015), S. 1385 ff.)

2.3.1 Pluralität von Anlässen und konkurrierende Wertkonzeptionen

Typischerweise befasst sich die Rechtsprechung im Rahmen dominierter Anlässe mit Unternehmensbewertungsverfahren: Streitfälle ergeben sich insbesondere bei Änderungen der Eigentümerstruktur, die nicht von allen beteiligten Parteien freiwillig anvisiert wurden. Einige Beispiele für Situationen, in denen Unternehmensbewertung zum Gegenstand von Rechtsstreitigkeiten wird, sind in Abb. 2.9 aufgeführt.

Trotz der Vielzahl von Anlässen, in denen ein Gericht über die Angemessenheit einer Unternehmensbewertung entscheiden muss, existiert bis heute keine eigenständige Rechtsdogmatik zur Bestimmung des Wertes eines Unternehmens. In den fraglichen Gesetzen, BGB, HGB, AktG, UmwG, findet sich auch kaum eine Legaldefinition dessen, was hier beispielsweise als „Wert", „Gegenwert", „angemessene Abfindung" bezeichnet wird. Eine Ausnahme stellt in diesem Zusammenhang der § 2049 BGB – Übernahme eines Landgutes – dar, der nicht nur den Ertragswert als im Zweifel anzusetzenden Wert für ein Landgut innerhalb der Erbauseinandersetzung vorschreibt, sondern auch Grundelemente der Ertragswertdefinition enthält.[67]

Grundsätzlich stehen sich zwei unterschiedliche Möglichkeiten der Auslegung von gesetzlichen Wertkonzeptionen gegenüber:

---

[67] § 2049 BGB: „(1) Hat der Erblasser angeordnet, dass einer der Miterben das Recht haben soll, ein zum Nachlass gehörendes Landgut zu übernehmen, so ist im Zweifel anzunehmen, dass das Landgut zu dem Ertragswert angesetzt werden soll. (2) Der Ertragswert bestimmt sich nach dem Reinertrag, den das Landgut nach seiner bisherigen wirtschaftlichen Bestimmung bei ordnungsmäßiger Bewirtschaftung nachhaltig gewähren kann."

1. Der „objektive" Wert ist gekennzeichnet durch Begriffe wie „Verkehrswert", „Verkaufswert", „wirklicher Wert", „gemeiner Wert", „innerer Wert". Er ist derjenige Wert, den der Gegenstand für jedermann hat. Er wird i. d. R. als ein gewöhnlicher Geschäftswert bzw. als erzielbarer Veräußerungserlös ermittelt.[68]
2. Der „subjektive" Wert bezeichnet den Wert eines Gegenstandes, hier eines Unternehmens, für eine ganz bestimmte Person. Er wird auch als „Liebhaberwert" bezeichnet.

Ganz überwiegend stellt die Rechtsprechung auf die „objektive Wertkategorie" ab. Trotz dieser terminologischen Fokussierung auf einen objektiven Unternehmenswert haben sich jedoch die Ertragswertmethode (in Gestalt des objektivierten Unternehmenswerts) bzw. die *discounted cash flow*-Methoden weitgehend als gerichtlich akzeptierte Vorgehensweisen durchgesetzt.[69]

2.3.2 Spezialfall: Börsennotierte Unternehmen

Die jüngere, zuvor bereits dargestellte[70] Rechtsprechung des Bundesverfassungsgerichtes zur Abfindung ausscheidender bzw. außenstehender Aktionäre nach §§ 304, 305, 320b AktG rückt bei **börsennotierten Unternehmen** den Börsenkurs in den Vordergrund, ohne dessen Berücksichtigung der Unternehmenswert nicht ermittelt werden soll:

> Die von Art. 14 I GG geforderte ‚volle' Entschädigung darf nicht unter dem Verkehrswert liegen. Der Verkehrswert börsennotierter Unternehmen kann nicht ohne Rücksicht auf den Börsenkurs festgelegt werden.
>   Es ist aber mit Art. 14 Abs. 1 GG unvereinbar, wenn dabei der Kurswert der Aktie außer Betracht bleibt. Das ergibt sich daraus, daß die Entschädigung und folglich auch die Methode ihrer Berechnung dem entzogenen Eigentumsobjekt gerecht werden muß.[71]

Da Art. 14 Abs. 1 GG nicht unmittelbar eine Entschädigung zum Börsenkurs, sondern zum „wahren" Wert, d. h. mindestens zum **Verkehrswert**, verlangt, kommt eine Unterschreitung nur dann in Betracht, wenn der Börsenkurs ausnahmsweise nicht den Verkehrswert der Aktie widerspiegelt. Geeignete Parameter für die Beurteilung, unter welchen Voraussetzungen Börsenkurse dem „wahren" Wert einer Aktie entsprechen, werden vom Bundesverfassungsgericht nicht spezifiziert. Der Verweis auf die Orientierung am Börsenkurs bleibt daher konkretisierungsbedürftig.[72]

---

[68] Vgl. zur Übersicht *Hüttemann* (2007), S. 413 f., der den wahren Wert auch als fiktiven Verkehrswert bei bestmöglicher Verwertung des Gesellschaftsvermögens charakterisiert.

[69] Vgl. hierzu: *Wüstemann* (2009), S. 1518; *Hüttemann* (2007), S. 818 f.

[70] Vgl. hierzu die Ausführungen oben in Abschn. 2.1.2.

[71] BVerfG-Beschluss vom 27.04.1999 – 1 BvR 1613/94, BVerfGE 100, S. 289–313.

[72] Vgl. hierzu auch *Hüttemann* (2001), S. 454–478. Vgl. auch die Ausführungen in Abschn. 2.1.2.

Grundsätzlich ist vom „wirklichen Wert des lebenden Unternehmens als Einheit" auszugehen. (BGH, Urteil vom 21.4.1955 - II ZR 227/53, BGHZ 17, S.130-137).
Gefordert wird ein Unternehmenswert, der subjektive Wertbestandteile ausschließt („Der Senat folgt der Auffassung, daß Synergieeffekte in aller Regel subjektive Bestandteile der Unternehmensbewertung darstellen und nicht zu berücksichtigen sind." BayObLG, Beschluss vom 19.10.1995 – 3 Z BR 17/90, „Paulaner", AG, 41. Jg. (1996), S. 127-131).
Unternehmenswert = Ertragswert + Veräußerungswert des nicht betriebsgebundenen Vermögens
Vermögensgegenstände sind nicht betriebsgebunden, wenn sie sich ohne Schaden für den Ertrag aus dem Unternehmen herauslösen lassen und sich so ein höherer Wert als im Rahmen des Ertragswerts ergibt.
Der Liquidationswert als Untergrenze der Wertermittlung ist strittig.

Abb. 2.10 Stand der Rechtsprechung zu Abfindungsfragen für nicht-börsennotierte Unternehmen

In den meisten Abfindungsfällen, die sich auf börsennotierte Unternehmen beziehen, wird dem Börsenkurs im Sinne einer individuellen Ausstiegsoption die Funktion einer Untergrenze des Abfindungsbetrags zukommen.[73] Daraus wird in der Literatur z. T. ein Rechtsgrundsatz der „Meistbegünstigung" abzufindender Aktionäre bei dominierten Bewertungsanlässen gefolgt,[74] der in weitergehender Interpretation i. S. einer Abfindung zu den jeweils günstigsten Konditionen für den Minderheitsaktionär, wenn mehrere Bewertungsmethoden zur Diskussion stehen, jedoch abzulehnen ist.[75]

2.3.3 Allgemeine Leitlinien für die Bewertung börsennotierter und nicht börsennotierter Unternehmen

Unabhängig von der Börsennotierung des zu bewertenden Unternehmens und den daraus resultierenden Besonderheiten lassen sich einige zentrale Leitlinien der Rechtsprechung identifizieren (vgl. Abb. 2.10).[76]

Der **wirkliche Wert des lebenden Unternehmens**, den die Rechtsprechung als Abfindungsmaßstab zu Grunde legt, suggeriert wiederum einen objektiven Wertbegriff. So spricht der BGH vom wirklichen Wert als dem „Preis, der beim Verkauf eines Unterneh-

---

[73] Insofern im Einklang mit *IDW* (2008), Rn. 16.

[74] Vgl. m. w. V. *Adolff* (2007), S. 297 f., 324 f.; kritisch *Kuhner* (2007), S. 830 (m. w. V.).

[75] Eine explizite Ablehnung des Anspruchs von Minderheiten auf Abfindung nach dem Meistbegünstigungsprinzip findet sich in: BVerfG, Nichtannahmebeschluss vom 16.5.2012 – 1 BvR 96/09, „*DaimlerChyrsler*", BB, 67. Jg. (2012), S. 2780–2783.

[76] Aufstellung in Anlehnung an *Hüttemann* (1998), S. 563–595.

mens als Einheit erzielt würde."[77] Der wirkliche Wert des lebenden Unternehmens ist demnach im Sinne eines Verkehrswertes bzw. gemeinen Wertes zu interpretieren. Individuelle Grenzpreise der beteiligten Parteien sollen keine Rolle spielen: „Das Unternehmen ist grundsätzlich unabhängig vom Standpunkt der Parteien und auf der Grundlage einer fiktiven Veräußerung zu bewerten."[78] Die Vorstellung einer fiktiven Veräußerung schließt die erforderliche Separierung der Vermögensmasse in einen zum Ertragswert bewerteten betriebsnotwendigen Teil und einen zu Veräußerungswerten bewerteten nicht-betriebsnotwendigen Teil nicht aus. Der Begriff des nicht-betriebsnotwendigen Vermögens darf „nicht eng" gefasst[79] werden: In einem einschlägigen Entscheid[80] ordnete das Gericht nahezu sämtliche im Eigentum einer Brauerei befindliche Gaststätten-grundstücke dem nicht-betriebsnotwendigen Vermögen zu, obwohl die Gaststätten z. T. noch selbst betrieben wurden und eine Veräußerung nicht geplant war. Ausschlaggebend hierfür war die Erfordernis der Abfindung ausscheidender Gesellschafter zum „vollen" Wert sowie die Erkenntnis, die selbstbetriebenen Gaststätten ohne Einbußen aus dem Betriebsganzen herauslösen und durch Pachtgaststätten ersetzen zu können.

Der „wirkliche Wert des lebenden Unternehmens" aus Sicht der Rechtsprechung ist damit als der Preis zu interpretieren, der in einer normalen Markttransaktion ohne Berücksichtigung der besonderen Interessen der beteiligten Parteien erzielt würde. Bezüglich der Berücksichtigung von **Synergieeffekten** ergeben sich aus dieser Begriffslegung besondere Implikationen.

2.3.4 Sonderproblem: Synergieeffekte

Erwartete Synergieeffekte[81] zwischen den beteiligten Unternehmen sind im Motivspektrum von Unternehmensakquisitionen nahezu allgegenwärtig.

National und international[82] ist es bisher weitgehend üblich, Abfindungsbeträge ausgehend von der Fiktion zu bemessen, das übernommene Unternehmen würde mit gleicher

---

[77] BGH, Urteil vom 24.9.1984 – II ZR 256/83, Wertpapier Mitteilungen, 38. Jg. (1984), S. 1506–1507.

[78] Vgl. *Hüttemann* (1998), S. 565.

[79] BayObLG, Beschluss vom 19.10.1995 – 3 Z BR 17/90, „*Paulaner,*" AG, 41. Jg. (1996), S. 127–131.

[80] Ebd.

[81] Zur konzeptionellen Beschreibung und mikroökonomischen Fundierung von Synergieeffekten vgl. oben, Abschn. 1.3.2.1.2. Vgl. auch die Strukturierung von „Synergiedimensionen" bei *Fleischer* (1997), S. 377 f.

[82] Zur Rechtslage in den USA (Delaware) vgl. etwa: *Margolin und Kursh* (2005), insbes. S. 214 ff.

Strategie und gleichen Restriktionen fortgeführt [*stand alone*-Fiktion].[83] Insbesondere sind Synergieeffekte, die im Rahmen einer Akquisition realisiert werden, nicht im Abfindungsbetrag zu berücksichtigen.[84] Nach verfestigter Rechtsprechung sind sie als subjektive Wertbestandteile aus dem Abfindungsbetrag auszuscheiden, soweit ihnen ein spezifischer Charakter zukommt, sie also nur im Rahmen einer Transaktion zwischen zwei konkreten Partnern realisierbar sind.[85] Grundsätzlich anders zu behandeln, also Komponente des „objektiven Wertes" der Rechtsprechung, sind Verbundvorteile, die mit beliebig vielen Partnern umgesetzt werden können (**unechte Synergieeffekte**).[86]

Die **Nichtberücksichtigung** von echten Synergieeffekten führt dazu, dass der Abfindungsbetrag konzeptionell mit dem **Grenzpreis** aus Verkäufersicht identisch ist.[87] Ausscheidende Minderheitsaktionäre werden also insofern „interessewahrend" behandelt, als die Abfindung unter der Fiktion stattfindet, es hätte die sie veranlassende Strukturmaßnahme nie gegeben. Der abzufindende Aktionär wird im Vergleich zu dieser Situation nicht schlechter, aber auch nicht besser gestellt. Die *stand alone*-Abfindung

---

[83] Vgl. hierzu auch die Definition des Abfindungsbetrages in § 13.01(3) *Model Business Corporations Act: „Fair value is typically defined by statute as ‚(...) the value of the shares immediately before the effectuation of the corporate action to which the dissenter objects, excluding any appreciation or depreciation in anticipation of the corporate action."'*

[84] Insoweit in Gleichklang mit dem *Institut der Wirtschaftsprüfer*, vgl. *IDW* (2008), Rn. 32–34. Erfolgt allerdings eine Abfindung zu Börsenkursen, dann könne, so der BGH, nicht ausgeschlossen werden, dass durch die in den Marktpreisen inkorporierten Erwartungen auch Synergieeffekte eingeschlossen sind; dem BGH zufolge ist dies nicht zu beanstanden. Vgl. BGH, Beschluss vom 12.3.2001 – II ZB 15/00, BGHZ 147, S. 108–125. Der Grundsatz der Nichtberücksichtigung (echter) Synergieeffekte wird vor allem im jüngeren Schrifttum wieder in Frage gestellt, vgl. hierzu die Darstellung unten.

[85] Grundlegend hier wiederum: BayObLG, Beschluss vom 19.10.1995 – 3 Z BR 17/90, „Paulaner", AG, 41. Jg. (1996), S. 127–131. Im Rahmen einer Auswertung von 32 Entscheidungen von Land- und Oberlandesgerichten im Zeitraum 2000–2011 dokumentieren *Hachmeister et al.* (2011) die weiterhin dominierende Präferenz der Gerichte für eine *stand alone*-Bewertung, obwohl auch in der rechtswissenschaftlichen Literatur diesbezüglich mittlerweile ein mehrheitliches Umdenken stattgefunden habe. Zur rechtsdogmatischen Diskussion vgl. inbes. *Adolff* (2007), S. 388–411. Weiterhin zur Kritik der Rechtsprechung vgl. etwa: (m. w. V.) *Großfeld* (2012), S. 330 ff.; *Hüttemann* (2007), S. 812–822; aber auch schon *Böcking* (1994), S. 1407–1434. Zum „Verbundberücksichtigungsprinzip" als *Grundsatz ordnungsmäßiger Unternehmensbewertung* nach *Moxter* (1983) vgl. unten, Abschn. 2.4.

[86] Als typisches Beispiel für einen derartigen unechten Synergieeffekt wird im Schrifttum immer wieder ein von beliebigen Verschmelzungspartnern steuerlich nutzbarer Verlustvortrag eines Akquisitionsobjekts angeführt. Die aktuelle Rechtslage, insbes. § 8c KStG, hat die praktische Bedeutung dieser Spezifikation in Deutschland sehr geschmälert. Aber auch andere Werteffekte, die sich im Rahmen einer Strukturmaßnahme mit beliebigen Partnern realisieren lassen, wie etwa Einsparungen durch Zusammenlegung des Cash-Managements oder durch einen möglich gewordenen Verzicht auf die Erstellung eines Abhängigkeitsberichts, fallen unter diese Klassifizierung. Vgl. etwa: *Hachmeister* et al. (2011), S. 601 f.

[87] Vgl. oben, Abschn. 2.2.

kann auf unterschiedlichen Ebenen begründet werden. Aus der Sicht der objektivierten Wertermittlung wird das Argument der schwierigen Messbarkeit des Gegenwertes von Synergieeffekten angeführt.[88] Im Rahmen einer Interessenabwägung könnte darüber hinaus die Bevorzugung der Erwerberpartei etwa dadurch begründet werden, dass die Initiative zur „Hebung" der echten Synergieeffekte wohl ausnahmslos von der Erwerberseite ausgeht. Folgt man diesem Gedanken, dann erscheint auch die verfestigte Auffassung, dass Verbundvorteile nicht kausal zurechenbar sind,[89] zumindest nicht über jeden Zweifel erhaben zu sein. Die Nichtberücksichtigung im Abfindungsbetrag muss also nicht in zwingendem Widerspruch zu allgemeinen Gerechtigkeitserwägungen stehen.

Aus einer **rechtsökonomischen Perspektive** könnte die Nichtberücksichtigung als wesentlicher Beitrag zur Überwindung des sog. **Trittbrettfahrerdilemmas** der Bieterpartei bei Unternehmensübernahmen verstanden werden:[90] Kern des Trittbrettfahrerdilemmas ist der modellhafte Beweis, dass wohlfahrtsfördernde, d. h. synergieträchtige Übernahmen verhindert werden, wenn den passiven (Alt-)Aktionären des Zielunternehmens ein (zu hoher) Anteil am Mehrwert der Übernahme zugesprochen wird. Hierdurch geht der Anreiz potenzieller Bieter verloren, kostenträchtige Pläne und Strategien der Identifikation und Neustrukturierung auch gesamtwirtschaftlich wertschöpfender Übernahmen zu entwickeln.[91]

Für die **Berücksichtigung** echter Synergieeffekte im Abfindungsbetrag spricht die Tatsache, „(...) dass ein freiwillig ausscheidender Aktionär normalerweise einen Preis aushandel[t], der den künftigen Kooperationsvorteil für den übernehmenden Gesellschafter reflektiert."[92] Diese Wertkomponente sei unabweisbar Bestandteil der **vollen** Entschädigung eines ausscheidenden Aktionärs. Eine Berücksichtigung von Synergien stellt überdies sicher, dass die Empfänger einer Barabfindung nicht systematisch schlechter gestellt werden als die Empfänger einer Abfindung in Aktien der herrschenden Gesellschaft.[93] Angezweifelt wird weiterhin das Argument der schwierigen Messbarkeit, weil alle Varianten der Unternehmensbewertung nach dem Ertragswertkalkül gleichermaßen auf Zukunftsprognosen basieren und Ansätze zur Messung von Synergiepotenzialen in den letzten Jahrzehnten erheblich verfeinert worden sind.[94]

---

[88] Vgl. etwa: *Fleischer* (1997), S. 371 f., 379 f. (m. w. V).

[89] Vgl. m. w. V. *Adolff* (2007), S. 404–406.

[90] Vgl. hierzu grundlegend die institutionenökonomische Modellierung von *Grossman und Hart* (1980).

[91] Zu einer verwandten Argumentation mit dem Ergebnis der Ablehnung des Einbezugs von Synergieeffekten vgl.: OLG Frankfurt am Main, Beschluss vom 17.06.2010 – 5 W 39/09, BB, 66. Jg. (2011), S. 595–596. Vgl. in ähnlichem Sinne *Weiland* (2003), S. 118–130.

[92] *Fleischer* (1997), S. 372, mit Verweis auf *Großfeld* (1994), S. 116 f. Vgl. auch zur Diskussion: *Hachmeister et al.* (2011), S. 603 ff.

[93] Vgl. hierzu auch: *Adolff* (2007), S. 408–410.

[94] Vgl. *Fleischer* (1997), S. 379 f.

Die Frage der Berücksichtigung von Verbundeffekten bei der Abfindung ist eine **Rechtsfrage**:[95] Es obliegt der primären Würdigung aus rechtlicher Sicht, welcher Partei die Erträge aus potenziellen Synergien bei einem Unternehmenszusammenschluss zustehen sollen. Die in der Rechtsprechung bis heute vorherrschende Entscheidung für die Seite der Erwerber könnte durch eine aus Gerechtigkeitsgründen oder aus Gründen der Förderung ökonomischer Effizienz im dynamischen Sinne erfolgende Abwägung motiviert sein: Die Mehrerträge aus einem Zusammenschluss sollen demnach derjenigen Partei zustehen, von der die ökonomische Initiative ausgeht, also demjenigen, der sein unternehmerisches Potenzial eingebracht hat und auch die Risiken der künftigen Strategie zu tragen hat – nämlich typischerweise dem Erwerber.

2.3.5 Sonderproblem: Stichtagsprinzip

Eine besondere Bedeutung gewinnt das **Stichtagsprinzip** in der Rechtsprechung durch die Tatsache, dass die meisten der rechtlich normierten Unternehmensbewertungen aus der Retrospektive stattfinden. Der Zeitpunkt, zu dem ein Unternehmenswert ermittelt wird, liegt also wesentlich später als der Stichtag, für den der Unternehmenswert ermittelt wird. Zum Bewertungszeitpunkt verfügt der Bewerter mithin typischerweise über Wissen, das am Bewertungsstichtag noch nicht vorhanden war und logischerweise bei der Erstellung des Finanzplanes für den Bewertungsstichtag nicht zu Grunde gelegt werden konnte.

Für rechtlich normierte Bewertungen gelten allgemein die von der Rechtsprechung herausgearbeiteten Regeln zum Stichtagsprinzip; entscheidend ist hier die in der Zivil- und Finanzrechtsprechung entwickelte **Wurzeltheorie**,[96] nach der wertbildende Faktoren dann und nur dann zu berücksichtigen sind, wenn sie am Stichtag **in der Wurzel angelegt** waren. Zwangsläufig wohnt dieser Formel eine gewisse Mehrdeutigkeit inne, da alle Entwicklungen der Zukunft kausal mit Ereignissen der Vergangenheit verknüpft sind und für derartige Kausalketten selbstverständlich kein Anfangspunkt postuliert werden kann. Kleinster gemeinsamer Nenner der Umsetzung der Wurzeltheorie in der Rechtsprechung ist wohl die Unbeachtlichkeit von „nicht vorhersehbaren" Entwicklungen in den Folgejahren.[97] Grundsätzlich nicht vorhersehbar sind etwa bedeutende gesellschaftliche,

---

[95] Zur folgenden Argumentation: *Kuhner* (2007), S. 826.

[96] Vgl. *Großfeld* (2012), S. 97–100, m. w. V., insbesondere Rechtsprechungsüberblick.

[97] Vgl. hierzu: *Großfeld* (2012), S. 97 f. Werden „vorhersehbare Entwicklungen" allerdings ausnahmslos berücksichtigt, dann sind Konfliktpotenziale zwischen der Anwendung der *Wurzeltheorie* und der Zugrundelegung der *stand alone*-Fiktion, die den Ausschluss akquisitionsinduzierter Synergieeffekte zur Folge hat, wohl nicht von der Hand zu weisen. Für eine eingehende Analyse vgl.: *Karami* (2014), S. 182–214.

politische und wirtschaftliche Strukturbrüche[98] sowie Strategieänderungen, die zum Stichtag noch nicht als Entscheidungsalternative in Betracht gezogen wurden.

Die jüngere Rechtsprechung scheint sich mehrheitlich an einer engen, restriktiven Auslegung von Stichtagsprinzip und Wurzeltheorie zu orientieren:[99] Knapp auf den Punkt gebracht, ist der Informationsstand eines Unternehmensbewertungskalküls bei der *ex post*-Betrachtung auf jene Informationen zu beschränken, die bei **angemessener Sorgfalt** am Bewertungsstichtag erfahrbar oder erkennbar gewesen wären.[100] Dies führt etwa dazu, dass in den meisten Judikaten eine **Plausibilisierung** der (historischen) Stichtagsprognosen anhand des tatsächlich eingetretenen Verlaufs („retrospektive Plausibilisierung") abgelehnt wird. Mit der Referenz auf jenen Informationsstand, der am Stichtag bei angemessener Sorgfalt erkennbar gewesen wäre, gelingt es zumindest konzeptionell, für die o. a. Kausalkette der relevanten Ereignisse einen Anfangspunkt zu konstruieren.

Vor dem Hintergrund gängiger Gerechtigkeitsvorstellungen sind die auf dieser Grundlage gewonnenen Ergebnisse nicht in jedem Fall unkontrovers: Für die Beantwortung der Frage etwa, ob eine Wertkorrektur aufgrund von am Stichtag zweifelsfrei bestehenden Lasten wegen der Kontamination von Betriebsgrundstücken angebracht ist, wäre letztlich nicht die Tatsache ausschlaggebend, dass die Kontamination vor dem Stichtag erfolgt ist. Entscheidend ist vielmehr, ob der Bewerter bei angemessener Sorgfalt zum Stichtag Kenntnis von der Tatsache der Kontamination hätte haben können.

2.3.6 Kapitalisierungssätze in der Rechtsprechung

Als Mindeststandard hat sich in der Rechtsprechung durchgesetzt, den Kapitalisierungszinsfuß aus einzelnen Komponenten zusammenzusetzen, von denen der (*quasi-*)risikolose Sockelzinssatz eine ist; die anderen sind Zuschläge oder Abschläge, die zur Herstellung der Äquivalenzen,[101] vor allem Risiko- und Kaufkraftäquivalenz, hinzugefügt werden.

Zuschläge auf den Kapitalisierungszinsfuß, die nicht mit dem Gleichbehandlungsanspruch aller Aktionäre zu vereinbaren sind, wie Minderheitenzuschläge oder Verfügbarkeitszuschläge, scheiden bei der Bewertung von gesellschaftsrechtlichen Ansprüchen aus.[102] Bei der Bemessung der einzelnen Komponenten existiert weiterhin eine große Vielfalt von Vorgehensweisen. Trotz des Vordringens modellgestützter Ver-

---

[98] Beispiele sind der Fall der Berliner Mauer sowie der Terrorangriff auf das World Trade Center. Vgl. hierzu abstrakt differenzierend allerdings *Großfeld* (2012), S. 98.

[99] Vgl. hierzu mit einem umfassenden Rechtsprechungsüberblick *Ruthardt und Hachmeister* (2012), S. 451–459.

[100] Vgl. m. w. V. *Ruthardt und Hachmeister*, S. 452. Vgl. entsprechend auch *IDW* (2008), Rn. 23.

[101] Siehe hierzu unten, Kap. 3, Abschn. 3.3.

[102] Vgl. hierzu mit differenzierter Kritik der Rechtsprechung: *Fleischer* (2012), S. 1633–1642.

fahren und insbesondere des DCF-Verfahrens existieren bis heute keine allgemeinver-
bindlichen Grundsätze, etwa i. S. einer kapitalmarktorientierten Bewertung von kapitalmarktorientierten Unternehmen oder einer modellgestützt-unternehmensindividuellen
Ermittlung von Risikoprämien.[103]

Einen Überblick über Kalkulationszinsfüße in der Rechtsprechung der letzten vier
Jahrzehnte bieten *Ballwieser und Hachmeister*.[104] Naturgemäß ist hier eine differenzierte
Darstellung der Einzelkomponenten des jeweiligen Zinssatzes nur ansatzweise möglich.

2.3.7 Kritik der Rechtsprechung

In zahlreichen Judikaten der letzten Jahre haben Gerichte sich vertieft mit verfeinerten
betriebswirtschaftlichen Bewertungsmethoden auseinandergesetzt, ohne dass sich, wie
oben dargestellt, eine rechtlich begründete Bevorzugung bestimmter Methoden herausschälen würde.[105] Die Rezeption betriebswirtschaftlicher Argumente geschieht dabei
„(...) überwiegend überzeugend; jedoch halten nicht alle Begründungen einer betriebswirtschaftlichen Prüfung stand."[106]

Spezifisch für die Rechtsprechung ist allerdings die robuste Präferenz für Begriffe und
Konzepte wie „gängige Verkehrsauffassung", „Verkehrswert", „gemeiner Wert". Naturgemäß sind Gerichte geneigt, subjektive, personenabhängige Elemente bei der Bewertung zurückzudrängen: Der Richter muss sich an nachprüfbare, justiziable Fakten halten;
er stellt deshalb gewisse Mindestanforderungen an die Objektivierbarkeit von Ta-
tbeständen. Individuelle Meinungen, Wünsche, Absichten, die sich an den Kauf eines
Unternehmens knüpfen oder mit einer Strukturmaßnahme verbunden sind, sind in vielen
Fällen nicht durch Außenstehende nachprüfbar, sind nicht objektivierbar.

Ob die Konzeption des „gemeinen Werts" bzw. „Verkehrswerts" allen Bewertungsanlässen gerecht werden kann, ist nicht unumstritten. So trifft die pauschale Nicht-
beachtung individueller Wertkomponenten im Schrifttum – wie geschildert – auf starken
Widerspruch: Spezifische Wertzuwächse, die sich einmalig aus einem Zusammenschluss
zweier ganz bestimmter Unternehmen ergeben, werden einseitig der aufnehmenden Partei
zugesprochen.

---

[103] Vgl. hierzu: *Kuhner* (2007), S. 831. Auch nach der ständigen Rechtsprechung des Bundes-
verfassungsgerichts gibt es keine (verfassungsmäßige) Präferenz für ein bestimmtes Wer-
termittlungsverfahren; vgl. BVerfG, Beschluss vom 30.5.2007 – 1 BvR 1267/06, 1 BvR 1280/06,
AG, 52. Jg. (2007), S. 697–699.

[104] Vgl. *Ballwieser und Hachmeister* (2013), S. 130–136.

[105] Einen zeitnahen, komprimierten Überblick über die Entwicklung der Rechtsprechung, auch aus
betriebswirtschaftlicher Sicht bietet jeweils der jährliche *BB-Rechtsprechungsreport Unternehmensbewertung* von *Wüstemann*. Vgl. zuletzt *Wüstemann* (2014).

[106] *Wüstemann* (2013), S. 1648.

Ab einer bestimmten Unternehmensgröße kommt es zudem nicht mehr zu regelmäßigen Unternehmenstransaktionen, so dass der Verweis auf den Preis eines Unternehmens in einer normalen Markttransaktion kaum eine Verankerung in der Realität mehr hat: Der gemeine Wert wird hier – insbesondere für nicht-börsennotierte Unternehmen – zum theoretischen Konstrukt.

2.4   Konzeption der Wirtschaftsprüfer und Grundsätze ordnungsmäßiger Unternehmensbewertung

Die von der Rechtsprechung entwickelten Unternehmensbewertungskonzepte geben allenfalls einen groben Rahmen vor. Die Notwendigkeit eines umfassenderen Kanons von allgemein anerkannten, zweckorientierten Regeln als normative Grundlage für rechtlich relevante Bewertungen wurde im Schrifttum erkannt und hat sich in der Formulierung von sogenannten **Grundsätzen ordnungsmäßiger Unternehmensbewertung** niedergeschlagen. Wegweisend zum Inhalt und zur Systematik derartiger Grundsätze ist die Monographie gleichlautenden Titels von *Moxter*,[107] der allein 20 Prinzipien unterscheidet, die in fünf Gruppen gegliedert sind (siehe Abb. 2.11).

Nicht alle dieser von *Moxter* als für rechtlich relevante Bewertungen verbindlich vorgeschlagenen Grundsätze haben sich als konsensfähig erwiesen.[108] Allerdings bildet ihr Kern die Grundlage für die Methodik, mit der die **Wirtschaftsprüfer**, repräsentiert durch die Facharbeit des *Instituts der Wirtschaftsprüfer* (*IDW*),[109] Bewertungsfragen angehen. Relevante Verlautbarung des *IDW* zur Unternehmensbewertung ist der zuletzt im Jahre 2008 aktualisierte IDW S 1: „Grundsätze zur Durchführung von Unternehmensbewertungen".[110] Als maßgeblicher Standard für die Berufsausübung deutscher Wirtschaftsprüfer reflektiert IDW S 1 einerseits im Kern die durch die ständige Rechtsprechung verfestigte geltende Rechtslage; andererseits sollen darüber hinausgehend Normen der professionellen *best practise* festgeschrieben werden.

IDW S 1 nennt sieben Grundsätze, die als verbindlich für Unternehmensbewertungen durch Wirtschaftsprüfer anzusehen sind:[111]

---

[107] *Moxter* (1983).

[108] Ein Beispiel ist das „Verbundberücksichtigungsprinzip", welches in Bezug auf Abfindungsfälle von der Rechtsprechung bis heute mehrheitlich abgelehnt wird; vgl. die Darstellung oben, Abschn. 2.3.4.

[109] Die Verlautbarungen des *Instituts der Wirtschaftsprüfer* haben als Stellungnahmen einer privatrechtlich organisierten Vereinigung keine unmittelbare Rechtsverbindlichkeit; sie werden jedoch in vielen Fällen von den Gerichten als maßgeblich für eine ordnungsmäßige Berufsausübung angesehen. Vgl. etwa: *Großfeld* (2012), Rn. 6 ff.

[110] Vgl. *IDW* (2008).

[111] Vgl. *IDW* (2014), Rn. A 44 ff.; grundlegend: *IDW* (2008), Rn. 17 ff.

I. Allgemeine Grundsätze	
Zweckadäquanzprinzip	Bewertungszweck bestimmt die Methodik
Grenzpreisprinzip	Grenzpreise beider Parteien als Bewertungsober-/Untergrenze
Entnahmeprinzip	Bestimmung eines Schiedswerts als Kompromiss zwischen beiden Grenzpreisen, falls keine Einigung erfolgt
Entnahmeprinzip	Individuelle Entnahmemöglichkeiten für Bewertung ausschlaggebend
II. Grundsätze zur Messung des Unternehmensertrags	
Gesamtertragsprinzip	Alle entziehbaren Vorteile – auch die nicht-monetärer Natur – sind einzubeziehen
Zuflussprinzip	Nur tatsächlich zugeflossene Vorteile sind einzubeziehen
Gleichbehandlungsprinzip	Keine unterschiedliche Behandlung von Abzufindenden bei verschiedenen Abfindungsanlässen
Verbundberücksichtigungsprinzip	Berücksichtigung von Verbundvorteilen bei Eingliederung des Bewertungsobjekts in eine Unternehmensgruppe
III. Grundsätze zur Ertragsermittlungstechnik	
Rückschauanalyseprinzip	Vergangenheitsdaten als Ausgangspunkt der Ertragsprognose
Vorschauanalyseprinzip	Zukunftswerte als originärer Gegenstand der Ertragsprognose
Gewinnermittlungsprinzip	Anknüpfung an die GVR zum Zweck der Ertragsermittlung
Mehrwertigkeitsprinzip	Mehrwertigkeit der Prognose als notwendige Anforderung
IV. Bewertungsprinzipien	
Vergleichsprinzip	Bewertung als Vergleichsvorgang
Marktwertprinzip	Marktwert als Kritikbasis zur Überprüfung des Bewertungsergebnisses
Individualwertprinzip	Individueller Grenzpreis als letztlich ausschlaggebender Wert
Kapitalzinsprinzip	Kapitalisierung von Erträgen als Grundlage der Bewertung
V. Äquivalenzgrundsätze	
Kapitalzinsäquivalenzprinzip	Zeit-, Risiko- und Kaufkraftdimension von Zähler- und Nennergrößemüssen harmonieren
Stichtagsprinzip	Informationsstand am Stichtag ausschlaggebend
Nettoertragsprinzip	Nettogrößen, d.h. effektive Zuflussgrößenausschlaggebend für Zähler- und Nennergröße
Realrechnungsprinzip	Erwartete Geldentwertungen sind durch übereinstimmende Dimensionen von Zähler- und Nennergröße zu berücksichtigen

Abb. 2.11 Grundsätze ordnungsmäßiger Unternehmensbewertung (Quelle: *Moxter* (1983))

1. Grundsatz der Maßgeblichkeit des Bewertungszwecks
2. Grundsatz der Bewertung der wirtschaftlichen Unternehmenseinheit
3. Stichtagsprinzip
4. Grundsatz der Bewertung des betriebsnotwendigen Vermögens
5. Grundsatz der gesonderten Bewertung des nicht betriebsnotwendigen Vermögens
6. Grundsatz der Unbeachtlichkeit des (bilanziellen) Vorsichtsprinzips
7. Grundsatz der Nachvollziehbarkeit der Bewertungsansätze

Das *IDW* geht damit, wie aus dem ersten Grundsatz ableitbar ist, von einer funktionalen Bewertungslehre aus und unterscheidet folgende Funktionen des Wirtschaftsprüfers bei der Unternehmensbewertung:[112]

- **Neutraler Gutachter**: Der neutrale Gutachter ermittelt nach einer nachvollziehbaren Methodik einen **objektivierten**, d.h. von den individuellen Wertvorstellungen der betroffenen Parteien unabhängigen Wert des Unternehmens.
- **Berater**: In der Beratungsfunktion ermittelt der Wirtschaftsprüfer den subjektiven Entscheidungswert einer Partei, i.d.R. den Grenzpreis des Käufers bzw. des Verkäufers.
- **Schiedsgutachter/Vermittler**: In der Schiedsgutachter/Vermittlerfunktion schlägt der Wirtschaftsprüfer in Konfliktsituationen einen Einigungswert (Schiedswert/Arbitriumwert) vor, wobei er die verschiedenen subjektiven Wertvorstellungen der Parteien berücksichtigt.[113]

Die oben dargestellte, rechtlich relevante Konzeption des „Verkehrswerts" oder „gemeinen Werts" findet in der Terminologie der Wirtschaftsprüfer seine Entsprechung im sogenannten **objektivierten Unternehmenswert**:

Der objektivierte Wert stellt einen intersubjektiv nachprüfbaren Zukunftserfolgswert aus der Sicht der Anteilseigner dar. Dieser ergibt sich bei der Fortführung des Unternehmens auf Basis des bestehenden Unternehmenskonzepts und mit allen realistischen Zukunftserwartungen im Rahmen der Marktchancen, -risiken und finanziellen Möglichkeiten des Unternehmens sowie sonstigen Einflussfaktoren.[114]

Der objektivierte Wert des Unternehmens**anteils** entspricht dem quotalen Wertanteil am objektivierten Gesamtwert des Unternehmens.[115]

---

[112] Vgl. *IDW* (2008), Rn.12. Die sogenannte Argumentationsfunktion (s.o. Abschn. 2.2.) ist keine legitime Funktion des gutachtenden Wirtschaftsprüfers.

[113] Vgl. hierzu *Matschke* (1979), S. 55 ff., sowie m. w. V. *Mandl und Rabel* (1997), S. 406 f., die für den Fall einer dominierten Konfliktsituation ohne Einigungsbereich (z. B. bei Ausschließung eines Gesellschafters) grundsätzlich die Ermittlung eines parteibezogenen Schiedswerts zugunsten der dominierten Partei fordern, was für das genannte Beispiel eine Orientierung der Abfindung des ausscheidenden Gesellschafters an seinem subjektiven Grenzpreis bedeuten würde.

[114] *IDW* (2008), Rn. 29.

[115] *IDW* (2008), Rn. 13 (Hervorhebung durch die Verfasser).

Der objektivierte Unternehmenswert entspricht dem Zukunftserfolgswert, der sich

- bei Fortführung des Unternehmens mit unverändertem Konzept, und
- mit allen realistischen Zukunftserwartungen im Rahmen seiner Marktchancen, finanziellen Möglichkeiten und sonstigen Einflussfaktoren
- nach den Grundsätzen betriebswirtschaftlicher Unternehmensbewertung bestimmen lässt.
- Rein verkäufer- und käuferorientierte subjektive Wert- und Nutzenvorstellungen bleiben unberücksichtigt.

Zur Ermittlung des Kapitalisierungszinssatzes objektivierter Werte ist nach den Regeln des *IDW* ausschließlich, insbesondere auch unabhängig von der Rechtsform des zu bewertenden Unternehmens, eine kapitalmarktgehandelte Anlage in Unternehmensanteile zu Grunde zu legen. Die Ermittlung des objektivierten Wertes erfolgt mithin nach der Methodik der kapitalmarktorientierten Rechnungslegung.

Wegen der „Wertrelevanz der persönlichen Einkommensteuern"[116] ist der objektivierte Unternehmenswert grundsätzlich ein Wert **nach** persönlichen Ertragssteuern der Anteilseigner, wobei „anlassbezogene Typisierungen"[117] der steuerlichen Verhältnisse erforderlich sind. Bei gesellschaftsrechtlichen und vertraglichen Bewertungsanlässen sind hierbei die Verhältnisse einer inländischen, unbeschränkt steuerpflichtigen natürlichen Person zu Grunde zu legen.[118]

Insbesondere dann, wenn ein Wirtschaftsprüfer bei Rechtsstreitigkeiten als Gutachter tätig wird, ist das Konzept des objektivierten Wertes Referenzpunkt. Es kommt aber auch zum Tragen bei der Ermittlung eines Unternehmenswertes als Informationsgrundlage für mehrere Adressaten(/-parteien) mit unterschiedlichen Interessen,[119] beispielsweise im Rahmen von *fairness opinions*.[120] In diesem Fall erfolgt keine differenzierte Modellierung des o. a. Nachsteuerkalküls.[121]

In der Funktion des **Beraters** ermittelt ein Wirtschaftsprüfer demgegenüber einen subjektiven (parteiischen) Unternehmenswert; es handelt sich dabei um den Grenzpreis der zu beratenden Partei:

---

[116] *IDW* (2008), Rn. 114 ff.

[117] Vgl. *IDW* (2008), Rn. 13.

[118] Vgl. *IDW* (2008), Rn. 31.

[119] Vgl. *IDW* (2008), Rn. 30.

[120] Zum Begriff vgl. *IDW* (2011) sowie vertiefend Abschn. 1.2.

[121] Vgl. *IDW* (2008), Rn. 30.

Der subjektive Wert eines Unternehmensanteils beinhaltet die Einschätzung des Wertes der Beteiligung an einem Unternehmen unter Berücksichtigung der individuellen persönlichen Verhältnisse und Ziele des (jeweiligen) Anteilseigners; Bewertungsparameter sind deshalb neben der Anteilsquote insbesondere der damit verbundene Einfluss des Anteilseigners auf die Unternehmenspolitik sowie erwartete Synergieeffekte.[122]

Aus der Natur der Sache folgt es, dass die Ermittlung des subjektiven Wertes durch mehr Freiheitsgerade, insbesondere eine größere Methodenfreiheit, geprägt ist, als die Ermittlung des objektivierten Wertes.

Die unterschiedlichen Konzeptionen schlagen sich in einer unterschiedlichen Berücksichtigung von Einzelfaktoren bei der Ermittlung der **erwarteten finanziellen Überschüsse** nieder (vgl. Abb. 2.12).

2.5 Exkurs: Unternehmensbewertung für bilanzielle Zwecke

2.5.1 Beteiligungsbewertung im handelsrechtlichen Jahresabschluss

Beteiligungen und sonstige Unternehmensanteile im Portefeuille einer bilanzierenden Unternehmung sind situationsgebunden Gegenstand einer gesonderten Unternehmensbewertung zum Zwecke der Erstellung des Einzelabschlusses: Nach § 253 Abs. 1 Satz 1 HGB sind Beteiligungen mit ihren Anschaffungskosten zu bewerten. Ein am Abschlussstichtag niedrigerer beizulegender Wert darf gemäß § 253 Abs. 3 Satz 2 und 3 HGB mit einer außerplanmäßigen Abschreibung erfasst werden; er muss angesetzt werden, wenn die Wertminderung voraussichtlich dauerhaft ist.[123] Insbesondere vor dem Hintergrund der nach wie vor dominierenden Zwecksetzung des Einzelabschlusses, nämlich der Bemessung ausschüttungsfähiger Erfolgsbestandteile unter der Nebenbedingung des Gläubigerschutzes, stellt sich die Frage, in welcher Beziehung eine Unternehmensbewertung zum Zwecke der Ermittlung niedrigerer beizulegender Werte zu den in IDW S 1 dargelegten Wertkonzeptionen steht.

Hierzu hat das *IDW* im September 2003 eine Stellungnahme zur Rechnungslegung veröffentlicht.[124] Grundsätzlich sieht das *IDW* eine Bewertung auf der Basis der Er-

---

[122] *IDW* (2008), Rn. 14.

[123] Der Beteiligungsabschreibung im handelsrechtlichen Einzelabschluss entspricht in vielen Fällen die außerplanmäßige Goodwillabschreibung im IFRS-Konzernabschluss nach IFRS 3, für die die hier dargestellten Grundsätze im Wesentlichen analog anzuwenden sind. Vgl. zur Akquisitionsbilanzierung nach IFRS 3 *Kuhner* (2014).

[124] IDW RS HFA 10 in der Fassung vom 29.11.2012, vgl. *IDW* (2013).

Einflussfaktor	Berücksichtigung beim objektivierten Wert	Berücksichtigung beim subjektiven Unternehmenswert
Maßnahmen zur Unternehmensentwicklung bzw. -umgestaltung	Nur, wenn bereits (rechtsverbindlich) eingeleitet oder im Unternehmenskonzept dokumentiert; Abschwächung dieses Konkretisierungsanspruchs für die Rentenphase.	Berücksichtigung aller am Bewertungsstichtag bereits erkannten und realisierbaren Maßnahmen durch den Verkäufer; Berücksichtigung aller denkmöglichen realisierbaren Maßnahmen durch den Käufer.
Synergieeffekte	Nur die, die sich unabhängig vom konkreten Bewertungsanlass realisieren lassen („unechte Synergie-Effekte") (z.B. Ausnutzung von Größeneffekten oder steuerlichen Verlustvorträgen), sofern eingeleitet oder plausibel dokumentiert.	Für den Käufer sind alle Synergie- effekte zu berücksichtigen, für den Verkäufer (Preisuntergrenze) nur alle unechten.
Ausschüttungsannahme	Orientierung am unveränderten Unterneh- menskonzept in der Detailplanungsphase; Orientierung an Marktausschüttungsquoten (Marktindex oder (enger) Vergleichsgruppe von Unternehmen in der Rentenphase).	Beabsichtigte Änderungen der Finanzplanung (Kapitalstruktur) sind vom Käufer zu berücksichtigen.
Managementfaktoren	Individuelle Einflüsse und Einflüsse aus personellen, familiären und Verbund- beziehungen sind zu eliminieren.	Aus Käufersicht sind die tatsächlich im Prognosezeitaum verfügbaren Managementfaktoren zu berück- sichtigen.
Persönliche Einkommensteuern	- Vernachlässigung persönl. Einkommensteuern (mittelb. Typ.) bei Bewertungen im Rahmen unternehmerischer Initiativen (z.B. fairness opinion, Kreditwür- digkeitsprüfung) - Berücksichtigung der persönl. Einkommensteuern einer inländisch unbeschränkt steuerpflichtigen natürlichen Person (unmittelb. Typ) bei Bewertungen im Rahmen von vertraglichen oder gesellschafts- rechtlichen Anlässen (Abgeltungssteuersatz von 25 % zzgl. SolZ für Ausschüttungen sowie (typisiert) von 12,5 % zzgl. SolZ für Veräußerungsgewinne bei Kapitalgesell- schaften bzw. typisierter Einkommensteuer- satz von 35 % (inkl. SolZ) bei Personenge- sellschaften (ggf. gekürzt um Gewerbesteu- eranrechnung)).	Grundsätzlich Ausrichtung an der tatsächlichen Steuerbelastung.

Abb. 2.12 Ermittlung der finanziellen Überschüsse (nach *IDW* (2008), Kap. 4.4.2. ff.)

tragswertmethode bzw. der bei gleichen Bewertungsannahmen hierzu äquivalenten DCF-Verfahren vor.[125] Situationsbedingt fließen Elemente der Ermittlung objektivierter Werte sowie subjektiver Werte mit in das Kalkül ein:

Ausgangspunkt ist der „(. . .) aus der Sicht des Käufers ermittelte subjektive Unternehmenswert."[126] Synergieeffekte sind insoweit (und nur insoweit) zu berücksichtigen, als sie durch die bilanzierende Gesellschaft, die zu bewertende Beteiligungsgesellschaft oder deren Tochtergesellschaften realisierbar sind.[127] Synergieeffekte, die beim Mutterunternehmen anfallen oder bei den Anteilseignern (s.u.), werden bei der Erstellung des Einzelabschlusses, da nicht zum Schuldendeckungspotenzial des bilanzierenden Unternehmens gehörig, ausgeklammert. Für ihren Gegenwert entsteht möglicherweise eine zu aktivierende Forderung auf Nachteilsausgleich gegenüber dem Mutterunternehmen nach § 311 Abs. 2 AktG.[128]

Ertragsteuern sind in Höhe der von der Beteiligungsgesellschaft zu tragenden Gewerbesteuer und Körperschaftsteuer zu berücksichtigen. Außerdem sind die Unternehmenssteuern der bilanzierenden Gesellschaft in Abzug zu bringen, die auf diese Nettozuflüsse entfallen. Persönliche Steuern der Anteilseigner sind nicht zu berücksichtigen. Da die Einbeziehung persönlicher Steuern natürlicher Personen bei anteilig fremdfinanzierten Unternehmen i. d. R. unternehmenswerterhöhend wirkt,[129] kann dies dazu führen, dass der beizulegende Wert von Anfang an niedriger ist als die Anschaffungskosten eines Beteiligungserwerbs.[130]

Als Kapitalisierungszinssatz kommt nicht die subjektive Renditeerwartung des Investors, sondern vielmehr die Alternativrendite vergleichbarer Investitionen am Kapitalmarkt in Betracht.[131]

Bei der Bestimmung des Kapitalisierungssatzes ist die Ertragssteuerbelastung des bilanzierenden Unternehmens mit einzubeziehen.[132]

Ist die Veräußerung beabsichtigt oder anzunehmen, so ist grundsätzlich nach Maßgabe des objektivierten Wertes zu bilanzieren.[133]

---

[125] Vgl. *IDW* (2013), Rn. 3.

[126] *IDW* (2013), Rn. 5.

[127] Vgl. *IDW* (2013), Rn. 6.

[128] Vgl. *IDW* (2013), Rn. 7.

[129] Zu den Einflüssen der Einkommensteuer auf den Unternehmenswert vgl. Kap. 6.

[130] Vgl. *IDW* (2013), Rn. 8. Auch in diesem Fall ist zu untersuchen, ob eine Forderung aufgrund von Nachteilsausgleich gegen das Mutterunternehmen zu aktivieren ist. Vgl. ebd.

[131] Vgl. *IDW* (2013), Rn. 9.

[132] Vgl. *IDW* (2013), Rn. 10.

[133] Vgl. *IDW* (2013), Rn. 11, 12.

2.5.2 Goodwillabschreibungen im IFRS-Konzernabschluss

„Eckpunkt der reformierten Akquisitionsbilanzierung nach IFRS 3[134] war die Abschaffung planmäßiger Abschreibungen auf den Akquisitionsgoodwill und ihr Ersatz durch detaillierte Regelungen zur Vornahme außerplanmäßiger Abschreibungen als mögliche Folge eines jährlich vorzunehmenden *impairment*"-Tests. Dabei sind die allgemeinen Regelungen für Wertminderungsabschreibungen nach IAS 36 verbindlich.[135] Der Abschreibungsbetrag bemisst sich nach der Differenz zwischen dem Restbuchwert und dem Höheren von zwei Alternativwerten: (i) dem Nettoveräußerungserlös (*fair value less cost to sell*) sowie dem (ii) Barwert der zuordenbaren Zahlungsüberschüsse bei fortgesetzter Nutzung *(value in use)*. Beide Werte beziehen sich auf separate Betriebseinheiten (sog. **zahlungsmittelgenerierende Einheiten**), denen zum Zweck des *impairment*-Tests die mit ihnen verbundenen Goodwillanteile zugeordnet werden.[136]

Falls keine verbindlichen Angebote auf das Bewertungsobjekt oder belastbare Daten über vergleichbare Transaktionen vorliegen, ist der Veräußerungserlös, genauso wie der Nutzungswert aufgrund eines Unternehmensbewertungskalküls zu schätzen. Obwohl nicht verbindlich vorgeschrieben, wird hierbei in den meisten Fällen die DCF-Methode zur Anwendung kommen. Der *fair value* des Bewertungsobjekts weist starke konzeptionelle Ähnlichkeiten mit dem oben dargestellten „objektivierten Unternehmenswert" nach IDW S 1 auf; der Nutzungswert ist *sui generis* ein subjektiver Wert, für den der spezifische, unternehmensinterne Nutzungszusammenhang einer zahlungsmittelgenerierenden Einheit ausschlaggebend ist. Insbesondere bei Vorhandensein wesentlicher Synergien zwischen einzelnen zahlungsmittelgenerierenden Einheiten wird es zu Unterschieden zwischen beiden Alternativwerten kommen.

Ein Spezifikum des *value in use* ist seine Konzeption als **Wert vor Ertragssteuern des Unternehmens**, was für die Ermittlung konzeptionelle Probleme aufwirft, die in der Bewertungspraxis wohl weitgehend ignoriert werden.[137]

2.6   Schlussbemerkung

Die dogmengeschichtliche Entwicklung der Unternehmensbewertung mündet ein in die Prädominanz eines einzigen Bewertungskonzepts: der investitionstheoretischen Bewertung von Unternehmen auf der Basis kapitalisierter Zahlungszuflüsse, in unterschiedli-

---

[134] Verbindlich in der EU seit 2005, in der revidierten Fassung seit 2009. Flankierend als Handreichung für die Anwendung durch deutsche Unternehmen veröffentlichte das *IDW* im Oktober 2005 die Stellungnahme RS HFA 16, vgl. *IDW* (2005), hier insbes. Rn. 101–112.

[135] Allgemein zum IAS 36 vgl. etwa: *Kuhner und Hitz* (2009).

[136] Zur Konzeption, Methodik sowie zu besonderen Problemen des *impairment*-Tests nach IFRS 3, IAS 36 vgl. etwa die Einzelbeiträge in: *Ballwieser et al.* (Hrsg.) (2014).

[137] Näheres bei: *Kuhner* (2010).

chen Varianten bekannt im deutschen Sprachraum als „Ertragswertmethode", im englischen Sprachraum als *„discounted cash flow"*-Methode. Allen übrigen Konzeptionen kommt gegenüber der **investitionstheoretischen Methode** nur eine **nachrangige Bedeutung** zu, sei es als heuristische Schätzungsverfahren für einen investitionstheoretischen Wert (Substanzwertmethode, Vergleichs- und Multiplikatorverfahren), sei es als reale Entscheidungswerte in spezifischen Bewertungssituationen (Liquidationswert, Börsenwert).

Wie schon angedeutet, werfen die einzelnen Parameter der Ertragswertmethode, die Schätzung der Zählergröße, d. h. die Prognose der zukünftig zu erwartenden Zahlungsüberschüsse, sowie die Schätzung der Nennergröße, d. h. die Ermittlung des Kapitalisierungszinsfußes, eine Vielfalt von konzeptionellen und technischen Problemen auf. Der Lösung dieser konzeptionellen und technischen Probleme sind die Ausführungen in den nachfolgenden Kapiteln (Kap. 3, 4, 5 und 6) gewidmet. Das nächste Kapitel stellt dabei auf einige sachlogisch zwingende Grundsätze zur Herleitung in sich konsistenter und damit aussagekräftiger Ertragswertkalküle ab.

Literatur

Adolff, J. (2007). *Unternehmensbewertung im Recht der börsennotierten Aktiengesellschaft.* München: C. H. Beck.

Akerlof, G. A. (1970). The market for „Lemons": Quality uncertainty and the market mechanism. *Quarterly Journal of Economics, 84,* 488–500.

Ballwieser, W. (2003). Unternehmensbewertung durch Rückgriff auf Marktdaten. In M. Heintzen & L. Kruschwitz (Hrsg.), *Unternehmen bewerten* (S. 13–30). Berlin.

Ballwieser, W., & Hachmeister, D. (2013). *Unternehmensbewertung – Prozess, Methoden und Probleme* (4. Aufl.). Stuttgart.

Ballwieser, W., Beyer, S., & Zelger, H. (Hrsg.). (2014). *Unternehmenskauf nach IFRS und US-GAAP* (3. Aufl.). Stuttgart.

Beumer, J., & Duscha, H. (2015). Besonderheiten der Bewertungsverfahren: Steuerliche Bewertungsmaßstäbe. In V. Peemöller (Hrsg.), *Praxishandbuch der Unternehmensbewertung* (6. Aufl., S. 1411–1443). Herne.

Böcking, J. (1994). Das Verbundberücksichtigungsprinzip als Grundsatz ordnungsmäßiger Unternehmensbewertung. In W. Ballwieser et al. (Hrsg.), *Bilanzrecht und Kapitalmarkt, Festschrift für Adolf Moxter* (S. 1408–1434). Düsseldorf.

Brealey, R. A., Myers, S. C., & Allen, F. (2014). *Principles of corporate finance* (11. Aufl.). Boston et al.

Busse von Colbe, W. (1957). *Der Zukunftserfolg.* Wiesbaden: Gabler.

Diamond, D. W., & Verrecchia, R. E. (1981). Information aggregation in a noisy rational expectations economy. *Journal of Financial Economics, 9,* 221–235.

Engels, W. (1962). *Betriebswirtschaftliche Bewertungslehre im Lichte der Entscheidungstheorie.* Köln.

Fama, E. (1970). Efficient capital markets: A review of theory and empirical work. *The Journal of Finance, 25,* 383–417.

Fama, E. (1991). Efficient capital markets II. *The Journal of Finance, 46,* 1575–1617.

Fleischer, H. (1997). Die Barabfindung außenstehender Aktionäre nach den §§ 305 und 320b AktG: Stand-alone-Prinzip oder Verbundberücksichtigungsprinzip? *Zeitschrift für Unternehmens- und Gesellschaftsrecht, 26*, 368–400.

Fleischer, H. (2012). Rechtsfragen der Unternehmensbewertung bei geschlossenen Kapitalgesellschaften – Minderheitenabschlag, Fungibilitätsabschlag, Abschlag für Schlüsselpersonen. *Zeitschrift für Wirtschaftsrecht, 33*, 1633–1642.

Franke, G., & Hax, H. (2009). *Finanzwirtschaft des Unternehmens und Kapitalmarkt* (6. Aufl.). Berlin.

Göllert, K., & Ringling, W. (1999). Die Eignung des Stuttgarter Verfahrens für die Unternehmens- und Anteilsbewertung im Abfindungsfall. *Der Betrieb, 52*, 516–519.

Großfeld, B. (1994). *Unternehmens- und Anteilsbewertung im Gesellschaftsrecht* (3. Aufl.). Köln.

Großfeld, B. (2012). *Recht der Unternehmensbewertung* (7. Aufl.). Köln.

Grossman, S. J., & Hart, O. D. (1980). Takeover bids, the free-rider problem, and the theory of the corporation. *Journal of Economics, 11*, 42–64.

Grossman, S. J., & Stiglitz, J. E. (1980). On the impossibility of informationally efficient markets. *American Economic Review, 70*, 393–408.

Hachmeister, D. (2014). Rezeption der Funktionenlehre in der Rechtsprechung: Darstellung und Würdigung. In M. Dobler et al. (Hrsg.), *Rechnungslegung, Prüfung und Unternehmensbewertung – Festschrift für Wolfgang Ballwieser* (S. 219–242). Stuttgart.

Hachmeister, D., Ruthardt, F., & Gebhardt, M. (2011). Berücksichtigung von Synergieeffekten bei der Unternehmensbewertung – Theorie, Praxis und Rechtsprechung in Spruchverfahren. *Der Konzern, 11*, 601–613.

Hannes, F. (2015). Die Rechtsprechung zur Unternehmensbewertung. In V. H. Peemöller (Hrsg.), *Praxishandbuch der Unternehmensbewertung* (6. Aufl., S. 1383–1409). Herne/Berlin.

Helbling, C. (1998). *Unternehmensbewertung und Steuern* (9. Aufl.). Düsseldorf.

Hering, T. (2006). *Unternehmensbewertung* (2. Aufl.). München.

Hüttemann, R. (1998). Unternehmensbewertung als Rechtsproblem. *Zeitschrift für das gesamte Handelsrecht, 162*, 563–595.

Hüttemann, R. (2001). Börsenkurs und Unternehmensbewertung. *Zeitschrift für Unternehmens- und Gesellschaftsrecht, 30*, 454–478.

Hüttemann, R. (2007). Rechtliche Vorgaben für ein Bewertungskonzept. *Wirtschaftsprüfung, 60*, 812–822.

IASB (2015). *International financial reporting standards*. London: IASB.

IDW (2005). IDW Stellungnahme zur Rechnungslegung: Bewertungen bei der Abbildung von Unternehmenserwerben und bei Werthaltigkeitsprüfungen nach IFRS, [RS HFA 16]. *Die Wirtschaftsprüfung, 58*, 1415–1426. Zugegriffen am 18.10.2005.

IDW (2008). IDW S 1 [i. d. F. v. 2008]: Grundsätze zur Durchführung von Unternehmensbewertungen. IDW-FN 7/2008, S. 271–292.

IDW (2011). IDW S 8: „Grundsätze für die Erstellung von Fairness Opinions" vom 17.01.2011, FN-IDW 3/2011, S. 151–162. FN-IDW 1/2013, S. 6.

IDW (2013). IDW RS HFA 10: Anwendung der Grundsätze IDW S 1 bei der Bewertung von Beteiligungen und sonstigen Unternehmensanteilen für die Zwecke eines handelsrechtlichen Jahresabschlusses. *Die Wirtschaftsprüfung, 56*, 1257 f.

IDW (2014). *Wirtschaftsprüfer-Handbuch* (14. Aufl., Bd. II.). Düsseldorf.

Karami, B. (2014). *Unternehmensbewertung im Spruchverfahren beim „Squeeze out"*. Wiesbaden.

Kuhner, C. (2004). Unternehmensinteresse vs. Shareholder Value als Leitmaxime kapitalmarktorientierter Aktiengesellschaften. *Zeitschrift für Unternehmens- und Gesellschaftsrecht, 33*, 244–279.

Kuhner, C. (2007). Unternehmensbewertung: Tatsachenfrage oder Rechtsfrage? *Wirtschaftsprüfung, 60*, 825–834.

Kuhner, C. (2010). Anmerkungen zur Ermittlung des Vorsteuer-Kapitalisierungszinssatzes im Rahmen der Berechnung des Nutzungswertes (value in use) nach IAS 36. In W. Kessler, G. Förster & C. Watrin (Hrsg.), *Unternehmensbesteuerung, Festschrift für Norbert Herzig* (S. 609–623). München.

Kuhner, C. (2014). Die Zielsetzungen von IFRS, US-GAAP und HGB und deren Konsequenzen für die Abbildung von Unternehmenskäufen. In W. Ballwieser, S. Beyer & H. Zelger (Hrsg.), *Unternehmenskauf nach IFRS und US-GAAP* (3. Aufl., S. 1–39). Stuttgart.

Kuhner C., & Hitz, J. M. (2009). Kommentierung IAS 36 – Wertminderung von Vermögenswerten – Impairment of Assets. In J. Hennrichs, J. Kleindiek, & C. Watrin (Hrsg.), *Münchner Kommentar zum Bilanzrecht* (Bd. 1: IFRS), [Loseblatt].

Lev, B. (2001). *Intangibles – Management, measurement, and reporting.* Washington, DC: Brookings Institution Press.

Mandl, G., & Rabel, K. (1997). *Unternehmensbewertung.* Wien.

Mandl, G., & Rabel, K. (2015). Methoden der Unternehmensbewertung (Überblick). In V. H. Peemöller (Hrsg.), *Praxishandbuch der Unternehmensbewertung* (6. Aufl., S. 51–94). Herne/Berlin.

Margolin, B. A., & Kursh, S. (2005). The economics of Delaware fair value. *Delaware Journal of Corporate Law, 30,* 413–436.

Matschke, M. J. (1979). *Funktionale Unternehmensbewertung* (Bd. II: Der Arbitriumwert der Unternehmensbewertung). Wiesbaden.

Matschke, M. J., & Brösel, G. (2013). *Unternehmensbewertung. Funktionen – Methoden – Grundsätze* (4. Aufl.). Wiesbaden.

Mellerowicz, K. (1952). *Der Wert der Unternehmung als Ganzes.* Essen: W. Girardet.

Moxter, A. (1976). *Grundsätze ordnungsmäßiger Unternehmensbewertung.* Wiesbaden: Gabler.

Moxter, A. (1977). Die sieben Todsünden des Unternehmensbewerters. In W. Goetzke & G. Sieben (Hrsg.), *Moderne Unternehmensbewertung und Grundsätze ihrer ordnungsmäßigen Durchführung* (S. 253–256). Köln.

Moxter, A. (1983). *Grundsätze ordnungsmäßiger Unternehmensbewertung* (2. Aufl.). Wiesbaden.

Münstermann, H. (1966). *Wert und Bewertung der Unternehmung.* Wiesbaden: Gabler.

o.V. (2011). Von der Börse genommen: Der letzte Vorhang fällt für die IG Farben, vom 18.8.2011, unter. http://www.handelsblatt.com/unternehmen/industrie/von-der-boerse-genommen-der-letzte-vorhang-faellt-fuer-die-ig-farben/4508894.html. Zugegriffen am 12.11.2014.

Peemöller, V.H. (2015): Wert und Werttheorien. In V.H. Peemöller (Hrsg.), Praxishandbuch der Unternehmensbewertung (6. Aufl., S. 1–15). Herne/Berlin.

Piltz, D. J. (2001). Unternehmensbewertung und Börsenkurs im aktienrechtlichen Spruchstellenverfahren. *Zeitschrift für Unternehmens- und Gesellschaftsrecht, 30,* 185–213.

Piltz, D. J. (2005). Die Rechtsprechung zu Unternehmensbewertung. In V. H. Peemöller (Hrsg.), *Praxishandbuch der Unternehmensbewertung* (3. Aufl., S. 779–796). Herne/Berlin.

Rathenau, W. (1917). *Vom Aktienwesen – eine geschäftliche Betrachtung.* Berlin: Fischer Verlag.

Ruthardt, F., & Hachmeister, D. (2012). Das Stichtagsprinzip in der Unternehmensbewertung – Grundlegende Anmerkungen und Würdigung der jüngeren Rechtsprechung in Spruchverfahren. *Die Wirtschaftsprüfung, 65,* 451–459.

Schildbach, T. (1986). *Jahresabschluss und Markt.* Berlin u. a.

Schildbach, T. (1998). Ist die Kölner Funktionenlehre der Unternehmensbewertung durch die Discounted Cash-Flow-Verfahren überholt? In M. J. Matschke & T. Schildbach (Hrsg.), *Unternehmensberatung und Wirtschaftsprüfung, Festschrift für Günter Sieben* (S. 301–322). Stuttgart.

Sieben, G. (1963). *Der Substanzwert der Unternehmung.* Wiesbaden.

Sieben, G. (1976). Der Entscheidungswert in der Funktionenlehre der Unternehmensbewertung. *Betriebswirtschaftliche Forschung und Praxis, 28,* 491–504.

Sieben, G. (1983). Funktionen der Bewertung ganzer Unternehmen und von Unternehmensanteilen. *Das Wirtschaftsstudium, 12*, 533–542.

Sieben, G. (1992). Wesen, Ermittlung und Bedeutung des Substanzwerts als „vorgeleistete" Ausgaben. In W. Busse von Colbe & G. A. Coenenberg (Hrsg.), *Unternehmensakquisition und Unternehmensbewertung*. Stuttgart.

Sieben, G., & Maltry, H. (2015). Der Substanzwert der Unternehmung. In V. H. Peemöller (Hrsg.), *Praxishandbuch der Unternehmensbewertung* (6. Aufl., S. 759–783). Herne/Berlin.

Sieben, G., & Sanfleber, M. (1989). Betriebswirtschaftliche und rechtliche Aspekte von Abfindungsklauseln. *Die Wirtschaftsprüfung, 51*, 321–329.

Wagenhofer, A., & Ewert, R. (2014). *Externe Unternehmensrechnung* (3. Aufl.). Berlin/Heidelberg.

Weber, M. (2004). Börsenkursbestimmung aus ökonomischer Perspektive. *Zeitschrift für Unternehmens- und Gesellschaftsrecht, 33*, 280–300.

Weiland, N. G. (2003). *Synergieeffekte bei der Abfindung außenstehender Gesellschafter*. Köln.

Wüstemann, J. (2009). BB-Rechtsprechungsreport: Unternehmensbewertung 2008/2009. *Der Betriebsberater, 64*, 1518–1523.

Wüstemann, J. (2013). BB-Rechtsprechungsreport: Unternehmensbewertung 2012/2013. *Der Betriebsberater, 68*, 1643–1711.

Wüstemann, J. (2014). BB-Rechtsprechungsreport: Unternehmensbewertung 2013/2014. *Der Betriebsberater, 69*, 1707–1712.

Urteilsverzeichnis

BayObLG, Beschluss vom 19.10.1995–3 Z BR 17/90, „*Paulaner*", AG, 41. Jg. (1996), S. 127–131.

BGH, Urteil vom 21.4.1955–II ZR 227/53, BGHZ 17, S. 130–137.

BGH, Beschluss vom 12.3.2001–II ZB 15/00, BGHZ 147, S. 108–125.

BGH, Beschluss vom 19.7.2010–II ZB 18/09, „*Stollwerck*", BGHZ 186, S. 229–242.

BGH, Urteil vom 24.9.1984–II ZR 256/83, Wertpapier Mitteilungen, 38. Jg. (1984), S. 1506–1507.

BVerfG, Beschluss des Ersten Senats vom 7.11.2006–1 BvL 10/02, BStBl II 2007, S. 192–215.

BVerfG, Beschluss vom 27.04.1999–1 BvR 1613/94, BVerfGE 100, S. 289–313.

BVerfG, Beschluss vom 30.5.2007–1 BvR 1267/06, 1 BvR 1280/06, AG, 52. Jg. (2007), S. 697–699.

BVerfG, Nichtannahmebeschluss vom 16.5.2012–1 BvR 96/09, „*DaimlerChyrsler*", BB, 67. Jg. (2012), S. 2780–2783.

OLG Celle, Urteil vom 4.4.1979–9 Wx 2/77, DB, 32. Jg. (1979), S. 1031–1033.

OLG Frankfurt am Main, Beschluss vom 17.06.2010–5 W 39/09, BB, 66. Jg. (2011), S. 595–596.

Unternehmenswerte als Kapitalwerte: Grundsätze der Kapitalwertrechnung

Die überragende Bedeutung des Barwertkalküls in der Unternehmensbewertung war eines der Kernergebnisse des vorangegangenen Kapitels. Im Folgenden werden einfache Bewertungsregeln dargestellt, die für die Ertragswertmethode spezifisch sind.

Allgemein ist der **Ertragswert** das Ergebnis eines Planungs- und Prognoseproblems:[1]

$$EW = \max_{j} \sum_{t=1}^{T} \sum_{i=1}^{I} p_i \cdot CF_{ij}^t \cdot \left(\frac{1}{1+r} \right)^t \tag{3.1}$$

mit

$j = 1, \ldots, J$	Strategiealternativen
$i = 1, \ldots, I$	Zustandsalternativen, Eintrittswahrscheinlichkeit p_i
$t = 1, \ldots, T$	Perioden des Betrachtungszeitraums
CF_{ij}^t	finanzieller Überschuss in Periode t bei Zustand i und Strategie j
p_i	Eintrittswahrscheinlichkeit für Zustand i
r	Kapitalisierungszinsfuß

Eine Lösung dieses Planungsproblems setzt zunächst die Kenntnis der materiellen Abgrenzung der Zähler- sowie der Nennergröße voraus.

---

[1] Auch diese komplex anmutende Formel beinhaltet maßgebliche Vereinfachungen, die in den folgenden Darstellungen (Kap. 4, 5 und 6) z. T. gelockert werden. So erfolgt keine zustands- und zeitabhängige Änderung der gewählten Strategie j und der Kapitalisierungssatz wird als konstant angenommen.

© Springer-Verlag GmbH Deutschland 2017
C. Kuhner, H. Maltry, *Unternehmensbewertung*,
DOI 10.1007/978-3-540-74305-7_3

3.1   Zählergröße

3.1.1   Zahlungs- vs. Gewinngrößen

Abzuzinsen sind die „finanziellen Überschüsse", die einem Unternehmen künftig zuwachsen, in unserer Definitionsgleichung vergegenständlicht durch $CF_{ij}{}^t$. Für die Abgrenzung der finanziellen Überschüsse kommen verschiedene Möglichkeiten in Betracht.

Es erscheint auf den ersten Blick naheliegend, bei der Auswahl der Überschussgröße auf das Datenmaterial der externen Rechnungslegung zurückzugreifen und als Überschussgröße den jährlichen Saldo der Gewinn- und Verlustrechnung, den **Jahresüberschuss**, zu Grunde zu legen. Der Jahresüberschuss repräsentiert eine Größe, die ohne Zweifel interessant ist. Nach den handelsrechtlichen Normen stellt er jenen Betrag dar, der aus der Betriebstätigkeit einer Kapitalgesellschaft in einer Periode **ausschüttungsfähig** ist. Nach einigen Modifikationen kann dieser Geldbetrag mit ausdrücklicher Genehmigung des Gesetzgebers am Ende der Periode für die Privatdispositionen der Anteilseigner entnommen werden.[2] Auch die Begriffsbildung „Ertragswert" könnte naheleben, dass es sich bei der Zählergröße um eine Saldogröße der Reinvermögensebene und nicht um einen Zahlungsüberschuss handelt. Was sollte also dagegen sprechen, Jahresüberschüsse als Zählergrößen in der Kapitalwertrechnung einzusetzen?

Dagegen spricht, dass es alles andere als gleichgültig ist, ob der Anteilseigner diesen Betrag entnimmt oder im Unternehmen reinvestiert. Ein Beispiel mag dies verdeutlichen:[3] Ein Unternehmen besteht von heute an auf unbegrenzte Zeit. Im ersten Jahr erzielt dieses Unternehmen einen voll zahlungswirksamen Gewinn von 10 T€, den es reinvestiert. In allen Folgejahren erwirtschaftet es einen Gewinn von 12 T€, den es jeweils an die Eigentümer ausschüttet. Die Gewinnreihe sieht dann aus wie in Abb. 3.1.

Wird diese Gewinnreihe aus Gründen der praktischen Rechenbarkeit aufgespalten in eine ewige Rente von 12 T€ und eine einmalige Abschlagszahlung am Ende der Periode 1 von 2 T€, so ergibt sich unter Zugrundelegung eines Kalkulationszinsfußes von 10 % der Kapitalwert am 1.1. des Jahres 1 bei Anwendung der kaufmännischen Kapitalisierungsfomel (Rentenformel):

$$UW = \frac{12}{0,10} - \frac{2}{1,1} = 118,18 \text{ T€}$$

Wie leicht ersichtlich, **überschätzt** der o. a. Kapitalwert den Barwert der finanziellen Rückflüsse an die Eigner. Die Zahlungsreihe der Ausschüttungen ergibt sich aus Abb. 3.2.

---

[2] Die grundlegenden gesellschaftlichen Regelungen zur Ausschüttungsbemessung auf der Grundlage des Jahresüberschusses finden sich in §§ 58 Abs. 1, 2, 158 Abs. 2, 174 Abs. 1 AktG für die Aktiengesellschaft sowie in § 29 GmbHG für die GmbH.

[3] Das Beispiel geht auf *Moxter* (1983), S. 79 zurück.

Jahr	1.	2.	3.	4.	5.	∞
Jahresüberschuss	10	12	12	12	12	12

Abb. 3.1 Zahlungsreihe I

Jahr	1.	2.	3.	4.	5.	∞
Zahlungs-überschuss	0	12	12	12	12	12

Abb. 3.2 Zahlungsreihe II

Der Kapitalwert ist $[12/0,1]/1,1 = 109,09$ T€. Das Beispiel veranschaulicht die Tatsache, dass **Erfolgsgrößen grundsätzlich nicht als Zählergrößen eines Kapitalwertkalküls geeignet** sind. Zwar sind Erfolgsgrößen potenziell dazu in der Lage, die periodische Wertschöpfung eines Unternehmens zu repräsentieren,[4] wenn man von bestimmten, durch den jeweilig geltenden Bilanzierungsstandard veranlassten Verzerrungen absieht. Dies alleine qualifiziert sie jedoch nicht, Zählergrößen eines Kapitalwertkalküls zu sein. Erfolgsgrößen blenden die konkrete Verwendung des realisierten Wertzuwachses, hier entweder Entnahme oder Reinvestition, aus; ihre Diskontierung vernachlässigt das zeitliche Profil der aus ihnen resultierenden Ausschüttungen und führt deshalb zu systematisch falschen Ergebnissen.

3.1.2 Exkurs: Unternehmenswertermittlung auf der Grundlage von Residualgewinnen

Nimmt man an der oben dargestellten Gewinnreihe eine geringfügige Umformung vor, so wird diese wieder verwendbar für Zwecke der Ermittlung des Kapitalwertes: Wird nämlich von den einzelnen Periodengewinnen die Verzinsung des einbehaltenen Kapitals subtrahiert und anschließend der Kapitalwert dieser (Netto-)Größen gebildet, dann entspricht dieser diskontierte Wert dem Kapitalwert der korrespondierenden Einzahlungsreihe. Die (Netto-)Größe, welche aus der Subtraktion der Zinsen des gebundenen Kapitals von den Periodengewinnen resultiert, wird als **Residualgewinn** bezeichnet.

---

[4] Vgl. hierzu Kap. 2, Abschn. 2.1.1.

Jahr	1.	2.	3.	4.	5.	∞
Residualgewinn	10	11	11	11	11	11

Abb. 3.3 Residualgewinn

Formal wird der Residualgewinn folgendermaßen ermittelt:

$$RG_t = G_t - r \cdot EK_{t-1} \qquad (3.2)$$

mit

RG_t	Residualgewinn
G_t	Periodengewinn (mit $G_0 := 0$)
EK_t	Eigenkapital (mit EK_{-1}, $EK_0 := 0$)
r	Kapitalisierungszinssatz

Im vorliegenden Fall würde man für alle Perioden t = 2, ..., ∞ etwa mit einen Kalkulationssatz von 10 % auf die einbehaltenen 10 T€ rechnen und bekäme dann:

$$RG_1 = 10 - 0,1 \cdot 0 = 10 \, \text{T€}$$

$RG_t = 12 - 0,1 \cdot 10 = 11$ für t = 2, ..., ∞

Die Diskontierung der Reihe aus Abb. 3.3 ergibt den mit der Diskontierung der Zahlungsüberschüsse identischen Wert:

$$UW = \frac{11}{0,10} - \frac{1}{1,1} = 109,09 \, \text{T€}$$

Unter Berücksichtigung von kalkulatorischen Zinsen auf die Kapitalbindung kann also eine Gewinnreihe so transformiert werden, dass sie zur Ermittlung von Kapitalwerten geeignet ist. Dieser Zusammenhang ist als das sogenannte *Lücke*-Theorem bekannt geworden.[5]

---

[5] So genanntes *Preinreich-Lücke*-Theorem bzw. *Lücke*-Theorem; vgl. hierzu etwa die Darstellung bei: *Preinreich* (1937), S. 209–226; *Kloock* (1981), S. 873–890 sowie *Lücke* (1955), S. 310–324.

Das *Lücke*-Theorem besagt also Folgendes: Der Kapitalwert einer Gewinnreihe lässt sich in den Kapitalwert einer Zahlungsreihe überführen, wenn man die kalkulatorische Verzinsung auf das durch einbehaltene Gewinne gebundene Kapital von den jährlichen Bestandteilen der Gewinnreihe abzieht, d. h.

$$\sum_{t=0}^{T} CF_t \cdot \left[\frac{1}{1+r}\right]^t \; = \; \sum_{t=0}^{T} \left[G_t - r \cdot EK_{t-1}\right] \cdot \left[\frac{1}{1+r}\right]^t \tag{3.3}$$

mit

CF$_t$ *cash flow* in Periode t.

Die hier allgemein als *cash flow* (CF) bezeichneten periodischen Zahlungssalden können sich **alternativ** auf Einzahlungsüberschüsse beziehen,

(i) die auf Unternehmensebene **vor** den sog. „eignerinduzierten" Überschüssen (also Einlagevorgänge, Entnahmevorgänge) aus der operativen, investiven und finanziellen Sphäre anfallen, oder

(ii) auf die eignerinduzierten Zahlungssalden, also Ausschüttungen und (negativ) Einlagen.

Es ist leicht nachzuvollziehen, dass die über die Lebensdauer einer Unternehmung hinweg kumulierte Summe für (i) und (ii) identisch ist.

Allerdings gilt das *Lücke*-Theorem nur unter der Voraussetzung des sogenannten **Kongruenzprinzips**, d. h. der Bedingung, dass über die Totalperiode hinweg die Summe der Periodenzahlungsüberschüsse CF$_t$ gleich der Summe der Periodengewinne G$_t$ sein muss:

$$\sum_{t=0}^{T} CF_t \; = \; \sum_{t=0}^{T} G_t \tag{3.4}$$

Diese Bedingung ist genau dann gewahrt, wenn jede Eigenkapitaländerung, die nicht durch Einlagen oder Ausschüttungen induziert ist, zu einer korrespondierenden Änderung des Jahresüberschusses führt und umgekehrt. Folglich muss gelten:

$$EK_{t-1} = EK_t + d_t - G_t \tag{3.5}$$

mit

d$_t$ Nettoausschüttungen an die Eigner.

Die sogenannten **Residualgewinnmodelle** (*residual income models*), welche zur Unternehmensbewertung eingesetzt werden, nehmen entsprechend dem oben dargelegten *Lücke*-Theorem folgende Form an:

$$UW_t = EK_t + \sum_{\tau=1}^{\infty} RG_{t+\tau} \cdot \left[\frac{1}{1+r}\right]^{\tau} \tag{3.6}$$

Der Beweis dieser Formel bei Geltung des Kongruenzprinzips soll hier nicht im Einzelnen dargestellt werden;[6] grundlegend hierfür ist aber die Beziehung zwischen Ausschüttungsgröße und bilanziellem Erfolg bzw. Eigenkapital:

$$EK_{t-1} = EK_t + d_t - G_t \Leftrightarrow d_t = EK_{t-1} - EK_t + G_t \tag{3.7}$$

Die in der Formel enthaltene Variable für den Periodengewinn kann durch eine entsprechend umgestellte Variante der Gleichung des Residualgewinns ersetzt werden:

$$d_t = EK_{t-1} - EK_t + RG_t + r \cdot EK_{t-1} = RG_t - EK_t + (1+r) \cdot EK_{t-1} \tag{3.8}$$

Die Neuformulierung des Dividendendiskontierungsmodells auf dieser Grundlage leitet über in die o. a. Formulierung auf der Basis des bilanziellen Eigenkapitals sowie der Residualgewinne.

Residualgewinnmodelle haben als **Bewertungskalküle** eine gewisse Attraktivität, weil bei Gültigkeit des Kongruenzprinzips eine Unternehmensbewertung auf der Grundlage einer Trendprognose der Entwicklung von Jahresüberschuss und Eigenkapital möglich ist.[7] Vielfach ist die Schätzung von Erfolgsgrößen und ihrer zeitlichen Entwicklung weniger aufwändig als die Prognose einer zeitlichen Sequenz von Zahlungsüberschüssen. Insbesondere bereitet es bei einer Betrachtung auf der Erfolgsebene weniger Schwierigkeiten, grobe Unplausibilitäten zu identifizieren, als dies bei Würdigung der Zahlungsüberschüsse der Fall ist. Eine überoptimistische Langfristprognose sticht etwa dadurch ins Auge, dass signifikant positive oder sogar steigende Residualgewinne ausgewiesen werden, während für eine Plausibilitätsbeurteilung auf der Zahlungsebene derartig einfache Faustregeln nicht existieren.[8] Als ein Vorteil der Residualgewinnmethode wird schließlich die Tatsache angesehen, dass – im Gegensatz zum *cash flow*-basierten Kalkül – die Prognoseprobleme der langen Frist relativiert werden: Es kann nämlich erwartet werden, dass die Residualgewinngröße [G_t – r · EK_{t-1}] für t → ∞ zu einer reinen

---

[6] Vgl. *Schultze* (2003), S. 197 ff., insbesondere dort auch (S. 202 ff.) die Erweiterung für den Fall einer unbegrenzten Lebensdauer.

[7] Vgl. für eine knappe Einführung *Zimmermann und Prokop* (2002), 272–277.

[8] Vgl. zur Plausibilitätsbeurteilung, Kap. 4, Abschn. 4.2.1.2.

„Restgröße" degeneriert; langfristige Komponenten des Unternehmenswertes sind maßgeblich durch den Buchwert EK_t repräsentiert.

Das Kongruenzprinzip ist in den existierenden Bilanzierungsstandards (etwa: HGB,
IFRS, US-GAAP, andere nationale Standards) weitgehend, aber nicht vollkommen umgesetzt. So gibt es praktisch in jedem Bilanzierungsstandard einzelne Rechnungslegungs-
regeln, nach denen bestimmte Geschäftsvorfälle, die mittel- oder unmittelbar zah-
lungswirksam sind, aber keine Ausschüttungen oder Einlagen darstellen, unmittelbar in
das Eigenkapital verbucht werden, ohne die Gewinn- und Verlustrechnung zu berühren.
Umgekehrt werden in einzelnen Fällen Vorgänge GuV-wirksam, die auch über die
gesamte Lebensdauer des Unternehmens betrachtet nicht zu Zahlungen führen. Verstöße
gegen das Kongruenzprinzip beschränken sich in den gängigen Standards auf nur wenige
Einzelregelungen, aber sie haben, materiell gesehen, nicht selten erhebliche Ergebnis-
auswirkungen.[9]

Abb. 3.4 und 3.5 präsentieren die einschlägigen Durchbrechungen des Kongruenzprinzips in den Bilanzierungsregeln der IAS/IFRS, der US-GAAP sowie des HGB.
Unterschieden werden dabei zwei Kategorien von Durchbrechungen: Sogenannte **permanente** Durchbrechungen bleiben i. d. R. über die gesamte Lebensdauer des Unternehmens hinweg enthalten; **transitorische** Durchbrechungen heben sich dagegen im Zeitablauf – meistens bei Auflösung der korrespondierenden Bilanzposition – wieder auf.

Es erweist sich, dass Kongruenzdurchbrechungen im HGB relativ selten sind.

Das *Lücke*-Theorem gilt grundsätzlich für **alle** Bilanzierungsstandards, bei denen das
Kongruenzprinzip eingehalten ist, sowie für **alle** möglichen Ausprägungen des Kalkulationszinsfußes. Um jedoch die besonderen Vorteile der leichteren Prognostizierbarkeit
von (Residual-)Gewinnreihen gegenüber Ausschüttungsreihen konsequent ausnutzen zu
können, wird es nicht als hinreichend angesehen, existierende Kongruenzbrüche zu
eliminieren; in vielen Fällen erfolgt auch eine Modifikation der Gewinn- bzw. Eigen-
kapitalermittlungsregeln. So sind im Rahmen von Konzepten zur **wertorientierten
Unternehmenssteuerung** vielbeachtete Ansätze zur Formulierung eines Residual-
gewinnermittlungsstandards entwickelt worden, der einerseits den Erfordernissen des
Kongruenzprinzips Rechnung tragen und andererseits durch spezifische Aktivierungs-
und Passivierungsregeln die nachhaltige periodische Wertschöpfung präziser widerspiegeln soll als die herkömmlichen nationalen und internationalen Bilanzierungsstandards.

Das bedeutendste dieser Praktikerkonzepte ist unter dem Namen *economic value
added* (EVA[tm]) bekannt geworden.[10] Der ökonomische Mehrwert EVA repräsentiert die
nachhaltige Wertschöpfung einer Periode, die über die Verzinsung des eingesetzten

---

[9] Eine Zusammenfassung dieser Effekte bietet im IFRS-Abschluss der Pflichtbestandteil „Im Eigenkapital erfasste Erträge und Aufwendungen" (*statement of comprehensive income*), vgl. insbes. IAS
1.7.

[10] Vgl. zur Ausgestaltung des EVA-Konzepts *Stewart* (1991); *Stern et al.* (2001).

	HGB	IAS/IFRS	US-GAAP
Berichtigung von Fehlern und Methodenänderungen; Erfolgsneutralität bei Rechtsänderungen	Erfolgsneutrale Verrechnung der Anpassungsbeträge nach Art. 27 Abs. 4 EGHGB; erfolgsneutrale Änderung von Wertansätzen und Positionen nach Art. 54 Abs. 2, Art. 67 EGHGB bei Rechtsänderungen.	Erfolgsneutrale Verrechnung der Anpassungsbeträge nach IAS 8.26, 44; Korrektur eines Fehlers aus einer früheren Periode nach IAS 8.46.	Erfolgsneutrale Verrechnung der Anpassungsbeträge nach SFAS 154/ASC 250
Pensionsver- pflichtungen	-	Ergebnisneutrale Verrechnung versicherungsmathematischer Wertschwankungen (IAS 19.93A-D)	Entsprechend IAS/IFRS (SFAS 158.4/ ASC 715-30-15)
Neubewertung	-	Erfolgsneutrale Neubewertung nach IAS 16.31 ff. (Sachanlagevermögen) u. IAS 38.75 ff. (marktgängige immaterielle Vermögenswerte) (jeweils Wahlrecht)	-
Bewertung von Minderheitenanteilen bei Mehrheitsakquisition	-	Wahlrecht der erfolgsneutralen Hochrechnung des Minderheitenanteils am Goodwill des erworbenen Unternehmens auf seinen (anteiligen) *fair value* und seine Aktivierung ("Full Goodwill Method", IFRS 3.19).	Pflicht zur erfolgsneutralen Hochrechnung des Minderheitenanteils
Aktienoptionspläne zum Zwecke der Managementkompensation	-	Erfolgswirksame Erfassung nach IFRS 2.7	Erfolgswirksame Erfassung nach SFAS 123, par. 30

Abb. 3.4 Permanente Durchbrechungen des Kongruenzprinzips nach HGB, US-GAAP, IAS/IFRS

Eigenkapitals hinaus erwirtschaftet wurde. Formal modifiziert der EVA sämtliche Variablen der Residualgewinngleichung.

Aus Gründen der Praktikabilität wird das Residualgewinnkalkül auf der Gesamtvermögens- sowie der Bruttoertragsebene formuliert.

$$RG_t = G_t - r \cdot EK_{t-1} \tag{3.9}$$

$$\Leftrightarrow$$

$$EVA_t = NOPAT_t - NOA_t \cdot WACC_t \tag{3.10}$$

Dies erfolgt insbesondere

	HGB	IAS/IFRS	US-GAAP
cash flow hedges	-	Neutralisierung der Wertschwankungen des (antizipativ) gehaltenen Absicherungsinstruments bis zum Zugang der abgesicherten Position (IAS 39.95 ff.).	Entsprechend IAS /IFRS (SFAS 133 / ASC 815)
Absicherung von Nettoinvestitionen in ausländische Geschäftsbetriebe	-	Analog zu *cash flow* Hedges (IAS 39.102f.)	Entsprechend IAS/ IFRS (SFAS 133 / ASC 815)
Wertpapiere	-	Erfolgsneutrale Verrechnung von Kursschwankungen von Wertpapieren der Available For Sale-Kategorie (IAS 39.55(b))	Entsprechend IAS/ IFRS (SFAS 115.1/ ASC 320)
Umrechnung von auf fremde Währungen lautenden Abschlüssen	Erfolgsneutrale Stichtags-/Durchschnittskursmethode nach § 308a HGB	Erfolgsneutrale Stichtags-/Durchschnittskursmethode nach IAS 21	Erfolgsneutrale Stichtags-/Durchschnittskursmethode nach SFAS 52/ASC 830

Abb. 3.5 Transitorische Durchbrechungen des Kongruenzprinzips nach HGB, US-GAAP, IAS/IFRS

(i) durch Verwendung der durchschnittlichen Kapitalkosten (**wacc**, *weighted average cost of capital*)[11] anstelle der geforderten Rendite der Eigenkapitalgeber (r);

(ii) der **NOA** (*net operating assets*), also des gesamten betrieblichen Vermögens abzüglich der **operativen** Verbindlichkeiten, anstelle des Eigenkapitals;

(iii) sowie dem **NOPAT** (*net operating profit after taxes*), also dem Betriebsergebnis einschließlich Fremdkapitalzinsen nach Abzug von Steuern.

---

[11] Zum wacc als mutmaßlich wichtigste Diskontierungsgröße im Rahmen der DCF-Ansätze vgl. Kap. 6, Abschn. 6.2. ff.

Sowohl das NOPAT als auch das NOA sollen durch verschiedene Anpassungen die operative bzw. gewöhnliche Geschäftssituation eines Unternehmens widerspiegeln. Dies erfolgt in beiden Fällen über sogenannte *conversions*. Allgemein existieren vier Arten von *conversions*, nämlich **operating, funding, tax** und **shareholder conversions**.

Das Ziel von *operating, tax* und *funding conversions* ist bereits durch die jeweiligen Begriffe offensichtlich. Innerhalb der *operating conversion* werden sämtliche nicht-betrieblichen Elemente aus dem NOPAT und NOA neutralisiert. In diesem Rahmen können beispielsweise bestimmte Forschungs- und Entwicklungsausgaben aktiviert werden oder vermietete bzw. im Bau befindliche Gegenstände des Anlagevermögens aus den NOA eliminiert werden, da sie nicht dem operativen Geschäft eines Unternehmens zuzurechnen sind.

Funding conversions sollen das in einem Unternehmen gebundene Kapital aus der Finanzierungsperspektive vollständig erfassen. In diesem Zusammenhang werden häufig Miet- oder Leasinggeschäfte aktiviert, da sie vor dem Hintergrund der EVA-Bestimmung als versteckte Finanzierung von betrieblichem Vermögen gewertet werden.[12]

Selbstverständlich stellen Ausgaben für Steuern im EVA-Modell eine relevante Größe dar; allerdings muss ihre Höhe konsistent mit den anderen *conversions* berechnet werden. Sowohl Finanzerträge als auch -aufwendungen werden bei der Berechnung des NOPAT neutralisiert; entsprechend werden bei den *tax conversions* zum Beispiel Steuern auf Finanzerträge und Steuervorteile aus Zinsaufwendungen bei der Bestimmung des NOPAT eliminiert. Ebenso werden aktive latente Steuern aus den NOA neutralisiert, da im EVA-Konzept nicht erwartet wird, dass sie jemals erfüllt werden und somit ihr Forderungscharakter erlischt.[13]

Die Zielrichtung der *shareholder conversions* ist hingegen nicht unmittelbar aus ihrer Bezeichnung ersichtlich. Allgemein enthält diese Anpassung Wertkorrekturen aus Anlegersicht. Etwa findet eine Neubewertung von bestimmten Vermögenspositionen zu Marktwerten statt. Des Weiteren können auch solche selbstgeschaffenen immateriellen Vermögensgegenstände (z.B. ein originär geschaffener Goodwill) aktiviert werden, welche nach dem geltenden Rechnungslegungsstandard nicht bilanzierbar sind.

Beratungsunternehmen passen den *economic value added* bzw. ähnliche Kennzahlen individuell durch unternehmensspezifische *conversions* den Besonderheiten des operativen Geschäfts ihres jeweiligen Kunden an.[14] Die individuelle Berechnungsweise der Residualgewinnkonzepte soll einerseits die möglichst genaue Darstellung der operativen Wertschöpfung eines Unternehmens innerhalb einer Periode ermöglichen; andererseits soll das Gesamtvolumen des gebundenen Kapitals möglichst präzise gemessen werden.[15]

---

[12] Vgl. *Hostettler* (2002), S. 100–102.

[13] Vgl. *Hostettler* (2002), S. 220–224.

[14] Vgl. *Spremann* (2004), S. 224–225.

[15] Vgl. *Hostettler* (2002), S. 97–105 sowie 111–155 für einen Überblick möglicher NOA- und NOPAT-*conversions*.

Dem EVA und den verschiedenen darauf aufbauenden Folgekonzepten wird eine besondere Eignung u. a. als Grundlage für die Formulierung von Residualgewinnschätzungen i. S. eines nachhaltig zu erwartenden Erfolgsbeitrags zugesprochen. Im Rahmen der wertorientierten Unternehmensführung kommen Residualgewinnkonzepte mithin auch zu Prognosezwecken zur Anwendung. Ist die erwartete Residualgewinnreihe einmal formuliert, dann bereitet eine Unternehmenswertermittlung keine weiteren Schwierigkeiten.

Trotz der geschilderten, unbestreitbaren Vorteile hat sich die unmittelbare Verwendung von Residualgewinngrößen in der Unternehmensbewertungspraxis bisher noch nicht auf breiter Front durchgesetzt. In der Bedeutung zunehmend ist allerdings die Verwendung von Residualgewinnmodellen bei der Schätzung zukunftsgewandter, **impliziter** Kapitalisierungszinssätze als Bestandteil des Unternehmensbewertungskalküls.[16]

3.1.3 Abgrenzung auf der Grundlage von Zahlungsüberschüssen

„Finanzielle Überschüsse" als theoretisch korrekte Zählergröße der Unternehmensbewertung sind also Zahlungsüberschüsse, d. h. erwartete Salden zwischen Ein- und Auszahlungen künftiger Perioden.[17] Aber auch hierfür kommen zunächst mehrere Alternativen zur Abgrenzung in Betracht:[18] Im Sinne der „indirekten Methode"[19] knüpft die erste Abgrenzung an den Jahresüberschuss an, bereinigt ihn aber vor allem um darin erhaltene Periodisierungen, um zu einer korrespondierenden Zahlungsgröße zu gelangen.

(i) **Einzahlungsüberschuss des Unternehmens nach Investitionen und Kreditaufnahme**

=   Jahresüberschuss

+/−   Aufwendungen/Erträge aus Anlagenabgängen

+/−   Abschreibungen/Zuschreibungen

+/−   Veränderungen von Rückstellungen

+/−   Veränderungen von Vorräten, RAP, Kundenforderungen, Lieferantenverbindlichkeiten

+/−   Veränderung des Anlagevermögens

+/−   Veränderung der Nettoschuldnerposition ggü. Kreditinstituten, Geld- und Kapitalmarkt

---

[16] Vgl. Kap. 6, Abschn. 6.1.3.2.

[17] Vgl. *Hachmeister* (2000), S. 59 ff.

[18] Vgl. *Mandl und Rabel* (1997), S. 110 ff., abgeändert.

[19] Vgl. *Coenenberg et al.* (2014), S. 799 ff.

(ii) **Nettoausschüttungen an die Eigner**

    =   Dividendenzahlungen

    +   Kapitalrückzahlungen

    −   Kapitalzuführungen

(iii) **Einzahlungsüberschüsse der Eigner**

    =   Netto-Ausschüttungen vor persönlichen Steuern

    +/−   Unternehmensbedingte persönliche Steuern

    +/−   Zahlungszuflüsse/-abflüsse aus externen Synergien

Vom Standpunkt der subjektiven Bewertungslehre aus betrachtet ist die einzige Abgrenzung, die in Frage kommt: **(iii) Einzahlungsüberschüsse der Anteilseigner**, d. h. die periodischen finanziellen Überschüsse, über welche die Anteilseigner unmittelbar verfügen können. Im Rahmen dieser Abgrenzung werden persönliche Steuereffekte berücksichtigt, d. h. Änderungen der persönlichen Steuerzahlungen durch den Anteilsbesitz. Bei zeitlich sehr ungleich verteilten Ausschüttungen und bei schwankenden (z. B. progressiven) Grenzsteuersätzen kann der persönliche Steuereffekt bei einem Anteilseigner stark ins Gewicht fallen.

Im Unterschied zu den anderen Abgrenzungen umfasst (iii) zudem den Gegenwert sogenannter **externer Synergien**. Externe Synergien fallen an, wenn aufgrund der Zugehörigkeit eines Unternehmens zu einem Eigner/einer Gruppe die erwirtschafteten und ausschüttungsfähigen Erträge bei anderen Unternehmen dieser Gruppe verändert werden.

Beispiel

Ein deutscher Automobilhersteller erwirbt einen US-amerikanischen Automobilhersteller. Nicht nur die Ausschüttungen des US-Unternehmens an die Mutter müssen im Preiskalkül berücksichtigt werden, sondern auch die zusätzlichen ausschüttbaren Erträge, die bei der Mutter etwa aus der Nutzung des Vertriebsnetzes der Tochter resultieren (= externe Synergien).

Wenn auch die Einzahlungsüberschüsse der Eigner gemäß Abgrenzung (iii) einschließlich eventuell anfallender externer Synergieeffekte die eigentlich relevante Zielgröße der Unternehmensbewertung repräsentieren, so werden damit die anderen Abgrenzungen nicht gegenstandslos.

Wie in Kap. 2 dargestellt, wird zur Ermittlung objektivierter Werte von Synergien weitgehend abstrahiert; zudem wird eine Typisierung der Steuersituation vorgenommen.[20]

Die Ausschüttungsreihe wird ausgehend von einer geschätzten Ertragslage unter Zugrundelegung einer bestimmten Investitions- und Finanzierungsstrategie hergeleitet.

---

[20] Vgl. Kap. 2, Abschn. 2.4.

Die Kenntnis von Abgrenzung (i) **Einzahlungsüberschüsse des Unternehmens** ist also Voraussetzung für die Ermittlung der relevanten Zählergröße.

International hat es sich, wahrscheinlich aufgrund der sehr heterogenen nationalen Steuerrechte, im Unterschied zu Deutschland bisher nicht durchgesetzt, Unternehmenswerte in Abhängigkeit von der persönlichen Steuersituation der Anteilseigner zu kalkulieren.

Die Stellungnahme S 1 des *Instituts der Wirtschaftsprüfer* führt Folgendes zur Abgrenzung der Zählergröße bei der Unternehmensbewertung aus:

> Der Wert eines Unternehmens bestimmt sich unter der Voraussetzung ausschließlich finanzieller Ziele durch den Barwert der mit dem Eigentum an dem Unternehmen verbundenen Nettozuflüsse an die Unternehmenseigner (Nettoeinnahmen als Saldo von Ausschüttungen bzw. Entnahmen, Kapitalrückzahlungen und Einlagen).[21]
>
> Die Nettoeinnahmen der Unternehmenseigner hängen in erster Linie von der Fähigkeit des Unternehmens ab, finanzielle Überschüsse zu erwirtschaften. Eine Unternehmensbewertung setzt daher die Prognose der entziehbaren künftigen finanziellen Überschüsse des Unternehmens voraus (....).[22]
>
> Eine ordnungsgemäße Unternehmensbewertung setzt aufeinander abgestimmte Planbilanzen, Plan-Gewinn- und Verlustrechnungen sowie Finanzplanungen aufgestellt voraus.[23]

Anknüpfungspunkte der Planung sind also, so das *Institut der Wirtschaftsprüfer*, sowohl die „Nettoeinnahmen" der Anteilseigner als auch die auf Unternehmensebene anfallenden finanziellen Überschüsse. In jedem Fall zu erstellen sind Planbilanzen, Plan-Gewinn- und Verlustrechnungen sowie Finanzpläne für die nächsten Abrechnungsperioden. Der Finanzplan ist dabei die Verbindungsschnur von den prognostizierten Daten der Gewinn- und Verlustrechnungen bis zu den geplanten Ausschüttungen. Er integriert die Planung aller relevanten Teilbereiche der Unternehmung:

1. Ertragslage,
2. Investitionstätigkeit,
3. Finanzierung,
4. Liquiditätsplanung.

Alle vier Teilpläne werden integriert, indem die Auswirkungen dieser einzelnen Bereiche auf die periodischen Zahlungsüberschüsse erhoben werden; Ergebnis ist die anvisierte Ausschüttungsreihe, die Zählergröße einer überschussorientierten Unternehmensbewertung. Ein solcher integrierter Finanzplan gemäß der Abb. 3.6 ist geeignet, eine Vielzahl von Planungsinterdependenzen aufzudecken.

---

[21] *IDW* (2008), Rn. 4.

[22] *IDW* (2008), Rn. 25.

[23] *IDW* (2008), Rn. 27.

Finanzplan 2016-2021		Anfangs- bzw. Endzeitpunkte der Planperioden					
		16	17	18	19	20	21
(1)	Jahresüberschuss						
+	Abschreibungen auf Anlagevermögen						
–	Zuschreibungen						
+/–	Aufwendungen/Erträge aus dem Abgang von AV						
–/+	Veränderung von Rückstellungen						
–/+	Veränderung Netto-Umlaufvermögen (ohne liquide Mittel und kurzfristige Bankverbindlichkeiten)						
(2)	= Einzahlungsüberschuss (*cash flow*) aus Betriebstätigkeit						
+	Mittelzuflüsse aus dem Abgang von AV						
–	Mittelabflüsse für Zugänge des AV						
(3)	= Einzahlungsüberschuss (*cash flow*) aus Investitionstätigkeit						
+/–	Veränderung der lang- und kurzfristigen Bankverbindlichkeiten						
+/–	Veränderung der Nettoschuldnerposition ggü. Geld- und Kapitalmärkten						
+/–	Veränderung von sonstigen Schulden						
(4)	= Einzahlungsüberschuss (*cash flow*) aus Fremdfinanzierung						
	(2) + (3) + (4)						
(5)	Einzahlungsüberschuss des Unternehmens nach Investitionen und Kreditaufnahme						

Abb. 3.6 Beispiel für ein Finanzplanschema (Quelle: *Mandl und Rabel* (1997), S. 159, abgeändert.)

3.2 Nennergröße

Die Ermittlung von Kapitalwerten zu Entscheidungszwecken beruht auf einem Alternativenvergleich. Ein rationaler Entscheider tätigt dann eine Investition in ein Projekt mit vorgegebenem Zahlungsprofil, wenn diese Investition gegenüber einer alternativ verfügbaren Anlage „besser abschneidet".

Ob dies der Fall ist, ermittelt man, indem das Zahlungsprofil der fraglichen Investition mit der Verzinsung der Alternativanlage diskontiert wird. Diese Vorgehensweise wirft zwei Fragen auf:

1. Woher weiß man, welche Alternativinvestition zu Grunde zu legen ist?
2. Woher weiß man, welche Verzinsung diese Alternativinvestition aufweist?

Die Antwort auf beide Fragen liegt in der Durchführung eines **Investitionsprogrammvergleich**s.[24] Im Rahmen eines Investitionsprogrammvergleichs für Zwecke der Unternehmensbewertung werden zwei Verwendungsmöglichkeiten der Kapitalausstattung eines potenziellen Investors einander gegenüber gestellt:

- Das **Basisprogramm** besteht aus den renditestärksten, zur Verfügung stehenden Investitionsprojekten ohne Berücksichtigung des Akquisitionsobjektes (**günstigstes Investitionsprogramm vor Unternehmensakquisition**),
- das **Bewertungsprogramm** beinhaltet das zum Verkauf stehende Unternehmen (**Investitionsprogramm nach Unternehmensakquisition**).

Die (interne) Verzinsung als Rentabilitätsmaßstab beider Programme wird im zweiten Schritt gleichgesetzt; die Gleichheit wird hergestellt, indem der Kaufpreis des Akquisitionsobjektes als Anfangsinvestition des Bewertungsprogramms entsprechend tariert wird.

Investitionsprogrammvergleiche werden i. A. mit Methoden der **linearen Optimierung** gelöst; zur Darstellung und Veranschaulichung der grundsätzlichen Zusammenhänge genügt aber ein einfaches Beispiel, das nachfolgend dargestellt und mit Hilfe der **Methode der tabellarischen Bewertung**[25] gelöst werden wird.

Betrachtet sei ein Investor, dem 10.000 T€ Gesamtkapital zur Verfügung stehen. Neben dem zum Verkauf stehenden Unternehmen, dem Bewertungsobjekt, stehen ihm fünf weitere Investitions- bzw. Geldanlagemöglichkeiten A bis E offen. Die Geldanlagemöglichkeit E steht dabei in (*quasi*) unbegrenzter Anzahl, aber fester Stückelung zu 100 T€ zur Verfügung. Sein individuelles Entscheidungsfeld umfasst damit – nach den jeweiligen internen Renditen geordnet – insgesamt sechs Investitionsalternativen, deren Beschreibung der Abb. 3.7 zu entnehmen ist.

---

[24] Vgl. *Sieben und Schildbach* (1994), S. 167 ff.

[25] Vgl. *Sieben und Schildbach* (1994), S. 167 ff.

Projekte	Anfangsauszahlung in T€	Periodischer Zahlungsüberschuss in T€	Interne Rendite	Teilbarkeit
A	1.000	250	25%	Nein
B	2.000	400	20%	Nein
C	3.000	450	15%	Ja
D	2.500	250	10%	Ja
E	100	5	5%	Ja
Akquisitions- (=Bewertungs-) objekt	UW	745	745/UW	Nein

Abb. 3.7 Entscheidungsfeldkomponenten des Investors

Die Periodenergebnisse seien auf alle Ewigkeit zu erzielen; es handelt sich damit – aus Gründen der Vereinfachung der Rechnungen – um einen Rentenfall bei völliger Sicherheit.

Die Aufnahme in das Basisprogramm des Investors orientiert sich an der Höhe der internen Renditen der Investitions- bzw. Geldanlagemöglichkeiten. Angefangen vom Projekt mit der höchsten Rendite werden sukzessive solange Projekte mit der jeweils nächstgünstigeren internen Rendite aufgenommen, bis das Kapital des Investors erschöpft ist. Nach dieser Vorgehensweise ergibt sich das Basisprogramm gemäß Abb. 3.8.

Zur Ermittlung des Bewertungsprogramms wird zunächst das zum Verkauf stehende Unternehmen in das Basisprogramm aufgenommen. Dann werden sukzessiv andere Investitionsprojekte aus diesem erweiterten Basisprogramm entfernt, bis das insgesamt erzielbare Periodenergebnis wieder dem Ausgangswert des Basisprogramms, also 1.425 T €, entspricht. Unter der Zielsetzung der Gewinnmaximierung werden zunächst die Projekte mit der kleinsten internen Rendite verdrängt. Die Summe des durch diesen Verdrängungsprozess freigesetzten Kapitals entspricht dem gesuchten Unternehmenswert des zum Verkauf stehenden Unternehmens. Nach dieser Vorgehensweise ergibt sich das Bewertungsprogramm gemäß Abb. 3.9.

Rangfolge	Projekte	Investierter Betrag in TE	Periodischer Zahlungsüberschuss in TE	Interne Rendite
1	A	1.000	250	25%
2	B	2.000	400	20%
3	C	3.000	450	15%
4	D	2.500	250	10%
5	E	1.500	75	5%
Summe		10.000	1.425	14,25%

Abb. 3.8 Basisprogramm des Investors

Rangfolge	Projekte	Investierter Betrag in TE	Periodischer Zahlungsüberschuss in TE	Interne Rendite
1	A	1.000	250	25%
2	B	2.000	400	20%
3	C	200	30	15%
4	Unternehmen	10.000 − 3.200 = 6.800	745	10,96%
Summe		10.000	1.425	14,25%

Abb. 3.9 Bewertungsprogramm des Investors

Der ermittelte Unternehmenswert in Höhe von 6.800 T€ ist ein **Entscheidungswert,**[26] der sich aus der Summe der Investitionsauszahlungen der verdrängten Projekte (1.500 + 2.500 + 2.800 = 6.800 T€) ergibt. Er stellt die **Grenze der Konzessionsbereitschaft** des potenziellen Investors dar, d. h. einen höheren Preis würde er nicht zahlen wollen, sondern wieder auf sein Basisprogramm zurückgreifen.

Nach der Lösung des Bewertungsproblems mit Hilfe der Methode der tabellarischen Bewertung kann nun der Kapitalisierungszinssatz r errechnet werden, der auf der Grundlage der Kapitalwertermittlung zum gesuchten Unternehmenswert führt. Er ergibt sich nach der kaufmännischen Kapitalisierungsformel als Quotient aus Periodenergebnis e und Unternehmenswert UW, es gilt:

$$r = \frac{e}{UW} = \frac{745}{6.800} = 10,96\,\%$$

Der ermittelte Kapitalisierungszinssatz entspricht gleichzeitig – offensichtlich – der durchschnittlichen Rendite der aus dem Basisprogramm verdrängten Investitionsprojekte, denn es gilt:

r = (1.500 · 0,05 + 2.500 · 0,10 + 2.800 · 0,15)/6.800 = 745/6.800 = 10,96 %

Diese Beziehung verdeutlicht, wie der für die Anwendung des Ertragswertverfahrens einzusetzende Kapitalisierungszinssatz zu bemessen ist: Er entspricht der durchschnittlichen Rendite (= interner Zinsfuß) der durch die Unternehmensakquisition im Bewertungsprogramm verdrängten Investitionsprojekte, die in ihrer Gesamtheit das dem Bewertungsobjekt „Unternehmen" gegenüber zu stellende Vergleichsobjekt bilden. Im Kapitalisierungssatz kommt damit die spezifische Ausprägung des individuellen Entscheidungsfelds des Investors zum Ausdruck.

Die hier dargestellte, auf vereinfachende Annahmen gestützte und heuristisch geprägte **Tabellarische Methode**[27] stellt einen entscheidungslogisch korrekten Weg dar, beide Probleme, nämlich die Frage nach der besten Alternativinvestition sowie die Frage des zu Grunde zu legenden Zinssatzes, simultan zu lösen. Zudem wird durch die Anwendung des Optimierungsalgorithmus die **gesonderte Durchführung** eines Kapitalisierungsverfahrens zur **Unternehmenswertermittlung überflüssig**, da der zu verwendende Kapitalisierungszinssatz als Nebenprodukt der Unternehmenswertermittlung anfällt. Insofern ergibt sich das Paradoxon, dass der relevante Alternativzinssatz zur Kapitalwertberechnung erst dann bekannt wird, wenn man ihn nicht mehr benötigt, weil das zu Grunde liegende Planungsproblem bereits gelöst ist (!).

Die Tabellarische Methode lässt sich zu komplexen simultanen Planungsansätzen in Gestalt von gemischt-ganzzahligen Totalmodellen erweitern, in deren Rahmen der Unternehmenswert mit Methoden der mathematischen (z. B. linearen) Optimierung ermittelt

---

[26] Vgl. *Sieben und Schildbach* (1994), S. 42 ff.

[27] Vgl. zu deren Einordnung in lineare Planungsansätze *Matschke und Brösel* (2013), S. 189 f.

wird.[28] Beispielhaft sei hier das stochastische Zustands-Grenzpreismodell (ZGPM)[29] von *Hering* genannt.

In der Bewertungspraxis werden die Tabellarische Methode aufgrund ihrer vereinfachenden Annahmen, die simultanen Totalmodelle wegen ihres hohen Informationsbeschaffungs- und Informationsverarbeitungsaufwands, d. h. wegen ihrer hohen Bewertungskomplexität, nur **selten** anwendbar sein.[30] In der Regel wird es nicht gelingen, alle Investitions- und Finanzierungsmöglichkeiten des Investors zu berücksichtigen, sei es, weil deren vollständige Inventarisierung zu aufwendig ist oder aber die zu lösenden Prognose- und Interdependenzprobleme zu komplex werden. Sobald aber Vereinfachungen als Zugeständnisse an die Problemkomplexität notwendig sind, kennt man die Menge Alternativprojekte nicht mehr exakt. Die **günstigste Alternativinvestition** zum Unternehmenserwerb ist nun nicht mehr bekannt und der Kapitalisierungszinssatz ist verfälscht und muss u. U. per Schätzung korrigiert werden. Dann kann man aber unmittelbar zu Schätzungen des Kapitalisierungszinssatzes greifen; die Vorschaltung eines linearen Optimierungsalgorithmus' ist weder notwendig noch sinnvoll.

Selbst wenn etwa die beste Alternativinvestition bekannt wäre, ist es noch lange nicht sicher, ob dieser Alternative z. B., wie bei der vorstehenden Anwendung der Tabellarischen Methode unterstellt, ein eindeutiger (interner) Zinsfuß zugeordnet werden kann. Die (interne) Verzinsung einer Investition ist bekanntlich jener Zinsfuß, zu dem die Investition einen Kapitalwert von genau Null besitzt: Die Anfangsauszahlung ist also genau gleich dem Kapitalwert der diskontierten *cash flows*:

$$\text{Anfangsauszahlung} = \sum_{t=1}^{T} \text{CF}^t \cdot \left[\frac{1}{1+r}\right]^t \tag{3.11}$$

In der Beispielrechnung wurde vereinfachend der (ewige) Rentenfall angenommen: $\text{CF}^t = \text{CF}^{\text{konstant}}$. Reale Zahlungsprofile werden allerdings periodenspezifisch schwankende Zahlungen aufweisen. Zu lösen wäre dann ein Polynom höheren (T-ten) Grades, das bekanntlich häufig keine eindeutige oder bisweilen sogar überhaupt keine reelle Lösung besitzt.

---

[28] Zu einer Übersicht über die generelle Anwendung der linearen Programmierung in der Unternehmensbewertung vgl. insbesondere *Hering* (2006), hier insbes. S. 27–92. Zu verschiedenen Formen von simultanen Totalmodellen zur Unternehmenswertermittlung vgl. *Matschke und Brösel* (2013), S. 206 f.

[29] Vgl. *Hering* (2006); für beispielhafte Anwendungen des ZGPM sowie dessen Varianten (Zeitpunkt-Grenzpreismodell oder Zustands-Grenzquotenmodell) vgl. *Matschke und Brösel* (2013), S. 206 ff.

[30] Vgl. *Matschke und Brösel* (2013), S. 273 f.

Die in Facetten dargestellte Problematik der eingeschränkten Rechenbarkeit komplexer Kalküle führt zusammen mit dem Wissen um die ohnehin nur beschränkte Abbildbarkeit von betrieblichen Zusammenhängen in noch so detailliert gestalteten „Total"-Modellen[31] zu der Erkenntnis, dass die Unternehmensbewertungspraxis im Sinne einer Komplexitätsreduktion Zugeständnisse bei der praktischen Umsetzung von Unternehmensbewertungskalkülen erforderlich macht. Ein denkbarer, aber sorgfältig zu beschreitender Weg zur Gewinnung eines für eine Unternehmensbewertung anzuwendenden Kapitalisierungszinssatzes wäre es demnach, diesen direkt aus der Rendite einer alternativen, aber – in noch zu bestimmenden Eigenschaften – adäquaten Vergleichsinvestition herzuleiten.

3.3   Äquivalenzprinzipien

Die zuvor skizzierten Probleme verdeutlichen, dass es auf die Frage nach einer optimalen Vergleichsinvestition häufig keine eindeutige Antwort gibt. *In praxi* werden verschiedene Bewertungsalternativen zu Grunde gelegt. Diese Bewertungsalternativen müssen noch nicht einmal unmittelbar eine andere Investition zum Gegenstand haben; als Verwendungsmöglichkeit der zur Disposition stehenden Finanzmittel kommen grundsätzlich folgende Alternativen in Betracht:

1. Tilgung von Krediten,
2. Investition in andere Objekte,
3. Anlage am Geld- und Kapitalmarkt,
4. Verwendung für Konsumzwecke.

Es gibt also eine Pluralität von Verwendungsalternativen. Dementsprechend vielfältig können auch die *in praxi* verbreiteten Alternativzinssätze sein (vgl. Abb. 3.10 nach einer Untersuchung aus dem Jahre 1995).[32] Diese unterschiedlichen Kapitalisierungssätze gehen jeweils von verschiedenen (fiktiven) Verwendungsalternativen aus; teilweise ist ihnen offensichtlich keine rationale Verwendungsalternative zuzuordnen.

Die Pluralität der Kapitalisierungszinssätze unterliegt jedoch einigen logischen Einschränkungen, da aus der Sicht der Theorie an die Angemessenheit der Kapitalisierungszinssätze bestimmte Anforderungen zu stellen sind. Diese Anforderungen konzentrieren sich auf einen Punkt: Die Unternehmensakquisition, deren Ausschüttungsreihe im Rahmen der Kapitalisierung mit einer Alternativinvestition in Beziehung gesetzt wird, muss mit dieser Alternative **vergleichbar** sein. Das heißt, sie muss in Bezug auf mehrere

---

[31] Vgl. *Matschke und Brösel* (2013), S. 208.

[32] Nach *Prietze und Walker* (1995), S. 205, vgl. auch *Mandl und Rabel* (1997), S. 140, Tab. 5. Die Prozentsätze addieren sich nicht zu 100 Prozent, weil die befragten Unternehmen jeweils mehrere Methoden in Anwendung angeben konnten. Zu vermuten ist, dass sich die Gewichte im Verlaufe der letzten beiden Jahrzehnte weiter zu Gunsten DCF-basierter Sätze verschoben haben.

Methode	Verbreitung	Fiktive Bewertungsalternative
Eigenkapitalkosten des eigenen Unternehmens	5%	Ausschüttung des Akquisitionsbetrages an die eigenen Kapitalgeber
Eigenkapitalkosten des Zielunternehmens	5%	???
Fremdkapitalkosten des eigenen Unternehmens	8%	Tilgung eines vom eigenen Unternehmen aufgenommenen Kredites
Fremdkapitalkosten des eigenen Unternehmens + Risikozuschlag	26%	Dto., unter zusätzlicher Berücksichtigung des größeren Unsicherheitsgrades der Akquisitionserträge
Fremdkapitalkosten des eigenen Unternehmens + Risikozuschlag – Geldentwertungsabschlag	12%	Dto., unter zusätzlicher Berücksichtigung des höheren Unsicherheitsgrades sowie der größeren Sensitivität der Akquisitionserträge ggü. Geldentwertung
Fremdkapitalkosten des Zielunternehmens	3%	???
Fremdkapitalkosten des Zielunternehmens + Risikozuschlag	4%	???
Fremdkapitalkosten des Zielunternehmens + Risikozuschlag – Geldentwertungsabschlag	6%	???
Durchschnittliche Kapitalkosten des eigenen Unternehmens	32%	Rückzahlung von Mitteln an die Kapitalgeber durch Ausschüttung und Kredittilgung nach Maßgabe der Kapitalstruktur
Durchschnittliche Kapitalkosten des Zielunternehmens	16%	???
Branchenübliche Eigenkapitalrendite der Zielbranche	20%	Akquisition eines durchschnittlichen Unternehmens der Zielbranche
Interner Zinsfuß zurückliegender Akquisitionen	9%	Zurückliegende Akquisition
Interner Zinsfuß der besten Alternativakquisition	17%	Beste Alternativakquisition
Generell festgelegter interner Zinsfuß	44%	Investition (im eigenen Unternehmen) zu diesem Zinsfuß

Abb. 3.10 Alternative Möglichkeiten zur Bestimmung des Kapitalisierungszinssatzes

relevante Dimensionen dieselben Merkmale aufweisen. Insbesondere werden folgende Dimensionen unterschieden:[33]

(i) Laufzeit,

(ii) Unsicherheit,

(iii) Verfügbarkeit; insbes. auch i. H. auf die Steuersituation,

(iv) Kaufkraft,

(v) Arbeitseinsatz.

3.3.1 Laufzeitäquivalenz

3.3.1.1 Grundkonzept

Das im Rahmen einer Unternehmensakquisition investierte Kapital ist über einen längeren Zeitraum hinweg gebunden. Laufzeitäquivalenz fordert, dass die Fristigkeit der Alternativanlage hierzu kongruent sein muss.[34] In den meisten Fällen unterliegt die „Laufzeit" eines Investitionsprojekts „Unternehmung" allerdings keinen erkennbaren – rechtlichen oder faktischen – Beschränkungen. Dies wird in der gängigen Formulierung des Kalküls berücksichtigt, indem ein bis ins Unendliche reichender Zeithorizont zu Grunde gelegt wird. Das Barwertkalkül wird dabei in (mindestens) zwei Phasen unterteilt:[35]

(i) **Detailplanungsphase** (meist: 3–5 Jahre): In den ersten 3–5 Jahren des Kalküls wird eine periodenspezifische Finanzplanung entworfen.

(ii) **Globalplanungsphase:** Nach Ende der Detailplanungsperiode werden die Verhältnisse des letzten Detailplanungsstichtags „statisch" fortgeschrieben; möglicherweise ergänzt um einen Wachstumsfaktor zur Berücksichtigung des langfristigen Trends von Inflation und gesamtwirtschaftlichem Wachstum bzw. von sog. „thesaurierungsbedingtem" Wachstum.[36] Der Zeithorizont des Globalplanungskalküls reicht dabei bis ins Unendliche; die Zahlungsgröße im Zähler hat also den Charakter einer „ewigen Rente" bzw. einer ewigen Rente mit Wachstumsfaktor.[37]

---

[33] Vgl. stellvertretend *Mandl und Rabel* (1997), S. 75 ff.

[34] Die Ausführungen in diesem Abschnitt sind eng angelehnt an *Kuhner* (2014), S. 471–487.

[35] Vgl. auch Kap. 4, Abschn. 4.2.1.1.

[36] Vgl. zur Globalplanungsphase sowie den damit verbundenen Planungsproblemen: *Kuhner und Maltry* (2013).

[37] Zur den Einflussfaktoren auf den geplanten Zahlungsüberschuss in der Globalplanungsperiode vgl. etwa: *Kuhner und Maltry* (2013), S. 747–762.

Aus dem bis ins Unendliche reichenden Planungskalkül ergibt sich zunächst die Frage nach der systematischen Integration dieser „Laufzeit"-Komponente in den Kapitalisierungszinssatz. Kapitalisierungssätze in der Unternehmensbewertung setzen sich i. d. R. aus – mindestens – zwei Komponenten zusammen, einerseits dem risikolosen Sockelzinssatz („Basiszinssatz"), andererseits der in verschiedenen Varianten modellierbaren Risikoprämie. Konsensmeinung im deutschsprachigen Schrifttum ist es, die Laufzeitabstimmung exklusiv durch die Auswahl eines entsprechenden Basiszinssatzes vorzunehmen.

Welche laufzeitäquivalente Alternativanlage ist aber heranzuziehen? Als „Reinform" kommt offensichtlich eine „ewige" Rentenzahlung ohne Ausfallrisiko in Frage. Solche Anlagen sind an Kapitalmärkten im inländischen Währungsraum seit langer Zeit nicht existent, korrespondierende Marktrenditen mithin nicht beobachtbar.[38]

Eine erste Annäherung an die hypothetische Bewertung einer ewigen Rente am Kapitalmarkt bietet zunächst eine [*quasi*-sichere][39] Anleihe mit extrem langer Laufzeit.[40] Eine weitere Differenzierung ist denkbar, indem Alternativzinssätze nach der erwarteten Fristigkeit der **einzelnen** jährlich anfallenden Zahlungen spezifiziert werden, also für jede Periode eine Alternativanlage mit gleicher Laufzeit zu Grunde gelegt wird.[41]

Beispiel:

(i) Für den abzuzinsenden Einzahlungsüberschuss des Jahres 2017 müsste periodenspezifisch der (im Börsenkurs implizierte) Marktzinssatz einer in 2017 fälligen Staatsanleihe (Zerobond) zu Grunde gelegt werden.

(ii) Für die abzuzinsenden Einzahlungsüberschüsse der Jahre 2018 bis 2023 müssten periodenspezifisch die (im Börsenkurs implizierten) Marktzinssätze von jeweils am Ende der Jahre 2018 bis 2023 fälligen Staatsanleihen (Zerobonds) zu Grunde gelegt werden.

Am 31.1.2008 sowie am 31.1.2007 differenzieren sich die *spotrates* laut Statistik der deutschen Bundesbank über eine Rückzahlungsdauer von 1–8 Jahre gemäß Abb. 3.11.

Die Zinssätze variieren herkömmlicherweise in Abhängigkeit von der Restlaufzeit der jeweiligen Anleihe. In den meisten Fällen herrscht eine steigende Zinsstrukturkurve vor – die Zinsen steigen mit zunehmender Restlaufzeit –; zeitweise gibt es jedoch Phasen in der Geld- und Kapitalmarktentwicklung, wo eine „inverse Zinsstruktur", d. h. sinkende Zinsen mit zunehmender Restlaufzeit, zu beobachten ist. Nicht-monotone Verläufe der

---

[38] Derartige Anleihen, *consols* genannt und bekannt aus der makroökonomischen Lehrbuchliteratur, wurden vom Vereinigten Königreich im 18., 19. und frühen 20. Jahrhundert emittiert.

[39] Zum Begriff der *Quasi*-Sicherheit vgl. *Moxter* (1983), hier etwa S. 146.; *Ballwieser und Hachmeister* (2013), S. 85. Ob vor dem Hintergrund der jüngsten Krisen den Staatsanleihen der Euroländer ausnahmslos der Status der „*Quasi*-Sicherheit" zugestanden werden kann, soll hier nicht vertieft werden.

[40] Vgl. hierzu nur *IDW* (2008), Rn. 116 f.

[41] Zur Anwendung sogenannter *spotrates* vgl. auch *Ballwieser und Hachmeister* (2013), S. 87 ff.

Rückzahlungs-zeitpunkt	Spotrate [%] 31.1.08	Rückzahlungs-zeitpunkt	Spotrate [%] 31.1.07
31. 1. 2009	3,63	31. 1. 2008	3,95
31. 1. 2010	3,47	31. 1. 2009	3,99
31. 1. 2011	3,47	31. 1. 2010	4,00
31. 1. 2012	3,53	31. 1. 2011	4,02
31. 1. 2013	3,62	31. 1. 2012	4,04
31. 1. 2014	3,71	31. 1. 2013	4,06
31. 1. 2015	3,80	31. 1. 2014	4,08
31. 1. 2016	3,89	31. 1. 2015	4,10

Abb. 3.11 *Spotrates* laut Statistik der deutschen Bundesbank über eine Rückzahlungsdauer von 1–8 Jahre. (Quelle: *Deutsche Bundesbank* (2013). Es wurde bewusst auf Stichtage im Zeitraum vor der Finanzmarktkrise zurückgegriffen.)

Zinsstrukturkurve sind ebenfalls nicht selten. Die sogenannte flache Zinsstruktur(-kurve) unterstellt über die Restlaufzeiten hinweg konstante Zinsen, was i. d. R. eine drastische Vereinfachung der Realität an Geld- und Kapitalmärkten beinhaltet.[42]

Die Zugrundelegung einer zeitlich differenzierten Zinsstruktur durch den Rückgriff auf diese sogenannten *spotrates* wurde in den letzten Jahren als theoretisch angemessener Ansatz im Schrifttum thematisiert; die damit verbundenen Ermittlungsprobleme waren Gegenstand eingehender Analysen.[43] *Spotrates* für *quasi*-sicheres Fremdkapital lassen sich dann unmittelbar beobachten, wenn Finanztitel von Staatsschuldnern erster Bonität, die der Ausgestaltung eines Zerobonds entsprechen, an Kapitalmärkten gehandelt werden. Durch das sogenannte *stripping*, d. h. durch die Zerlegung und Bewertung der periodischen Einzelzahlungen von langlaufenden Bundesanleihen, werden seit 1997 auf Bundesanleihen basierende Zerobonds für ein Laufzeitspektrum zwischen 1 und 30 Jahren gehandelt. Die relativ geringe Liquidität dieses Marktsegments beeinträchtigt jedoch den Informationswert der Daten für Zwecke der Unternehmensbewertung.[44] Außerdem lassen sich *spotrates* für eine Fälligkeit ≥ 30 Jahre nicht unmittelbar beobachten; in der Unternehmensbewertung besteht aufgrund des unbeschränkten Zeithorizonts allerdings gerade ein Interesse an Zinssätzen für extrem lange Restlaufzeiten.

Eine weitere Möglichkeit, *spotrates* für unterschiedliche Restlaufzeiten aus einzelnen Marktbeobachtungen unmittelbar herzuleiten, besteht in der Heranziehung von Marktda-

---

[42] Zu Erscheinungsformen und Bestimmungsgründen der Zinsstruktur vgl. überblicksartig: *Deutsche Bundesbank* (2006).

[43] Vgl. u. a. *Ballwieser* (2003), S. 19–35; *Gebhardt und Daske* (2005), S. 649–655; *Jonas et al.* (2005), S. 647–653; *Reese und Wiese* (2007), S. 38–51.

[44] Vgl. hierzu *Reese und Wiese* (2007), S. 40.

ten für Zinsswaps, d. h. Vereinbarungen – meistens zwischen Banken – über den Tausch fester und variabler Zinsansprüche auf ein fiktives Aktivum. Verschiedene Probleme, verbunden mit der Marktliquidität und der Identität der Gegenparteien des *swap*-Marktes als nicht-*quasi*-sichere Adressen, führen jedoch auch hier zu erheblichen Anwendungsschwierigkeiten.[45]

Als alternatives Verfahren hat die Extrapolation der Zinsstruktur nach der sogenannten *Svensson*-Methode weite Verbreitung gefunden. Sie wird im berufsständischen Schrifttum[46] sowie in der Rechtsprechung[47] in zunehmendem Maße als *best-practice*-Verfahren betrachtet. Voraussetzung für die Schätzung eines Zinssatzes auf ein risikoloses Aktivum mit unendlicher Laufzeit ist die Extrapolation der Zinsstrukturkurve auf der gesamten Bandbreite. Hierzu hat die *Deutsche Bundesbank* ein Verfahren entwickelt,[48] das ab dem Jahr 1996 zur Ermittlung der Zinsstrukturkurve zum Einsatz kommt und in wesentlichen Zügen auf Beiträgen von *Nelson und Siegel*[49] sowie von *Svensson*[50] zurückgeht.

Das Verfahren beruht darauf, existierende, am Markt gehandelte Bundesanleihen, die meistens als herkömmliche Couponanleihen ausgestaltet sind, in die ihnen zugeordneten Einzelzahlungen zu zerlegen, welche jeweils mit ihren fälligkeitsspezifischen, geschätzten *spotrates* diskontiert werden. Es erfolgt dann eine Abstimmung dieser „synthetischen" Bewertung der Anleihe mit den tatsächlichen Marktwerten für eine umfangreiche Stichprobe unterschiedlich ausgestatteter Anleihen: Im Wege eines Verfahrens der nichtlinearen Regression werden die fälligkeitsspezifischen *spotrates* als Funktionswerte auf einer (nicht-linearen) Zinsstrukturkurve so eingestellt, dass die quadrierten Abweichungen zwischen dem sich daraus ergebenden „synthetischen" Zeitwert der Anleihe (als Summe der mit den *spotrates* diskontierten Einzelzahlungen) und den beobachteten Kurswerten minimiert werden. Die nicht-lineare Regressionsfunktion hat folgende Form:

$$
\begin{aligned}
z(t,\beta) = \beta_o + \beta_1 \; &\cdot \; \left(\frac{1 - e^{-T/\tau_1}}{T/\tau_1} \right) \\
+ \beta_2 \; &\cdot \; \left(\frac{1 - e^{(-T/\tau_1)}}{T/\tau_1} - e^{(-T/\tau_1)} \right) \\
+ \beta_3 \; &\cdot \; \left(\frac{1 - e^{(-T/\tau_2)}}{T/\tau_2} - e^{(-T/\tau_2)} \right)
\end{aligned}
\tag{3.12}
$$

---

[45] Vgl. m w. V. *Reese und Wiese* (2007), S. 43.

[46] Vgl. hier: *Wagner et al.* (2006), S. 1005–1028.

[47] Vgl. etwa: OLG Karlsruhe, Urteil vom 16.07.2008 – 12 W 16/02, AG, 54. Jg. (2009), S. 47–52.

[48] Vgl. *Schich* (1997).

[49] Vgl. *Nelson und Siegel* (1987), S. 473–489.

[50] Vgl. *Svensson* (1994).

$z(T, \beta)$ ist der im Rahmen der Regression zu schätzende Zinssatz in Abhängigkeit von der Laufzeit T sowie vom Parametervektor $\beta = (\beta_0, \beta_1, \beta_2, \beta_3, \tau_1, \tau_2)$.

Die komplexe funktionale Form soll es ermöglichen, neben der herkömmlichen, (schwach) monoton steigenden und konkav gewölbten Zinsstrukturkurve auch seltener zu beobachtende, nicht-monotone – etwa U-förmige oder S-förmige – Verlaufsmuster zu erfassen.[51] Von den Parametern $(\beta_0, \beta_1, \beta_2, \beta_3, \tau_1, \tau_2)$ erschließen sich β_0 und β_1 einer unmittelbaren Anschauung: $[\beta_0 + \beta_1]$ bezeichnet den kurzfristigen Zinssatz (bei Konvergenz $T \rightarrow 0$); β_0 bezeichnet den (extrem langfristigen) Zinssatz, dem sich die Werte der Regressionsfunktion bei unendlicher Laufzeit asymptotisch nähern. Zu betonen ist, dass es sich bei der *Svensson*-Methode lediglich um ein (nicht-lineares Regressions-) Verfahren der deskriptiven Statistik handelt, das als Solches keine Theorie beinhaltet.

Im Rahmen der Unternehmensbewertung wird das *Svensson*-Modell genutzt, um Zinssätze einer risikofreien Alternativanlage für ein unbegrenztes Laufzeitband ermitteln zu können.[52] Andere Vorschläge propagieren etwa eine lineare Extrapolation, d. h. eine Mittelwertberechnung zwischen dem asymptotischen Wert β_0 des *Svensson*-Modells und der langfristigsten, am Markt beobachtbaren *spotrates* für Staatsanleihen, die sich in jüngster Zeit auf eine Laufzeit von etwa 30 Jahren beziehen.[53] Die materielle Auswirkung dieser Durchschnittsbildung ist nicht sehr erheblich.

Beispiel:

Am 15. September 2009 weist die Statistik der *Deutschen Bundesbank* für die Zinsstruktur deutscher Bundesanleihen folgende *Svensson*-Parameter aus: $\beta_0 = 2{,}05$; $\beta_1 = -1{,}82$; $\beta_2 = -20{,}30$; $\beta_3 = 8{,}25$; $\tau_1 = 0{,}87$; $\tau_2 = 14{,}38$. Daraus ergibt sich der folgende, nicht-monotone Verlauf der Zinsstrukturkurve über einen Zeitraum von 80 Jahren (vgl. Abb. 3.12, an der waagerechten Achse die Anzahl der Jahre, an der senkrechten Achse der Zinssatz in [%]).

Auf der Grundlage der langfristigen Schätzung der Zinsstruktur kommen nach Auffassung des Berufsstandes der Wirtschaftsprüfer zwei Alternativen für die Zugrundelegung eines geeigneten Basiszinses in Frage: einerseits die differenzierte Verwendung von spezifischen, aus der Zinsstruktur sich ergebenden Basissätzen für jedes einzelne Planjahr, andererseits ein „einheitlicher Basiszins", der sich als gewogener Satz aus den einzelnen Jahreswerten der Zinsstrukturkurve für einen extrem langen Zeitraum ergibt und der für eine gegebene Zahlungsreihe mit den periodenspezifischen Zinssätzen „barwertäquivalent" ist.[54]

---

[51] Zu Bestimmungsgründen und Ausprägungen der Zinsstrukturkurve vgl. etwa überblicksartig: *Deutsche Bundesbank* (2006), S. 15–29.

[52] Vgl. *Baetge et al.* (2015), S. 380.

[53] Vgl. hierzu: *Obermaier* (2005), S. 27 ff.; sowie die Verfeinerung bei *Obermaier* (2006), S. 476 f.

[54] Vgl. hierzu: *IDW* (2014), Rn. A 353 ff.

Zinssätze in %

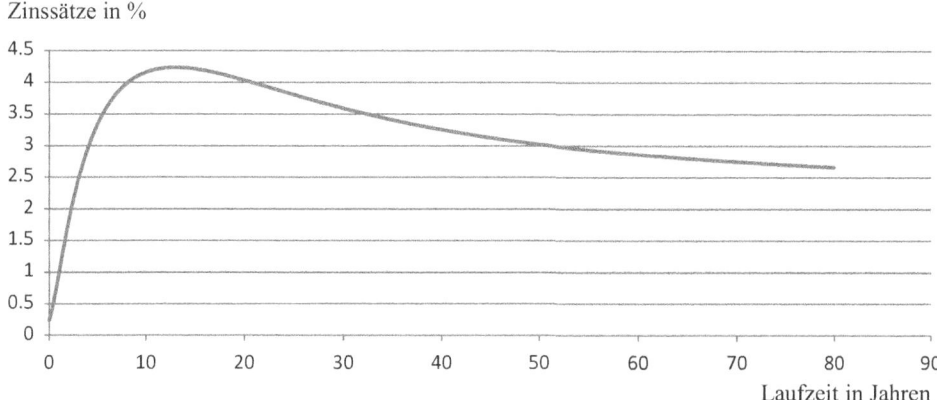

Laufzeit in Jahren

Abb. 3.12 Zinsstrukturkurve € über einen Zeitraum von 80 Jahren am 15. September 2009

3.3.1.2 Inkonsistenzen bei der Ermittlung des Basiszinses und der kalkulierten Risikoprämie

Ein weiteres Problem betrifft die Frage, ob Stichtagswerte oder langfristige Durchschnittswerte der Schätzung des Kalkulationszinssatzes zu Grunde zu legen sind.[55] Aus dem Stichtagsprinzip der Unternehmensbewertung folgt, dass die historische Durchschnittsbetrachtung kein systematisch korrekter Weg sein kann. Überdies dürfte die Marktentwicklung der Anleihezinsen der letzten Jahrzehnte schon allein deshalb nicht repräsentativ für die langfristige Zukunft sein, weil Währung und Zentralbank nicht identisch geblieben sind. Letztlich muss die Informationslage am Stichtag, so wie sie sich auch in den Marktnotierungen niederschlägt, für eine langfristige Prognose genutzt werden. Dabei ist auf die Informationsqualität der Marktdaten zu achten, die vor allem von der Marktliquidität der gehandelten Anlagen abhängt.[56] Um den Einfluss von potenziell kurzfristig bestehenden Ungleichgewichtslagen am Kapitalmarkt auszublenden, erscheint es allerdings erwägenswert, anstatt eines punktuellen Stichtagswertes den Durchschnittswert für den langfristigen Zinssatz für ein kurzes Zeitfenster um den Stichtag herum in Betracht zu ziehen.[57]

Die grundsätzliche Stichtagsorientierung der Basiskomponente des Kalkulationszinsfußes steht im Widerspruch zu der Tatsache, dass die zweite Komponente – die Risikoprämie – in den meisten Fällen auf der Grundlage historischer Werte geschätzt

---

[55] Vgl. zur Verbreitung historischer Durchschnittswerte: *Jonas et al.* (2005), S. 649.

[56] Vgl. *Ballwieser* (2003), S. 26–30.

[57] In Anlehnung an die Rechtsprechung zum relevanten Aktienkurs bei Abfindungen wird ein Zeitraum von drei Monaten vorgeschlagen, vgl. hierzu: *Jonas et al.* (2005), S. 649; *Wagner et al.* (2006), S. 1015.

wird.[58] Auffällig hierbei ist, dass typischerweise keine Abstimmung zwischen dem verwendeten Basiszinssatz und dem Risikoaufschlag vorgenommen wird. Dies ist insofern inkonsistent als der Risikozuschlag i. a. R. seinerseits als **Differenz** zwischen einem beobachteten Zinssatz für ein risikoäquivalentes Aktivum bzw. Portefeuille und dem dazu korrespondierenden risikolosen Zinssatz geschätzt wird. Jener ist allerdings weder stichtagsbezogen, noch basiert er auf der Fiktion der unbegrenzten Restlaufzeit.[59]

3.3.1.3 Kritik

Nach dem *state of the art* des deutschsprachigen Schrifttums ist dem Postulat der Laufzeitäquivalenz durch entsprechende Berücksichtigung in der Basiszinssatzkomponente Rechnung zu tragen. Die Herstellung der Risikoäquivalenz erfolgt i. a. R. hiervon unabhängig ausgehend von einer historisch beobachteten Risikoprämie auf einen historischen Basiszins, dessen zu Grunde liegende Laufzeit von derjenigen der Basiskomponente abweichen wird. Die Separierung von Laufzeit- und Risikoadjustierung „erkauft" man sich durch diese Inkonsistenz.[60]

Dass die äquivalente Alternativanlage des Unternehmensbewertungskalküls sich in ihrem risikolosen Teil an einem Instrument mit unbegrenzter Laufzeit orientiert, scheint derart „auf der Hand zu liegen", dass eine Infragestellung im deutschsprachigen Schrifttum sowie in den Empfehlungen zur berufsständischen Praxis kaum erfolgt.

Und doch ist dieses Postulat in Zweifel zu ziehen: Der unendliche Zeithorizont, der – letztlich in Ermangelung einer belastbaren Gegenhypothese – im Rahmen der Ertragswertmethode die Planungsgrundlage bildet, impliziert keinesfalls eine zeitlich unbegrenzte Bindung des investierten Kapitals an die im Plan vorgesehene Verwendungsart. „Unendliche Laufzeit" würde aber streng genommen bedeuten, dass die Kapitalgeber eines Unternehmens auf unbegrenzte Frist an die im vorgegebenen Finanzplan vergegenständlichten Planungsentscheidungen gebunden sind.

Diese Fiktion steht im Gegensatz zur Realität. Eigenkapitalgeber sind in Grenzen flexibel, abweichend von der vorgegebenen Planung Investitions- und Desinvestitionsentscheidungen zu treffen. Gebundenes Investitionskapital wird im regulären Wertschöpfungszyklus eines Unternehmens freigesetzt und steht grundsätzlich für Anschlussinvestitionen oder für Desinvestitionen zur Verfügung, auch wenn die dem Ertragswertkalkül zu Grunde liegende Finanzplanung eine solche Flexibilität nicht modelliert. Die „Laufzeit" der Eigenkapitalinvestition orientiert sich demnach nicht an dem (notgedrungen) bis ins Unendliche reichenden Planhorizont, sondern vielmehr an der unternehmens- bzw. branchenspezifisch offensichtlich variierenden Kapitalbindungsdauer.

---

[58] Zur Ermittlung der einzelnen Komponenten kapitalmarktgestützter Risikoprämien vgl. Kap. 6, Abschn. 6.1.3.

[59] Zur Diskussion vgl. etwa: *Jonas et al.* (2005), S. 651 f.

[60] Vgl. für eine allgemeine Kritik der Inkonsistenzen bei der Ermittlung einzelner Komponenten des Kalkulationszinsfußes der Unternehmensbewertung: *Ballwieser und Hachmeister* (2013), S. 126 ff.

Dieser Gedankengang soll anhand eines Beispiels veranschaulicht werden: Man stelle sich zwei Unternehmensinvestitionen vor, die auf dem Kontinuum unterschiedlicher Kapitalbindungsdauern jeweils an den beiden entgegengesetzten Polen angesiedelt sind: Einerseits eine Investition in ein Wasserkraftwerk, die durch extrem hohe Anfangsausgaben gekennzeichnet ist, dann aber über Jahrzehnte hinweg bei geringen Betriebskosten stetige Zahlungsüberschüsse generiert, auf der anderen Seite eine Investition in einen Copyshop, der in gemieteten Geschäftsräumen – Kündigungsfrist: 6 Monate – und mit auf eine Zeitdauer von 3 Jahren geleastem Anlagevermögen operiert. Was ist nun von der Behauptung zu halten, dass beide Investitionen die gleiche – unendliche – Laufzeit aufweisen?

Scheinbar naheliegende Konsequenz dieser Betrachtungen wäre die Forderung, die Laufzeitäquivalenz in der Unternehmensbewertung entsprechend der jeweiligen Kapitalbindungsdauer zu spezifizieren: Die größere Flexibilität des Mitteleinsatzes durch vergleichsweise kurze Kapitalbindung wäre mit einer unternehmensspezifisch und branchenspezifisch abgestimmten Laufzeit der Alternativanlage abzustimmen.

Es zeigt sich aber, dass die hier skizzierte, durch Geschäftsmodell- und Branchenspezifika geprägte Konzeption einer individuellen Investitionslaufzeit sich nicht ohne Weiteres durch eine eindimensionale Laufzeitmaßgröße, die sich dann im risikolosen Sockelzinssatz widerspiegeln würde, ausdrücken lässt.[61] Entscheidend ist nämlich nicht nur die durchschnittliche „Selbstliquidationsperiode" des geplanten Zahlungsstromes einer unbegrenzten Sequenz von Einzelinvestitionen. Darüber hinaus ist die Möglichkeit zu berücksichtigen, die Bindung an den bis ins Unendliche fortgeschriebenen Finanzplan durch die Ausstiegsentscheidung aufzuheben. Die so konzipierte (durchschnittliche, erwartete) Bindungsdauer entzieht sich einer eindimensionalen zeitlichen Skalierung; auch als *proxi*-Größen verstandene (Jahresabschluss-)Kennziffern zur Messung unterschiedlicher Bindungsdauern helfen hier nicht weiter.[62]

Es liegt deshalb nahe, den Werteffekt unterschiedlicher Kapitalbindungsdauern nicht etwa durch eine „äquivalente" Laufzeit des risikolosen Sockelzinssatzes zu berücksichtigen, sondern vielmehr als nicht separierbaren Bestandteil der Risikokomponente, genauer gesagt: des unten noch zu erläuternden **systematischen Risikos**,[63] zu betrachten.[64] Die Separierung von Laufzeiteffekten und Risikoeffekten führt *in praxi* zu den oben

---

[61] Vgl. *Kuhner* (2014), S. 479 ff.

[62] Zur Diskussion verschiedener Kennziffern vgl. *Kuhner* (2014), S. 480–483.

[63] Zum portefeuilletheoretischen Konzept des systematischen Risikos vgl. Kap. 6, Abschn. 6.1.1.

[64] Zu empirischen Befunden, die nahelegen, dass die Kapitalbindungsdauer eine Determinante des sogenannten *systematischen* Risikos ist, vgl. *Kuhner* (2014), S. 483 ff. Zum Begriff des systematischen Risikos vgl. Kap. 6, Abschn. 6.1.

geschilderten Inkonsistenzen und der Vergleich einer zeitlich unbegrenzten Unternehmens-investition mit einer risikolosen Anleihe „ewiger" Laufzeit hinkt.

Nach der hier vertretenen Auffassung sollten Unternehmensbewerter es vorziehen, durch Abstimmung der jeweiligen Dimensionen des Basiszinsfußes und des risikolosen Zinsfußes, der (als Differenz) in die Bestimmung des Risikozuschlags eingeht, eine materielle Konsistenz des Kalküls herzustellen, anstatt – wie von den berufsständischen Normengebern und dem (deutschsprachigen) Fachschrifttum nahegelegt – durch statistisch anspruchsvolle „Laufzeittarierung" des Basiszinsfußes einer Scheingenauigkeit zu huldigen.

3.3.2 Sonstige Äquivalenzen

3.3.2.1 Unsicherheits-(Risiko-)äquivalenz

Die Alternativanlage soll den gleichen Risikogehalt wie das zu bewertende Zahlungsprofil aufweisen. Unter den Äquivalenzprinzipien beansprucht die Herstellung von Risikoäqui-valenz den größten methodischen Aufwand unter Rückgriff auf Theoriekonzepte. Zur Messung des Risikos einer künftigen Zahlungsstruktur sind grundsätzlich mehrere unter-schiedliche Methoden denkbar: die Messung von Streuungswerten (Varianzen), die Ermittlung bestimmter Risikomessziffern (*value at risk*, Sensitivitäten), die Messung von Risikonutzen-/Sicherheitsäquivalenten etc.

Wichtig dabei ist, dass die Risikopräferenz ein subjektives Phänomen ist und somit Risikoäquivalenz unmittelbar vom Bewertungssubjekt abhängt. Aus der Perspektive eines diversifizierten Investors führt die Herstellung von Risikoäquivalenz zu völlig anderen Implikationen (lediglich Berücksichtigung des systematischen Risikos) als aus der Pers-pektive eines nicht-diversifizierten Investors.

Zur Herstellung von Risikoäquivalenz kommen vor allem zwei Verfahren in Betracht, die uns in den folgenden Kapiteln noch eingehend beschäftigen werden: Es sind dies die Ermittlung von Sicherheitsäquivalenten in der Zählergröße (Ergebnisabschlagsmethode) sowie die Anwendung von Risikozuschlägen auf die Nennergröße, d. h. auf den risikolosen Zinssatz (Risikozuschlagsmethode).[65]

Der Herstellung der Risikoäquivalenz ausgehend von einem Individualkalkül und ausgehend von einem kapitalmarktorientierten Kalkül sind die Kap. 5 und 6 dieses Buches gewidmet.

3.3.2.2 Verfügbarkeitsäquivalenz: Liquiditäts- und Steueräquivalenz

Kongruenz der Verfügbarkeit bedeutet zunächst einmal Kongruenz des Liquiditätsgrades unterschiedlicher Anlagen. Der **Liquiditätsgrad** von Unternehmensanteilen unterschei-det sich substanziell, je nachdem, ob Unternehmen börsennotiert sind und ob ihre Anteile

---

[65] Vgl. auch *IDW* (2008), Rn. 89 f.

in liquiden Märkten gehandelt werden. Verfügbarkeitsäquivalenz ist etwa dann verletzt, wenn ein schwer handelbarer GmbH-Anteil anhand der Eigenkapitalkosten eines branchengleichen DAX-Unternehmens im Kapitalisierungssatz bewertet wird. Wiederhergestellt wird sie potenziell durch einen Verfügbarkeitszuschlag auf die Diskontierungsgröße bzw. einen pauschalen Verfügbarkeitsabschlag auf den ermittelten Unternehmenswert.[66]

Verfügbarkeitsabschläge für nicht börsengehandelte Unternehmen sind **nicht unmittelbar beobachtbar**. Pragmatische Schätzverfahren sehen vor, Verfügbarkeitsabschläge ausgehend von den Geld-Brief-Spannen selten gehandelter Aktien zu extrapolieren bzw. ausgehend von den Preisabschlägen zu bestimmen, zu denen nicht-notierte Anteile börsennotierter Unternehmen gehandelt werden.[67] Als weitere wichtige Einflussgrößen für Verfügbarkeitsabschläge gelten die Größe – i. d. R. gemessen am Umsatzvolumen –, die Profitabilität sowie die Liquidität des Vermögensbestandes eines Unternehmens. *Damodaran* hat anhand einer Regressionsstudie auf der Grundlage von Abschlägen für *restricted stocks* Abschläge von bis zu 35 % (für unrentable, kleine Unternehmen mit weniger als 5 Mio $ Umsatzerlös) und 16 % (für rentable Unternehmen im Bereich von 1.000 Mio $ Umsatzvolumen) ermittelt.[68]

Ein wichtiger Sonderfall der Verfügbarkeitsäquivalenz ist die **Besteuerungsäquivalenz**: Zähler- und Nennergröße müssen auf der gleichen Ebene der Besteuerung angesiedelt sein. Die Ermittlung des Unternehmenswerts erfolgt entweder **mit** oder **ohne** Einbeziehung der aufgrund des Eigentums am Unternehmen entstehenden persönlichen Steuern der Eigner, d. h. **nach** oder **vor** persönlichen Steuern. Aus entscheidungslogischer Sicht erscheint es angemessen, im Bewertungskalkül sowohl die finanziellen Überschüsse als auch die Kapitalisierungszinssätze **nach** persönlichen Steuern des jeweiligen Bewertungssubjekts anzusetzen.[69]

Besonders bei der Ermittlung **objektivierter** Werte werden aber gewisse **Typisierungen** der steuerlichen Verhältnisse vorgenommen: So wird bei gesellschaftsrechtlichen Bewertungsanlässen wie einem *squeeze out* ein objektivierter Unternehmenswert aus der Sicht einer inländisch unbeschränkt steuerpflichtigen natürlichen Person als Anteilseigner ermittelt;[70] bei dieser **unmittelbaren Typisierung** ist dann unter dem

---

[66] Nach h. M. werden Verfügbarkeitsabschläge/-zuschläge bei der Bewertung von gesellschaftsrechtlichen Ansprüchen in Deutschland aufgrund des Gleichbehandlungsanspruchs aller Gesellschafter allerdings nicht anerkannt; vgl. hierzu m. w. V.: Kap. 3, Abschn. 3.6.

[67] Sog. *restricted stocks* sind Anteile, die aus bestimmten Gründen zumindest für eine gewisse Zeitdauer nicht an Börsen gehandelt werden dürfen, obwohl das emittierende Unternehmen börsennotiert ist. Vgl. *Damodaran* (2012), S. 683–688. Zur Kritik vgl. m. w. V.: *Ballwieser* (2009), insbes. S. 289 ff.

[68] Vgl. *Damodaran* (2012), S. 686.

[69] So auch die allgemeine Vorgabe in *IDW* (2008), Rn. 28.

[70] Vgl. *IDW* (2008), Rn. 31.

derzeit geltenden Steuerregime noch eine sachgerechte Annahme über die Haltedauer der zu versteuernden (realisierten) Kursgewinne zu setzen.[71]

Wird im Rahmen der Gutachterfunktion des Wirtschaftsprüfers ein objektivierter Unternehmenswert für Bewertungsanlässe wie *fairness opinions* oder Kreditwürdigkeitsprüfungen ermittelt, hält IDW S 1 angesichts der Internationalisierung der Kapitalmärkte und Unternehmenstransaktionen eine **mittelbare Typisierung** der Steuersituation der Anteilseigner für sachgerecht: Es wird unterstellt, dass die Nettozuflüsse im Zähler des Bewertungskalküls derselben persönlichen Besteuerung unterliegen wie die Alternativinvestition, die durch den Kapitalisierungszinsfuß im Nenner des Bewertungskalküls repräsentiert wird.[72] Im Ergebnis wird damit in diesen Fällen auf die Einbeziehung persönlicher Steuern gänzlich verzichtet.[73]

Unter Durchbrechung der Besteuerungsäquivalenz kann es, je nach Ausgestaltung des Steuersystems und der Bewertungsstandards, vorkommen, dass für Zähler- und Nennergröße unterschiedliche Einkommensteuersätze zur Anwendung kommen. So hatte etwa beim von 2001 bis 2008 in Deutschland geltenden Halbeinkünfteverfahren die Einkommensteuer diskriminierenden Charakter, da Zinserträge aus einem festverzinslichen Wertpapier der vollen Einkommensteuer unterlagen, Dividenden aber *de facto* nur mit dem halben persönlichen Einkommensteuersatz und Kursgewinne außerhalb einer einjährigen Spekulationsfrist überhaupt nicht besteuert wurden. Gleichzeitig war nach IDW S 1 „Grundsätze zur Durchführung von Unternehmensbewertungen" i.d.F. des Jahres 2000 vorgesehen, den objektivierten Unternehmenswert auf der Grundlage einer Alternativanlage in festverzinsliche Wertpapiere [zuzüglich eines Risikozuschlages] zu ermitteln.[74]

Wenn die Anlage in festverzinsliche Wertpapiere keine in Betracht kommende Alternative des potenziellen Investors war, führte dies stets zu einem falschen Unternehmenswert: Die Anwendung des halben Einkommensteuersatzes im Zähler und des vollen Einkommensteuersatzes im Nenner hatte nach oben verzerrte Unternehmenswerte zur Folge und war offensichtlich nicht sachgerecht. Die unsachgemäße Vorgehensweise erfuhr mit der Verabschiedung einer Neufassung des IDW S 1 in 2005 durch den Hauptfachausschuss des *IDW* die überfällige Korrektur.[75] Beim derzeitig geltenden nicht-diskriminierenden Besteuerungssystem mit seiner uniformen Besteuerung von

---

[71] Vgl. *Baetge et al.* (2015), S. 389 ff.

[72] Vgl. *IDW* (2008), Rn. 30.

[73] Zur Konzeption des objektivierten Unternehmenswerts des *Instituts der Wirtschaftsprüfer* vgl. auch Kap. 2, Abschn. 2.4.

[74] Vgl. *IDW* (2000), Rn. 120–122.

[75] Für eine Zusammenfassung der Argumente und einen Vorschlag zur Behebung dieser Fehlerquelle durch Übertragung des *Tax-CAPM* von *Brennan* (in *Brennan* (1970), S. 417 ff.) auf deutsche Verhältnisse vgl. *Wagner et al.* (2004), S. 889 ff. sowie *Jonas et al.* (2004), S. 898 ff.

Zinsen, Dividenden und (mit Einschränkung) Kursgewinnen tritt die beschriebene Problematik nicht auf.

Für den Fall der Ermittlung eines subjektiven Entscheidungswerts ist die Wahl der
Vergleichsalternative in jedem Fall mit dem Bewertungssubjekt abzuklären, um eine
konsistente Berücksichtigung der Einkommensteuer zu gewährleisten.

Obwohl die entscheidungslogische Korrektheit des Bewertungskalküls nach persönlichen Steuern keinen Zweifeln unterliegen dürfte, ist die Berücksichtigung der persönlichen Steuersphäre in der internationalen, stark durch Schrifttum US-amerikanischer
Provenienz geprägten Fachpraxis **nicht** üblich. Es handelt sich hierbei durchaus um einen
„deutschen Sonderweg", genauer gesagt: um einen Sonderweg des *Instituts der Wirtschaftsprüfer*, der nach längerer Diskussion mit der Neuformulierung von IDW S 1 in der
Fassung des Jahres 2000 eingeschlagen wurde.[76]

Über die Gründe der durchgängigen Nichtberücksichtigung persönlicher Steuern in
internationalen Fachpublikationen lassen sich nur Mutmaßungen anstellen; das Problem
wird in den führenden Quellen fast überhaupt nicht thematisiert.[77] Dass eine Berücksichtigung nationaler Einkommensteuertarife bei Bewertungen für ein internationales
Anteilseignerpublikum wenig Sinn hat, liegt auf der Hand, und dies ist bei den meisten
großen, börsennotierten Unternehmen wohl der Fall. Möglicherweise sind überdies die
meisten nationalen (Einkommen-) Steuersysteme weniger komplex als das deutsche, so
dass sich der persönliche Steuertarif in Zähler- und Nennergröße tendenziell ausgleicht
bzw. „herauskürzt" und insofern kein größeres Problem darstellt. Möglich ist auch die
entgegengesetzte These: Der Verzicht auf die Berücksichtigung der persönlichen Steuersphäre mag seine Begründung darin haben, dass aufgrund der individuell sehr unterschiedlichen Steuersituation sehr starke Typisierungen notwendig sind, die ihrerseits die
Glaubwürdigkeit bzw. Konsensfähigkeit von Nachsteuerkalkülen in Frage stellen.

3.3.2.3 Kaufkraftäquivalenz

Zähler- und Nennergröße müssen beide entweder in Nominalgrößen oder in Realgrößen
formuliert sein. Das Rechnen mit realen Größen setzt die Zugrundelegung realer
Kapitalisierungssätze voraus, die nicht unmittelbar beobachtbar sind. Umgekehrt muss
beim nominalen Kalkül eine Erwartungsbildung über die – auch langfristige – Geldentwertung erfolgen. Die Berücksichtigung des Einflusses der Geldentwertung sollte dabei
grundsätzlich auf zwei Ebenen stattfinden: Einerseits ist die jährliche Inflationsrate zu
prognostizieren; andererseits ist zu bedenken, dass in Abhängigkeit von Branche und
Geschäftsmodell Unternehmen **ungleichmäßig** von inflationären Entwicklungen betroffen sein können. In welchem Maße ein Unternehmen durch allgemeine Preissteigerungen

---

[76] Zu den erheblichen konzeptionellen Problemen, die mit der Anwendung des DCF-Ansatzes auf
ein Kalkül nach persönlichen Steuern aufgrund von Nicht-Linearitäten im deutschen Ein-
kommensteuertarif verbunden sind, vgl. Kap. 6, Abschn. 6.3.3.

[77] Im gleichen Sinne vgl.: *Kruschwitz und Löffler* (2006), S. 103.

in seiner Ertragslage beeinträchtigt wird oder gar davon profitiert, hängt vor allem von der unterschiedlich ausgeprägten Fähigkeit ab, Faktorpreissteigerungen auf die eigenen Abnehmer zu „überwälzen".[78]

Aufgrund der größeren Transparenz des Nominalkalküls wird dieses i. a. R. vorzuziehen sein.

3.3.2.4 Arbeitseinsatzäquivalenz

Insbesondere bei der Bewertung von kleineren Unternehmen und Freiberuflerpraxen stellt sich das Problem, dass der Erwerber selber im Unternehmen tätig sein wird. Bei der Bewertung ist also Arbeitseinsatzäquivalenz herzustellen; das bedeutet, dass entweder von der Zählergröße ein fiktives Unternehmergehalt abzuziehen ist oder die höhere Rückflusserwartung des seine Arbeitskraft investierenden Unternehmers als Zuschlag zur Nennergröße zu berücksichtigen ist.[79]

3.4   Schlussbemerkung

Das Augenmerk dieses Kapitels liegt auf der konzeptionellen Gestaltung und Abgrenzung von Zähler- und Nennergrößen der Unternehmensbewertung. Dabei hat sich gezeigt, dass das in der Bewertungspraxis rund um den Globus unangefochtene Kapitalwertverfahren für sich genommen schon eine Vereinfachung darstellt. Betrachtet man nämlich im Einklang mit der Entscheidungstheorie Unternehmensbewertung als die Ermittlung eines Entscheidungswertes durch simultane Optimierung eines Investitions(vergleichs)programms mit vorgegebenen Alternativinvestitionen, dann ergibt sich der Unternehmenswert als Zielgröße des Optimierungsalgorithmus, ohne dass ein gesondertes Kapitalwertkalkül vorgenommen wird.

Das **Kapitalwertkalkül** ist nichts anderes als eine **heuristische Annäherung** an dieses Optimum, dessen Ermittlung im Rahmen eines Investitions-Totalmodells in der Praxis i. d. R. an hoher Bewertungskomplexität scheitert. Um sicherzustellen, dass Kapitalwertkalküle bestimmte Minimalanforderungen bzgl. ihrer entscheidungslogischen Konsistenz erfüllen, sind bestimmte Äquivalenzprinzipien einzuhalten, die sich auf die Identität der

---

[78] Hier sei auf die Studie von *Widmann et al.* verwiesen, die für den Zeitraum von 1971–2001 eine nominales Gewinnwachstum von – lediglich – 1,4 % bei einer durchschnittlichen Inflationsrate von 3,1 % ermitteln (wobei die Gewinnsteigerungen z. T. noch auf Kapazitätsausweitungen beruhten), vgl. *Widmann et al.* (2003), S. 808 f.; für weitere Auswertungen *Ruthardt und Hachmeister* (2014), S. 197 ff.

[79] Zur Herstellung von Arbeitseinsatzäquivalenz bei der Abfindung außenstehender Aktionäre und dem Vorhandensein einer „Schlüsselposition" im Management vgl. *Fleischer* (2012), S. 1639 ff.

Zeit-, Verfügbarkeits-, Steuer-, Kaufkraft- und Risikodimensionen der Zähler- und Nennergrößen beziehen. Vor allem die Herstellung von Risikoäquivalenz bereitet eine Vielzahl technischer und konzeptioneller Probleme, deren Lösung Gegenstand späterer Kapitel sein wird.

Literatur

Baetge, J., Niemeyer, K., Kümmel, J., & Schulz, M. (2015). Darstellung der Discounted-Cashflow-Verfahren (DCF-Verfahren) mit Beispiel. In V. H. Peemöller (Hrsg.), *Praxishandbuch der Unternehmensbewertung* (6. Aufl., S. 353–508). Herne/Berlin.

Ballwieser, W. (2003). Zum risikolosen Zins für die Unternehmensbewertung. In F. Richter, A. Schüler & B. Schwetzler (Hrsg.), *Kapitalgeberansprüche, Marktwertorientierung und Unternehmenswert, Festschrift für Jochen Drukarczyk* (S. 19–35). München.

Ballwieser, W. (2009). Die Erfassung der Illiquidität bei der Unternehmensbewertung. In K. Schäfer, H.-P. Burghof, L. Johanning, H. F. Wagner & S. Rodt (Hrsg), *Risikomanagement und kapitalmarktorientierte Finanzierung, Festschrift zum 65. Geburtstag von Bernd Rudolph* (S. 283–300). Frankfurt a. M.

Ballwieser, W., & Hachmeister, D. (2013). *Unternehmensbewertung – Prozess, Methoden und Probleme* (4. Aufl.). Stuttgart.

Brennan, M. J. (1970). Taxes, market valuation and corporate financial policy. *National Tax Journal, 23*, 417–427.

Coenenberg, A. G., Haller, A., & Schultze, W. (2014). *Jahresabschluss und Jahresabschlussanalyse* (23. Aufl.). Stuttgart.

Damodaran, A. (2012). *Investment valuation* (3. Aufl.). Hoboken.

Deutsche Bundesbank (2006). Bestimmungsgründe der Zinsstruktur – Ansätze zur Kombination arbitragefreier Modelle und monetärer Makroökonomik, Monatsbericht April 2006, (S. 15–29).

Deutsche Bundesbank. (2013). Aus der Zinsstruktur abgeleitete Renditen für börsennotierte Bundeswertpapiere mit jährlicher Kuponzahlung (Monats- und Tageswerte). http://www.bundes bank.de/Navigation/DE/Statistiken/Zeitreihen_Datenbanken/Makrooekonomische_Zeitreihen/ its_list_node.html?listId=www_s140_it03b. (Stand: 01.09.2013). Zugegriffen am 03.12.2014.

Fleischer, H. (2012). Rechtsfragen der Unternehmensbewertung bei geschlossenen Kapitalgesellschaften – Minderheitenabschlag, Fungibilitätsabschlag, Abschlag für Schlüsselpersonen. *Zeitschrift für Wirtschaftsrecht, 33*, 1633–1642.

Gebhardt, G., & Daske, H. (2005). Kapitalmarktorientierte Bestimmung von risikofreien Zinssätzen für die Unternehmensbewertung. *Die Wirtschaftsprüfung, 58*, 649–655.

Hachmeister, D. (2000). *Der Discounted Cash Flow als Maß der Unternehmenswertsteigerung* (4. Aufl.). Frankfurt a. M.

Hering, T. (2006). *Unternehmensbewertung* (2. Aufl.). München.

Hostettler, S. (2002). *Economic Value Added (EVA): Darstellung und Anwendung auf Schweizer Aktiengesellschaften* (5. Aufl.). Bern.

IDW (2008). IDW S 1 [i. d. F. v. 2008]: Grundsätze zur Durchführung von Unternehmensbewertungen. IDW-FN 7/2008, (S. 271–292).

IDW (2014). *Wirtschaftsprüfer–Handbuch* (Bd. II, 14. Aufl.). Düsseldorf.

IDW. (2000). IDW S 1 [a. F. v. 2000]: Grundsätze zur Durchführung von Unternehmensbewertungen. *Die Wirtschaftsprüfung, 53*, 825–838.

Jonas, M., Löffler, A., & Wiese, J. (2004). Das CAPM mit deutscher Einkommensteuer. *Die Wirtschaftsprüfung, 57*, 898–906.

Jonas, M., Wieland-Blöse, H., & Schiffarth, S. (2005). Der Basiszinssatz in der Unternehmensbewertung. *Finanzbetrieb, 7*, 647–653.

Kloock, J. (1981). Mehrperiodige Investitionsrechnungen auf der Basis kalkulatorischer und handelsrechtlicher Erfolgsrechnungen. *Zeitschrift für betriebswirtschaftliche Forschung, 33*, 873–890.

Kruschwitz, L., & Löffler, A. (2006). *Discounted cash flow – A theory of the valuation of firms.* Chichester: Wiley.

Kuhner, C. (2014). Kapitalbindung in der Unternehmensbewertung und das Problem der unbegrenzten Laufzeit der Alternativanlage. In Dobler, M., et al. (Hrsg.), *Rechnungslegung, Prüfung und Unternehmensbewertung – Festschrift für Wolfgang Ballwieser* (S. 471–487). Stuttgart.

Kuhner, C., & Maltry, H. (2013). Der Restwert (Terminal Value) in der Unternehmensbewertung. In Petersen, K., Zwirner, C., & Brösel, G (Hrsg.), *Handbuch Unternehmensbewertung* (S. 747–762). Köln.

Lücke, W. (1955). Investitionsrechnungen auf der Grundlage von Ausgaben oder Kosten? *Zfhf, 7*, 310–324.

Mandl, G., & Rabel, K. (1997). *Unternehmensbewertung.* Wien.

Matschke, M. J., & Brösel, G. (2013). *Unternehmensbewertung. Funktionen-Methoden-Grundsätze* (4. Aufl.). Wiesbaden.

Moxter, A. (1983). *Grundsätze ordnungsmäßiger Unternehmensbewertung* (2. Aufl.). Wiesbaden.

Nelson, C. R., & Siegel, A. F. (1987). Parsimonious modeling of yield curves. *The Journal of Business, 60*, 473–489.

Obermaier, R. (2005). Unternehmensbewertung, Basiszinssatz und Zinsstruktur. Regensburger Diskussionsbeiträge zur Wirtschaftswissenschaft, Nr. 408. http://epub.uni-regensburg.de/4530/1/RDB_408_Basiszinssatz.pdf. Zugegriffen am 09.11.2015.

Obermaier, R. (2006). Marktzinsorientierte Bestimmung des Basiszinssatzes in der Unternehmensbewertung. *Finanzbetrieb, 8*, 472–479.

Preinreich, G. (1937). Valuation and amortization. *The Accounting Review, 12*, 209–226.

Prietze, O., & Walker, A. (1995). Der Kapitalisierungszinsfuß im Rahmen der Unternehmensbewertung. *Die Betriebswirtschaft, 55*, 199–211.

Reese, R., & Wiese, J. (2007). Die kapitalmarktorientierte Ermittlung des Basiszinssatzes der Unternehmensbewertung. *Zeitschrift für Bankrecht und Bankwirtschaft, 18*, 38–51.

Ruthardt, F., & Hachmeister, D. (2014). Unendlichkeit als Problem der Unternehmensbewertung aus theoretischer, praktischer und rechtlicher Sicht. *Der Betrieb, 67*, 193–202.

Schich, S. T. (1997). *Schätzungen der deutschen Zinsstrukturkurve, Diskussionspapier 4/97, Volkswirtschaftliche Forschungsgruppe der Deutschen Bundesbank.* Frankfurt am Main.

Schultze, W. (2003). *Methoden der Unternehmensbewertung* (2. Aufl.). Düsseldorf.

Sieben, G., & Schildbach, T. (1994). *Betriebswirtschaftliche Entscheidungstheorie* (4. Aufl.). Düsseldorf.

Spremann, K. (2004). *Valuation: Grundlagen moderner Unternehmensbewertung* (2. Aufl.). München.

Stern, J. M., Shiely, L., & Ross, I. (2001). *The EVA challenge.* New York.

Stewart, G. B. (1991). *The quest for value*. New York: HarperCollins.

Svensson, L. E. O. (1994). *Estimating and interpreting forward interests rates: Sweden 1992–1994* (IMF Working Paper No. 94/114).

Wagner, W., Jonas, M., Ballwieser, W., & Tschöpel, A. (2004). Weiterentwicklung der Grundsätze zur Durchführung von Unternehmensbewertungen (IDW S1). *Die Wirtschaftsprüfung, 57,* 889–898.

Wagner, W., Jonas, M., Ballwieser, W., & Tschöpel, A. (2006). Unternehmensbewertung in der Praxis – Empfehlungen und Hinweise zur Anwendung von IDW S 1. *Die Wirtschaftsprüfung, 59,* 1005–1028.

Widmann, B., Schieszl, S., & Jeromin, A. (2003). Der Kapitalisierungszinssatz in der praktischen Unternehmensbewertung. *Der Finanzbetrieb, 5,* 800–810.

Zimmermann, J., & Prokop, J. (2002). Unternehmensbewertung aus der Sicht des Rechnungswesens. *Wirtschaftswissenschaftliches Studium, 31,* 272–277.

Urteilsverzeichnis

OLG Karlsruhe, Urteil vom 16.07.2008 – 12 W 16/02, AG, 54. Jg. (2009), S. 47–52.

Die Schätzung der Zählergröße der Unternehmensbewertung als künftige Zahlungsüberschüsse

4

Bei der Ermittlung der Zählergröße der Unternehmensbewertung geht es um die Erstellung qualitativ möglichst hochwertiger **Prognosen** der künftigen Zahlungsüberschüsse. Der Zeithorizont ist dabei i. d. R. unbeschränkt. Im Rahmen der Unternehmensbewertung ist die *cash flow*-Prognose wohl in den meisten Fällen der materiell wichtigste Arbeitsschritt. Demgegenüber steht die Tatsache, dass den Problemen der Prognose von Zahlungsüberschüssen im wissenschaftlichen Schrifttum zur Unternehmensbewertung schon beinahe traditionell nur vergleichsweise geringe Aufmerksamkeit entgegengebracht wird.

Dieser Befund ist nur auf den ersten Blick überraschend: Denn die Erstellung von Prognosen lässt sich nur in beschränktem Maße theoretisch fundieren. Und ebenso unterliegt sie nur in beschränktem Maße einer Objektivierung durch rechtliche Regelungen. Von einer wissenschaftlich abgesicherten Vorgehensweise oder einer in sich geschlossenen Theorie der Zahlungsreihenprognose kann also keine Rede sein.[1] Es geht daher im Folgenden nicht um die Entwicklung einer „allein seligmachenden" Methodik, sondern vielmehr um die Darstellung einiger potenziell hilfreicher Ansätze zur Strukturierung und zur materiellen Gestaltung der *cash flow*-Prognose.

4.1 Das existierende Instrumentarium zur Prognoseerstellung im Überblick

Grundsätzlich steht für die Prognose das gesamte Instrumentarium der betriebswirtschaftlichen Planung zur Verfügung. Nach methodischen Gesichtspunkten könnte man die existierenden Ansätze zur Erstellung aller Arten von betriebswirtschaftlich relevanten Prognosen wie folgt untergliedern:

---

[1] Vgl. in diesem Sinne auch die Kritik von *Ballwieser* (1990), S. 11 f.

© Springer-Verlag GmbH Deutschland 2017
C. Kuhner, H. Maltry, *Unternehmensbewertung*,
DOI 10.1007/978-3-540-74305-7_4

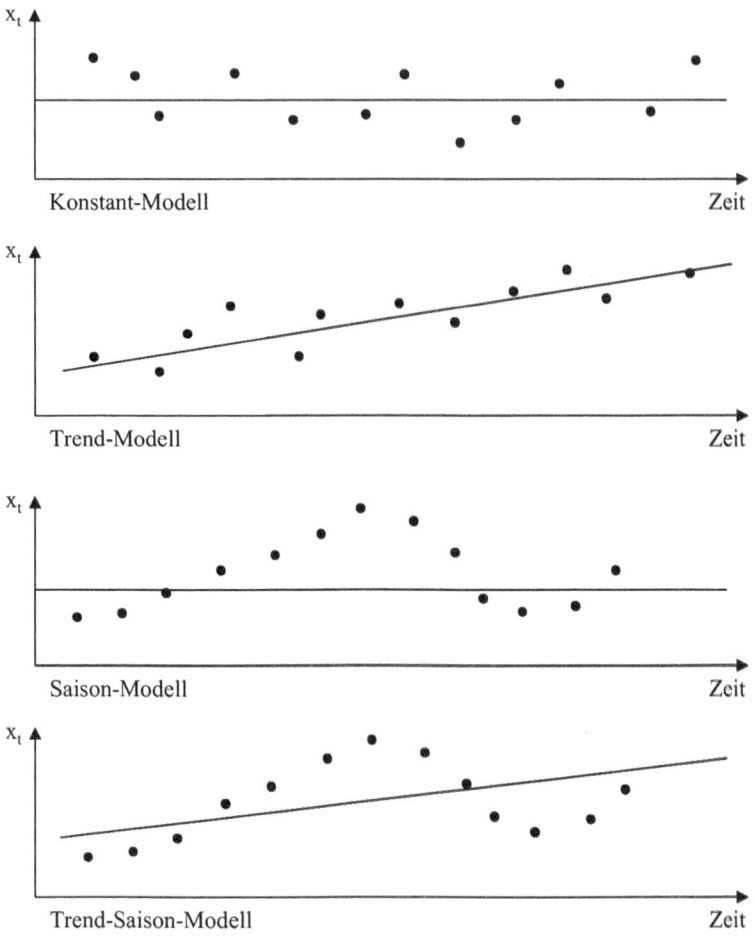

Abb. 4.1 Trendextrapolation (Quelle: *Schulte* (1996), S. 623)

1. Trendextrapolation
2. Statistische Prognoseverfahren
3. Prognoseverfahren auf der Grundlage künstlicher Intelligenz
4. Modellgestützte Prognoseverfahren
5. Intuitive Prognoseverfahren

Ad 1.: **Trendextrapolation** ist die Fortschreibung von gegebenen und als robust angenommenen Trends. Beispiele für Zeitreihen mit verschiedenen Trendextrapolationen finden sich in Abb. 4.1.

Die Trendextrapolation ist die einfachste Möglichkeit, zukünftige Entwicklungen zu schätzen. Trotz der „Primitivität" dieses Verfahrens sollte man die praktische Bedeutung der einfachen Fortschreibung eines gegebenen Trends nicht unterschätzen. Die weite

Verbreitung der Trendextrapolation dürfte neben ihrer Einfachheit vor allem der Tatsache geschuldet sein, dass die Fortschreibung eines identifizierten Trends gegenüber anderen Prognosemodellen in vielfältigen Zusammenhängen noch den geringsten Erklärungsbedarf mit sich bringen wird, also auch im Zusammenhang mit der Wertfindung unter Beteiligung unterschiedlicher Parteien in hohem Maße konsensfähig sein wird. Demgegenüber steht die fachliche Kritik an einer pauschalen Extrapolation historischer Daten ohne weitere Begründung.[2]

Ad 2.: Anspruchsvoller sind **statistische Prognoseverfahren** auf der Grundlage von Regressions- und Korrelationsschätzungen. Eine gewisse Verbreitung haben Verfahren gewonnen, die **duale Fragestellungen** beantworten. Ein Beispiel hierfür sind Frühwarnsysteme über die Bestandsgefährdung von Unternehmen auf der Grundlage von Bilanzdaten (Diskriminanzanalyse).[3]

Durch statistisch erhärtete Regressions- und Korrelationsbeziehungen kann überdies eingeschätzt werden, wie eine Prognosegröße auf die hypothetische Änderung von Umfeldvariablen reagieren wird. Letzteres ist Gegenstand der Sensitivitätsanalyse. Einen breiten Anwendungsbereich haben Sensitivitätsanalysen im Risikomanagement von Kredit- und Finanzinstituten. Für Kapitalmarktanlagen liegen nämlich umfassende Bewertungsmodelle vor, die z. T. in standardisierter Form als Softwarepakete vertrieben werden und auf in der Vergangenheit beobachteten Varianz-/Kovarianz-Beziehungen beruhen.[4] Die bekannte *value at risk*-Methode[5] ist eine Variante der modellgestützten Verfahren zum Zwecke des Risikomanagements auf Kapitalmärkten. Sie hat im Wesentlichen die Einschätzung von Verteilungsfunktionen der Wertentwicklung von Portefeuilles über einen gegebenen Zeitraum zum Gegenstand. Als Instrumente für die *cash flow*-Prognose individueller Bewertungsobjekte ohne Kapitalmarktbezug scheinen die angesprochenen statistischen Prognoseverfahren jedoch nur eine nachrangige Bedeutung zu haben.

Ad 3.: Die Verwendung **künstlicher Intelligenz** für betriebliche Prognosezwecke ist in den vergangenen Jahrzehnten als betriebswirtschaftliche Methode auf steigende Beachtung gestoßen. Bei diesen Verfahren sind die Beziehungen zwischen exogenen und endogenen Größen nicht durch eine vorgegebene mathematische Funktion parametrisiert; die Verfahren bieten deshalb eine flexiblere Berücksichtigung insbesondere von nichtlinearen Zusammenhängen. Mögliche Einsatzbereiche sind etwa das Kreditrisikomanagement und die Lageberichtspublizität. Eine gewisse Prominenz hat die Konkursprognose

---

[2] Vgl. etwa *Popp* (2015), S. 192, der in diesem Zusammenhang vom „Verbot der Extrapolation" spricht.

[3] Vgl. hierzu: *Baetge* (2004), S. 535 ff.

[4] Zu denken ist hier insbesondere an die *risk metrics* der Investmentbank *J. P. Morgan*.

[5] Vgl. zur *value at Risk*-Methode etwa: *Johanning* (1998).

mittels neuronaler Netze erlangt, die insbesondere von *Baetge* propagiert wurde.[6] Auch für Prognoseverfahren auf der Grundlage künstlicher Intelligenz gilt, dass ihr Einsatzbereich im Rahmen der unmittelbaren Prognose operativer *cash flows* wohl sehr begrenzt ist.

Ad 4.: **Modellgestützte Prognoseverfahren** beruhen auf postulierten Kausalbeziehungen zwischen erklärenden Größen und Prognosegrößen. Ökonomische Modelle dienen hier dazu, eine Verbindung zwischen beobachtbaren Vergangenheitsgrößen und unbekannten Zukunftsgrößen herzustellen. Auf wirtschaftstheoretischen Modellen fußende Prognoseverfahren haben wiederum vor allem als Anwendungen der Kapitalmarkttheorie Verbreitung gefunden.

Praktisch handhabbare Prognose- und Bewertungsmodelle sind allerdings ein Spezifikum von Kapitalmarktaktivitäten und deren Abbildung. Zahlungsüberschüsse als Ergebnis unternehmerischen Handelns auf Güter- und Dienstleistungsmärkten entziehen sich auf weite Strecken einer annähernd exakten Erfassung durch modellgestützte Prognoseverfahren. Ökonomische Modelle kommen hier nicht im Sinne einer exakten Bewertung zur Anwendung; vielmehr werden Prognoserechnungen über (im weitesten Sinne) modelltheoretisch gestützte Ursache-/Wirkungsbeziehungen fundiert. Beispiele hierfür sind die im Folgenden (Abschn. 4.2.2.) genauer dargestellten „heuristischen" Modelle der strategischen Unternehmensplanung. Sie lassen sich u. a. auf Konzepte wie den **Produktlebenszyklus** und die **Erfahrungskurve** zurückführen, die ihrerseits Gegenstand modellgestützter Theoriebildung sind.[7] Als Ausprägungen modellgestützter Prognoseverfahren in diesem Sinne sind weiterhin die unten besprochenen langfristigen Konvergenzmuster verschiedener Bilanz- und Erfolgskennziffern zu verstehen, deren Erklärungsansätze auf wettbewerbstheoretische Vorstellungen des langfristigen Gleichgewichts vollkommener Konkurrenz zurückgreifen. Schließlich kommen betriebswirtschaftliche Optimierungsmodelle unter Nebenbedingungen zur Anwendung, wenn bei variablen unternehmerischen Strategien das Prognoseproblem zu einem Planungsproblem mutiert.[8]

Ad 5.: **Intuitive Prognoseverfahren** haben ihre Grundlage weniger in statistisch erhärteten oder durch ökonomische Gesetzmäßigkeiten begründeten Kausalbeziehungen, sondern ziehen ihren Nutzen aus der intuitiven Begabung von Individuen, Zusammenhänge zu durchschauen, ohne sie notwendigerweise kausal erklären zu können. Intuitive Prognoseverfahren sind als strukturierte Techniken zu charakterisieren, die das Ziel verfolgen, solches meist unbewusst bzw. implizit vorhandene Wissen eines Individuums bzw. einer Gruppe von Individuen zu mobilisieren. Angesichts der oben

---

[6] Vgl. als Überblick: *Baetge* (2003); *Baetge* (2004), S. 572 ff.

[7] Zur modelltheoretischen, industrieökonomischen Fundierung des Lebenszykluskonzepts vgl. u. a.: *Spence* (1977) und *Spence* (1979); für die modelltheoretische Fundierung des Erfahrungskurvenkonzepts vgl. u. a.: *Spence* (1981) und überblicksartig m. w. V. *Kloock* (1989), S. 427–433.

[8] Dazu: Abschn. 4.3.2.

skizzierten Komplexität sowie der brüchigen theoretischen Fundierung des Prognoseproblems in der Unternehmensbewertung wäre an und für sich eine herausgehobene Rolle
intuitiv gestützter Verfahren zu erwarten. Die praktische Verbreitung scheint jedoch diese
Erwartung nicht zu bestätigen; dies steht in Einklang mit der Seltenheit der Behandlung
dieser Methoden im Fachschrifttum.

Im Folgenden werden einige der wichtigsten Verfahren dargestellt. Mit Blick auf den
Detaillierungsgrad des Prognoseergebnisses kommt prinzipiell eine Differenzierung in
ein- und **mehrwertige** Prognosen in Betracht. Mit Blick auf die Freiheitsgrade des
Prognosesubjekts unterscheidet man reine **Prognoseverfahren**, bei denen der Pro-
gnostizierende keinen Einfluss auf die strategische Planung des Zielunternehmens hat,
sowie Prognoseverfahren mit **Einbeziehung von möglichen Strategieänderungen**[9] bei
Erwerb des Zielunternehmens.

4.2 Einwertige Verfahren

Bei den einwertigen Verfahren wird nur ein einziger aus allen möglichen Ent-
wicklungspfaden der Zukunft betrachtet. Herkömmlicherweise wird hierfür der
wahrscheinlichste Entwicklungspfad herangezogen (Modalwert).

4.2.1 Integrierte Finanzplanung als Grundlage des Prognoseprozesses

Voraussetzung für die Prognose künftiger Zahlungsprofile sind nach IDW S 1, Rn.
28, aufeinander abgestimmte Planbilanzen, Plan-Gewinn- und Verlustrechnungen sowie
Finanzplanungen. Der Prognoseprozess erstreckt sich also auf die voraussichtliche Entwicklung der Daten der Bilanz, GuV sowie der Kapitalflussrechnung. Die integrierte
Planung auf drei Ebenen – Erfolgsebene, Vermögensebene und Zahlungsebene – wird
als Voraussetzung angesehen, um Planungsfehler durch Inkonsistenzen und durch unrea-
listische Annahmen transparent zu machen und, im Speziellen, um Ertragssteuerzah-
lungen schätzen zu können.[10] Ob die integrierte Planung dabei unmittelbar an den
Zahlungsgrößen ansetzt oder den Umweg über die Schätzung der (periodisierten) Erfolgsgrößen geht, ist eine pragmatisch zu lösende Frage; in vielen Fällen wird gerade die
Prognose von Erfolgsgrößen und, darauf aufsetzend, die Entwicklung der geplanten
Zahlungsströme weniger Schwierigkeiten bereiten.[11]

---

[9] Vgl. hierzu die Konzeptionen des objektivierten und des subjektiven Unternehmenswerts in
Kap. 2.

[10] Vgl. hierzu auch: *Palepu et al.* (2013), S. 107–113.

[11] Vgl. *Palepu et al.* (2013), S. 102, sowie Kap. 3, Abschn. 3.1.2.

4.2.1.1 Die unterschiedlichen Planungsphasen

Typischerweise wird eine Gliederung der Planung in drei Phasen praktiziert:[12]

1. Vergangenheits- und Lageanalyse
2. Detailplanung
3. Pauschale Fortschreibung

Ad 1.: **Vergangenheits- und Lageanalyse**: Sie dient insbesondere zur Identifizierung der unterschiedlichen Erfolgsquellen sowie darauf aufbauend zur Separierung nachhaltiger und kurzfristiger Erfolgseffekte.[13] Im Rahmen dieses Arbeitsschrittes werden zunächst Informationen über Vermögenswerte und Verbindlichkeiten sowie über sonstige rechtlich bindende Anwartschaften bzw. Belastungen erhoben. Der Umfang der Vergangenheits- und Lageanalyse ist in besonderem Maße abhängig von den zur Verfügung stehenden Informationsquellen. Im Idealfall erfolgt im Rahmen einer sogenannten *due diligence*-Prüfung eine umfassende wirtschaftliche, finanzielle, rechtliche, steuerrechtliche, organisatorische, technische und umweltbezogene Analyse des Ist-Zustandes,[14] die es nicht nur erlaubt, Schwachstellen und Risiken zu identifizieren, sondern es darüber hinaus ermöglicht, Erfolgsquellen bis auf einzelne Produktgruppen und Produkte herunterzubrechen. Im entgegengesetzten Fall stehen nur öffentlich zugängliche Unternehmens- und Brancheninformationen zur Verfügung.[15] Mindestziel der Vergangenheitsanalyse ist es, eine erste Trennung der Erfolgsbestandteile in nachhaltige und nicht-nachhaltige Faktoren zu ermöglichen.

Ad 2.: **Detailplanung**: Im Rahmen der Detailplanung werden für einen überschaubaren Zeitraum von i. d. R. drei bis acht Jahren Planbilanzen, Plan-Gewinn- und Verlustrechnungen, darauf aufbauend eine detaillierte Steuerplanung sowie als Ergebnis ein integrierter Finanzplan erstellt.

Ad 3.: **Pauschale Fortschreibung**: Nach Ende des Detailplanungszeitraums, d. h. i. d. R. frühestens ab dem vierten Jahr werden die dann eingetretenen Verhältnisse in Gestalt einer ewigen Rente bzw. einer ewigen Rente mit Wachstumstrend mehr oder weniger pauschal fortgeschrieben.[16]

Eine Fortschreibung der Ergebnisse am Ende der Detailplanungsphase setzt voraus, dass sich das Unternehmen im Hinblick auf seine wirtschaftliche Lage in einem **Gleichgewichts- bzw. Beharrungszustand** befindet.[17] Zu beachten ist dabei, dass sich dieser stabile Zustand nicht allein als gleichbleibende bzw. konstant wachsende Ausschüttung in der Finanzplanung ausdrückt, sondern der Planung ein „*steady state*" zu Grunde gelegt

---

[12] Vgl. etwa: *IDW* (2008), Rn. 77–85.

[13] Zur Vergangenheits- und Lageanalyse vgl. insbesondere *Popp* (2015), S. 183–197.

[14] Zur sogenannten *due diligence*-Prüfung vgl. m. w. V. *Strasser* (2000), S. 81–85.

[15] Zur Technik der Vergangenheitsanalyse auf der Grundlage veröffentlichter Jahresabschlussinformationen vgl. insbesondere *Ballwieser und Hachmeister* (2013), S. 23–42.

[16] Vgl. hierzu *IDW* (2014), Rn. A 232–241.

[17] Vgl. *ebd.*, Rn. A 236.

wird, in dem bei konstanter Thesaurierungsquote, konstanter Profitabilität und konstanter Kapitalstruktur die periodischen (Netto-)Investitionen sowie die operativen *cash flows* ebenfalls als gleichbleibend bzw. konstant wachsend unterstellt werden.[18] Ist ein solcher **eingeschwungener Zustand** am Ende des Detailplanungszeitraums nicht erreicht, dann kommen zwei Alternativen in Betracht: Entweder wird die Detailplanungsperiode entsprechend ausgedehnt oder es werden beim Übergang in die Globalplanungsphase geeignete Korrekturen (i. S. v. Glättungen bzw. Verstetigungen) vorgenommen.[19] Das nachhaltige Ergebnis, d. h. die ewige Rente der Globalplanungsphase, muss also nicht mit dem Ergebnis des letzten Jahres des Detailplanungszeitraums identisch sein. Insbesondere können zyklische Konjunkturentwicklungen, außergewöhnliche Ereignisse oder Restrukturierungsmaßnahmen, die im Detailplanungszeitraum angesiedelt sind, dazu führen, dass die Ergebnisse eines konkreten Einzeljahres wenig repräsentativ und damit auch wenig geeignet sind für eine mehr oder minder pauschale Fortschreibung in die (unendliche) Zukunft.[20]

Eine andere Möglichkeit, einen konsistenten Übergang von der Detailplanungs- in die Grobplanungsphase zu gewährleisten, besteht in der Zwischenschaltung einer – oder mehrerer – **Konvergenzphasen**.[21] Die in den Sechziger- und Siebzigerjahren des letzten Jahrhunderts in Deutschland von der Bewertungspraxis angewendete Stufenrechnung bzw. UEC-Methode ist eine Drei-Phasenrechnung, bei der gewisse Trends aus der Detailplanungsphase in einer zweiten Phase vergröbert und dann in die Rentenphase übergeleitet werden.[22]

Angesichts des Wertanteils des Restwerts, d. h. des Kapitalwerts der ewigen Rente im Globalplanungszeitraum, am Gesamtunternehmenswert bedarf die Modellierung des nachhaltigen Ergebnisses einer seiner Bedeutung entsprechenden Sorgfalt.[23]

---

[18] Vgl. vertiefend *Kuhner und Maltry* (2013), S. 749.

[19] Vgl. *Ruthardt und Hachmeister* (2014), S. 194.

[20] Vgl. *ebd.*, S. 193 f.; insbes. hinsichtlich konkreter „Glättungsvorschläge" des nachhaltigen Ergebnisses in der Rechtsprechung (z. B. durch die Bildung eines Durchschnittswerts über einen geeigneten Referenzzeitraum der Detailplanungsphase).

[21] Vgl. *Kuhner und Maltry* (2013), S. 749.

[22] Vgl. *Henselmann* (2015), S. 121 f.; *Peemöller und Kunowski* (2015), S. 313, jeweils mit weiteren Nachweisen. Zur Darstellung und kritischen Würdigung der UEC-Methode (UEC – *Union Européenne des Experts Comptables, Economiques et Financiers*) als Mittelwertverfahren (aus Substanz- und Ertragswert) vgl. *Henselmann* (2015), S. 107 ff. Auf jüngere Planungsmodelle mit zwischengeschalteten Phasen differenzierter Wachstumsannahmen, aber auch auf die Problematik ihrer Umsetzung in der Bewertungspraxis verweist *Meitner* (2012), S. 689 f.

[23] Vgl. *IDW* (2014), Rn. A 239; der prozentuale Anteil des Restwerts kann leicht über zwei Drittel des gesamten Unternehmenswerts betragen.

4.2.1.2 Besonderheiten der Detailplanung

Vom Ist-Zustand ausgehend werden bestimmte Annahmen über die zukünftige Entwicklung getroffen. Ist-Analyse und Entwicklungsprojektion schlagen sich in den Detailplänen für die nächsten drei bis acht Jahre nieder. Wird der Prognose die Prämisse zu Grunde gelegt, „(...) dass das Unternehmen sich in Zukunft in allem so verhält, wie dies in der Vergangenheit der Fall war (...)",[24] so bezeichnet man eine auf dieser Grundlage etablierte Finanzplanung als **Trägheitsprojektion**.[25] Konstantes Verhalten wird insbesondere im Hinblick auf Produktsortiment, Produktionstechnologie, Personalpolitik, Finanzierungsverhalten und auf den Einsatz von wettbewerbsstrategischen Entscheidungsvariablen wie etwa Reaktionshypothesen in Oligopolsituationen unterstellt.[26] Unbeachtlich ihrer möglichen Modifikation in weiteren Bewertungsschritten gilt die Trägheitsprojektion in der Literatur als Ausgangspunkt einer jeden prognosebasierten Unternehmensbewertung.[27]

Unabhängig davon, ob Detailpläne auf der Trägheitsprojektion oder auf einer abweichenden strategischen Planung beruhen, lassen sich zwei elementare Qualitätsanforderungen für Finanzpläne aufstellen: Dies sind die Anforderungen an (1) die **Konsistenz** sowie (2) die **Plausibilität** des Planes.

1. **Konsistenz** des Planes bezieht sich auf eine logisch wie materiell schlüssige Abstimmung der einzelnen Planelemente in ihren quantitativen Proportionen. Sie schlägt sich etwa in folgenden Fragestellungen nieder:
   - Sind die Aufwandsposten in der Plan-GuV konsistent mit den Erlösen?
   - Sind die geplanten Investitionsausgaben konsistent mit dem Erlöswachstum?
   - Ist die geplante Finanzierung konsistent mit den Investitionsplänen?
2. **Plausibilität** der Annahmen ist dann gewährleistet, wenn die Hypothesen über die (quantitative) Zukunftsentwicklung der Planelemente im Rahmen des wahrscheinlichsten Entwicklungspfades als realistische Annahmen gelten können. Relevante Fragestellungen sind u. a.:
   - Sind die unterstellten Marktwachstumsraten realistisch?
   - Sind die unterstellten Marktanteile realistisch?
   - Sind die unterstellten Kostenstrukturen realistisch?
   - Damit verbunden: Sind die unterstellten Umsatzmargen realistisch?
   - Sind die unterstellten Finanzierungspotenziale realistisch?

---

[24] *Ballwieser* (1990), S. 79.

[25] Vgl. *Ballwieser* (1990), S. 79.

[26] Insofern entspricht die Trägheitsprojektion der Fortführung des Unternehmens mit unverändertem Konzept, die nach IDW S. 1 Grundlage der Ermittlung objektivierter Unternehmenswerte ist; vgl. *IDW* (2008), Rn. 29 (u. a.); sowie Kap. 2, Abschn. 2.4.

[27] Vgl. *Ballwieser* (1990), S. 78–82.

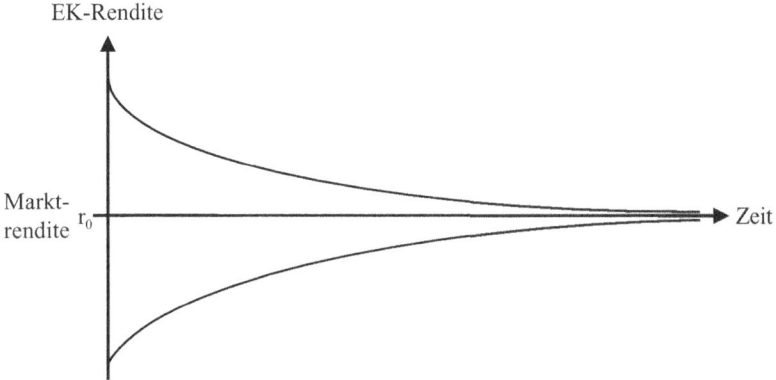

Abb. 4.2 Konvergenz der Eigenkapitalrendite in einer Konkurrenzwirtschaft

Die Konsistenzprüfung darf als relativ unproblematisch betrachtet werden, da sie einen eher mechanistischen Vorgang darstellt. Die aufgeführten Merkpunkte deuten schon darauf hin, dass es sich hier vor allem um die Einhaltung bestimmter, in den meisten Fällen durch geldwirtschaftliche oder technologische Restriktionen bedingte Proportionen zwischen unterschiedlichen Parametern der Planung handelt.

Plausibilitäten werden zunächst anhand von **Erfahrungswerten** erhärtet, bevor anspruchsvollere betriebswirtschaftliche Prognose- und Planungsinstrumente zum Einsatz kommen.[28] So ist es etwa ein Erfahrungswert, dass es auf lange Frist eher unwahrscheinlich ist, dass die Eigenkapitalrendite eines Unternehmens sehr stark von der Marktrendite abweicht. Dieser Erfahrungswert beruht auf ökonomischen Gesetzmäßigkeiten: Sehr hohe Überrenditen sind ausnahmslos die Konsequenz von irgendwie gearteten Wettbewerbsvorteilen der Unternehmung, etwa überlegenem Know How, Reputation, Markenimage etc. In einer Konkurrenzwirtschaft ist solchen Wettbewerbsvorteilen jedoch i. d. R. eine begrenzte Lebensdauer beschieden, da Konkurrenten Anreize haben, etwa durch Imitation an den lukrativen Rentenpositionen des Marktführers zu partizipieren.[29] Überdies geben Übergewinne Anlass zu Erweiterungsinvestitionen durch die nutznießende Unternehmung selber. Bei sinkender Grenzproduktivität des Kapitals pendelt sich die Rendite durch weitere Kapitalzufuhr im Zeitablauf wieder auf ihr Gleichgewichtsniveau ein (vgl. Abb. 4.2).

Derartige Erfahrungswerte lassen sich auch statistisch erhärten: So haben *Nissim und Penman* für die Vereinigten Staaten die zeitliche Entwicklung von ausgesuchten Bilanzkennziffern US-amerikanischer börsennotierter Unternehmen im Zeitraum 1963–1996

---

[28] Siehe Abschn. 4.3.

[29] Ausnahmen bestätigen hier die Regel: So gelingt es insbesondere extrem markenstarken Unternehmen, langfristig ihren Wettbewerbsvorteil zu erhalten und langfristige Überrenditen zu erwirtschaften. Zum Beispiel der *Coca-Cola Corp.* vgl. in diesem Zusammenhang etwa *Penman* (2013), S. 84, 489 f.

Kennzahl	Durchschnittswert des obersten 5%-Quantils, Jahr 0	Durchschnittswert des untersten 5%-Quantils, Jahr 0	Durchschnittswert des obersten 5%-Quantils, Jahr 5	Durchschnittswert des untersten 5%-Quantils, Jahr 5
ROCE	0,29	- 0,20	0,18	0,08
RNOA	0,34	- 0,23	0,21	0,08
Eigenkapital-wachstum	0,45	- 0,15	0,12	0,05
Umsatz-wachstum	0,52	- 0,18	0,14	0,07
Umsatz-rentabilität	0,18	- 0,04	0,16	0,02
Kapital-umschlag	6,20	0,40	5,30	0,40

Abb. 4.3 Konvergenzverhalten ausgewählter Bilanzkennziffern im Zeitablauf (Aus: *Nissim und Penman* (2001), Abb. 4a, 4b, 4c, 5a, 5d, 6a; die Daten der Abbildung wurden anhand der angegebenen Graphiken näherungsweise quantifiziert)

untersucht.[30] Je nach Ausprägung einer Bilanzkennziffer am Anfang eines Betrachtungszeitraumes von fünf Jahren wurde die Grundgesamtheit jeweils in zehn Gruppen unterteilt, die jeweils 5–15 %-igen Quantilen der Verteilungsfunktion entsprechen. Auf die mittlere Frist von fünf Jahren ergeben sich ausgeprägte **Konvergenzmuster** etwa für die Kennziffern Eigenkapitalrentabilität (*return on common equity* [ROCE]), Rentabilität des betriebsnotwendigen Vermögens (*return on net operating assets* [RNOA]), Eigenkapitalwachstum, Wachstum des betriebsnotwendigen Vermögens sowie Umsatzwachstum. Keine Konvergenz, sondern vielmehr recht stabile Werte für die einzelnen Quantile ergeben sich hingegen für die Umsatzrentabilität (*core sales profit margin*) und die Kapitalumschlagsdauer (= Umsatzerlös / betriebsnotwendiges Vermögen) (vgl. Abb. 4.3). Die Stabilität dieser Werte ist Konsequenz der spezifischen Eigenschaften von Produktionstechnologien bzw. Geschäftsmodellen verschiedener Branchen, also etwa zeitstabiler Unterschiede in der Kapital- und Arbeitsintensität.

Eine potenziell wertvolle Grundlage für die Überprüfung der Plausibilität einzelner Prognosen bieten auch die bei *Nissim und Penman* aufgeführten Korrelationsdaten zwischen einzelnen Bilanzkennziffern. So wird etwa die negative Korrelation zwischen Umsatzrentabilität und Kapitalumschlag empirisch belegt.[31]

---

[30] Vgl. *Nissim und Penman* (2001), S. 109–154.
[31] Vgl. *Nissim und Penman* (2001), Tab. 2 sowie Abb. 2a–2d, S. 132 f., 137 f.

Zyklusphase / Bereich	Einführung	Wachstum	Reife	Stagnation	Verfall
Operativ	-	+	+	+ / -	-
Investiv	-	-	-	+ / -	+
Finanzierung	+	+	-	+ / -	+ / -

Abb. 4.4 Lebenszyklusabhängige Zahlungszu- bzw. -abflüsse, gegliedert nach Bereichen

4.2.2 Anwendung von Methoden und Planungshilfen der strategischen Unternehmensführung im Rahmen von *Cash Flow*-Prognosen

4.2.2.1 Portefeuilleplanung

Das Produktlebenszykluskonzept[32] kann auf Märkte oder Branchen übertragen werden. Die Summe aller Produktlebenszyklen einer Branche wird dann zum **Marktlebenszyklus** zusammengefasst. Es ist auch verbreitet, einzelne Unternehmen einem Stadium (*life cycle stage*) im Lebenszyklus („*firm life cycle*") zuzuordnen, was eine aggregierte Betrachtung des Portefeuilles der einzelnen Produkte mit ihren einander sich überlappenden Einzelzyklen zur Generierung des *firm life cycle* voraussetzt.[33]

Zentrale Hypothese des Lebenszykluskonzepts im Prognosekontext ist die **nichtlineare** Entwicklung tragender betriebswirtschaftlicher Kennziffern wie Kapital- bzw. Umsatzrentabilitäten und Kapitalumschlag sowie einzelner Wachstumsraten (Gewinn, Umsatz, u. a.) über die einzelnen Stadien des Lebenszyklus hinweg. Die Position eines Unternehmens im Zyklus hat auch möglicherweise relativierende Einflüsse auf die oben (Abb. 4.3.) dargestellten Konvergenzmuster einzelner Kennzahlenwerte.[34]

Die Position eines Produkts, einer Unternehmung oder einer Branche im Zyklus strahlt dabei nicht nur auf die Kennzahlen des operativen Bereichs aus; damit einher gehen selbstverständlich auch Implikationen für die Investitions- und Finanzierungspolitik. Die erwarteten Vorzeichen lebenszyklusspezifischer *cash flows* aus den drei Aktivitätsbereichen Investition, Finanzierung und operatives Geschäft lassen sich schematisch gemäß Abb. 4.4 darstellen.[35]

Ein weiterer Theoriebaustein für Instrumente der strategischen Unternehmensplanung ist das sog. **Erfahrungskurvenkonzept**.[36] In seinem Rahmen wird eine **negative** Beziehung zwischen den Stückkosten eines Produkts und der über die Zeit hinweg kumulierten

---

[32] Grundlegend zu Integration von Portefeuilleplanung und Lebenszyklushypothese in die Methodik der Unternehmensbewertung: *Ballwieser* (1990), S. 90–145.

[33] Eine knappe Literaturübersicht bietet: *Dickinson* (2011), S. 1969–1994.

[34] Vgl. hierzu die empirischen Befunde bei *Dickinson* (2011), hier etwa: Tab. 4, S. 1983.

[35] Nach: *Dickinson* (2011), Table 1, S. 1972.

[36] Vgl. zum Überblick m. w. V. knapp: *Kloock* (1989).

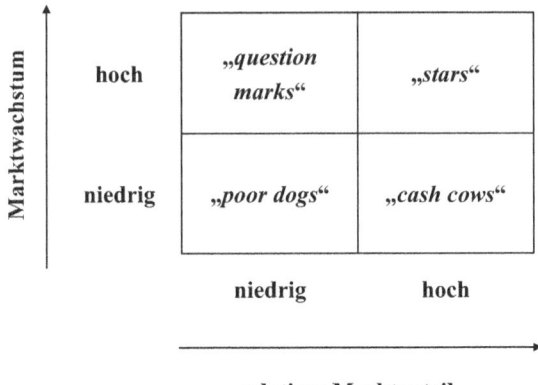

Abb. 4.5 Marktanteils-/Marktwachstums-Portefeuille (Quelle: Aus *Schulte* (1996), S. 620; vgl. auch *Porter* (2013), S. 448 f.)

gesamten Ausbringungsmenge postuliert und empirisch belegt. Die mathematische Form dieses Zusammenhangs entspricht einer logarithmischen oder linearen Beziehung. Ökonomisch wird er auf Lerneffekte, Skaleneffekte, Rationalisierungseffekte u. ä. zurückgeführt. Durch das Erfahrungskurvenkonzept lassen sich Kostenvorteile steigender Ausbringungsmengen auch dynamisch erklären; typische, daraus resultierende Strategieempfehlungen haben den möglichst prompten Gewinn hoher Marktanteile und die daraus resultierende Kostenführerschaft zum Gegenstand.

Auf Lebenszyklus- und Erfahrungskurvenkonzepten[37] basieren geläufige Instrumente der strategischen Unternehmensberatung. So hat etwa die *Boston Consulting Group* das **Marktanteils-Marktwachstums-Portefeuille** (vgl. Abb. 4.5) entwickelt, um u. a. eine Grundlage für eine fundierte Finanz- und Budgetplanung eines Unternehmens zu generieren. Diese modellhafte Darstellung gehört seit Jahrzehnten zum Standardrepertoire der Unternehmensstrategie in Theorie und Praxis.[38]

Je nach der Positionierung eines Produkts[39] in einem der vier Felder des obigen Portefeuilles generiert ein Produkt im Betrachtungszeitraum nachhaltig hohe Zahlungsüberschüsse *(cash cow)*, benötigt die von ihm generierten *cash flows* zur Erhaltung seiner Marktposition selbst *(star)* oder aber verschlingt *cash flows*, die es selbst – noch nicht *(question mark)* oder nicht mehr *(poor dog)* – zu generieren in der Lage ist, aus anderen Quellen.

In Abhängigkeit von der übergeordneten strategischen Zielsetzung und dem Produktportefeuille ist es nun Aufgabe der Unternehmensführung, die zu verfolgenden Strategien zu

---

[37] Vgl. *Porter* (2013), S. 419 f.; *Ballwieser* (1990), S. 111–145.

[38] Vgl. hierzu und zu ähnlichen Portefeuille-Matrizen *Vahs und Schäfer-Kunz* (2012), S. 371–384.

[39] Dieses Portefeuille-Konzept wird auch auf ganze Geschäftsfelder eines Unternehmens (strategische Geschäftseinheiten (SGE)) angewendet.

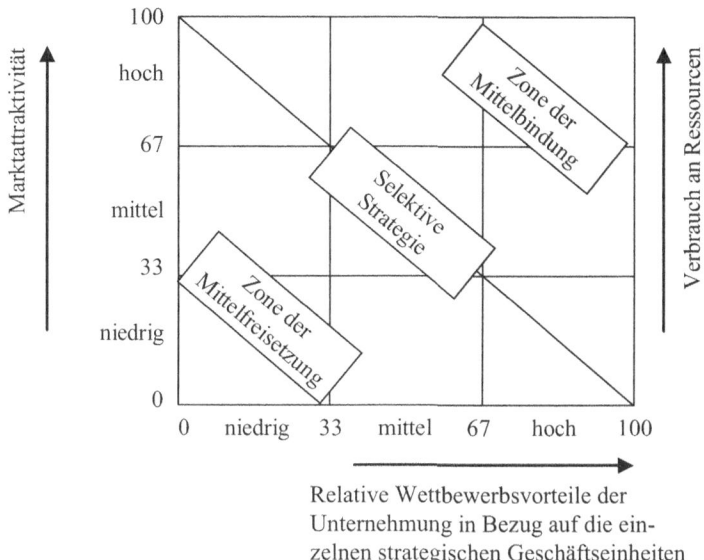

Abb. 4.6 Wettbewerbsvorteile-Marktattraktivitäts-Portefeuille (Aus *Schulte* (1996), S. 620; vgl. auch *Porter* (2013), S. 452 f.)

formulieren. Basierend auf dem 4-Felder-Schema der *Boston Consulting Group* hat *McKinsey* eine 9-Felder-Matrix, das **Wettbewerbsvorteile-Marktattraktivitäts-Portefeuille**, entwickelt, aus der bereits lagespezifische Vorschläge für **Normstrategien** zu entnehmen sind.[40]

Der Zone der Mittelfreisetzung sind demzufolge **Abschöpfungs- und Desinvestitionsstrategien** (Desinvestition, Rationalisierung), der Zone der Mittelbindung hingegen **Investitions- und Wachstumsstrategien** (Diversifikation, Marktdurchdringung) zuzuordnen. Für die mittleren Felder der Portefeuille-Matrix nach *McKinsey* lassen sich keine allgemeingültigen Empfehlungen ableiten; hier sind **selektive Strategien** zu prüfen (vgl. Abb. 4.6).

Die Analyse der Zukunftsaussichten einer Unternehmung unter Portefeuille-Gesichtspunkten setzt voraus, dass eine getrennte Betrachtung für alle Produkte bzw. Geschäftsfelder stattfindet. Sie werden einer Phase im Lebenszyklus und damit einer Position im relevanten Markt zugeordnet, die in Verbindung mit der gewählten Strategie entscheidend ist für das prognostizierte Umsatzwachstum bzw. die prognostizierte Änderung der GuV-Strukturen (EK-Rendite) des betrachteten Unternehmens.

Die Aufstellung einer Portefeuilleplanungsrechnung für alle wichtigen Produkte verlangt eine vertiefte Kenntnis der Branchen-, Markt- und Kostenstrukturen der einzelnen Unternehmung. Dabei ist stets zu beachten, dass die Portefeuille-Analyse mit starken Vereinfachungen arbeitet, insbesondere die standardisierte Empfehlung von Normstrategien sollte

---

[40] Zur Anwendung und zur Kritik der Normstrategien vgl. *Ballwieser* (1990), S. 102–110.

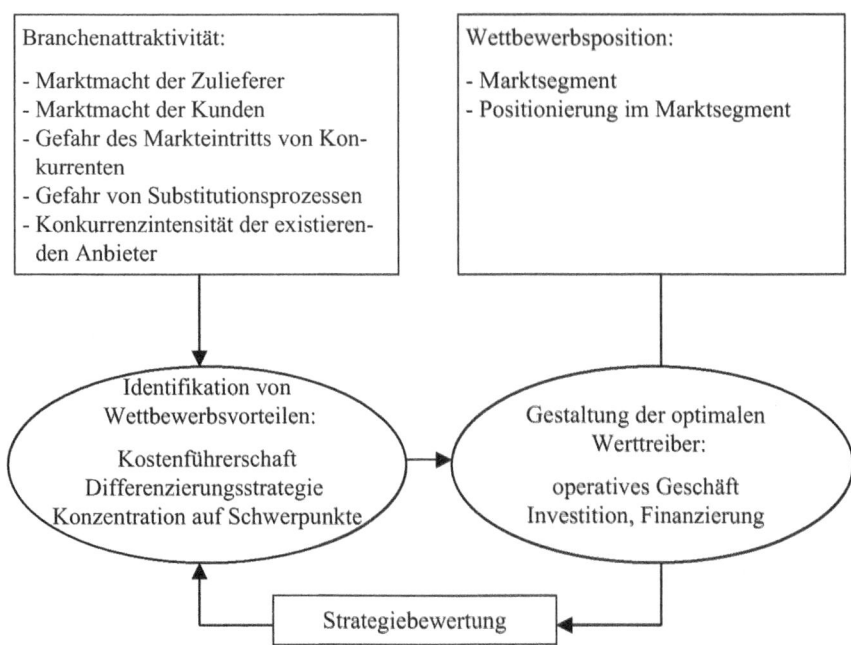

Abb. 4.7 Analyse der Wettbewerbsposition und Strategiebewertung nach *Porter*

mit kritischen Augen betrachtet werden. Die Portefeuilleanalyse liefert aber zumindest eine Basis zur Überprüfung der Plausibilität von Prognosen.

4.2.2.2 Adaptation von Normstrategien nach Porter

Insbesondere bei Akquisitionsentscheidungen ist die Erstellung eines Finanzplanes als Grundlage der Grenzpreisermittlung kein reines Prognoseproblem. Der potenzielle Erwerber wird nämlich von ihm beabsichtigte **Strategieänderungen** in seinem Kalkül berücksichtigen.[41] Anlass einer Unternehmensübernahme ist in vielen Fällen die anschließende Umstrukturierung, mit der Absicht, einen Mehrwert über den Akquisitionspreis hinaus zu generieren. Um den Grenzpreis des Käufers quantifizieren zu können, bedarf es einer Formulierung und Bewertung der anvisierten Strategien. Typische Umstrukturierungsstrategien sind Gegenstand der Literatur zur **wertorientierten Unternehmensführung**.[42] Traditionell große Verbreitung hat in diesem Zusammenhang das Analyseschema von *Porter* (vgl. Abb. 4.7).[43]

---

[41] Zum Ansatz der „strategischen Unternehmensbewertung" vgl. in diesem Zusammenhang: *Coenenberg und Sautter* (1988), S. 691–710; zur Operationalisierung der Strategieempfehlungen von *Porter* im M&A-Zusammenhang: vgl. *Jansen* (2008), S. 151–161.

[42] Vgl. dazu *Rappaport* (1999), S. 71 ff.

[43] Vgl. *Porter* (2013), S. 37–87.

		Strategischer Vorteil	
		Singularität aus der Sicht des Käufers	Kostenvorsprung
Strategisches Zielobjekt	Branchenweit	Differenzierung	Umfassende Kostenführerschaft
	Beschränkung auf ein Segment	Konzentration auf Schwerpunkte	

Abb. 4.8 Normstrategien nach Porter in Abhängigkeit von Wettbewerbsdimensionen. (Quelle: *Porter* (2013), S. 79)

Ausgehend von einer Analyse der Wettbewerbsposition und der Marktattraktivität sowie der Frage, ob das Produktportefeuille das gesamte Spektrum einer Branche oder nur ein Teilsegment abdeckt, werden drei unterschiedliche Normstrategien formuliert (vgl. Abb. 4.8):

1. Kostenführerschaft,
2. Differenzierungsstrategie,
3. Konzentration auf Schwerpunkte.[44]

Zunächst ist es erforderlich, in Abhängigkeit von der Ist-Analyse der Marktattraktivität, der Wettbewerbsposition sowie des Angebotsspektrums zu identifizieren, welche Normstrategie für ein gegebenes Unternehmen am besten „passt". Im zweiten Schritt werden – hier im Planungsprozess einer Unternehmensakquisition – die den einzelnen Typen zugeordneten Strategieempfehlungen von *Porter* operationalisiert (vgl. Abb. 4.9). *Porter* warnt eindringlich davor, die den verschiedenen Typen zugeordneten Strategieempfehlungen im Sinne eines Kompromisses zu vermengen, also eine Gesamtstrategie „(...) zwischen den Stühlen (...)" anzustreben.[45]

Ohne die Bewertungsimplikationen der *Porter*schen Normstrategien überschätzen zu wollen, liefern sie zumindest eine erwägenswerte Kritikbasis zur Beurteilung der Zweckmäßigkeit einer strategischen Planung als Grundlage einer integrierten Bilanz-, GuV-, Finanz- und Investitionsplanung. Das Plandatengerüst lässt sich auf Konformität mit den *Porter*schen Normstrategien überprüfen. Erscheint das Plandatengerüst vor dem Hintergrund der Normstrategien als **unplausibel**, dann sollte zumindest ein Erklärungsbedarf entstehen.

---

[44] Die dritte Normstrategie „Konzentration auf Schwerpunkte" ist in den letzten Auflagen des Werkes von *Porter* neu hinzugekommen.

[45] *Porter* (2013), S. 81–84.

Strategietyp	Gewöhnlich erforderliche Fähigkeiten und Mittel	Übliche organisatorische Anforderungen
Umfassende Kostenführerschaft	Hohe Investitionen und Zugang zu Kapital	Intensive Kostenkontrolle
	Verfahrensinnovationen und -verbesserungen	Häufige detaillierte Kontrollberichte
	Intensive Beaufsichtigung der Arbeitskräfte	Klar gegliederte Organisation und Verantwortlichkeiten
	Produkte, die im Hinblick auf einfache Herstellung entworfen sind	Anreizsystem, das auf der strikten Erfüllung quantitativer Ziele beruht
	Kostengünstiges Vertriebssystem	
Differenzierung	Gute Marketingfähigkeiten	Strenge Koordination von Tätigkeiten in den Bereichen F&E, Produktentwicklung und Marketing
	Produktengineering	Subjektive Bewertungen und Anreize anstelle von quantitativen Kriterien
	Kreativität	Annehmlichkeiten, um hoch qualifizierte Arbeitskräfte, Wissenschaftler oder kreative Menschen anzuziehen
	Stärken in der Grundlagenforschung	
	Guter Ruf in Sachen Qualität und technologische Spitzenstellung	
	Lange Branchentradition oder einmalige Kombination von Fähigkeiten, die aus anderen Branchen stammen	
	Enge Kooperation mit Beschaffungs- und Vertriebskanälen	
Konzentration	Kombination der oben genannten Maßnahmen, gerichtet auf das bestimmte strategische Zielobjekt	Kombination der oben genannten Maßnahmen, gerichtet auf das bestimmte strategische Zielobjekt

Abb. 4.9 Strategieempfehlungen in Abhängigkeit der Normstrategien nach *Porter* (Quelle: *Porter* (2013), S. 80)

4.2.3 Zukunftsextrapolation auf der Grundlage von Werttreibermodellen

Werttreibermodelle (*value driver models*) werden eingesetzt, nachdem unter Verwendung des oben dargestellten Instrumentariums plausible Planstrategien formuliert worden sind. Die aus der strategischen Planung generierten Schlüsselgrößen werden nun miteinander in Beziehung gesetzt, um auf diese Weise eine sachlogisch schlüssige Erstellung von Finanzplänen zu erleichtern. Einflussreich in der *shareholder value*-Literatur sind die Modelle von *Rappaport, Copeland et al.* sowie *Stewart* 1991.[46]

Etwas genauer wird hier nur das Modell von *Rappaport* dargestellt. Hier werden die folgenden *value drivers* definiert, die letztlich Ergebnis der strategischen Planung sind:[47]

- Wachstumsrate des Umsatzes [w_U]
- Umsatzrentabilitätsrate [r_U]
- Ertragsteuersatz auf Unternehmensebene [s]
- Nettoinvestitionsrate ins Anlagevermögen [n_{AV}]
- Nettoinvestitionen ins Anlagevermögen [NI^{AV}]
- Nettoinvestitionsrate ins *working capital* [n_{WC}]
- Nettoinvestitionen ins *working capital* [NI^{WC}]
- Länge der Detailplanungsphase [T].

Endogene Größen sind:

- EBIT: *earnings before interest and taxes*
- NOPAT: *net operating profit after taxes*
- FCF: *free cash flow.*

NOPAT entspricht dem (operativen) Gewinn eines fiktiv unverschuldeten Unternehmens; NOPAT ist damit um eine fiktive zusätzliche Steuerlast gekürzt, die aus der unterstellten vollständigen Eigenkapitalfinanzierung des Unternehmens – gegenüber der tatsächlichen Ist-Verschuldung – resultiert. Es gilt:

$$NOPAT = EBIT - TAX_{adj}{}^{48}$$

---

[46] Vgl. *Mandl und Rabel* (1997), S. 334 ff.; *Rappaport* (1999), S. 40 ff.; *Hachmeister* (2000), S. 53 ff.; einige Kennzahlenmodelle, die den Werttreibermodellen ähnlich sind, aber einen höheren Detaillierungsgrad haben, präsentieren mit statistischen Befunden *Nissim und Penman* (2001).

[47] Alle „... raten" (z. B. Wachstumsrate) im obigen einfachen Modell werden als in einer Detailplanungsperiode konstante Prozentzahlen unterstellt; ab einem gewissen Zeithorizont T wird das Ergebnis der letzten Periode als „ewige Rente" fortgeschrieben.

[48] TAX_{adj} bezeichnet die fiktiven Steuern für das vollständig eigenfinanzierte Unternehmen; bei *Copeland et al.* (2000), S. 154 als „NOPLAT = *net operating profit less adjusted taxes*" bezeichnet.

Sei nun: $r_U = \dfrac{EBIT}{U}$ ($= $ Umsatzrendite)

$$n_{AV} = \frac{NI^{AV}}{\Delta U}$$

$$n_{WC} = \frac{NI^{WC}}{\Delta U}$$

$$w_U = \frac{\Delta U}{U_{t-1}} \text{ mit } \Delta U = U_t - U_{t-1}.$$

Es gelten die folgenden Beziehungen:

$$FCF_t = NOPAT_t - NI_t^{WC} - NI_t^{AV} \tag{4.1}$$

$$FCF_t = U_{t-1}[1 + w_U] \cdot [1 - s] \ r_U - U_{t-1}w_U \cdot n_{wc} - U_{t-1}w_U \cdot n_{AV} \tag{4.2}$$

Gl. 4.2 gilt für die Detailplanungsphase $t = 1, \ldots, T$. Der Restwert RV [*„residual value"*] ermittelt sich durch Abzinsung des dann konstanten FCF für die Perioden $T, \ldots, \infty$. Für den stationären Zustand ab Periode T gilt:

- konstante Umsätze
- konstanter EBIT und NOPAT
- keine Erweiterungsinvestitionen.

Aus diesen Bedingungen folgt ein **konstanter *free cash flow*** für die Perioden nach dem Detailplanungszeitraum.

Gl. 4.1 impliziert, dass der NOPAT eine zahlungswirksame Größe ist; sollte dies in wesentlichem Umfang nicht der Fall sein, müssen entsprechende Korrekturen (z. B. hinsichtlich der Rückstellungen) vorgenommen werden. Die Abschreibungen auf das Anlagevermögen sind zwar als nicht-zahlungswirksame Erfolgsgröße im NOPAT enthalten, die Berücksichtigung der Nettoinvestitionen NI^{AV} in der Bestimmungsgleichung des FCF korrigieren dies aber, da sie die Investitionsauszahlungen erfassen, die über die im NOPAT erfassten Abschreibungen hinausgehen.[49]

Werttreibermodelle dienen dazu, aufgrund einfacher Annahmen an die Beziehung gewisser Schlüsselgrößen in sich konsistente Finanzpläne zu entwickeln.[50] Sie tragen dazu bei, „Binsenirrtümer" bei der Bewertung zu vermeiden, indem etwa die Beziehung zwischen Umsatzwachstum und Nettoinvestition festgeschrieben wird. Sie sind aber keine eigenständigen Instrumente strategischer Planung, sondern setzen ihrerseits die

---

[49] Die Investitionsraten NI^{AV} können damit auch negativ ausfallen.

[50] Vgl. dazu das Beispiel aus *Mandl und Rabel* (1997), S. 335 ff., insb. Bsp. 50.

mit einer bestimmten strategischen Planung verbundenen, erwarteten Kennzahlenwerte als Inputgrößen voraus.

4.3 Mehrwertige Prognose- und Planungsverfahren

Bei den mehrwertigen Prognoseverfahren werden Finanzpläne für mindestens zwei alternativ denkbare Entwicklungspfade der Zukunft erstellt. Die Aggregation dieses Datengerüsts auf einen Unternehmenswert erfolgt durch Gewichtung der einzelnen Zustandsalternativen mit ihren Eintrittswahrscheinlichkeiten. Da eine erschöpfende Prognose sämtlicher Zukunftspfade sowie ihrer Eintrittswahrscheinlichkeiten selbstverständlich nicht möglich ist, muss es eine Beschränkung auf einige als besonders charakteristisch betrachtete Entwicklungspfade geben. Die Generierung von derartigen Zustandsalternativen ist Anliegen der sogenannten **Szenarioanalyse**. Die situationsabhängige Anpassung der Unternehmensstrategie an neu realisierte Umweltzustände ist Gegenstand der sogenannten **flexiblen Planung.**

4.3.1 Szenarioanalyse

Die Szenarioanalyse gehört zu den **intuitiven Prognoseverfahren**. Wenn im Folgenden etwas näher auf die Methodik der Szenarioanalyse eingegangen wird, so geschieht dies nicht in dem Glauben, dass dieses Verfahren, so wie es hier dargestellt wird, in der Bewertungspraxis eine weite Verbreitung genießt. Allerdings wird der Begriff „Szenarioanalyse" im Zusammenhang mit Prognosen und Planungen von Zahlungsprofilen derart häufig verwendet,[51] dass es sich schon aus diesem Grunde lohnt, sich mit dem Gegenstand eingehender zu beschäftigen.

4.3.1.1 Begriff

Szenarioanalysen wurden für militärische Zwecke in den Fünfzigerjahren des vergangenen Jahrhunderts entwickelt. In den Siebzigerjahren kamen sie bei der strategischen Planung von Großunternehmen zum Einsatz. Eine wichtige Rolle haben hier Unternehmen der Mineralölindustrie, insbesondere die *Shell Corporation*, gespielt. In den Achtziger- und frühen Neunzigerjahren hat sich das deutsche Schrifttum für dieses Thema interessiert; es entstanden einige Dissertationen[52] und zahlreiche Einzelbeiträge.

Als **Szenario** wird ursprünglich die Abfolge von Bühnenbildern in einem Theaterstück oder Drehbuch bezeichnet. Im übertragenen Sinn versteht man unter einem Szenario ein denkbar mögliches Zukunftsbild, das sich aus der Entwicklung mehrerer Einflussfaktoren

---

[51] Wahllos herausgegriffene Belege finden sich etwa bei: *IDW* (2014), S. 814 f.; *Achleitner und Nathusius* (2004), S. 172 ff.; *Hayn* (2012), S. 789.

[52] Vgl. insbes. *Götze* (1991); *Mißler-Behr* (1993).

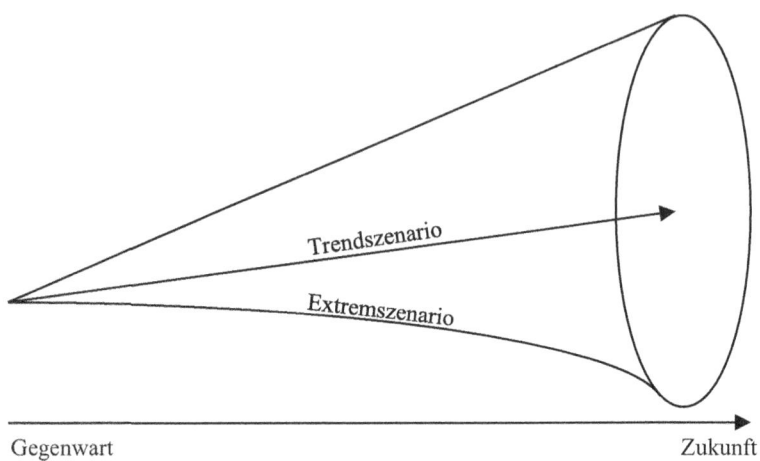

Abb. 4.10 Szenario-Trichter

heraus ergibt.[53] Begrifflich angelegt ist also schon die Anforderung, dass das Bild, welches von der Zukunft gezeichnet wird, sich aus einer für möglich gehaltenen Entwicklung heraus entfaltet. Szenarien müssen somit durch die Fortschreibung des gegenwärtigen Zustandes rekonstruierbar sein.

Aus der Überlegung, dass die Menge denkmöglicher Zukunftsbilder sich mit wachsender zeitlicher Entfernung exponentiell vermehrt, ergibt sich das charakteristisch trompetenförmige Verlaufsmuster gemäß Abb. 4.10.[54]

Die Schnittfläche des Trichters, der sich zur Zukunft hin öffnet, soll dabei die Menge der Szenarien ausdrücken. Auf dem Rande dieser Schnittfläche liegen die sogenannten **Extremszenarien**. In den umgangssprachlichen Gebrauch eingegangen ist das *worst case scenario*.

Szenarioanalyse ist nichts anderes als eine strukturierte Vorgehensweise, die es ermöglichen soll, drei zentrale Fragen zu beantworten:

1. Welche Zukunftsszenarien sind **denkmöglich**?
2. Welche Zukunftsszenarien sind **glaubwürdig**?
3. Welche Zukunftsszenarien sind **repräsentativ**?

Endprodukt der Szenarioanalyse ist eine (kleine) Menge denkmöglicher, glaubwürdiger und repräsentativer Zukunftsbilder. Ihre Analyse wird als ausreichend angesehen, um Chancen und Risiken aus dem weiteren Verlauf der Dinge zu erfassen. Der Zweck der Szenarioanalyse besteht also darin, die Komplexität möglicher Zukunftsentwicklungen auf wenige, beispielsweise auf zwei oder drei Verlaufspfade zu reduzieren. Die Vorgehensweise wird im Folgenden anhand eines Beispiels dargestellt.

---

[53] Vgl. zu dieser und anderen alternativen Definitionen: *Götze* (1991), S. 36–39.

[54] Vgl. etwa *von Reibnitz* (1989), S. 1983 f.

4.3.1.2 Beispiel: PKW- Absatz inländischer Erzeuger im Jahre 2020 in Deutschland

1. Schritt: Generierung denkmöglicher Zukunftsszenarien

Ausgangspunkt der Szenarioanalyse ist ein abgegrenztes, vorgegebenes Problem, also etwa die **Prognose des Absatzes an PKW inländischer Erzeuger im Jahre 2020 in Deutschland** (Ergebnisvariable). Um für dieses Problem Zukunftsbilder zu generieren, wird zuerst ein umfassender Katalog möglicher Einflussgrößen auf die Zielvariable benötigt. Solche Kataloge können durch Teamarbeit von Experten unter Zuhilfenahme von Kreativitätstechniken (Brainstorming, Delphi-Methode) gewonnen werden. Der Erhebungsvorgang soll hier nicht weiter betrachtet werden. Wir stellen uns nur vor, dass ein möglicher Katalog der sogenannten **kritischen Deskriptoren** etwa wie folgt aussehen könnte:[55]

1. Regulierungsdichte,
2. Steuerniveau,
3. Lebensstandard,
4. Produktionskosten,
5. Mobilitätsbedarf,
6. Umweltbewusstsein,
7. Ausbau öffentlicher Verkehrsnetze,
8. internationaler Handel,
9. Mineralölpreis.

Weiterhin wird in den folgenden Matrixdarstellungen als **Ergebnisvariable** geführt:

10. Absatz inländischer PKW im Jahre 2020 in Deutschland.

Unterstellt man für alle kritischen Deskriptoren lediglich 3 Ausprägungen, wie „hoch" / „durchschnittlich" / „niedrig", so sind nicht weniger als $3^9 = 19.683$ Szenarien denkmöglich. Die Komplexität dieses Problems wird im zweiten Schritt reduziert, indem unwichtige Einflussgrößen identifiziert werden, die dann vernachlässigt werden können.

2. Schritt: Unterscheidung zwischen wichtigen und unwichtigen Einflussgrößen

Die Auswirkung jedes einzelnen der kritischen Deskriptoren auf die Zielgröße „Absatz von inländischen Fahrzeugen im Jahre 2020" ist nicht isolierbar. Denn die einzelnen Systemelemente 1.-9. beeinflussen sich gegenseitig: So wird das Umweltbewusstsein der Bevölkerung eine gewisse Auswirkung auf den Ausbau öffentlicher Verkehrsnetze haben. Die Steuerpolitik wird den Ölpreis beeinflussen. Offensichtlich ist auch die Einwirkung des Bruttoinlandsproduktes auf den Mobilitätsgrad etc.

Die gegenseitige Beeinflussung der Deskriptoren wird in einer sogenannten **Vernetzungsmatrix** A dargestellt. Die Matrixelemente a_{ij} geben dabei die **Wirkungsstärke**

---

[55] Beispiel in Anlehnung an: *Götze* (1991), S. 142–163.

	1	2	3	4	5	6	7	8	9	10
1	0	0	0,5	1	0	0	0,5	0	0	1
2	0	0	1	1	0	0	0,5	0	1	1
3	0	0	0	0	1	1	0,5	0	0	1
4	0	0	0	0	0	0	0	1	0	1
5	0	0	0	0	0	1	1	0	0	1
6	1	0,5	0	0	0,5	0	1	0	0	1
7	0	0	0	0	0	0	0	0	0	1
8	0	0	0	0	0	0	0	0	0	1
9	0	0	0	0	0	0	0,5	0,5	0	1
10	0	0	0	0	0	0	0	0	0	0

Abb. 4.11 Vernetzungsmatrix der Interdependenzen kritischer Deskriptoren (0 – kein oder geringer Einfluss der Zeilengröße auf die Spaltengröße, 0,5 – signifikanter Einfluss, 1 – großer Einfluss der Zeilengröße auf die Spaltengröße)

(Intensität des Wirkungszusammenhangs) der unmittelbaren Beeinflussung des Deskriptors j durch den Deskriptor i an. Zeilenweise gelesen gibt die Matrix A darüber Auskunft, wie intensiv ein Systemelement unmittelbar auf die anderen einwirkt, spaltenweise gelesen, wie stark ein Systemelement unmittelbar von den anderen beeinflusst wird. Die Vernetzungsmatrix könnte etwa aussehen wie in. Abb. 4.11. Dabei steht der Wert 0 für „keine oder geringe Beeinflussung der Spaltengröße durch die Zeilengröße", der Wert 0,5 für signifikante Beeinflussung und der Wert 1 schließlich für starke Beeinflussung der **Spaltengröße** durch die **Zeilengröße**.[56] Ebenso wie die Auswahl der kritischen Deskriptoren erfolgt die Erhebung dieser Einflussgrößen im Rahmen eines intuitiven Verfahrens.

Die Vernetzungsmatrix nimmt nur **direkte (unmittelbare) Einflüsse** eines Systemelements auf ein anderes auf. Zusätzlich zu dem direkten Einfluss kann ein Faktor allerdings auch indirekt durch einen anderen beeinflusst werden. Je nach der Unmittelbarkeit der Einwirkung unterscheidet man mithin Einflüsse 1., 2., ..., n-ter Ordnung. Dies wird in dem Schema gemäß Abb. 4.12 für das Ausgangsproblem veranschaulicht.[57]

---

[56] Die Werte der Vernetzungsmatrix sind wiederum das mögliche Resultat von Kreativitätstechniken, s.o.

[57] Erläuterung beispielhaft für den mittelbaren Einfluss dritter Ordnung des Steuerniveaus auf die KFZ-Nachfrage: Ein hohes Steuerniveau hat negativen Einfluss auf den Lebensstandard, ein gesunkener Lebensstandard führt zu einem abnehmenden Umweltbewusstsein, gesunkenes Umweltbewusstsein wirkt sich positiv auf die Nachfrage nach KFZ aus.

Einfluss 1. Ordnung
negativ: Steuerniveau ⇨ KFZ-Absatz
Einfluss 2. Ordnung
negativ: Steuerniveau ⇨ Lebensstandard ⇨ KFZ-Absatz
Einfluss 3. Ordnung
positiv: Steuerniveau ⇨ Lebensstandard ⇨ Umweltbewusstsein ⇨ KFZ-Absatz

Abb. 4.12 Wirkungsrichtungen ausgewählter Systemelemente des Beispiels

Es existieren Ansätze,[58] bei denen in der Vernetzungsmatrix neben der Wirkungsstärke auch die **Wirkungsrichtung** durch ein positives oder negatives Vorzeichen angegeben wird. Abb. 4.12 berücksichtigt unterschiedliche Wirkungsrichtungen ausgewählter Systemelemente durch die alternative Qualifikation „positiv/negativ". Im Folgenden sollen die Wirkungsrichtungen der Systemelemente aber nicht weiter beachtet werden, sondern allein die Wirkungsintensität.

Unter Berücksichtigung auch der **mittelbaren Einflüsse** sollen nun wichtige von unwichtigen Deskriptoren unterschieden werden. Grundlage hierfür sind die Daten der Vernetzungsmatrix. Die Zeilensummen der Vernetzungsmatrix in Abb. 4.11 geben einen groben Hinweis darauf, in welchem Maße ein Element im System eine aktive Rolle spielt, also auf andere Elemente einwirkt. Die Spaltensummen hingegen veranschaulichen, inwieweit ein Element in das System integriert ist, also selber von anderen Systemelementen beeinflusst wird. Allerdings sind diese beiden Indikatoren nur eine grobe Näherung, weil hier nur die **unmittelbaren Einflusseffekte** berücksichtigt werden. Zu einer Erfassung indirekter Einflusseffekte gelangt man durch **Potenzierung der Vernetzungsmatrix**. Für hohe Exponenten ergeben sich relativ stabile Beziehungen der Rangfolgen für einzelne Deskriptoren.[59]

Der Zellenwert a_{ij} in der quadrierten Vernetzungsmatrix steht für den mittelbaren Einfluss der Zeilengröße i auf den Spaltenwert j, der dadurch zustande kommt, dass i auf alle anderen Einflussfaktoren einwirkt, die ihrerseits einen Einfluss auf j ausüben. Setzt man dieses Spiel fort und potenziert die Vernetzungsmatrix mit dem Faktor n, dann

---

[58] Vgl. *Mißler-Behr* (1993), S. 30 ff. m. w. N.

[59] I. A. wird die Potenzierung nicht direkt auf die Vernetzungsmatrix, sondern auf eine binäre Matrix angewendet, in der – durch 0 oder 1 – festgehalten wird, ob zwischen zwei Deskriptoren ein direkter Zusammenhang besteht oder nicht. Diese Matrizen werden so lange multipliziert, bis sich die Reihenfolge der Zeilensummen (Aktivitätsparameter) und/oder Spaltensummen (Passivitätsparameter) nicht mehr verändert. In der Regel stellen sich bei höheren Exponenten stets feste Reihenfolgen ein; ein allgemeingültiger Beweis wurde noch nicht geführt. Vgl. zu diesem Verfahren – MICMAC-Verfahren („*Matrice d'Impacts Croisés – Multiplication Appliquée à un Classement*") – *Godet* (1986), S. 134–157; *Godet* (1987), hier S. 38–48.

	1	2	3	4	5	6	7	8	9	10
1	0,25	0,125	0,5	0,75	0,625	0,75	1,25	0,875	0,25	3,875
2	0,5	0,25	1	1,5	1,25	1,5	2,5	1,75	0,5	7,75
3	1,5	0,75	0,5	0,75	1,75	2,25	3,875	1,75	0,25	10,75
4	0	0	0	0	0	0	0	0	0	0
5	1	0,5	0,5	0,75	0,5	1,25	2,625	0	0,25	6
6	1,25	0,625	1	1,5	1,125	1	2,875	0,875	0,5	7,375
7	0	0	0	0	0	0	0	0	0	0
8	0	0	0	0	0	0	0	0	0	0
9	0	0	0	0	0	0	0	0	0	0
10	0	0	0	0	0	0	0	0	0	0

Abb. 4.13 Verdeutlichung indirekter Einflussbeziehungen 5. Ordnung

kann man auf diese Weise eine Abschätzung der mittelbaren Einflussintensitäten n-ter Ordnung generieren. Für größere Exponenten n konvergieren in der Regel die Rangordnungen der Einflussintensitäten. Aus diesem Grunde bietet sich beispielsweise ein Exponent $n = 5$ an (vgl. Abb. 4.13). Allerdings muss man im Auge behalten, dass dieses Matrizenkalkül kein exaktes Kalkül darstellt, da mit Größen von mehr oder weniger ordinalem Charakter gerechnet wird.

Die Offenlegung von Einflussintensitäten n-ter Ordnung dient vor allem dazu, Überraschungen auszuschließen. So kann es geschehen, dass sich eine Größe, die bei einer Vernetzungsmatrix erster Ordnung zunächst unauffällig aussieht, bei einer Betrachtung der indirekten Effekte doch als sehr wichtig – da indirekt systembeeinflussend – herausstellt. Dies kann insbesondere in komplex strukturierten Systemen geschehen.

Auf der Grundlage der Vernetzungsmatrix A bzw. ihrer Potenzen A^n lassen sich nun verschiedene Kriterien als Indikatoren für die Wichtigkeit einer Einflussgröße gewinnen. Denkbar sind etwa:

- Die Werte der Matrixelemente in der (letzten) Spalte für „10. Inländische Absatzmenge an PKW" in Abb. 4.14 als Maßgröße der mittelbaren bzw. unmittelbaren Effekte eines kritischen Deskriptors auf die Zielgröße.
- Der Quotient „Zeilensumme / Spaltensumme" für die Systemelemente 1.-9. als Maßgröße für den Aktivitätsgrad einer Einflussgröße.
- Das Produkt „Zeilensumme · Spaltensumme" als Maß für die Integration eines Elementes in das System; eine große Ausprägung wird hier so interpretiert, dass das jeweilige Systemelement sowohl auf jede Systemänderung reagiert als auch selbst Systemänderungen anstößt.

Zielgrößeneinfluss (Rangziffer) Einflussgröße	unmittelbar	2. Ord.	3 . Ord.	4 . Ord.	5 . Ord.	6 . Ord.
Regulierungsdichte	1	4	5	5	5	5
Steuerniveau	1	1	3	3	2	2
Lebensstandard / BIP	1	3	1	1	1	1
Produktionskosten	1	6	9	9	9	9
Mobilitätsbedarf	1	4	4	4	4	4
Umweltbewusstsein	1	2	2	2	3	2
Öffentliche Verkehrsnetze	1	9	9	9	9	9
Exportnachfrage	1	9	9	9	9	9
Mineralölpreis	1	6	9	9	9	9

Abb. 4.14 Rangfolge der Einflussgrößen

Ermittelt man die **Rangfolge** der einzelnen Einflussgrößen z. B. nach dem ersten Kriterium, dem Spaltenwert für „10. Absatz inländischer PKW", so ergibt sich das Bild gemäß Abb. 4.14 (vgl. dazu auch Abb. 4.13).

Diese Rangfolgebetrachtung ermöglicht es, wichtige von unwichtigen Deskriptoren zu unterscheiden, bzw. unwichtige Deskriptoren ganz aus der weiteren Betrachtung zu eliminieren.[60] Im Weiteren aufgegriffen werden gemäß ihrer Rangfolge die Deskriptoren: Regulierungsdichte, Steuerniveau, Lebensstandard, Mobilitätsbedarf und Umweltbewusstsein. Die anderen kritischen Deskriptoren werden im Weiteren wegen ihrer nachrangigen Bedeutung bewusst aus der Betrachtung ausgeblendet. Damit ist die Anzahl der zu betrachtenden Szenarien von $3^9 = 19.683$ auf $3^5 = 243$ geschrumpft.

3. Schritt: Eliminierung unplausibler Szenarien

Die Zahl von 243 Szenarien soll im dritten Arbeitsschritt weiter reduziert werden, indem nur noch je zwei alternative Ausprägungen pro Deskriptor betrachtet werden (vgl. Abb. 4.15).

Der Katalog der $2^5 = 32$ möglichen Szenarien findet sich in Abb. 4.16.

Eine weitere Reduzierung der Anzahl von Szenarien ist möglich, indem man den **Grad der Vereinbarkeit** von Deskriptorenausprägungen heranzieht. Solche Paare von Ausprägungen, die nicht miteinander vereinbar sind, werden ausgeschieden. Dafür wird eine sogenannte **Konsistenzmatrix** entwickelt. 0 steht für: „sich gegenseitig ausschließende Annahmen", 1 für: „Annahmen miteinander vereinbar", 2 für: „Annahmen begünstigen sich gegenseitig" (vgl. Abb. 4.17).

---

[60] Im Folgenden aufgrund ihrer untergeordneten Bedeutung eliminierte Deskriptoren sind in Abb. 4.14 kursiv gesetzt.

Deskriptor	Alternative Ausprägung	
	a)	b)
I. Regulierungsdichte	nimmt zu	bleibt gleich
II. Steuerniveau	bleibt gleich	nimmt ab
III. Bruttoinlandsprodukt	starkes Wachstum	schwaches Wachstum
IV. Umweltbewusstsein	nimmt zu	bleibt gleich
V. Mobilitätsbedarf	nimmt zu	bleibt gleich

Abb. 4.15 Alternative Ausprägungen der verbleibenden Deskriptoren

I a, II a, III a, IV a, V a	I b, II a, III a, IV a, V a
I a, II a, III a, IV a, V b	I b, II a, III a, IV a, V b
I a, II a, III a, IV b, V a	I b, II a, III a, IV b, V a
I a, II a, III a, IV b, V b	I b, II a, III a, IV b, V b
I a, II a, III b, IV a, V a	I b, II a, III b, IV a, V a
I a, II a, III b, IV a, V b	I b, II a, III b, IV a, V b
I a, II a, III b, IV b, V a	I b, II a, III b, IV b, V a
I a, II a, III b, IV b, V b	I b, II a, III b, IV b, V b
I a, II b, III a, IV a, V a	I b, II b, III a, IV a, V a
I a, II b, III a, IV a, V b	I b, II b, III a, IV a, V b
I a, II b, III a, IV b, V a	I b, II b, III a, IV b, V a
I a, II b, III a, IV b, V b	I b, II b, III a, IV b, V b
I a, II b, III b, IV a, V a	I b, II b, III b, IV a, V a
I a, II b, III b, IV a, V b	I b, II b, III b, IV a, V b
I a, II b, III b, IV b, V a	I b, II b, III b, IV b, V a
I a, II b, III b, IV b, V b	I b, II b, III b, IV b, V b

Abb. 4.16 Verbleibende Szenarien

	I a	I b	II a	II b	III a	III b	IV a	IV b	V a	V b
I a	x									
I b	x	x								
II a	2	0	x							
II b	1	1	x	x						
III a	0	2	0	2	x					
III b	2	1	2	1	x	x				
IV a	2	1	1	1	2	1	x			
IV b	1	2	1	1	1	1	x	x		
V a	1	1	1	1	2	0	1	2	x	
V b	2	1	1	1	0	2	1	2	x	x

Abb. 4.17 Konsistenzmatrix für mögliche Annahmenpaare (0 – Annahmen schließen sich aus, 1 – Annahmen miteinander vereinbar, 2 – Annahmen begünstigen sich gegenseitig)

Die Konsistenzmatrix wurde wiederum nach freiem Ermessen („intuitiv") erstellt: Annahmen über wirtschaftspolitische Zusammenhänge sind eingeflossen: So werden etwa die beiden Annahmen „Bruttoinlandsprodukt wächst stark" und „Steuerniveau erhöht sich" für unvereinbar gehalten. Insgesamt werden fünf unvereinbare Annahmenbündel identifiziert:

(Ib, IIa), (Ia, IIIa), (IIa; IIIa), (IIIb, Va) und (IIIa, Vb)

Inkonsistente Szenarien, d. h. alle Kombinationen, die (Ib, IIa), (Ia, IIIa), (IIa; IIIa), (IIIb, Va) oder (IIIa, Vb) enthalten, sind aus der Menge der in Abb. 4.12. ausgewiesenen Szenarien zu eliminieren. Wie man sich leicht überzeugen kann, reduziert sich dadurch die Anzahl der **glaubwürdigen Szenarien** auf acht:

I a, II a, III b, IV a, V b	**I b, II b, III a, IV b, V a**
I a, II a, III b, IV b, V b	**I b, II b, III a, IV a, V a**
I a, II b, III b, IV b, V b	**I b, II b, III b, IV a, V b**
I a, II b, III b, IV a, V b	**I b, II b, III b, IV b, V b**

4. Schritt: Identifizierung der **repräsentativen** Szenarien

Aus diesen acht Szenarien werden im letzten Schritt die beiden **repräsentativen Szenarien** ausgewählt, die auch als **Szenario-Archetypen** bezeichnet werden. Als repräsentativ werden jene Bündel an Ausprägungen bezeichnet, die die geringste Schnittmenge an gemeinsamen Annahmen enthalten. Für das betrachtete Beispiel ergeben sich die beiden folgenden Szenario-Achetypen:

1. Hohe Regulierungsdichte, unverändertes Steuerniveau, schwaches BIP-Wachstum, gestiegenes Umweltbewusstsein, unveränderte Mobilität.
   (I a, II a, III b, IV a, V b)
2. Unveränderte Regulierungsdichte, sinkendes Steuerniveau, starkes BIP-Wachstum, unverändertes Umweltbewusstsein, gestiegene Mobilität.
   (I b, II b, III a, IV b, V a)

Damit wurden aus 19.683 denkmöglichen Szenarien zwei glaubwürdige, relevante und repräsentative Szenarien ausgewählt. Diese beiden Szenarien bilden das Skelett für weiterreichende Planungs- und Prognoserechnungen. Anschließend an die Szenarioanalyse wird dieses „Skelett" im Rahmen der Erstellung von Finanzplänen mit einem Mengen- und Wertgerüst umgeben.

4.3.1.3 Mögliche Kritik am Einsatz der Szenarioanalyse in der Unternehmensbewertung

Mangelnde Objektivierbarkeit der Generierung und Auswahl von Szenarien:

Die Kritik der mangelnden Objektivierbarkeit dürfte nur teilweise zutreffen: **Nicht objektivierbar** ist die Gewinnung der Datenbasis über mögliche Einflussgrößen und deren Interdependenzen, denn sie erfolgt ja bewusst **intuitiv**. Die Vorgehensweise, wie aus einer gegebenen Datenbasis irrelevante, unglaubwürdige und nicht-repräsentative Szenarien eliminiert werden, dürfte dagegen einer größeren Objektivierung zugänglich sein, wenn man Objektivierbarkeit als intersubjektive Nachprüfbarkeit versteht. Für die Anwendung von Szenarioanalysen etwa im Rahmen der Ermittlung objektivierter Unternehmenswerte könnte hier ohne viel Aufwand ein Regelwerk entwickelt werden.

„Pseudowissenschaftlichkeit" der Szenarioanalyse:

Insbesondere die oben dargestellten Matrixoperationen sind mit dem Odium der „Pseudowissenschaftlichkeit" behaftet, da hier ein formales Kalkül zur Anwendung kommt, dessen theoretische Grundlage nicht abschließend abgesichert ist: Vernetzungsmatrizen bilden keine exakten, kausalen Abhängigkeiten ab, sondern sind nur Ergebnis von Plausibilitätsüberlegungen auf der Grundlage ordinal formulierter Einflussintensitäten. Die Transformation der Vernetzungsmatrix ist deshalb auch nicht als exakte Messung von kausalen Einflussintensitäten n-ten Grades im Rahmen eines linearen Modells zu verstehen, sondern nur als relativ grobe, ordinale Annäherung. Behält der Anwender dies im Auge, so relativiert sich der Vorwurf. Pseudowissenschaftlich ist nicht die Methode an sich. Pseudowissenschaftlich wäre es allenfalls, in die gewonnenen Ergebnisse eine Exaktheit herein zu interpretieren, die nicht vorhanden ist.

4.3.1.4 Schlussfolgerungen

Der Erkenntniswert einer Szenarioanalyse ist bescheidener als durch das verbreitete Vorverständnis möglicherweise nahegelegt: Auf der Grundlage der hier dargestellten Methodik wird kein „neues" Wissen über die Zukunft geschaffen; es werden keine Informationen generiert, die nicht schon irgendwie und irgendwo vorhanden wären.

Szenarioanalyse ermöglicht es aber, aus der Fülle der Möglichkeiten wichtige von unwichtigen Zukunftsbildern zu unterscheiden.

Szenarioanalyse bietet weiterhin keine Messmethodik, um Kausalzusammenhänge zwischen Einflussgrößen mit wissenschaftlicher Exaktheit zu erfassen. Sie beruht in ihrer Grundvariante auf intuitivem Wissen über Einflussfaktoren und Einflussintensitäten. Solange jedoch keine exakten Messverfahren für Prognosezwecke existieren, bleibt die **Szenarioanalyse** eine **Methode zur Reduktion von Prognosekomplexität**, die schwerlich durch bessere Verfahren ersetzt werden kann.

4.3.2   Mehrwertige Strategieplanung: Flexible Planung auf der Grundlage des Entscheidungsbaumverfahrens

4.3.2.1 Formulierung des Optimierungsproblems als Problem der dynamischen Programmierung

Die Ermittlung zukünftiger Ausschüttungsreihen im Rahmen der Ertragswertmethode ist nicht allein ein Prognoseproblem, sondern auch ein Problem der Strategiewahl. Bei den einwertigen Verfahren wird, gestützt auf Entscheidungsmodelle der strategischen Unternehmensplanung, eine einzige, über den Planungszeitraum unveränderte Optimalstrategie entwickelt, die Grundlage für ein durch Kennzahlenmodelle zu vervollständigendes Datengerüst ist. Bei mehrwertigen Prognosen ist die Optimalstrategie abhängig von den jeweils realisierten Zustandsalternativen. Das Planergebnis stützt sich deshalb nicht auf eine einzige, als optimal identifizierte Normstrategie, sondern auf mehrere Strategieprofile, die alle potenziell optimal sind, je nachdem welche Zustandsalternative sich verwirklicht.[61]

Dies wurde schon bei der abstrakten Definition des Ertragswerts verdeutlicht:

$$EW = \max_{j} \sum_{t=1}^{T} \sum_{i=1}^{I} p_i \cdot CF_{ij}^t \cdot \left(\frac{1}{1+r} \right)^t \tag{4.3}$$

mit

$j = 1, \ldots, J$	Strategiealternativen
$i = 1, \ldots, I$	Zustandsalternativen, Eintrittswahrscheinlichkeit p_i
$t = 1, \ldots, T$	Perioden des Betrachtungszeitraums
CF_{ij}^t	finanzieller Überschuss in Periode t bei Zustand i und Strategie j
r	Kapitalisierungszinsfuß

---

[61] Vgl. zum Grundproblem auch: *Ballwieser* (1990), S. 49 f.

In jeder Periode t ist also abhängig von dem dann eintretenden Zustand i eine Antwortstrategie j zu planen. Der Vektor der effizienten zustandsabhängigen Antwortstrategien ist Resultat eines mathematischen Optimierungsproblems. Der erwartete Barwert der *cash flows* im Planungsoptimum stellt seinerseits den Grenzpreis für einen potenziellen Erwerber des Unternehmens dar.

Das dargestellte Optimierungskalkül ist ein Problem der **dynamischen Optimierung** bzw. **dynamischen Programmierung:**[62] Für jeden Zeitraum t muss zustandsabhängig die optimale Antwortstrategie formuliert werden. Die optimale Antwortstrategie j in Reaktion auf Zustand i in Zeitpunkt t ist dabei nicht nur abhängig von den zustands- und strategiespezifisch anfallenden Zahlungsüberschüssen in Zeitpunkt t – also den CF_{ij}^t –; die Wahl einer bestimmten Strategiealternative beeinflusst darüber hinaus die erwarteten Zahlungsüberschüsse in allen darauf folgenden Perioden $t+1, t+2, \ldots, T$.

Aufgrund der Zukunftsbezogenheit der effizienten Strategiewahl in Zeitpunkt T bietet es sich an, dieses Problem durch **Rückwärtsinduktion** (*roll back*-Verfahren) zu lösen: Hierzu wird die zeitliche Entwicklung der einzelnen Zustandsalternativen sowie der möglichen Antwortstrategien zunächst in einem sogenannten **Entscheidungsbaumschema** dargestellt. In Anbetracht unterschiedlicher, zustandsabhängiger Zahlungen im Endzeitpunkt T wird zustandsabhängig für Zeitpunkt T-1 die optimale Strategiealternative ausgewählt; nach dem gleichen Verfahren wird die optimale Strategie für alle Vorgängerzeitpunkte T-2, T-3, ... bis zur ersten Periode entwickelt. Der Ereignisbaum wird, plastisch gesprochen, „von hinten nach vorne" aufgelöst.[63] Der Lösungsweg sei nachfolgend ohne eine formale Darstellung an einem Beispiel verdeutlicht.

4.3.2.2 Beispiel: Severin Frings

Der Kölner Multimedia-Unternehmer Severin Frings steht vor der Entscheidung, am 1.1.2016 ein Tonstudio käuflich zu erwerben. Dieses Tonstudio hat sich auf die Produktion von Heavy-Metal-Rockmusik in rheinischer Mundart spezialisiert; hervorragende Kontakte zu einschlägigen Gruppen sind vorhanden. Allerdings ist die Aufnahmetechnik veraltet: Wenn zum 1.1. keine Neuinvestitionen – veranschlagter Betrag: 450.000,- € – vorgenommen werden, ist – neben nachteiligen Absatzmarkteffekten – zu befürchten, dass die „Zugpferde" im ersten Quartal des Jahres 2016 von anderen Produzenten abgeworben werden.

Um die einseitige Ausrichtung der Geschäftsstruktur des Tonstudios zu modifizieren, kommt weiterhin als Diversifizierungsmaßnahme der Einstieg in das Marktsegment Madrigalchormusik in Betracht. Hierzu müssten ab 7/2016 weitere Toningenieure mit entsprechenden Spezialkenntnissen eingestellt werden.

---

[62] Vgl. hierzu auch die Ausführungen in Kap. 3, Abschn. 3.2.

[63] Zur flexiblen Planung vgl. etwa *Franke und Hax* (2009), S. 283–291. Zur Anwendung des Verfahrens in der Unternehmensbewertung vgl. grundlegend: *Ballwieser* (1980), S. 50–73.

	Alte Aufnahmetechnik	Neue Aufnahmetechnik
Wahrscheinlichkeit der Abwerbung der wichtigsten Bands durch Konkurrenten	0,5	0,1
cash flow im Jahre 2016 ohne Abwerbung und ohne Diversifikationsstrategie	600.000,- €	1.000.000,- €
cash flow im Jahre 2016 bei Abwerbung und ohne Diversifikationsstrategie	50.000,- €	50.000,- €
cash flow im Jahre 2016 ohne Abwerbung und bei Diversifikationsstrategie	200.000,- €	500.000,- €
cash flow im Jahre 2016 bei Abwerbung und bei Diversifikationsstrategie	160.000,- €	160.000,- €

Abb. 4.18 Finanzielle Auswirkungen verschiedener Strategie-Umwelt-Kombinationen

Die erwarteten finanziellen Auswirkungen der verschiedenen Strategien lassen sich der Abb. 4.18 entnehmen.

Severin Frings ist risikoneutral; er verfolgt ausschließlich finanzielle Interessen. Bei der Akquisitionsplanung lässt er sich von Kölner BWL-Studentinnen beraten. Das Prinzip der dynamischen Programmierung durch Rückwärtsinduktion wird anhand der folgenden Teilschritte erläutert:

1. Entwicklung des zugehörigen Entscheidungsbaums.
2. Herleitung der optimalen Strategie und des Grenzkaufpreises von Severin Frings bei einem Kalkulationszinsfuß (r) von 10 %.
3. Herleitung der optimalen Strategie und des Grenzkaufpreises von Severin Frings bei einem Kalkulationszinsfuß (r) von 20 %.

Lösung:

Ad 1.: Entwicklung des Entscheidungsbaums (vgl. Abb. 4.19)

Im Entscheidungsbaum der Abb. 4.19 markieren die Rechtecke die Situationen, in denen eine Entscheidung zu treffen ist (im Beispiel: Investition/keine Investition bzw. Diversifikation/keine Diversifikation). Die Ellipsen markieren mögliche Zustandsentwicklungen. Die Kreise beschreiben die Endergebnisse.

Ad 2.: Optimale Strategie und Grenzkaufpreis für r = 10 % (vgl. Abb. 4.20)

Mittels der Rückwärtsinduktion werden zunächst anhand der Endergebnisse durch direkten Vergleich (für r = 10 %) die dominanten Entscheidungen in den jeweils letzten (vier) Entscheidungsknoten identifiziert. Sie sind in der Grafik grau unterlegt. Dann wird für die (beiden) vorgelagerten Zustandsknoten jeweils der Erwartungswert der Ergebnisse

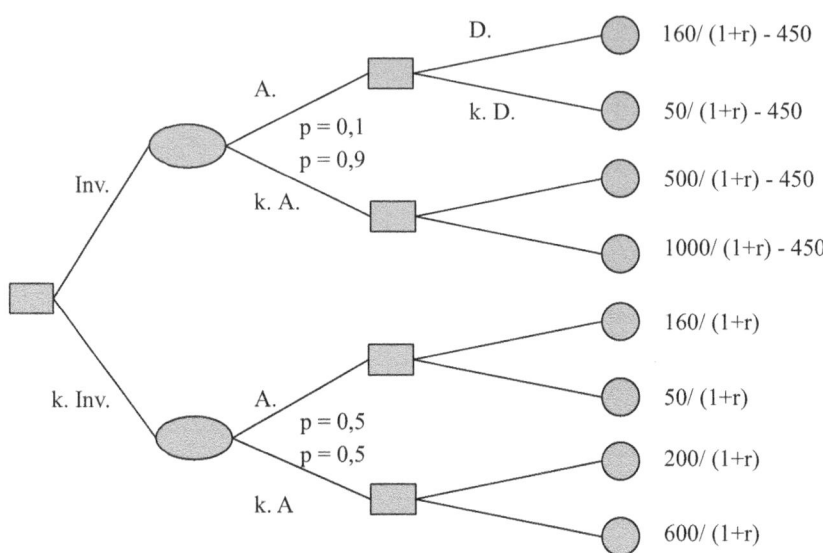

Abb. 4.19 Entscheidungsbaum Severin Frings (Beträge in Tsd. €)

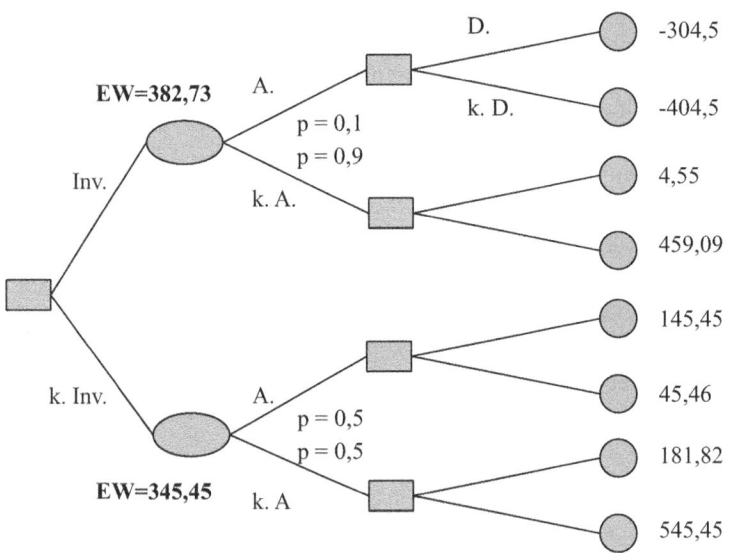

Abb. 4.20 Entscheidungsbaum mit Erwartungswerten alternativer Strategien (in Tsd. €)

auf der Grundlage der nachgelagerten dominanten Entscheidungen ermittelt. Im Ausgangsknoten des Entscheidungsbaums ist diejenige Entscheidung optimal, die den höchsten Erwartungswert (hier: 382,75 T€ > 345,45 T€) garantiert: Dies ist die **Investition in die neue Aufnahmetechnik**.

Zinssatz	10%	12%	14%	16%	18%	20%
Grenzpreis in Tsd. €	382	366	352	339	325	316
Investitionsstrategie	neue Technik	neue Technik	neue Technik	neue Technik	neue Technik	alte Technik

Abb. 4.21 Sensitivitätsanalyse für verschiedene Kalkulationszinsfüße

Ad 3.: Optimale Strategie und Grenzkaufpreis für $r = 20\%$

Optimale Strategie und Grenzkaufpreis sind offensichtlich nicht unabhängig vom gewählten Kalkulationszinsfuß. Die Abb. 4.21 bringt diese Abhängigkeit zum Ausdruck.

4.4 Schlussbemerkung

In diesem Kapitel wurden einige der in der Praxis verbreiteten sowie von der Theorie vorgeschlagenen Verfahren zur Prognose und Optimierung von Finanzplänen bzw. der dahinter stehenden unternehmensstrategischen Entscheidungen erläutert. Die Darstellung nimmt nicht in Anspruch erschöpfend zu sein; die vorgestellten Verfahren sind auch nicht als Bausteine einer in sich geschlossenen Theorie zu verstehen. Und schließlich wird es Planungskontexte geben, in denen die meisten der geschilderten Ansätze kaum anwendbar sind.

Kontextabhängig dürften die Ansätze allerdings hilfreich zur Sicherung der Konsistenz, zur Plausibilisierung und zur Komplexitätsreduktion der Planerstellung sein. Und nicht zuletzt sind sie geeignet, verborgene **Interdependenzen** zwischen einzelnen Umfeldfaktoren und Planelementen offenzulegen. Ein Beispiel hierfür ist die Identifikation von **Interdependenzen höherer Ordnung** zwischen einzelnen Umfeldvariablen im Rahmen der Szenarioanalyse. Auf eine weitere, markante Planungsinterdependenz weist die zuletzt betrachtete Beispielrechnung im Rahmen der dynamischen Programmierung hin: Es ist die **Interdependenz zwischen Zähler- und Nennergröße** der Unternehmensbewertung, d. h. zwischen dem Planungsoptimum und der Höhe des Kalkulationszinsfußes. Bei Überschreitung eines kritischen Zinssatzes „kippt" die Optimalstrategie.

Literatur

Achleitner, A.-K., & Nathusius, E. (2004). *Venture Valuation – Bewertung von Wachstumsunternehmen*. Stuttgart.

Baetge, J. (2003). Früherkennung von Unternehmenskrisen anhand von Abschlusskennzahlen. In C.-C. Freidank, O. R. Schreiber, & T. Lentfer (Hrsg.), *Corporate Governance, Internationale*

Rechnungslegung und Unternehmensanalyse im Zentrum aktueller Entwicklungen, (1. Aufl.). Hamburg.

Baetge, J. (2004). *Bilanzanalyse,* (2. Aufl.). Düsseldorf.

Ballwieser, W. (1980). Möglichkeiten der Komplexitätsreduktion bei einer prognoseorientierten Unternehmensbewertung. *Zeitschrift für Betriebswirtschaftliche Forschung, 32,* 50–73.

Ballwieser, W. (1990). *Unternehmensbewertung und Komplexitätsreduktion,* (3. Aufl.). Wiesbaden.

Ballwieser, W., & Hachmeister, D. (2013). *Unternehmensbewertung – Prozess, Methoden und Probleme,* (4. Aufl.). Stuttgart.

Coenenberg, A. G., & Sautter, M. T. (1988). Strategische und finanzielle Bewertung von Unternehmensakquisitionen. *Die Betriebswirtschaft, 48,* 691–710.

Copeland, T., Koller, T., & Murrin, J. (2000). *Valuation: Measuring and managing the value of companies,* (3. Aufl.). New York.

Dickinson, V. (2011). Cash flow patterns as a proxy for firm life cycle. *The Accounting Review, 86,* 1969–1994.

Franke, G., & Hax, H. (2009). *Finanzwirtschaft des Unternehmens und Kapitalmarkt,* (6. Aufl.). Berlin.

Godet, M. (1986). Introduction to la prospective – Seven key ideas and one scenario method. *Futures, 18,* 134–157.

Godet, M. (1987). *Scenarios and strategic management,.* Butterworths.

Götze, U. (1991). *Szenario-Technik in der strategischen Unternehmensplanung.* Wiesbaden.

Hachmeister, D. (2000). *Der Discounted Cash Flow als Maß der Unternehmenswertsteigerung,* (4. Aufl.). Frankfurt a. M.

Hayn, M. (2015). Bewertung junger Unternehmen. In V. H. Peemöller (Hrsg.), *Praxishandbuch der Unternehmensbewertung,* (6. Aufl., S. 961–994). Herne/Berlin.

Henselmann, K. (2015). Geschichte der Unternehmensbewertung. In V. H. Peemöller (Hrsg.), *Praxishandbuch der Unternehmensbewertung,* (6. Aufl., S. 95–130). Herne/Berlin.

IDW (2008). IDW S 1 [i. d. F. v. 2008]: Grundsätze zur Durchführung von Unternehmensbewertungen. IDW-FN 7/2008, S. 271–292.

IDW (2014). *Wirtschaftsprüfer–Handbuch,* (Bd. II., 14. Aufl.). Düsseldorf.

Jansen, S. A. (2008). *Mergers & Acquisitions, Unternehmensakquisitionen und -kooperationen – Eine strategische, organisatorische und kapitalmarkttheoretische Einführung,* (5. Aufl.). Wiesbaden.

Johanning, L. (1998). *Value-at-Risk zur Marktrisikosteuerung und Eigenkapitalallokation.* Bad Soden: Uhlenbruch.

Kloock, J. (1989). Erfahrungskurven-Konzept. In N. Szyperski (Hrsg.), *Handwörterbuch der Planung,* (S. 427–433). Stuttgart.

Kuhner, C., & Maltry, H. (2013). Der Restwert (Terminal Value) in der Unternehmensbewertung. In K. Petersen, C. Zwirner & G. Brösel (Hrsg.), *Handbuch Unternehmensbewertung,* (S. 747–762). Köln.

Mandl, G., & Rabel, K. (1997). *Unternehmensbewertung.* Wien/Frankfurt.

Meitner, M. (2015). Der Terminal Value in der Unternehmensbewertung. In V. H. Peemöller (Hrsg.), *Praxishandbuch der Unternehmensbewertung,* (6. Aufl., S. 647–697). Herne/Berlin.

Mißler-Behr, M. (1993). *Methoden der Szenarioanalyse.* Wiesbaden.

Nissim, D., & Penman, S. H. (2001). Ratio analysis and equity valuation: From research to practice. *Review of Accounting Studies, 6,* 109–154.

Palepu, K. G., Healy, P. M., & Bernard, V. L. (2013). *Business analysis & valuation: Using financial statements,* (5. Aufl.). Mason.

Peemöller, V. H., & Kunowski, S. (2015). Ertragswertverfahren nach IDW. In V. H. Peemöller (Hrsg.), *Praxishandbuch der Unternehmensbewertung,* (6. Aufl., S. 277–352). Herne/Berlin.

Penman, S. H. (2013). *Financial statement analysis and security valuation*, (5. Aufl.). Boston.

Popp, M. (2015). Vergangenheits- und Lageanalyse. In V. H. Peemöller (Hrsg.), *Praxishandbuch der Unternehmensbewertung*, (6. Aufl., S. 173–220). Herne/Berlin.

Porter, M. E. (2013). *Wettbewerbsstrategie: Methoden zur Analyse von Branchen und Konkurrenten*, (12. Aufl.). Frankfurt a. M.

Rappaport, A. (1999). *Shareholder value*, (2. Aufl.). Stuttgart.

Ruthardt, F., & Hachmeister, D. (2014). Unendlichkeit als Problem der Unternehmensbewertung aus theoretischer, praktischer und rechtlicher Sicht. *Der Betrieb, 67*, 193–202.

Schulte, C. (1996). *Lexikon des Controlling*. München: R. Oldenbourg.

Spence, M. A. (1977). Entry, capacity investment, and oligopolistic pricing. *Bell Journal of Economics, 8*, 534–544.

Spence, M. A. (1979). Investment strategy and growth in a new market. *Bell Journal of Economics, 10*, 1–19.

Spence, M. A. (1981). The learning curve and competition. *Bell Journal of Economics, 12*, 49–70.

Stewart, G. B. (1991). *The quest for value*. New York: Harper Collins.

Strasser, B. (2000). *Informationsasymmetrie bei Unternehmensakquisitionen*. Frankfurt a. M.

Vahs, D., & Schäfer–Kunz, J. (2012). *Einführung in die Betriebswirtschaftslehre*, (6. Aufl.). Stuttgart.

von Reibnitz, U. (1989). Szenario-Planung. In N. Szyperski (Hrsg.), *Handwörterbuch der Planung*, (S. 1980–1996), Stuttgart.

Die Schätzung der Nennergröße der Unternehmensbewertung I: Individueller Kapitalisierungszinssatz im Rahmen des Ertragswertverfahrens

5

In seiner reinen Form hat das **Ertragswertverfahren** die Bestimmung von Entscheidungswerten zum Gegenstand, so vor allem die Bestimmung von Grenzpreisen aus der Sicht eines bestimmten Käufers oder Verkäufers. Folgerichtig werden bei der Diskontierung von prognostizierten Zahlungsüberschüssen individuelle, entscheidungssubjektspezifische Risikopräferenzen zu Grunde gelegt.

In der aktuellen Fassung des IDW-Standards S 1 wird für die Ermittlung **objektivierter** Werte auf der Grundlage der Ertragswertmethode eine „Anlage in Unternehmensanteile",[1] insbesondere in Form eines Aktienportefeuilles, als Alternativanlage, d. h. als Messgrundlage für den Kapitalisierungsfaktor, gefordert. Dies gilt unabhängig von der Rechtsform des Bewertungsobjekts.[2] Maßgeblich sind damit die Grundlagen für eine **kapitalmarktorientierte** Ermittlung von Risikoprämien.[3] Verbleibendes Anwendungsgebiet der hier dargestellten **individualisierten** Herleitung von Risikoprämien dürfte damit die Ermittlung **subjektiver Unternehmenswerte** sein.[4]

Die Methodik und die damit verbundenen Probleme sollen im Folgenden skizziert werden.

---

[1] *IDW* (2008), Rn. 114.

[2] Vgl. *IDW* (2008), Rn. 114 f.

[3] Vgl. Kap. 5.

[4] Vgl. *IDW* (2008), Rn. 123.

© Springer-Verlag GmbH Deutschland 2017
C. Kuhner, H. Maltry, *Unternehmensbewertung*,
DOI 10.1007/978-3-540-74305-7_5

5.1   Ausgangssituation

Resultat der in Kapitel 4 geschilderten Planungs- und Prognoseaktivitäten sei die Zahlungsreihe der Abb. 5.1, welche die Ausschüttungen eines Unternehmens an einen potenziellen Investor wiedergibt. In einem 5-jährigen Detailplanungszeitraum (1. Phase) handelt es sich um Zahlungen in variabler Höhe, für die fernere Zukunft (2. Phase) wird eine Ausschüttung in konstanter Höhe (ewige Rente) unterstellt.[5]

Betrachten wir zunächst eine **einwertige** Darstellung der Planungs- und Prognoseergebnisse, d. h. die Zahlungen werden als sicher angesehen.

Die Diskontierung der Zahlungen mit einem adäquaten Kapitalisierungszinssatz ergibt den Gegenwartswert bzw. Barwert der Zahlungsreihe zu Beginn des Jahres 2005. Bei Interpretation der obigen Zahlungsreihe als Ausschüttungen eines Unternehmens an einen potenziellen Investor beziffert der ermittelte Gegenwartswert den Wert (i. S. eines Grenzpreises) des Unternehmens.

Durch

1. Abzinsung der Einzelbeträge der ersten fünf Jahre (2016–2020) auf den Gegenwartswert sowie
2. Abzinsung der ewigen Rente (2021–∞) auf den Gegenwartswert

mit einem Kapitalisierungszinssatz von $i = 5\,\%$, der hier für eine hypothetisch (*quasi-*) sichere Anlage angenommen wird, ergibt sich:

Jahr	Ausschüttungsreihe (T€)
2016	2.000
2017	2.050
2018	2.300
2019	2.400
2020	2.500
2021 - ...	2.600

Abb. 5.1 Beispiel für eine einwertige Zahlungsreihe

---

[5] Gängig und finanzmathematisch gut handhabbar ist auch ein mit konstanter Rate (Preisüberwälzungsrate in Anlehnung z. B. an die Geldentwertung) wachsender Ausschüttungsbetrag in der zweiten Planungs- und Prognosephase.

1.
$$\sum_{t=1}^{5} \frac{CF_t}{(1+0,05)^t} = 9.684,30 \text{ T}€$$

2.
$$\frac{CF_6}{0,05} \cdot \frac{1}{1,05^5} = 40.743,36 \text{ T}€$$

Insgesamt wird also ein Unternehmenswert in Höhe von 50.427,66 T€ ermittelt. Formal lässt sich das Kalkül zur Ermittlung des Unternehmenswerts (als Ertragswert) nach dem **Phasenmodell** wie folgt darstellen:

$$UW = \sum_{t=1}^{T} \frac{CF_t}{(1+i)^t} + \frac{1}{(1+i)^T} \cdot \frac{CF_{T+1}}{i}$$

Problematisch an der dargestellten Vorgehensweise ist, dass es sich in der Realität um unsicherheitsbehaftete Planungs- oder Prognosedaten handeln wird. Die in Abb. 5.1 angegebene Ausschüttung einer einzelnen Periode steht jeweils stellvertretend für eine Ergebnisverteilung (Zahlungsprospekt). Im Folgenden sei angenommen, dass der Investor in der Lage ist, den Ergebnissen der Verteilung diskrete Wahrscheinlichkeiten (u. U. in Gestalt von „Glaubwürdigkeitskennziffern") zuzuweisen bzw. eine stetige Ergebnisverteilung zu prognostizieren. Es handelt sich dann bei der Ermittlung eines Unternehmenswerts aufgrund von Zukunftsprognosen um ein **Kalkül unter Risiko**.

In Erweiterung der einwertigen Zahlungsreihe in Abb. 5.1 seien deshalb mehrwertige Zahlungsverteilungen in den einzelnen Zeitpunkten gemäß der Abb. 5.2 betrachtet. Die Prognose beruht dabei auf drei verschiedenen Szenarien: einem ungünstigen, dem oben zu Grunde gelegten Trendszenario sowie einem günstigen Szenario. Weiterhin seien für alle möglichen Szenarien Eintrittswahrscheinlichkeiten geschätzt. Wenn nun etwa die in Abb. 5.1 zu Grunde gelegte Schätzung das Trendszenario repräsentiert und entsprechend ergänzt wird, möge sich das Bild gemäß Abb. 5.2 ergeben.

Erwartungswert E(x) und Varianz Var(x) bzw. Standardabweichung SD(x) einer risikobehafteten Zahlungsreihe CF (*cash flow*-Profil) lassen sich berechnen als:

$$E(x) = \sum_{i=1}^{I} x_i \cdot p_i = \mu$$

Jahr	negatives Szenario (p = 0,35)	Trendszenario (p = 0,5)	positives Szenario (p = 0,15)
2016	2.000	2.000	2.300
2017	1.800	2.050	2.700
2018	1.950	2.300	3.200
2019	2.000	2.400	3.500
2020	2.050	2.500	3.800
2021 - ...	2.100	2.600	4.000

Abb. 5.2 Beispiel für eine risikobehaftete Zahlungsreihe (in T€)

$$\mathrm{Var}\,(x) \;=\; \sum_{i=1}^{I}[x_i - E(x)]^2 \cdot p_i \;=\; \sigma^2$$

$$SD(x) \;=\; Var(x)^{0,5} \;=\; \sigma.$$

Auf der Grundlage der Daten aus Abb. 5.2 ergeben sich die Erwartungswerte und Standardabweichungen gemäß Abb. 5.3.

Die Standardabweichung ist ein Maß für den Risikograd einer Verteilung. Für alle möglichen Verteilungen ist eine materielle Interpretation der Standardabweichung anhand der *Tschebychev'schen* Ungleichung möglich.[6]

Danach gilt:

$$p\bigl(\,|\,x - \mu\,| \geq k \cdot \sigma\bigr) \leq 1/\,k^2 \quad (\textit{Tschebychev'sche Ungleichung})$$

mit

k   reelle Zahl,
μ   Erwartungswert,
p   Wahrscheinlichkeit,
σ   Standardabweichung,
x   Zufallsvariable.

---

[6] Vgl. *Bamberg* et al. (2012), S. 116 f.

Jahr	Erwartungswert der CF	Standardabweichung der CF
2016	2.045	107
2017	2.060	292
2018	2.313	405
2019	2.425	487
2020	2.538	568
2021 - ...	2.635	617

Abb. 5.3 Erwartungswerte und Standardabweichungen der *cash flow*-Profile nach Abb. 5.2

Die *Tschebychev'sche* Ungleichung besagt damit, dass für jede denkbare Unsicherheitssituation

- höchstens 1/4 der Realisationen außerhalb eines Intervalls von zwei Standardabweichungen um den Erwartungswert liegen bzw.
- höchstens 1/9 der Realisationen außerhalb eines Intervalls von drei Standardabweichungen um den Erwartungswert liegen.

Durch Diskontierung der **Erwartungswerte** der periodischen *cash flow*-Profile in Abb. 5.3 erhält man unter Verwendung eines Kapitalisierungszinssatzes von 5 %, der, wie wir unterstellen möchten, der Verzinsung einer (*quasi-*)sicheren Anlage entspricht, eine denkmögliche Approximation des Unternehmenswerts wie folgt:

Unternehmenswert

$$= \text{Gegenwartswert der Erwartungswerte (r} = 5\%)$$

$$= 51.089 \text{ T€}.$$

Dieser Wert liegt deutlich über dem zuvor auf der Basis des Trendszenarios ermittelten Unternehmenswert in Höhe von 50.427,66 T€.

Offensichtlich ist aber der **Vergleich** dieser beiden Werte **unzulässig**. Die Ermittlung eines Unternehmenswerts auf der Basis von Erwartungswerten unter Verwendung eines Kapitalisierungszinssatzes, der sich an der Rendite (*quasi-*)sicherer Geldanlagen orientiert, stellt einen eindeutigen **Verstoß gegen das Prinzip der Risikoäquivalenz** dar.[7] Die zum Erwartungswert zusammengefassten unsicheren Ausschüttungen des Unternehmens werden über den Kapitalisierungszinssatz von 5 % mit dem Maßstab einer (*quasi-*)sicheren Geldanlage gemessen und zu einem Gegenwartswert aggregiert. Der damit implizit vorgenommene Alternativenvergleich kann nicht konsistent sein.

Die Inkonsistenz besteht erkennbar darin, dass die in Zähler – risikobehaftete Ausschüttungen des Unternehmens – und Nenner – Kapitalisierungssatz einer (*quasi-*)sicheren Anlage – des Bewertungskalküls eingehenden Größen nicht die gleiche Risikodimension besitzen. Der Weg zur Lösung dieses Problems ist naheliegend: Entweder wird die Zählergröße der Bewertungsformel korrigiert (indem man sie in die Risikodimension der verwendeten Nennergröße versetzt) oder die Nennergröße, d. h. der Kapitalisierungszinssatz, wird unter demselben Gesichtspunkt angeglichen, indem man ihn der Risikodimension der verwendeten Zählergröße entsprechend bemisst.

Naheliegend wäre es, Erwartungswerte und Standardabweichungen für die einzelnen Zeitpunkte des Prognosezeitraums gemäß Abb. 5.3 dazu zu verwenden, eine Alternativanlage mit vergleichbarem Risikoprofil ausfindig zu machen, deren erzielbare Rendite zu ermitteln und dann diese Rendite nach dem Opportunitätskostenprinzip als risikoadäquaten Kapitalisierungszinssatz zur Diskontierung der Unternehmensausschüttungen zu verwenden. Diese theoretisch richtige Vorgehensweise scheitert aber i. d. R. an der mangelnden Beobachtbarkeit passender Alternativinvestitionen. Dafür finden sich folgende Gründe:[8]

1. **Existenz** und **Eindeutigkeit** einer vergleichbaren Alternativinvestition: Die Suche dürfte in der Bewertungspraxis i. d. R. zu keinem bzw. nicht zwingend zu einem eindeutigen Ergebnis führen. Was die Existenz anbetrifft, so lässt sich in den allermeisten Fällen kein risikoäquivalenter Kapitalisierungszinssatz einer realen Alternativinvestition finden:[9] Die Eindeutigkeit ist in Frage gestellt, wenn mehrere Anlagealternativen mit identischem Risikoprofil unterschiedliche erwartete Renditen aufweisen.[10]
2. **Subjektivität** des Risikobegriffs: Die Standardabweichung ist nur eines von vielen möglichen Streuungsmaßen. Sie repräsentiert möglicherweise nicht erschöpfend, was ein einzelner Entscheidungsträger als Risiko ansieht.[11]

---

[7] Vgl. hierzu Kap. 3, Abschn. 3.3.

[8] Vgl. dazu ergänzend die bereits in Kap. 3.2 bei der Darstellung der Tabellarischen Methode für den Fall der Sicherheit genannten grundlegenden Probleme.

[9] Im Rahmen der in Kap. 5.3 beschriebenen Risikozuschlagmethode wird ein passender (= risikoadjustierter) Kapitalisierungszinssatz „gemacht".

[10] Vgl. hierzu Kap. 3, Abschn. 3.2.

[11] Vgl. *Bamberg et al.* (2012), S. 15 ff., zu den verschiedenen Streuungs- und Lageparametern.

Der Hinweis auf die Subjektivität des Risikobegriffs weist den Weg zu einem anderen, entscheidungstheoretisch fundierten Ansatz der Unternehmenswertermittlung, der nicht auf die Existenz einer konkreten Alternativinvestition mit einem der zu bewertenden Zahlungsreihe vergleichbaren Risikoprofil angewiesen ist. Entscheidend ist vielmehr, wie der Investor das Risiko, welches der zu bewertenden Zahlungsreihe innewohnt, empfindet, d. h. welche er Einstellung zum Risiko hat. Auf der Grundlage der **Theorie des Risikonutzens nach *v. Neumann und Morgenstern***[12] lässt sich der Nutzen risikobehafteter Größen aus der Sicht des einzelnen Entscheidungsträgers unmittelbar messen und in ein Bewertungskalkül integrieren.

5.2 Bestimmung von Sicherheitsäquivalenten auf der Grundlage der Risikonutzentheorie

Voraussetzung für die Durchführung einer risikoorientierten Bewertung ist der explizite Ansatz einer entscheidungsträgerindividuellen Nutzenfunktion.[13] Die von *v. Neumann und Morgenstern* entwickelte (Risiko-) Nutzenfunktion (= *Bernoulli*-Nutzenfunktion) erlaubt es, ein risikobehaftetes *cash flow*-Profil in eine entscheidungsträger(= investor) individuelle Nutzengröße zu transformieren. Einzige Voraussetzung für die Existenz von Risikonutzenfunktionen dieses Typs sind elementare Annahmen an die Rationalität und logische Konsistenz des Entscheiderverhaltens.

Das Ergebnis der Transformation ist der **Erwartungsnutzen EU** des *cash flow*-Profils CF (= erwarteter Risikonutzen der Verteilung) in einem Zeitpunkt; man schreibt mit $CF := [(CF_i, p_i), i = 1, \ldots, I]$

$$EU(CF) = \sum_{i=1}^{I} p_i \cdot u(CF_i).$$

Mit Hilfe der Risikonutzenfunktion lässt sich das **Sicherheitsäquivalent** einer unsicheren *cash flow*-Reihe bestimmen.

▶ **Sicherheitsäquivalent** Das Sicherheitsäquivalent SÄ eines unsicheren, d. h. zustandsabhängigen Zahlungsprofils $CF := [(CF_i, p_i), i = 1, \ldots, I]$ ist jene Barabfindung, bei der ein Bewertungssubjekt indifferent ist zwischen dem Erhalt der Barabfindung und dem Recht an dem Zahlungsprofil.

---

[12] Vgl. *v. Neumann und Morgenstern* (1953).

[13] Zur Existenz und Bestimmung vgl. *Eisenführ et al.* (2010), S. 248 ff.

Formal lässt sich das Sicherheitsäquivalent SÄ darstellen als das Argument X der Risikonutzenfunktion u, für das $u(X)$ dem Erwartungsnutzen des Zahlungsprofils entspricht, d. h.:

$$SÄ = X \quad \Big| \quad u(X) = \sum_{i=1}^{I} p_i \cdot u(CF_i) = EU(CF)$$

Das Sicherheitsäquivalent repräsentiert also einen (fiktiv) sicheren Geldbetrag, der dem Entscheidungsträger mit der Wahrscheinlichkeit 1 zusteht. Sicherheitsäquivalente werden daher bei Investitionskalkülen **mit dem risikolosen Zinssatz diskontiert**.

Der Vergleich von Sicherheitsäquivalent und Erwartungswert eines Zahlungsprofils gewährt Einsicht in die Einstellung des Entscheidungsträgers zum Risiko. Stimmen Sicherheitsäquivalent und Erwartungswert eines Zahlungsprofils überein, bezeichnet man den Entscheidungsträger als risikoneutral:

$$SÄ = \sum_{i=1}^{I} p_i \cdot CF_i \ \Rightarrow \ \text{Risikoneutralität}$$

Für ein vom Erwartungswert des Zahlungsprofils abweichendes Sicherheitsäquivalent wird von einem risikofreudigen (risikosympathischen) bzw. risikoscheuen (risikoaversen) Entscheidungsträger gesprochen:

$$SÄ > \sum_{i=1}^{I} p_i \cdot CF_i \ \Rightarrow \ \text{Risikofreude}$$

$$SÄ < \sum_{i=1}^{I} p_i \cdot CF_i \ \Rightarrow \ \text{Risikoaversion}$$

In theoretischen Ansätzen zur Unternehmensbewertung werden sämtliche risikobehafteten Zahlungen in den Perioden des Prognosezeitraums jeweils periodenspezifisch in ein investorindividuelles Sicherheitsäquivalent transformiert. Damit soll die konsistente Ermittlung[14] eines Gegenwartswerts bzw. Unternehmenswerts ermöglicht werden, indem die Sicherheitsäquivalente in den einzelnen Zeitpunkten des Prognosezeitraums mit dem Kapitalisierungszinssatz einer (*quasi*-)sicheren Geldanlage diskontiert werden.[15] Es gilt:

---

[14] Konsistent im Hinblick auf die Einhaltung des Prinzips der Risiko- bzw. Unsicherheitsäquivalenz.

[15] Vgl. zu dieser Vorgehensweise die Diskussion bei *Kürsten* (2002), S. 128–144; *Kürsten* (2003), S. 306–314; *Diedrich* (2003), S. 281–286; *Wiese* (2003), S. 287–305.

$$\text{Unternehmenswert} \quad = \quad \sum_{t=1}^{T} S\ddot{A}_t \cdot \left(\frac{1}{1+i}\right)^t$$

In der Regel unterstellt man Wirtschaftssubjekten **Risikoaversion**, d. h. dass nicht nur der Erwartungswert einer Verteilung Beachtung findet, sondern auch das einer Verteilung innewohnende **Risiko** bei wachsendem Umfang **nutzenmindernd berücksichtigt** wird. Häufig verwendete Risikonutzenfunktionen zur Modellierung risikoaversen Verhaltens sind:

$$u_1(CF) = \ln CF$$

$$u_2(CF) = \sqrt{CF}$$

$$u_3(CF) = a \cdot CF - CF^2$$

$$u_4(CF) = -\exp(-\rho \cdot CF); \rho > 0$$

Alle diese Risikonutzenfunktionen sind, jedenfalls im relevanten Bereich, monoton steigend $u'(CF) > 0$ sowie konkav gewölbt $u''(CF) < 0$ in Abhängigkeit des Arguments CF. Dabei ist nicht ausgeschlossen, dass der Nutzen $u(CF)$ **negative Zahlenwerte** annimmt. Negative Nutzenwerte deuten hier nicht auf eine materiell negative Bewertung des Entscheidungssubjekts im Sinne eines gestifteten Schadens hin: Die *v. Neumann und Morgenstern*sche Nutzenfunktion ist nämlich lediglich bis auf **positiv lineare Transformationen** eindeutig bestimmt, d. h. absolute Nutzenwerte sind nicht unmittelbar, sondern nur im Vergleich zu anderen Werten derselben Nutzenfunktion desselben Entscheiders einer materiellen Interpretation zugänglich.

Die Abb. 5.4 zeigt den Verlauf einer logarithmischen Nutzenfunktion vom Typ $u(CF) = \ln CF$. Die typische konkave Wölbung der Risikonutzenfunktion bildet risikoaverses Verhalten ab: Sie bewirkt etwa, dass jeder Lotterie, die mit Wahrscheinlichkeit p einen Geldbetrag von CF_1 und mit Wahrscheinlichkeit $(1-p)$ einen Geldbetrag von CF_3 ($CF_3 > CF_1$) erbringt, ein sicherer Geldbetrag CF_2 (oder anders ausgedrückt: eine Barabfindung) mit $CF_2 < p \cdot CF_1 + (1-p) \cdot CF_3$ (= Erwartungswert der Lotterie $[(CF_1, p); (CF_3), (1-p)]$) zugeordnet werden kann, der mindestens so viel Nutzen stiftet wie der Erwartungsnutzen EU der Lotterie.

Im jüngeren Schrifttum hat eine **kontroverse Debatte** zu der Frage stattgefunden, ob eine derartige Diskontierung periodischer Sicherheitsäquivalente mit grundlegenden Rationalitätspostulaten der Entscheidungstheorie vereinbar ist.[16] Ohne hier die insbeson-

---

[16] Vgl. hierzu außer den Quellen in Fn. 328 auch *Ballwieser und Hachmeister* (2013), S. 81–83. Einen umfassenden Gesamtüberblick bieten *Schosser und Grottke* (2013).

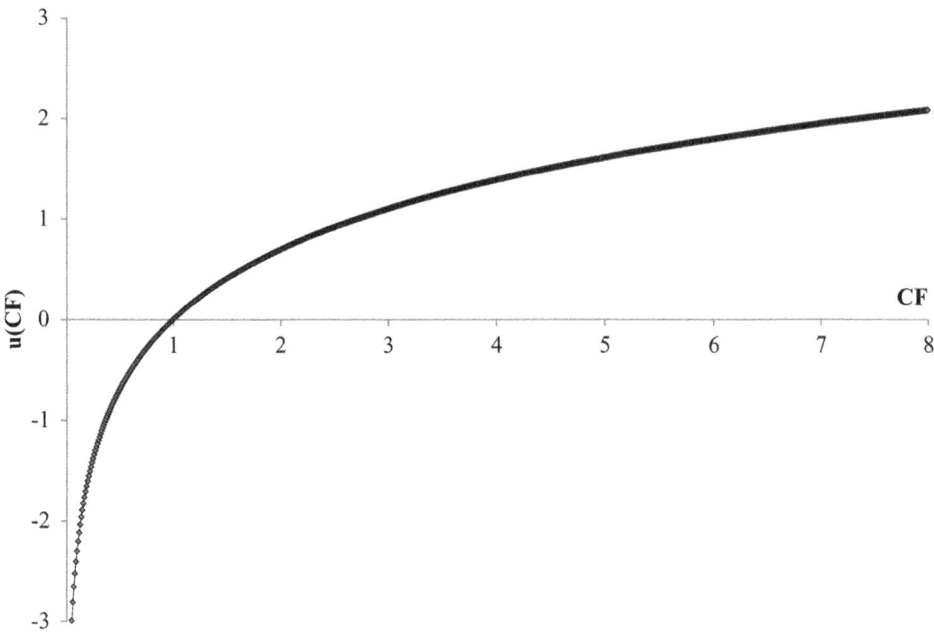

Abb. 5.4 Logarithmische Nutzenfunktion

dere von *Kürsten* vorgebrachten Einwände im Einzelnen darzulegen, sei an dieser Stelle nur darauf verwiesen, dass eine Diskontierung periodisch ermittelter Sicherheits- äquivalente zumindest dann unproblematisch ist, wenn zwei Bedingungen erfüllt sind:

1. Die periodischen Zahlungen sind in ihrer Unsicherheit stochastisch voneinander un- abhängig.
2. Die Nutzenfunktion des Entscheiders ist vom exponentiellen Typ.

Stochastische Unabhängigkeit bedeutet in diesem Zusammenhang, dass die Eintritts- wahrscheinlichkeiten der Zustände in einer Periode nicht von dem bisher realisierten Entwicklungspfad, also insbesondere nicht vom realisierten Zustand der Vorperiode, beeinflusst werden.[17] Die Annahme stochastischer Unabhängigkeit steht damit im Wider- spruch zu der alltäglichen Beobachtung, dass sich die Auflösung von Unsicherheit in periodenübergreifender Weise, d. h. allmählich, vollzieht.

---

[17] Vgl. *Kruschwitz* (2001), S. 2409–2413. *Kruschwitz* wählt als Bild für die Tatsache, dass sich die Unsicherheit bezüglich der in Periode t eintretenden Zahlung erst mit dem Eintreten des Umwelt- zustands t auflöst und durch das Verstreichen der ersten t-1 Perioden in keiner Weise verringert („aufgelöst") wird, das Beispiel eines Loses, das im Zeitpunkt 0 gekauft und erst t Perioden später geöffnet wird. Zum Begriff der „Auflösung von Risiko" vgl. auch *Robichek und Myers* (1966), hier S. 729.

Exponentielle Nutzenfunktionen haben folgende Gestalt:

$$u(CF) = -\exp(-\rho \cdot CF) \qquad (\rho > 0)$$

Risikonutzenfunktionen dieses Typs haben einige Eigenschaften, die ihre Verwendung zumindest in der Theorie attraktiv machen:

* ρ ist im Rahmen der Funktion die Messgröße für die **Risikoaversion** des Entscheidungssubjekts. Für $\rho > 0$ handelt es sich um die Risikonutzenfunktion eines risikoscheuen Investors.
* Sie besitzt ein konstantes *Arrow-Pratt*-**Maß**,[18] d.h. dass die **Risikoeinstellung** eines Entscheidungsträgers **unabhängig von dessen Erstausstattung** ist. Die Risikoprämie, die einem Investor gezahlt werden muss, damit er ein gegebenes finanzielles Risiko übernimmt, wird von dessen Anfangsvermögen also nicht beeinflusst.
* Der Grad der Risikoaversion steigt mit wachsendem ρ.[19]

Die Fiktion konstanter absoluter Risikoaversion ist offensichtlich unrealistisch: Aus ihr würde folgen, dass das Risikoverhalten eines Entscheiders am Subsistenzminimum bei gegebener Risikonutzenfunktion sich nicht von dem Risikoverhalten eines Milliardärs unterscheidet. Trotzdem ist gerade diese Eigenschaft wertvoll für die methodisch korrekte Durchführung von Barwertberechnungen: Sie bewirkt nämlich, dass es unbedenklich ist, die Sicherheitsäquivalente der periodischen Rückflüsse wie dargestellt zu bilden und auf ihrer Basis einen Barwert zu errechnen. Wäre keine konstante absolute Risikoaversion gegeben, so könnte ein Risikonutzen nur auf der Grundlage der jeweiligen Gesamtvermögensausstattung in Periode t und Zustand i errechnet werden (und nicht etwa auf der Grundlage von einzelnen Zahlungen), was ein analytisches Kalkül *in praxi* undurchführbar macht.

Für **normalverteilte Zahlungsprofile** mit Erwartungswert E(CF) und Standardabweichung SD(CF) stellt sich das Sicherheitsäquivalent SÄ für die gewählte Risikonutzenfunktion $u(CF) = -\exp(-\rho \cdot CF)$ wie folgt dar:

$$SÄ = E(CF) - \rho/2 \cdot SD^2(CF)$$

Die Annahme der **Normalverteilung** von Unsicherheitsgrößen ist eine in der Prognosetechnik und Bewertungstheorie weit verbreitete Standardannahme. Ein unsicherer Zahlungsstrom kann, wie im vorherigen Kapitel erläutert, durch mehrere Szenarien

---

[18] Vgl. Arrow (1970), S. 90–120; das *Arrow-Pratt*-Maß R_A (als Risikoaversionsmaß) ergibt sich für die Risikonutzenfunktion u zu $R_A(u) = -u''/u'$.

[19] Wegen $R_A[-\exp(-\rho \cdot x)] = \rho$.

Jahr	Negatives Szenario (p = 0,35)	Trendszenario (p = 0,5)	Positives Szenario (p = 0,15)	Risikonutzenwert	Sicherheitsäquivalent
2016	2.000	2.000	2.300	-1,1520E-03	2.030
2017	1.800	2.050	2.700	-1,4247E-03	1.966
2018	1.950	2.300	3.200	-7,6379E-04	2.153
2019	2.000	2.400	3.500	-6,1444E-04	2.218
2020	2.050	2.500	3.800	-4,9770E-04	2.282
2021 - ...	2.100	2.600	4.000	-4,0552E-04	2.343

Abb. 5.5 Sicherheitsäquivalente der Zahlungsreihen in Abb. 5.2

dargestellt werden, denen jeweils Eintrittswahrscheinlichkeiten zugeordnet werden. Er kann aber auch unter der Annahme der Normalverteilung durch seinen Erwartungswert und seine Standardabweichung vollständig repräsentiert werden. Die exponentielle Risikonutzenfunktion ermöglicht in diesem Fall eine denkbar einfache Berechnung der Sicherheitsäquivalente, worauf, in Abschn. 5.4.1. noch weiter eingegangen wird.

Für die Zahlungsprofile aus Abb. 5.2 ergeben sich damit für die (gegriffene) Risikonutzenfunktion $u(CF) = -\exp(-CF/300)$ in den einzelnen Zeitpunkten des Prognosezeitraums die in Abb. 5.5 angegebenen Sicherheitsäquivalente.

Der Gegenwartswert der Sicherheitsäquivalente als Repräsentant für den Wert des Unternehmens, welches das obige Zahlungsprofil generiert, beträgt damit für den risikolosen Zinssatz von 5 %:

$$\text{Unternehmenswert} = \text{Gegenwartswert der Sicherheitsäquivalente}$$

$$= 45.905 \ \text{€}$$

Dieser Wert ist deutlich kleiner als der zuvor mit demselben Kapitalisierungszinssatz ermittelte Gegenwartswert der Erwartungswerte in Höhe von 51.089 €. Der Abschlag ist auf die unterstellte Risikoaversion des Investors zurückzuführen. Da für jedes rationale, risikoscheue Individuum das Sicherheitsäquivalent kleiner ist als der Erwartungswert einer Zahlungsreihe[20] und bei der Unternehmensbewertung i. d. R. risikoscheue Investo-

---

[20] Vgl. die Abb. 5.3 und 5.4.

ren unterstellt werden, wird die Sicherheitsäquivalentmethode auch als **Ergebnisab-schlagsmethode** bezeichnet.[21]

Auch die Sicherheitsäquivalentmethode hat sich in der Bewertungspraxis nicht durch-setzen können. Die Gründe dafür sind vielfältig. So gibt es empirische Untersuchungen, in denen nachgewiesen wird, dass sich Entscheidungsträger nicht stets gemäß der Axiomatik von *v. Neumann und Morgenstern* verhalten.[22] Ebenfalls wird die praktische Ermittlung von Risikonutzenfunktionen als problematisch betrachtet. Sind mehrere Personen Adres-saten einer Unternehmensbewertung, wird auf die grundsätzliche Unvereinbarkeit ihrer Nutzenvorstellungen hingewiesen.[23]

Nicht zuletzt bedarf die theoretisch exakte Ermittlung der Sicherheitsäquivalente expliziter Wahrscheinlichkeitsverteilungen in den Zeitpunkten des Prognosezeitraums, um nicht auf mehr oder minder unspezifizierte Schätzungen der Sicherheitsäquivalente allein auf der Basis von Erwartungswerten angewiesen zu sein.[24] Trotzdem eignet sich die *v. Neumann und Morgenstern*sche Theorie des Risikonutzens, wie im Folgenden darzu-stellen ist, zumindest als Referenzpunkt für die Beurteilung der logischen Konsistenz und Plausibilität von Risikoadjustierungen des Kapitalisierungszinssatzes im Rahmen der Unternehmensbewertung.

5.3 Exkurs: Experimentelle Bestimmung von Risikonutzenfunktionen

In der Vorlesung „Unternehmensbewertung" vom 20.12.2013 sollten die Zuhörer intuitiv für vier verschiedene Wetten Sicherheitsäquivalente bestimmen, die ihrer Risikopräferenz entsprechen sollten.[25] In der Abb. 5.6 sind die Wetten angegeben sowie die „experimen-tell" erhobenen (Durchschnitts-)Sicherheitsäquivalente [Bereinigung um Extremwerte und unplausible Werte].[26]

Aufgrund dieser experimentell erhobenen Risikoeinstellung soll eine Risikonut-zenfunktion formuliert werden, die dieses Risikoverhalten möglichst genau widerspiegelt. Zu Grunde gelegt wird eine exponentielle Nutzenfunktion vom Typ:

---

[21] Vgl. *IDW* (2014), Rn. A 509.

[22] Vgl. *Eisenführ et al.* (2010), S. 393 ff.

[23] Vgl. *Sieben und Schildbach* (1994), S. 185 f.

[24] Vgl. *Mandl und Rabel* (1997), S. 222.

[25] Ca. 60 Teilnehmer.

[26] Zugestanden werden muss, dass die Erhebung von „Konsenssicherheitsäquivalenten" durch Gruppenbefragung mehrerer Individuen im Rahmen der Risikonutzentheorie systemwidrig ist, da Risikopräferenzen nur individuell bestimmt werden können. Diese Systemwidrigkeit wurde in Kauf genommen, um das Hörsaalexperiment durchführen zu können.

	Auszahlung Wettverlust (p = 0,5)	Einzahlung Wettgewinn (p = 0,5)	„Konsens-Sicherheits-äquivalent"	Zum Vergleich: Erwartungswert
Wette 1	-500 €	500 €	-187 €	0 €
Wette 2	-100 €	200 €	-14 €	50 €
Wette 3	-200 €	500 €	34 €	150 €
Wette 4	-300 €	800 €	50 €	250 €

Abb. 5.6 Ergebnisse der Hörsaalbefragung zu den Sicherheitsäquivalenten von vier Wetten

$$u(CF) = -\exp(-\rho \cdot CF) \text{ mit } \rho = \text{Risikoaversionsparameter.}$$

Bei der Anpassung der Risikonutzenfunktion an die experimentell ermittelten Sicherheitsäquivalente wird folgendermaßen vorgegangen: Für Nutzenfunktionen mit verschiedenen Parametern ρ wird jeweils für die vier Wetten der Erwartungswert des Nutzens ermittelt:

$$EU(W_x) = p \cdot [u \text{ (Auszahlung Wettverlust)}] + [1 - p] \cdot [u \text{ (Einzahlung Wettgewinn)}]$$

Für die jeweiligen Werte des Erwartungsnutzens der vier Wetten wird das korrespondierende Sicherheitsäquivalent ermittelt:

$$S\ddot{A} = X \,\bigg|\, u(X) = \sum_{i=1}^{I} p_i \cdot u(CF_i)$$

Das Sicherheitsäquivalent ist wertmäßig identisch mit der Umkehrfunktion des Risikonutzens. Für eine exponentielle Risikonutzenfunktion gilt damit:

$$S\ddot{A} = -\ln(-EU[W_x])/\rho$$

mit W_x Wette 1, ..., 4 und
    EU   Erwartungsnutzen

Die Anpassung wurde für vier verschiedene Risikoaversionsparameter ρ so vorgenommen, dass sie jeweils einer einzigen der vier Wetten voll entsprechen (vgl. Abb. 5.7).

Die vier „Konsens-Sicherheitsäquivalente" werden durch keine der zu Grunde gelegten Spezifizierungen der Risikonutzenfunktion gleichzeitig in annähernder Präzision abgebildet, wobei die Risikoaversionsparameter für Wette 1 und Wette 4 relativ nahe

	„Konsens-sicherheits-äquivalent"	Sicherheits-äquivalent für $\rho = [0{,}00165]$ (gerundet)	Sicherheits-äquivalent für $\rho = [0{,}0065]$ (gerundet)	Sicherheits-äquivalent für $\rho = [0{,}00205]$ (gerundet)	Sicherheits-äquivalent für $\rho = [0{,}00146]$ (gerundet)
Wette 1	**-187 €**	**-187 €**	-394 €	-220 €	-168 €
Wette 2	**-14 €**	32 €	**-14 €**	27 €	34 €
Wette 3	**34 €**	54 €	-95 €	**34 €**	64 €
Wette 4	**50 €**	28 €	-193 €	-11 €	**50 €**

Abb. 5.7 Zugeordnete Risikoaversionsparameter ρ

beieinander liegen. Der Risikoaversionsparameter liegt also im Bereich [0,00146; 0,0065]. Der Risikoaversionsparameter, der Sicherheitsäquivalente liefert, deren Abweichungen zu den Konsensäquivalenten nach Maßgabe der Summe der Abweichungsquadrate minimal sind, liegt bei etwa 0,00163.[27]

5.4 Ermittlung von Risikozuschlägen auf Grundlage der Risikonutzentheorie

5.4.1 Ableitung von Risikozuschlägen aus der Sicherheitsäquivalentmethode

In der Unternehmensbewertungspraxis wird die **Risikozuschlagsmethode** favorisiert. Im Gegensatz zur Sicherheitsäquivalentmethode erfolgt hier die Berücksichtigung der subjektiven Risikoeinstellung des Entscheidungsträgers nicht im Zähler, sondern im Nenner des Bewertungskalküls. Dem Prinzip der Unsicherheitsäquivalenz folgend wird dabei einer risikobehafteten Zählergröße, dem Erwartungswert eines *cash flow*-Profils, ein risikoadjustierter Kapitalisierungszinssatz gegenübergestellt. Da sich wie oben erläutert i. d. R. kaum risikoäquivalente Kapitalisierungszinssätze von realen Alternativinvestitionen finden lassen werden, wird ein gegebener Kapitalisierungszinssatz der individuellen Risikoeinstellung des Investors entsprechend „adjustiert". Die Risikoadjustierung erfolgt, indem zu einem Basiszinssatz i der Risikozuschlag rz addiert wird.[28] Je größer der so erzeugte Kapitalisierungszinssatz

---

[27] Zur Erinnerung: In den Beispielen dieses Kapitels wurde für die gleiche Nutzenfunktion ein Risikoaversionsparameter von 1/300 zu Grunde gelegt.

[28] Zu beachten ist grundsätzlich, dass bei Risikoaversion für negative Überschussgrößen ein Risikoabschlag zu bilden ist.

$$r = i + rz^{29}$$

im Nenner des Ertragswertkalküls wird, desto geringer fällt bei gleichen Zählergrößen der Unternehmenswert aus. Diese Vorgehensweise erfährt eine empirische Bestätigung durch die Tatsache, dass für die Anlage in risikobehaftete Unternehmenstitel höhere Renditen erwartet und bezahlt werden als für (*quasi-*)sichere festverzinsliche Anleihen.

Soll die Risikozuschlagsmethode entscheidungslogisch fundiert werden, dann muss bei der Ermittlung des Ertragswerts EW im Einperiodenfall eine feste Beziehung zwischen den zum risikoadjustierten Zinssatz diskontierten Erwartungswerten E und den zum risikolosen Zinssatz diskontierten Sicherheitsäquivalenten gelten:

$$EW = \frac{E(CF)}{1 + i + rz} = \frac{S\ddot{A}}{1 + i} \tag{5.1}$$

Daraus ergibt sich durch Auflösung nach rz der Risikozuschlag zu

$$rz = \left(\frac{E(CF)}{S\ddot{A}} - 1 \right) \cdot (1 \; + \; i)$$

Problematisch ist allerdings die Bestimmung der Höhe des Risikozuschlags im **Mehrperiodenfall**. Ein gangbarer Weg ist es analog zum Einperiodenfall auch hier, den Risikozuschlag aus dem Ergebnis der Sicherheitsäquivalentmethode abzuleiten. In der Unternehmensbewertungspraxis wird bei Anwendung der Ertragswertmethode i. d. R. davon ausgegangen, dass für den gesamten Prognosezeitraum t = 0, ..., ∞ ein **einheitlicher Risikozuschlag** rz gilt,[30] d. h. für den Fall zweier Prognosephasen ist der Unternehmenswert:

$$EW = \sum_{t=1}^{T} \frac{E(CF_t)}{(1 + i + rz)^t} + \frac{1}{(1 + i + rz)^T} \cdot \frac{E(CF_{t+1})}{i + rz} \tag{5.2}$$

Für den oben nach der Sicherheitsäquivalentmethode auf der Basis der vorgegebenen Nutzenfunktion errechneten Unternehmenswert in Höhe von 45.905 T€ lässt sich numerisch

---

[29] An dieser Stelle sei darauf hingewiesen, dass der Kapitalisierungszinssatz grundsätzlich um die persönliche Einkommensteuer s des Investors zu kürzen ist, d. h. der Kapitalisierungszinssatz nach Steuern beträgt $r_s = (i + rz) \cdot (1 - s)$. Unterstellt wird dabei, dass auch die Überschüsse aus der alternativen Geldanlage in (*quasi*)sichere Anleihen voll besteuert werden. Wegen der thematischen Schwerpunktsetzung dieses Kapitels – Betonung der Grundlagen des individualistischen Ansatzes aus entscheidungstheoretischer Sicht – wird die explizite Berücksichtigung von Steuern hier jedoch vernachlässigt.

[30] Vgl. *Drukarczyk und Schüler* (2007), S. 58 f., zu dieser Vorgehensweise; von der grundsätzlichen Abhängigkeit des Kapitalisierungszinssatzes vom Verschuldungsgrad eines Unternehmens wird dabei an dieser Stelle (noch) abgesehen.

durch Einsetzen in Formel (5.2) ein Wert für den Risikozuschlag rz ermitteln, der gleichfalls zu diesem Unternehmenswert (von 45.905 T€) führt. In der Tat ergibt sich für

$$rz = 0,55 \%$$

nach Formel (5.2) ein Unternehmenswert in identischer Höhe.

Die Abb. 5.8 zeigt auf, wie die Risikozuschläge jeweils bemessen sein müssen, um mit den dadurch risikoadjustierten Zinssätzen zu denselben Unternehmenswerten zu gelangen wie durch Anwendung des risikolosen Zinssatzes auf die Sicherheitsäquivalente der *cash flows* bzw. die *cash flows* des pessimistischen Szenarios in jeder Periode des Drei-Szenarien-Falls.

Zudem zeigt Abb. 5.8 auf, wie der Risikozuschlag für den Fall zu wählen ist, dass der Unternehmensbewertung anstelle des Drei-Szenarien-Falls eine Normalverteilung der *cash flows* zu Grunde gelegt wird, deren Erwartungswert und Streuung mit denen des Drei-Szenarien-Falls übereinstimmen. Motiviert ist die Betrachtung der korrespondierenden

Zählergröße	Zinssatz	Unternehmens-wert (T€)	Erklärung
CF des Trendszenarios	5,00 %	50.427	Trendszenario, diskontiert zum risikolosen Zinssatz
Erwartungswert der CF	5,00 %	51.089	Erwartungswert, diskontiert zum risikolosen Zinssatz
Sicherheits-äquivalente	5,00 %	45.905	Sicherheitsäquivalent, diskontiert zu risikolosen Zinssatz
Erwartungswert der CF	5,55 %	45.905	Erwartungswert, diskontiert zum risikoadjustierten Zinssatz des Drei-Szenarien-Falls
CF [pessimistisches Szenario]	5,00 %	41.381	Ungünstigster Entwicklungspfad, diskontiert zum risikolosen Zinssatz
Erwartungswert der CF	6,14 %	41.381	Erwartungswert, diskontiert mit dem maximalen Risikozuschlag im Drei-Szenarien-Fall
Sicherheitsäquivalent für N[E(CFt), SD(CFt)]	5,00 %	40.079	Sicherheitsäquivalent der korrespon-dierenden N-Verteilung, diskontiert mit dem risikolosen Zinssatz
Erwartungswert der CF	6,33 %	40.079	Erwartungswert der CF, diskontiert mit dem risikoadjustierten Zinssatz der N-Verteilung

Abb. 5.8 Unternehmenswerte für das Beispiel-Zahlungsprofil CF mit unterschiedlichen Zähler- und Nennergrößen und der Risikonutzenfunktion $u(x) = -\exp(-x/300)$

Normalverteilung durch die Tatsache, dass realisierte Zahlungen aus einem Investitions-projekt nach beiden Seiten unbeschränkt sind, wobei im Rahmen einer mehrwertigen Prognose Schätzungen für den diskreten Fall vorgenommen werden.

Durch diese Gegenüberstellung werden einige nicht uninteressante Details transparent:

1. Für jede beliebige Risikonutzenfunktion kann der maximale Risikozuschlag im Drei-Szenarien-Fall nicht größer sein als 1,14 Prozentpunkte. Denn der erwartete Barwert des CF-Profils für einen Zinssatz von 6,14 % ist identisch mit dem zugeordneten Barwert des jeweils ungünstigsten Szenarios, diskontiert mit einem risikolosen Zins-satz von 5 %.
2. Approximiert man das Drei-Szenarien-CF-Profil durch eine Normalverteilung, dann ist bei gegebener Nutzenfunktion ein Risikozuschlag rz zu Grunde zu legen, der mehr als doppelt so hoch ist wie im Drei-Szenarien-Fall (1,33 % vs. 0,55 %).
3. Erklärt wird diese Differenz dadurch, dass das in Erwartungswert und Standardabwei-chung korrespondierende normalverteilte Profil keine oberen und unteren Schranken für die realisierten Zahlungen besitzt. Bei Risikoaversion muss das unbegrenzte *downside*-Risiko mehr ins Gewicht fallen als das Fehlen einer oberen Beschränkung und führt also zu einer wesentlichen Erhöhung des Risikozuschlages.

5.4.2   Das „Phänomen" der im Zeitablauf sinkenden Risikozuschläge

Es ist keineswegs sachlogisch zwingend, dass für alle Perioden des Prognosezeitraums ein einheitlicher Risikozuschlag rz gelten muss. Um dies zu veranschaulichen, wird zunächst vereinfachend – und im Einklang mit den Ausführungen in Abschn. 5.2 – unterstellt, dass die *cash flow*-Profile im Zeitablauf stochastisch **unabhängig** sind: Die *cash flow*-Realisation einer Periode t ist also unabhängig vom Entwicklungspfad der Vergangenheit, d. h. von den Umweltzuständen, die sich in den Vorperioden realisiert haben.

Damit ist eine bestimmte Vorgehensweise bei der Diskontierung der risikobehafteten künftigen Zahlungen naheliegend: Der Erwartungswert des *cash flow*-Profils der t-ten Periode $E(CF_t)$ wird zunächst analog zum Einperiodenfall nach Formel (5.1) mit dem passenden Risikozuschlag rz_t auf den Beginn der Vorperiode, d. h. den Zeitpunkt t-1, abgezinst. Die Annahme der stochastischen Unabhängigkeit hat zur Folge, dass sich das gesamte Risiko des *cash flow*-Profils in Periode t gleichsam **auf einen Schlag** auflöst. Der mit dem risikoadjustierten Kapitalisierungszinssatz diskontierte Erwartungswert $E(CF_t) \cdot (1 + i + rz)^{-1}$ ist deshalb über den Zeitraum: $\tau = 1, \ldots, [t-1]$ **mit dem risikolosen Zinssatz i** abzuzinsen. Der Gegenwartswert des *cash flow*-Profils der t-ten Periode lautet damit:

$$\frac{E(CF_t)}{(1 + i + rz_t)^1 \cdot (1 + i)^{t-1}}$$

Der Ertragswert einer Zahlungsreihe wie in Abb. 5.2 ergibt sich damit für den Prognosezeitraum mit zwei Phasen zu:

$$EW = \sum_{t=1}^{T} \frac{E(CF_t)}{(1 + i + rz_t)^1 \cdot (1 + i)^{t-1}} + \frac{1}{(1 + i)^T} \cdot \frac{E(CF_{T+1})}{i} \cdot \frac{1 + i}{1 + i + rz_{T+1}}.$$

Der Risikozuschlag rz_{T+1} ist dabei – analog zur Zählergröße $E(CF_{T+1})$ – für alle Perioden der Rentenphase identisch, d. h. es gilt: $rz_{T+1} = rz_{T+2} = \ldots$ (usw.).

Weiterhin gilt für den gesamten Unternehmenswert EW definitionsgemäß die folgende Beziehung zwischen den Gegenwartswerten von Sicherheitsäquivalenten und Erwartungswerten:

$$EW = \sum_{t=1}^{T} \frac{S\ddot{A}_t}{(1 + i)^t} + \frac{1}{(1 + i)^T} \cdot \frac{S\ddot{A}}{i}$$

$$= \sum_{t=1}^{T} \frac{E(CF_t)}{(1 + i + rz_t)^1 \cdot (1 + i)^{t-1}} + \frac{1}{(1 + i)^T} \cdot \frac{E(CF_{T+1})}{i} \cdot \frac{1 + i}{1 + i + rz_{T+1}}$$

Gleichsetzen der einzelnen Unternehmenswertkomponenten je Periode ergibt:

$$\frac{S\ddot{A}_t}{(1 + i)^t} = \frac{E(CF_t)}{(1 + i + rz_t)^1 \cdot (1 + i)^{t-1}} \text{ sowie}$$

$$\frac{1}{(1 + i)^T} \cdot \frac{S\ddot{A}}{i} = \frac{1}{(1 + i)^T} \cdot \frac{E(CF_{T+1})}{i} \cdot \frac{1 + i}{1 + i + rz_{T+1}}$$

Aus den beiden letzten Gleichungen erhält man die zum Einperiodenfall analogen Bestimmungsgleichungen (vgl. dazu die Auflösung von Formel (5.3)) für die Risikozuschläge rz_t:

$$rz_t = \left[\left(\frac{E(CF_t)}{S\ddot{A}_t} \right) - 1 \right] \cdot (1 + i) \text{ für } t = 1, \ldots, T + 1 \qquad (5.3)$$

Wir sehen, dass im dargestellten Fall der Risikozuschlag nur durch das spezifische Unsicherheitsprofil in Zeitperiode t, nicht aber durch die zeitliche Entfernung vom Bewertungsstichtag beeinflusst ist.

In der Literatur findet sich allerdings auch die Vorgehensweise, Zahlungen in einer Periode t über das gesamte Zeitintervall [0, t] hinweg mit einem jeweils **periodenspezifischen Risikozuschlag** zu diskontieren.[31] Dahinter steht die ökonomische Intuition, dass jede Periode des Zeitintervalls [0, t] in spezifischer Weise am Ausmaß des Risikogrades der Zahlungsgröße CF_t beteiligt ist.

Es gilt dann:

$$EW = \sum_{t=1}^{T} \frac{E(CF_t)}{(1 + i + rz_t)^t} + \frac{1}{(1 + i + rz_{T+1})^T} \cdot \frac{E(CF_{T+1})}{i + rz_{T+1}}$$

bzw.

$$\sum_{t=1}^{T} \frac{S\ddot{A}_t}{(1 + i)^t} + \frac{1}{(1 + i)^T} \cdot \frac{S\ddot{A}}{i} = \sum_{t=1}^{T} \frac{E(CF_t)}{(1 + i + rz_t)^t} + \frac{1}{(1 + i + rz_{T+1})^T} \cdot \frac{E(CF_{T+1})}{i + rz_{T+1}}$$

Setzt man auch hier die einzelnen Unternehmenswertkomponenten je Periode gleich, ergibt sich:

$$\frac{S\ddot{A}_t}{(1 + i)^t} = \frac{E(CF_t)}{(1 + i + rz_t)^t}$$

sowie

$$\frac{1}{(1 + i)^T} \cdot \frac{S\ddot{A}}{i} = \frac{1}{(1 + i + rz_{T+1})^T} \cdot \frac{E(CF_{T+1})}{i + rz_{T+1}}$$

Hieraus ergeben sich die periodenspezifischen Risikozuschläge rz_t für die Detailplanungsphase t = 1, ..., T aus:

$$rz_t = \left[\left(\frac{E(CF_t)}{S\ddot{A}_t} \right)^{\frac{1}{t}} - 1 \right] \cdot (1 + i) \tag{5.4}$$

Die Bestimmungsgleichung für rz_{T+1} führt auf ein Polynom T + 1-ten Grades und lässt sich daher nicht analytisch nach rz_{T+1} auflösen; rz_{T+1} kann aber numerisch ermittelt werden.

---

[31] Vgl. *Drukarczyk und Schüler* (2007), S. 62 f.; *Kruschwitz* (2001), m. w. N. zur Auseinandersetzung mit dieser Vorgehensweise.

Jahr	Neg. Sz. (p=0,35) [T€]	Trendsz. (p=0,5) [T€]	Pos. Sz. (p=0,15) [T€]	Erw.-W. [T€]	EU (CF)	SÄ [T€]	Risiko-prämie [T €]	rz_t^1 [%]	rz_t^2 [%]
2016	1.800	2.000	2.200	1.960	-0,00160189	1.931	29	1,58	1,58
2017	1.900	2.100	2.300	2.060	-0,0011478	2.031	29	0,75	1,50
2018	2.000	2.200	2.400	2.160	-0,00082244	2.131	29	0,47	1,43
2019	2.100	2.300	2.500	2.260	-0,0005893	2.231	29	0,34	1,37
2020	2.200	2.400	2.600	2.360	-0,00042225	2.331	29	0,26	1,31
2021	2.300	2.500	2.700	2.460	-0,00030256	2.431	29	0,21	1,25

Abb. 5.9 Risikozuschläge rz_t eines Zahlungsprofils für die Risikonutzenfunktion $u(CF) = -\exp(-CF/300)$ mit: z_t^1-Risikozuschlag in Prozentpunkten bei Diskontierung von $E(CF_t)$ mit dem Zuschlagsatz $(i + z_t^1)$ über alle Perioden 1, ..., t gemäß Formel (5.4); i = 5%. z_t^2 – Risikozuschlag in Prozentpunkten bei Diskontierung von $E(CF_t)$ mit dem Zuschlagsatz $(i + z_t^2)$ nur in Periode t, sonst Diskontierung mit i für Perioden 1, ..., (t-1) gemäß Formel (5.3); i = 5%.

Ermittelt man nun für die *cash flow*-Profile eines exemplarischen Progno-sezeitraums[32] die Risikozuschläge nach Formel (5.4) (siehe Abb. 5.9) und bezeichnet diese mit rz_t^1, so ist erkennbar (vorletzte Spalte von Abb. 5.9), dass die Zuschlagsätze rz_t^1 mit wachsendem t kleiner werden (!). Ermittelt man die Risikozuschlagsätze nach Formel (5.3) und bezeichnet diese mit rz_t^2, so erhält man gleichfalls (letzte Spalte von Abb. 5.9) fallende Zuschlagssätze mit allerdings deutlich geringerer Schrumpfungsrate. In beiden Fällen könnte der Eindruck entstehen, dass die Risikoaversion des Investors mit zunehmender zeitlicher Entfernung deutlich abnimmt. Dies ist aber offensichtlich nicht der Fall: Die Risikoprämien als Differenz von Erwartungswert und Sicherheitsäquivalent sind nach Abb. 5.9 im Zeitablauf identisch (in Höhe von 29 T€); d.h. dass die absolute Risikoaversion des Investors unverändert bleibt.

Wenn auch beide Typen von Risikozuschlägen ein qualitativ gleiches (abnehmendes) Verhalten im Zeitablauf aufweisen, so sind die Ursachen dafür im Einzelnen jedoch unterschiedlich. Das Sinken der Risikozuschläge rz_t^1 ist der Tatsache geschuldet, dass bei deren Ermittlung Risiko- und Zeitpräferenz vermischt werden. Wird der Risikozuschlag nur für ein Jahr – nämlich für das Jahr der jeweils sich realisierenden Zahlung – erhoben, dann fällt er im Exponenten nur einmal ins Gewicht; wird er hingegen für fünf Jahre wiederholt angesetzt, dann geht er als Bestandteil des Kapitalisierungszinssatzes auch fünf Mal in die Diskontierung mit dem Exponenten 5 ein, sodass sich ein beträchtlicher „Verzinsungseffekt" des Risikozuschlags ergibt. Die wiederholte Verzinsung des Zuschlages rz_t^1 muss aber bei gleichem Risiko zu einem geringeren

---

[32] Zur Vereinfachung wird hier die Phase der ewigen Rente nicht betrachtet.

Jahr	Neg. Sz. (p=0,35) [T€]	Trendsz. (p=0,5) [T€]	Pos. Sz. (p=0,15) [T€]	Erw.-W. [T€]	EU (CF)	SÄ [T€]	rz_t^1 [%]	rz_t^2 [%]
2016	1.800	2.000	2.200	1.960	-0,00160189	1.931	1,58	1,58
2017	1.800	2.000	2.200	1.960	-0,00160189	1.931	0,79	1,58
2018	1.800	2.000	2.200	1.960	-0,00160189	1.931	0,52	1,58
2019	1.800	2.000	2.200	1.960	-0,00160189	1.931	0,39	1,58
2020	1.800	2.000	2.200	1.960	-0,00160189	1.931	0,31	1,58
2021	1.800	2.000	2.200	1.960	-0,00160189	1.931	0,26	1,58

Abb. 5.10 Risikozuschläge rz_t eines Zahlungsprofils für die Risikonutzenfunktion $u(CF) = -exp$ $(-CF/300)$

Zuschlag für eine Periode führen. Formel (5.4) bringt diese verbal beschriebene **Vermischung von Zeit- und Risikopräferenz** durch den zeitabhängigen und im Zeitablauf fallenden Exponenten „1/t" deutlich zum Ausdruck. Die Verwendung von Risikozuschlägen des Typs rz_t^1 führt damit zwar rechnerisch zu richtigen Ergebnissen, kann jedoch zu Fehlinterpretationen hinsichtlich der Risikoeinstellung des Investors führen.

Das Sinken der Risikozuschläge rz_t^2 im Zeitablauf ist auf einen anderen Grund zurückzuführen. Aufgrund des von Periode zu Periode konstanten Anstiegs der Größenausprägung der Zahlungsprofile geht das Verhältnis $E(CF_t)/SÄ_t$ näher gegen 1; der Inhalt der eckigen Klammer in Formel (5.3) damit näher gegen 0.[33] Allein diese Konvergenz gegen 0 bewirkt das Fallen der Risikozuschläge des Typs rz_t^2 im Zeitablauf. Eine Vermischung von Zeit- und Risikopräferenz ist hier nicht gegeben.[34] Es handelt sich um einen reinen Niveaueffekt.

Zur Verdeutlichung: Ändert man die in Abb. 5.9 dargestellten Zahlungsprofile so ab, dass das Zahlungsprofil der ersten Periode identisch auf alle sechs Perioden fortgeschrieben wird, sind die Risikozuschläge des Typs rz_t^2 im Zeitablauf konstant, die Zuschläge des Typs rz_t^1 fallen hingegen nach wie vor (vgl. dazu Abb. 5.10).

---

[33] Natürlich besteht dieser Effekt auch in Formel (5.4); dort ist er aber im Vergleich zur Vermischung von Risiko- und Zeitpräferenz von relativ untergeordneter Bedeutung.

[34] *n.b.*: Das Fallen der Risikozuschläge bei steigendem Erwartungswert und konstanter Varianz des Zahlungsprofils steht nicht im Widerspruch zur Annahme konstanter absoluter Risikoaversion (siehe die konstante Risikoprämie in Höhe von 29 in Abb. 5.7). Die Zuschläge fallen nicht etwa deshalb, weil sich ein Bieter umso risikofreudiger verhält, je höher der ihm zugesicherte „Sockelbetrag" ist, sondern vielmehr, weil mit steigendem Erwartungswert bei konstanter Varianz die Unsicherheitskomponente bei der Verzinsung gegenüber dem sicheren Sockelbetrag immer weniger ins Gewicht fällt.

5.5 Weitere Aspekte für die Ermittlung nicht-kapitalmarktorientierter Risikozuschläge

Jenseits entscheidungstheoretischer Überlegungen gibt es zahlreiche Vorschläge aus der Bewertungspraxis, den subjektiven Risikozuschlag angemessen zu quantifizieren, indem man ihn um Zu- oder Abschläge für Tatbestände anreichert, die nicht in der Person eines einzelnen Entscheidungsträgers liegen. *Helbling* etwa hat eine Fülle von Faktoren aufgelistet, die zur Adjustierung eines typisierten Risikozuschlags herangezogen werden sollen. So nennt er neben einem Zuschlag für erschwerte Verkäuflichkeit weitere Faktoren, die einen Zuschlag für erhöhtes Risiko erfordern (u. a. in Abhängigkeit von Branche, Konkurrenzverhältnissen, Gewinnschwankungen, Umwelteinflüssen, Umsatzrenditen, Qualität der Unternehmensführung, Personalstruktur, Standort, vertraglichen Bindungen, Rechtsform).[35] Auch eher unspezifizierte Vorschläge zur Berücksichtigung der Kapitalstruktur eines Unternehmens lassen sich finden. Die einzelnen Zuschläge sind von ihrer Höhe her allerdings kaum zu begründen. Zudem birgt die Fülle von „Zuschlagsmöglichkeiten" die Gefahr von **Mehrfachzurechnungen**.

5.6 Schlussbemerkung

Die Ertragswertmethode auf der Grundlage eines individuellen, aus den persönlichen Verhältnissen des Bewertungssubjekts folgenden Kapitalisierungszinssatzes ist – vor allem vor dem Hintergrund des Vordringens der kapitalmarktgestützten DCF-Methoden – zunehmend umstritten. Für viele Fälle scheint sie von vornherein ungeeignet: etwa für den Fall einer Gruppe von Investoren (aufgrund deren grundsätzlich unvereinbaren Präferenzen) oder für den Fall eines diversifizierten Investors, dem mit einer *stand-alone*-Bewertung nach der Ertragswertmethode nicht viel geholfen ist.

Bei der Ertragswertmethode in Gestalt der Risikozuschlagsmethode ist die zentrale Kritik auf die Bemessung des Risikozuschlags gerichtet. Risikozuschläge sind nur dann exakt ermittelbar, wenn die Sicherheitsäquivalente bekannt sind. Dann aber liegt der Unternehmenswert bereits vor und die Ermittlung von Risikozuschlägen wird überflüssig.

Von Bedeutung bleibt jedoch die Möglichkeit, bei unbekannter Risikoeinstellung des Investors die Plausibilität gewählter Risikozuschläge zu beurteilen und damit besonders eklatante Bewertungsfehler vermeiden zu helfen.

---

[35] Vgl. *Helbling* (1998), S. 423 ff.

Literatur

Arrow, K. J. (1970). *Essays in the theory of risk bearing* (S. 90–120). Amsterdam/London.

Ballwieser, W., & Hachmeister, D. (2013). *Unternehmensbewertung – Prozess, Methoden und Probleme* (4. Aufl.). Stuttgart.

Bamberg, G., Baur, F., & Krapp, M. (2012). *Statistik* (17. Aufl.). München.

Diedrich, R. (2003). Die Sicherheitsäquivalentmethode der Unternehmensbewertung: Ein (auch) entscheidungstheoretisch wohlbegründbares Verfahren. *Zeitschrift für betriebswirtschaftliche Forschung, 55*, 281–286.

Drukarczyk, J., & Schüler, A. (2007). *Unternehmensbewertung* (5. Aufl.). München.

Eisenführ, F., Weber, M., & Langer, T. (2010). *Rationales Entscheiden* (5. Aufl.). Berlin .

Helbling, C. (1998). *Unternehmensbewertung und Steuern* (9. Aufl.). Düsseldorf.

IDW (2008). IDW S 1 [i. d. F. v. 2008]: *Grundsätze zur Durchführung von Unternehmensbewertungen.* IDW-FN 7/2008, S. 271–292.

IDW (2014). *Wirtschaftsprüfer–Handbuch* (Bd. 2., 14. Aufl.). Düsseldorf.

Kruschwitz, L. (2001). Risikoabschläge, Risikozuschläge und Risikoprämien in der Unternehmensbewertung. *Der Betrieb, 54*, 2409–2413.

Kürsten, W. (2002). „Unternehmensbewertung unter Unsicherheit" oder: Theoriedefizit einer künstlichen Diskussion über Sicherheitsäquivalent- und Risikozuschlagsmethode. *Zeitschrift für betriebswirtschaftliche Forschung, 54*, 128–144.

Kürsten, W. (2003). Grenzen und Reformbedarfe der Sicherheitsäquivalentmethode in der (traditionellen) Unternehmensbewertung. *Zeitschrift für betriebswirtschaftliche Forschung, 55*, 306–314.

Mandl, G., & Rabel, K. (1997). *Unternehmensbewertung.* Wien/Frankfurt.

Robichek, A. A., & Myers, S. C. (1966). Conceptual problems in the use of risk-adjusted discount rates. *The Journal of Finance, 21*, 727–730.

Sieben, G., & Schildbach, T. (1994). *Betriebswirtschaftliche Entscheidungstheorie* (4. Aufl.). Düsseldorf.

Schosser, J., & Grottke, M. (2013). Nutzengestützte Unternehmensbewertung: Ein Abriss der jüngeren Literatur. *Zeitschrift für betriebswirtschaftliche Forschung, 65*, 306–341.

von Neumann, J., & Morgenstern, O. (1953). *Theory of games and economic behavior* (3. Aufl.). New York.

Wiese, J. (2003). Zur theoretischen Fundierung der Sicherheitsäquivalentmethode und des Begriffs der Risikoauflösung bei der Unternehmensbewertung. *Zeitschrift für betriebswirtschaftliche Forschung, 55*, 287–305.

Die Schätzung der Nennergröße der Unternehmensbewertung II: Fingierte Kapitalmarktbewertung im Rahmen der Discounted Cash Flow-Verfahren

6

6.1 Bestimmung der geforderten Eigenkapitalkosten am Kapitalmarkt

6.1.1 Portefeuilletheorie

Die geschilderten Ansätze, Risikoäquivalenz durch Berücksichtigung von Sicherheitsäquivalenten in der Zähler- oder Nennergröße herzustellen, standen unter der Prämisse, dass die Geldanlage im Unternehmen als isolierte Disposition gesehen wurde. Es wurde nicht darauf geachtet, in welcher Beziehung das Risiko aus dieser Anlage mit anderen Portefeuillerisiken des Investors steht. Im Allgemeinen aber sind **Erträge aus einzelnen Anlageformen**, insbesondere aus Unternehmensanteilen, miteinander **korreliert**. Die Beziehung der Wertentwicklung eines Unternehmens zur Wertentwicklung des Marktes kann für die Unternehmensbewertung nicht unerheblich sein.

Zur Berücksichtigung solcher Wertkorrelationen einzelner Anlagen muss man aus der Perspektive eines individuellen Investors, der vor der Frage steht, ein konkretes Projekt zu akquirieren oder sein Geld in risikolose Anlagen zu investieren, heraustreten. Man muss sich in die Lage eines Anlegers versetzen, der sein Portefeuille strukturiert, indem er unter beliebig vielen Anlageformen auswählt.

Bei nachfolgenden Betrachtungen seien folgende Annahmen getroffen:

- Exponentielle Nutzenfunktion des Investors: $u(x) = -\exp(-\rho \cdot x)$, $\rho > 0$
- $k = 1,\ldots, K$ verschiedene Anlagen auf dem Kapitalmarkt, deren Erträge jeweils normalverteilt sind: $CF_k \sim N\left[E(CF_k), \sigma(CF_k)\right]$
- Zweizeitpunktmodell (eine Planungsperiode).

© Springer-Verlag GmbH Deutschland 2017
C. Kuhner, H. Maltry, *Unternehmensbewertung*,
DOI 10.1007/978-3-540-74305-7_6

Der risikoscheue Investor stellt mittels dieser verschiedenen Anlagen sein Portefeuille P so zusammen, dass sein Erwartungsnutzen maximiert wird. Sei x_k der Anteil von Wertpapier k im Portefeuille mit $\sum_{k=1}^{K} x_k = 1$ und W der finanzielle Rückfluss aus dem gesamten Portefeuille, dann gilt zunächst:

$$E(W) = \sum_{k=1}^{K} x_k \cdot E(CF_k) \qquad (6.1)$$

Der Erwartungswert des Ergebnisses W des Portefeuilles P entspricht der Summe der mit ihren Anteilen gewichteten Erwartungswerte der Ergebnisse der Wertpapiere im Portefeuille; E(W) entspricht dem gewichteten Durchschnittsergebnis der Wertpapiere im Portefeuille.[1]

Für die **Varianz** Var (W) des Ergebnisses W gilt hingegen **nicht** etwa eine additive Beziehung der Einzelvarianzen $\sigma_k{}^2$ der Form:

$$\text{Var } (W) = \sum_{k=1}^{K} x_k{}^2 \sigma_k{}^2, \textbf{ sondern vielmehr:}[2]$$

$$\text{Var } (W) = \sum_{l=1}^{K} \sum_{m=1}^{K} x_l \cdot x_m \cdot \sigma_l \cdot \sigma_m \cdot \rho_{l,m}$$

$$\text{Var } (W) = \sum_{l=1}^{K} \sum_{m=1}^{K} x_l \cdot x_m \cdot \sigma_{l,m} \qquad (6.2)$$

mit

$\rho_{l,m}$ Korrelationskoeffizient zwischen den Zufallsvariablen CF_l und CF_m
$\sigma_{l,m}$ Kovarianz der Zufallsvariablen CF_l und CF_m, mit $\sigma_{l,m} = cov(CF_l, CF_m)$.

Dabei gilt:[3]

$$\sigma_{l,m} = cov(CF_l, CF_m) := E\left[(CF_l - E(CF_l)) \cdot (CF_m - E(CF_m))\right]$$

---

[1] Vgl. *Schmidt und Terberger* (1997), S. 323.
[2] Vgl. *Bamberg et al.* (2012), S. 117.
[3] Vgl. *Bamberg et al.* (2012), S. 117.

sowie

$$\rho_{l,m} = \frac{\text{cov}(CF_l, CF_m)}{\sqrt{\text{var}(CF_l) \cdot \text{var}(CF_m)}} = \frac{\sigma_{l,m}}{\sqrt{\sigma_l^2 \cdot \sigma_m^2}} = \frac{\sigma_{l,m}}{\sigma_l \cdot \sigma_m} \text{ für } \sigma_l, \sigma_m > 0$$

mit $\rho_{l,m} \in [-1; +1]$.

Die **Kovarianz**, abgekürzt als cov(CF_l, CF_m) oder $\sigma_{l,m}$, ist ein Maß dafür, in welchem Umfang die Schwankungen zweier Zufallsvariablen um ihren Erwartungswert gleichgerichtet sind. Die Höhe der Kovarianz ist davon abhängig, ob große Abweichungen der einen Zufallsvariable von ihrem Erwartungswert gleichfalls auf große Abweichungen der anderen Zufallsvariable von deren Erwartungswert treffen oder nicht. Ein hoher Betrag der Kovarianz weist auf einen engen Zusammenhang der beiden Zufallsvariablen hin.

Der **Korrelationskoeffizient** ist eine normierte Zahl aus dem Intervall $[-1, 1]$ bzw. $[-100\%, 100\%]$, die die Stärke des Zusammenhangs zwischen zwei Zufallsvariablen ausweist.

Formel (6.2) macht deutlich, wie das Risiko des Ergebnisses W des Portefeuilles P aus den Risiken der Ergebnisse der in ihm enthaltenen Wertpapiere entsteht: Neben den Einzelrisiken der Wertpapiere – jeweils gemessen durch die Varianzen – muss deren Risikoverbund – jeweils gemessen durch die Kovarianzen – berücksichtigt werden.

Als **zentrales Ergebnis** ist festzuhalten:

Die **Varianz** Var (W) des Ergebnisses W des Portefeuilles P entspricht **nicht** der Summe der mit ihren Anteilen gewichteten Varianzen der Ergebnisse der Wertpapiere im Portefeuille, sondern ist fast stets geringer.[4] Das Risiko eines Portefeuilles ist daher (fast stets) kleiner als das Durchschnittsrisiko der Wertpapiere im Portefeuille, da mit der Aufnahme eines beliebigen, neuen Wertpapiers in ein gegebenes Portefeuille i. d. R. ein Risikostreuungseffekt (plakativ: Risikovernichtungseffekt) verbunden ist.[5]

Beispiel zur Portefeuille-Diversifikation:

Ein Großaktionär einer Reifenfirma erwägt den Kauf von Anteilen eines Erdölförderungsunternehmens. Unabhängig von der strategischen Sinnhaftigkeit einer solchen Akquisition streut der Unternehmer sein Risiko: Wenn der Mineralölpreis steigt, wird der Gewinn aus der Reifenproduktion zurückgehen, einerseits, weil die Nachfrage nach Automobilen sinkt, andererseits, weil der Preis eines wichtigen Inputfaktors (Teer, Schweröl, Polymere) steigt. Gleichzeitig werden aber die Erträge aus der Rohölförderung steigen. Die Überlegung gilt auch in umgekehrtem Zusammenhang.

---

[4] Einzige Ausnahme ist die vollständige positive Korrelation zwischen den Ergebnissen der Wertpapiere eines Portefeuilles.

[5] Vgl. *Schmidt und Terberger* (1997), S. 323.

Der Anleger halte nun 60 % seines Portefeuilles P in Reifenaktien und 40 % in Erdölaktien. Insgesamt legt er in t = 0 1 Mio. € an. Erdölaktien und Reifenaktien kosten in t = 0 jeweils 1.000 €/Stück. Die sonstigen Strukturmerkmale lauten:

$$E\left(CF(Reifen)_{t=1}\right) \qquad = 1.200\ \text{€}$$

$$E\left(CF(\text{Öl})_{t=1}\right) \qquad = 1.300\ \text{€}$$

$$SD\left(CF(Reifen)_{t=1}\right) \qquad = \quad \sigma_1 \quad = 300\ \text{€}$$

$$SD\left(CF(\text{Öl})_{t=1}\right) \qquad = \quad \sigma_2 \quad = 400\ \text{€}$$

$$\rho\left(CF(Reifen)/CF(\text{Öl})\right) \qquad = -0,75$$

Erwartungswert und Standardabweichung des Portefeuilleertrags in t = 0 ergeben sich wie folgt:

$$E_{t=0}\left[W_{t=1}\right] = 600 \cdot 1.200\ \text{€} + 400 \cdot 1.300\ \text{€} = 1,24\ \text{Mio. €}$$

$$\begin{aligned}
\text{Var}\ [W] &= \sum_{l=1}^{2}\sum_{m=1}^{2} x_l \cdot x_m \cdot \sigma_l \cdot \sigma_m \cdot \rho_{l,m} \\
&= x_l^2 \cdot \sigma_l + x_m^2 \cdot \sigma_m + 2 \cdot x_l \cdot x_m \cdot \sigma_l \cdot \sigma_m \cdot \rho_{l,m} \\
&= 600 \cdot 600 \cdot 300^2 \\
&\quad - 600 \cdot 400 \cdot 300 \cdot 400 \cdot 0,75 \\
&\quad - 600 \cdot 400 \cdot 300 \cdot 400 \cdot 0,75 \\
&\quad + 400 \cdot 400 \cdot 400^2 \\
&= 14.800\ \text{Mio. €}^2
\end{aligned}$$

$$\Rightarrow\ SD\ [W] = \sigma_P = 121.600\ \text{€}$$

Die Standardabweichung des Portefeuilleergebnisses beträgt weniger als 10 % des Ergebniserwartungswerts. Hätte der Anleger nur in „Öl" oder nur in „Reifen" investiert, dann betrüge die jeweilige Standardabweichung 25 % (Reifen) bzw. 31 % (Öl). Ermittelt man das Durchschnittsrisiko DR des Portefeuilles durch[6]

$$\begin{aligned}
DR &= x_1 \cdot \sigma_1 + x_2 \cdot \sigma_2 \\
&= 600 \cdot 300 + 400 \cdot 400 \\
&= 340.000,
\end{aligned}$$

---

[6] Vgl. *Schmidt und Terberger* (1997), S. 317.

so gilt offensichtlich: DR >> SD [W],

d. h. das Risiko des Portefeuilles ist deutlich kleiner als das Durchschnittsrisiko der beiden Wertpapiere.

Dieses Beispiel bestätigt die Behauptung, dass die Streuung von Portefeuilleerträgen erheblich beeinflusst wird durch die Wertkorrelation der Portefeuillebestandteile. Aus diesem Modellansatz für das Entscheidungsverhalten auf Wertpapiermärkten kann man nun weitergreifende Konsequenzen für die Bewertung von Anteilsrechten auf Kapitalmärkten herleiten.

Im Folgenden soll eine Beziehung zwischen geforderter Rendite und Kovarianz eines risikobehafteten Wertpapiers zum Marktportefeuille, d. h. zum gesamten Volumen aller an der Börse gehandelten Anteilsrechte, hergeleitet werden. Stellen wir uns dafür einen Kapitalmarkt vor, auf dem sehr viele Anleger agieren. Diese Anleger mögen sich in ihrer Erstausstattung unterscheiden und im Grad ihrer Risikoaversion, der durch die Wahl einer subjektiven Risikonutzenfunktion $u_i[E (CF), Var (CF)]$ zum Ausdruck kommt. Jedoch haben sie alle homogene Erwartungen bzgl. Rendite, Varianz und Kovarianz einzelner Wertpapiere. Die Anleger realisieren in diesem Fall unterschiedliche Portefeuilles, um ihren erwarteten Nutzen zu maximieren.

Für zwei Anleger mit unterschiedlichen Risikonutzenfunktionen u_1 und u_2 sowie den sich daraus jeweils ergebenden Scharen von Indifferenzkurven verdeutlicht Abb. 6.1 die Wahl des jeweils nutzenmaximalen Portefeuilles. Dabei wird jeder Entscheidungsträger das für ihn optimale Portefeuille aus der **Menge der effizienten Portefeuilles** wählen; das sind die Portefeuilles, die von keinem anderen Portefeuille dominiert werden. Ein Portefeuille P_1 dominiert dabei ein Portefeuille P_2, wenn es

• einen mindestens gleich hohen Erwartungswert $E (P_1)$ bei niedriger Standardabweichung $SD (P_1)$ oder

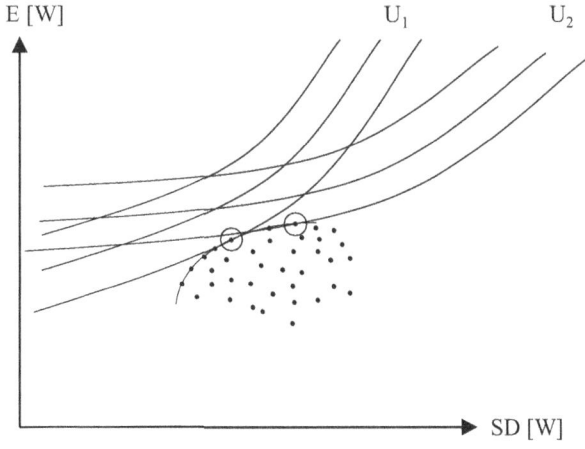

Abb. 6.1 Wahl eines individuell nutzenmaximalen Portefeuilles

• einen höheren Erwartungswert E (P_1) bei höchstens gleich großer Standardabweichung SD (P_1) als P_2 aufweist.[7]

Anleger mit unterschiedlichen Risikopräferenzen – in Abb. 6.1. repräsentiert durch unterschiedliche Indifferenzkurvenscharen des Risikonutzens, wobei U_1 gegenüber U_2 den risikoaverseren Typ widerspiegelt – werden dabei in der Regel verschieden zusammengesetzte Portefeuilles wählen.

Stellen wir uns weiter vor, auf diesem Kapitalmarkt gäbe es eine risikolose Anlagemöglichkeit zum konstanten Zinssatz i, gleichfalls kann sich jeder Marktteilnehmer zu diesem Zinssatz i verschulden (Prämisse des vollkommenen Kapitalmarkts). Die Konsequenz dieser Anreicherung der Menge der Wertpapiere i. w. S. um eine risikolose Geldanlage oder -aufnahme zum Zinssatz i ist gravierend.

Denn nun beurteilen alle Anleger übereinstimmend dasselbe Portefeuille risikobehafteter Wertpapiere als optimal. Wie in Abb. 6.2 dargestellt, handelt es sich dabei um das Portefeuille, durch das die sogenannte Kapitalmarktlinie – ausgehend von i auf der Ordinate als Tangente an die Kurve aller effizienten Portefeuilles – verläuft. Das übereinstimmend gewählte Portefeuille heißt Tangential- oder **Marktportefeuille**.[8] Die **Kapitalmarktlinie** repräsentiert alle Portefeuillekombinationen, die durch die

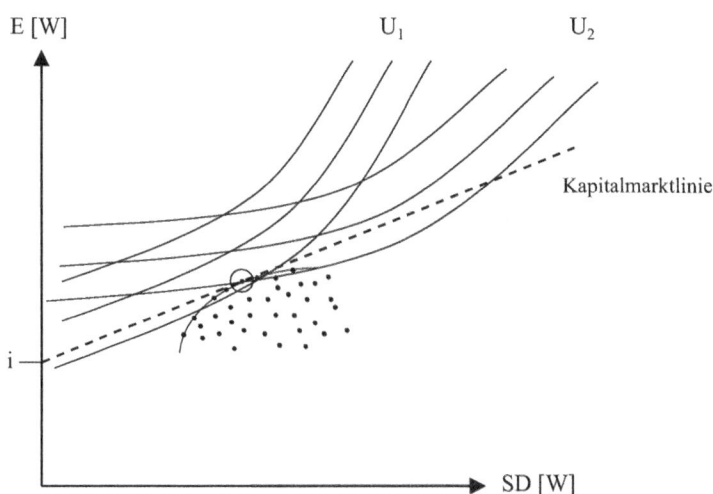

Abb. 6.2 Übereinstimmende Wahl eines nutzenmaximalen Tangentialportefeuilles (Marktportefeuille) als Ausgangspunkt für die Wahl des individuellen Mischportefeuilles

[7] Vgl. *Schmidt und Terberger* (1997), S. 326.

[8] Vgl. *Schmidt und Terberger* (1997), S. 335 f.

Mischung von risikoloser Anlage bzw. Verschuldung und Investition in Risikotitel individuell erreichbar und aus der Sicht risikoaverser Anleger effizient sind. Wie die positive Steigung der Kapitalmarktlinie verdeutlicht, wird die Übernahme von Risiko mit einer Risikoprämie belohnt.

Bei gegebenem Marktportefeuille legen die Anleger entsprechend ihrer individuellen Risikoeinstellung fest, wie viel Ergebnisrisiko sie bereit sind zu tragen. Je nach Risikoeinstellung mindern sie ihr Risiko durch Anlage eines Teils ihrer monetären Erstausstattung zum risikolosen Zinssatz i oder erhöhen ihr Risiko dadurch noch, dass sie Geld zum Zinssatz i leihen und auch diesen Betrag noch in das zuerst gewählte optimale Portefeuille risikobehafteter Wertpapiere investieren (siehe Abb. 6.2).[9]

Jeder Anleger besitzt nun ein individuelles Portefeuille, das zu einem Anteil a aus risikobehafteten Wertpapieren und zum verbleibenden Anteil 1-a aus der risikolosen Geldanlage- (a $\leq$ 1) oder -aufnahmemöglichkeit (a > 1) besteht. Die Wahl des Gewichtungsparameters a ist dabei von der individuellen Risikoeinstellung eines jeden Anlegers abhängig. Die Mischportefeuilles aller Anleger unterscheiden sich damit nur darin, wie hoch die Gewichtung des risikolosen Anteils gegenüber der Zusammenstellung der risikotragenden Wertpapiere ist. Die risikotragende Komponente eines jeden Mischportefeuilles ist hingegen anlegerübergreifend in übereinstimmender Weise gemäß der relativen Anteile aller am Markt gehandelten Wertpapiere aufgeteilt, d. h. alle Anleger halten ein zum Marktportefeuille strukturgleiches Portefeuille risikobehafteter Wertpapiere.

Als **Ergebnis** bleibt zusammenfassend festzuhalten:

Jeder Anleger kann unter den gesetzten Annahmen sein Entscheidungsproblem also in zwei Schritten lösen, indem er zuerst – in Übereinstimmung mit allen anderen Anlegern am Kapitalmarkt – das optimale Portefeuille risikobehafteter Wertpapiere ermittelt und danach bestimmt, wie er seiner individuellen Risikoeinstellung gemäß ein strukturgleiches Abbild dieses Marktportefeuilles M mit der risikolosen Geldanlage oder -aufnahme kombinieren will. Diese Aussage ist der Inhalt des **Separationstheorems von Tobin**:[10] **Auf vollkommenen Kapitalmärkten ist die relative Bewertung unterschiedlich risikobehafteter Wertpapiere unabhängig von der individuellen Risikoneigung der Anleger.**

Für die erwartete Rendite μ_a eines individuell zusammengestellten Mischportefeuilles gilt:[11]

$$\mu_a = a \cdot \mu_M + (1 - a) \cdot i = i + a \cdot (\mu_M - i)$$

[9] Vgl. *Schmidt und Terberger* (1997), S. 334.

[10] Vgl. *Tobin* (1957/58), S. 65–86.

[11] Vgl. *Schmidt und Terberger* (1997), S. 334 f.

sowie

$$\sigma_a = \sqrt{a^2 \cdot \sigma_M{}^2 + (1-a)^2 \cdot \sigma_{rl}{}^2 + 2a \cdot (1-a) \cdot \sigma_M \cdot \sigma_{rl} \cdot \rho_{M,\,rl}}$$
$$= \sqrt{a^2 \cdot \sigma_M{}^2}$$
$$= a \cdot \sigma_M$$

(wegen $\sigma_{rl} = \rho_{M,\,rl} = 0$)

mit

a	Anteil der risikobehafteten Wertpapiere am Portefeuilles P
i	risikoloser Zinssatz (p. d. erwarteter Zinssatz der risikolosen Geldanlage)
μ_a	erwartete Rendite des Mischportefeuilles
μ_M	erwartete Rendite des Marktportefeuilles M
σ_{rl}	Standardabweichung der Rendite der risikolosen Geldanlage (p. d. $\sigma_{rl} = 0$)
σ_a	Standardabweichung der Rendite des Mischportefeuilles
σ_M	Standardabweichung der Rendite des Portefeuilles M
$\rho_{M,\,rl}$	Korrelationskoeffizient von Portefeuille M und risikoloser Geldanlage

Sowohl Erwartungswert als auch Standardabweichung steigen demnach linear mit dem Anteil des Marktportefeuilles M am Mischportefeuille. In der Geradengleichung $\mu_a = i + a \cdot (\mu_M - i)$, die die Kapitalmarktlinie beschreibt, gibt a den Umfang des übernommenen Risikos und $(\mu_M - i)$ die Risikoprämie je Risikoeinheit an. Alle effizienten Portefeuilles, die in der Regel Mischportefeuilles sind, liegen auf der Kapitalmarktlinie. Im Bewertungsgleichgewicht (Kapitalmarktgleichgewicht) sind alle am Markt notierten Wertpapiere mit positivem Preis, gewichtet mit ihrer Kapitalisierung, Bestandteil des repräsentativen Marktportefeuilles M, in das ein beliebiger Anleger investieren würde.

Da alle Anleger ein strukturgleiches Abbild des Marktportefeuilles in ihrem Mischportefeuille halten, bewerten sie alle Wertpapiere stets als Bestandteil des Marktportefeuilles. Als Rendite eines Wertpapiers wird daher sein Beitrag zur Rendite des Marktportefeuilles, als Risiko eines Wertpapiers sein Beitrag zum Risiko des Marktportefeuilles betrachtet.[12]

Analog zur Formel (6.1) ergibt sich die erwartete Rendite μ_M als gewogenes arithmetisches Mittel der erwarteten Wertpapierrenditen μ_k, d. h.

$$\mu_M = \sum_{k=1}^{K} x_k \cdot \mu_k \tag{6.3}$$

---

[12] Vgl. *Schmidt und Terberger* (1997), S. 339.

Für das Risiko der Rendite des Marktportefeuilles gilt nach Formel (6.2):

$$
\begin{aligned}
\sigma_M{}^2 &= \sum_{l=1}^{K} \sum_{m=1}^{K} x_l \cdot x_m \cdot \sigma_l \cdot \sigma_m \cdot \rho_{l,m} \\
&= \sum_{l=1}^{K} \sum_{m=1}^{K} x_l \cdot x_m \cdot \sigma_{l,m} \\
&= \sum_{l=1}^{K} x_l \left(\sum_{m=1}^{K} x_m \cdot \sigma_{l,m} \right) \qquad (6.4) \\
&= \sum_{k=1}^{K} x_k \cdot \mathrm{cov}(r_k, r_M) \\
&= \sum_{k=1}^{K} x_k \cdot \sigma_{k,M}
\end{aligned}
$$

Im Gegensatz zur Interpretation von Formel (6.3) ist für Formel (6.4) festzuhalten, dass ein **einzelnes** Wertpapier nicht mit seiner Varianz, sondern nur mit seiner Kovarianz mit dem Marktportefeuille[13] zur Varianz eben des Marktportefeuilles M beiträgt. Das auch durch Portefeuillebildung, d. h. durch Diversifikation, nicht eliminierbare Kovarianzrisiko eines Wertpapiers wird als **systematisches Risiko** bezeichnet.[14] Es quantifiziert Renditeschwankungen, die durch marktumfassende Einflussfaktoren ausgelöst werden und bei allen Wertpapieren des Marktportefeuilles gemeinsam auftreten (z. B. Erwartungen hinsichtlich der Konjunkturentwicklung, steuerpolitischer Maßnahmen o. ä.). Der Rest der Varianz eines Wertpapiers k, der durch Diversifikation „vernichtet" werden kann, wird demgegenüber als **unsystematisches Risiko** bezeichnet. Anders gewendet: Unsystematische Risiken sind solche, die durch Portefeuillediversifikation nach dem Gesetz der großen Zahl eliminiert werden können; systematisches Risiko ist im Gegensatz dazu nicht durch eine noch so breite Risikostreuung eliminierbar, weil der gesamte Kapitalmarkt davon betroffen ist.

Beispiel

Bei dem Risiko, dass ein Unternehmen durch die möglicherweise überlegene Strategie eines Konkurrenten aus dem Markt gedrängt wird, handelt es sich um ein unsystematisches Risiko. Denn den Verlusten des unterlegenen Wettbewerbers stehen die

---

[13] Die Kovarianz eines Wertpapiers k mit dem Marktportefeuille M ist dabei als gewogener Durchschnitt der Kovarianzen der Rendite des Wertpapiers k mit den Renditen aller anderen Wertpapiere des Marktportefeuilles zu interpretieren.

[14] Vgl. *Schmidt und Terberger* (1997), S. 350; *Drukarczyk* (1993), S. 246.

Gewinne des überlegenen Konkurrenten gegenüber; beides gleicht sich aus der Gesamtsicht des Kapitalmarktes bzw. in einem breit gestreuten Portefeuille aus. Demgegenüber ist das Risiko eines globalen Konjunktureinbruchs aufgrund eines Ölpreisschocks ein systematisches Risiko; der ganze Kapitalmarkt ist davon betroffen und damit auch ein breit diversifiziertes Durchschnittsportefeuille, selbst wenn es einzelne Unternehmen geben mag, die von einem Ölpreisschock profitieren.

6.1.2 Ermittlung der Eigenkapitalkosten bei Bewertungsgleichgewicht im Marktportefeuille (CAPM)

Mit den Formeln (6.3) und (6.4) wird die Gesamtrendite und das Gesamtrisiko des Marktportefeuilles M auf die Renditen und systematischen Risiken der einzelnen Wertpapiere zurückgeführt. Dieser Zusammenhang bleibt auch im **Bewertungsgleichgewicht vollkommener Kapitalmärkte** erhalten. Die Formeln (6.3) und (6.4) sind damit Bestandteil der Marktgleichgewichtsbedingung.

Im **Kapitalmarktgleichgewicht** besteht ein fester Zusammenhang zwischen Rendite und Risiko eines einzelnen Wertpapiers:[15] Im Gleichgewicht muss die Risikoprämie je Risikoeinheit gleich sein, da sich den Anlegern ansonsten Arbitragemöglichkeiten eröffnen würden. Die Risikoprämie eines risikobehafteten Wertpapiers entspricht dabei der Wertpapierrendite abzüglich der risikolosen Verzinsung i. Damit muss für zwei beliebige Wertpapiere j, k als Bestandteile des Marktportefeuilles M gelten:

$$\frac{\mu_k - i}{\text{cov}\,(r_k, r_M)} = \frac{\mu_j - i}{\text{cov}\,(r_j, r_M)} \tag{6.5}$$

Gleichzeitig muss diese Gleichung auch für das Marktportefeuille selbst gelten, d. h.

$$\frac{\mu_k - i}{\text{cov}\,(r_k, r_M)} = \frac{\mu_M - i}{\text{cov}\,(r_M, r_M)}$$

mit $\text{cov}(r_M,\ r_M) = \sigma_M^2$.

---

[15] Für den Beweis siehe Exkurs in Abschn. 6.1.5.

Löst man Gl. (6.5) nach μ_k auf, so erhält man:

$$
\begin{aligned}
\mu_k &= i + \frac{\mu_M - i}{\sigma_M{}^2} \cdot \mathrm{cov}(r_k, r_M) \\[2mm]
&= i + \frac{\mathrm{cov}(r_k, r_M)}{\sigma_M{}^2} \cdot (\mu_M - i) \qquad \text{mit } \beta_k := \frac{\mathrm{cov}(r_k, r_M)}{\sigma_M{}^2} \\[2mm]
&= i + \beta_k \cdot (\mu_M - i)
\end{aligned}
\tag{6.6}
$$

Formel (6.6) gibt an, welche Rendite ein Marktteilnehmer, der das Marktportefeuille hält, für ein Wertpapier erwarten (= fordern) würde und im Kapitalmarktgleichgewicht auch erhielte.

Dabei entspricht der Quotient $\dfrac{\mu_M - i}{\sigma_M{}^2}$ dem **Marktpreis des Risikos**.

Der sogenannte **Beta-Faktor** gibt das Verhältnis von systematischem Risiko eines Wertpapiers zum Risiko des Marktportefeuilles an.

Der Beta-Faktor ist ein wertpapierspezifisches Risikomaß (Volatilitätsmaß); er kann theoretisch beliebige Werte annehmen.[16] Im Kapitalmarktgleichgewicht ergibt sich die erwartete Rendite eines Wertpapiers mithin als Summe aus dem risikolosen Zinssatz und einer Risikoprämie. Die **Beziehung zwischen erwarteter Rendite und Risiko eines Wertpapiers** als Bestandteil des Marktportefeuilles M ist gemäß Formel (6.6) **linear**; sie wird als **Wertpapiermarktlinie** bezeichnet (siehe Abb. 6.3).

Die Wertpapiermarktlinie ist strikt von der Kapitalmarktlinie nach Abb. 6.2 (leicht abgeändert nochmals in Abb. 6.4 dargestellt) zu unterscheiden. Zwar stellen beide lineare Beziehungen zwischen Ertrag und Risiko dar und haben denselben Ordinatenabschnitt i; die Wertpapiermarktlinie gilt aber nur für einzelne Wertpapiere (oder ineffiziente Portefeuilles), die Kapitalmarktlinie demgegenüber nur für effiziente Portefeuilles.[17]

Formel (6.6) ist zugleich die zentrale Aussage des *capital asset pricing model* (CAPM).[18] Sie bringt zum Ausdruck, wie ein einzelner Kapitalmarktteilnehmer unter idealtypischen Bedingungen ein beliebiges Wertpapier in Abhängigkeit von der risikolosen Verzinsung, der Marktrendite, der Ertragsvarianz und der Ertragskorrelation zum Ertrag des Marktportefeuilles bewerten würde.

---

[16] Negative Beta-Faktoren sind theoretisch möglich, kommen in der Praxis aber kaum vor. Das Marktportefeuille selbst hat offensichtlich den Beta-Faktor 1.

[17] Vgl. *Schmidt und Terberger* (1997), S. 355; *Drukarczyk* (1993), S. 238, zum Vergleich von Kapitalmarkt- und Wertpapiermarktlinie sowie den jeweils unterschiedlichen Risikoprämien.

[18] Vgl. zu Entwicklung und Herleitung des CAPM *Sharpe* (1964), S. 425–442; *Sharpe* (1970), S. 67 ff.; *Lintner* (1965), S. 13–37; *Mossin* (1966), S. 768–783.

Abb. 6.3 Wertpapiermarktlinie nach dem CAPM

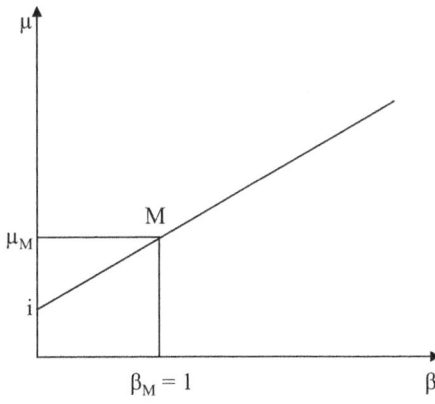

Abb. 6.4 Kapitalmarktlinie

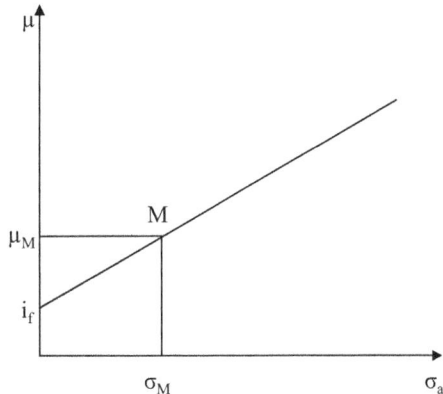

Aus

$$\mu_k = i + \beta_k \cdot (\mu_M - i)$$

erhält man

$$\mu_k = i + \frac{r_M - i}{\sigma_M} \cdot \rho_{k,M} \cdot \sigma_k$$

Der Term $\rho_{k,M} \cdot \sigma_k$ gibt somit das systematische Risiko eines Wertpapiers wieder. Da sich das Gesamtrisiko eines Wertpapiers, repräsentiert durch σ_k, aufspalten lässt in:

$$\sigma_k = \rho_{M,k} \cdot \sigma_k + \left(1 - \rho_{M,k}\right) \cdot \sigma_k,$$

repräsentiert der Term $\left(1 - \rho_{M,k}\right) \cdot \sigma_k$ das unsystematische Risiko.

Die **Gleichgewichtsrendite nach dem CAPM**, bietet nun für Zwecke der Unternehmensbewertung eine **Alternative zu** dem Kapitalisierungszinssatz, der aufgrund von individuellen **Sicherheitsäquivalenten** bestimmt wurde. Bei der individuellen Bestimmung von Sicherheitsäquivalenten hieß die Bewertungsalternative: Wähle den risikolosen Geldbetrag, dessen Nutzen äquivalent zu dem Unsicherheitsprofil ist, das durch die *cash flow*-Reihe des zu bewertenden Unternehmens repräsentiert wird.

Bei Zugrundelegung des CAPM heißt die Alternative: **Bewerte so, wie ein diversifizierter Kapitalanleger ein dem vorgegebenen Unsicherheitsprofil entsprechendes Wertpapier innerhalb des Marktportefeuilles bewerten würde**. Der zur Diskontierung des Erwartungswerts der *cash flow*-Reihe des zu bewertenden Unternehmens heranzuziehende Kapitalisierungszinssatz entspricht dann der erwarteten Rendite eines Unternehmensanteils im Kapitalmarktgleichgewicht.

6.1.3 Die Eignung des CAPM für die Unternehmensbewertung in der Diskussion

6.1.3.1 Einzelne Kritikpunkte

Gerade in Anbetracht der nunmehr fast schon ein halbes Jahrhundert währenden Bedeutung des CAPM als zentrales Paradigma der Kapitalmarkttheorie nimmt es nicht wunder, dass es selber Gegenstand kontroverser Debatten sowie von Erweiterungsansätzen und Modifikationen gewesen ist. Einige der Kritikpunkte werden im Folgenden beleuchtet.

6.1.3.1.1 Ausblendung höherer Momente des Unsicherheitsprofils von Zahlungsgrößen und ihrer Bewertung

Das Modell unterstellt Risikonutzenfunktionen der Marktteilnehmer bzw. Verteilungen der Unsicherheitsgrößen dergestalt, dass Anlegerpräferenzen erschöpfend durch die Varianz bzw. Kovarianzen der Wertpapierergebnisse repräsentiert sind. Bedingt ist dies durch die Annahme normalverteilter Wertpapierrenditen – sie sorgt dafür, dass die Unsicherheit eines Zahlungsprofils erschöpfend durch Erwartungswert und Varianz repräsentiert ist – in Verbindung mit der exponentiellen Nutzenfunktion in den klassischen CAPM-Beweisen, die eine additive Verknüpfung von Erwartungswerten und Varianzen im Sicherheitsäquivalent zur Folge hat.[19] Gibt man diese Prämissen auf, etwa indem man in den Renditeverteilungen Schiefe- und Wölbungsparameter berücksichtigt oder nichtexponentielle Nutzenfunktionen zu Grunde legt, dann ist zumindest eine erhebliche Steigerung der Komplexität der maßgeblichen Herleitungen zu erwarten.

---

[19] Vgl. oben Abschn. 6.1.5.

6.1.3.1.2 Ausblendung von Informationsasymmetrien und anderer Marktunvollkommenheiten

Das CAPM hat als Gleichgewichtsmodell insofern **neoklassischen Charakter**, als Marktunvollkommenheiten nicht Eingang finden. Zum neoklassischen Rahmen des CAPM gehört zunächst die Annahme eines **vollkommenen Kapitalmarktes** (beliebige Verschuldens- und Anlagemöglichkeit zu einem risikolosen Zinssatz, keine Transaktionskosten), die offensichtlich unrealistisch ist. Daran ansetzende Modifikationen betreffen die Erweiterung um unterschiedliche Soll- (= Kredit-) und Haben- (= Anlage-)Zinssätze, was zu einer Segregation der Kapitalmarktlinie in zwei verschiedene Bereiche führt.[20] Insbesondere wird aber die Annahme eines risikolosen Zinssatzes in Zeiten der Finanzmarkt- und Staatsschuldenkrise erneut in Frage gestellt, hat es sich doch erwiesen, dass Staatsanleihen aus den OECD-Staaten, auf die in diesem Zusammenhang oft Referenz genommen wird, nicht ohne Weiteres als *quasi*-sicher qualifiziert werden können. Eine Alternative bietet hier die Konstruktion eines sog. *Zero-Beta*-Portefeuille, also eines Wertpapierportefeuilles, dessen Beta-Faktor den Wert Null annimmt und insofern kein systematisches Risiko aufweist. Die effizienten Anlagen auf der Kapitalmarktlinie setzen sich in diesem Falle aus Anteilen des Marktportefeuille und des *Zero-Beta*-Portefeuille zusammen.[21]

Eine weitere Vollkommenheitsannahme besteht darin, dass homogene Erwartungen der Marktteilnehmer zu Grunde gelegt werden. Dem entgegen ist zu beobachten, dass in zahlreichen Fällen Wertpapiermärkte durch Informationsasymmetrien geprägt sind. Informationsasymmetrien werden als maßgebliche Ursache für geringe Marktliquidität und, damit verbunden, Aufschläge auf den Eigenkapitalkostensatz angesehen. Der auf der Basis des CAPM ermittelte Satz dürfte deshalb vor allem bei Unternehmen mit geringer Marktkapitalisierung und vergleichsweise intransparenter Publizität niedriger sein als die realen Kapitalkosten. Es stellt sich die Frage, ob derartige Asymmetrien etwa durch Zuschläge auf den CAPM-Kapitalisierungssatz zu berücksichtigen sind. In einem verstärkten Maße stellt sich diese Frage bei nicht-börsengehandelten Unternehmen.[22] Sie mag in Abhängigkeit vom Bewertungskontext unterschiedlich beantwortet werden.

6.1.3.1.3 Unmöglichkeit einer konsistenten Abgrenzung des Marktportefeuilles

Das Marktportefeuille umfasst in der Theorie sämtliche denkmöglichen Anlagemöglichkeiten der Investoren (z. B. von der Briefmarkensammlung über Bundesschatzbriefe und Immobilien bis zu Aktien), soweit sie an aktiven Märkten gehandelt werden.

---

[20] Vgl. hierzu m. w. V. die Darstellung bei: *Schredelseker* (2013), S. 337 f.

[21] Zur Anwendung des *Zero-Beta*-CAPM in der Unternehmensbewertung vgl. m. w. V.: *Jonas* (2014), hier insbes. S. 278 ff.

[22] Vgl. Abschn. 3.3.2.2.

In Anwendungen des CAPM im Bewertungskontext wird das Marktportefeuille komplexitätsreduzierend i. d. R. mit bestimmten Börsenindizes (z. B. DAX, STOXX) gleichsetzt. Dies ist allerdings eine Vereinfachung, deren Zulässigkeit fraglich erscheint.[23]

Die faktische Unmöglichkeit der Abgrenzung des Marktportefeuilles stellt zudem die empirische Prüfbarkeit des CAPM in Frage.[24]

6.1.3.1.4 Die Problematik des Einperiodenmodells sowie des Zeitbezugs

Das CAPM ist ein Einperiodenmodell. Die Erweiterung um Anlageentscheidungen, die mehrere Perioden differenzieren, sowie, allgemein, die Dynamisierung des Modells nehmen in der Folgeliteratur einen nicht unbeachtlichen Rang ein;[25] haben aber eher wenig Ausstrahlung auf die Anwendung des CAPM in praktischen Bewertungskontexten.

Aus dem Einperiodencharakter folgt auch, dass sich die Strukturparameter auf eine – nicht weiter in Teilperioden unterteilte – Zukunft beziehen. Aus der Perspektive des Bewertungsstichtages handelt es sich um **erwartete** Größen. Für die konsistente Anwendung des CAPM in Bewertungskontexten müssten folglich nicht unmittelbar beobachtbare Erwartungswerte insbesondere für die Rendite des Marktportefeuille sowie die individuellen Beta-Faktoren eruiert werden. Hierzu wurden im Schrifttum einige Ansätze entwickelt.

Hinsichtlich der Ermittlung einer Marktrisikoprämie, die mit den zuvor genannten Grundsätzen und Prinzipien konform ist, bietet sich vor allem die **implizite Methode der Ermittlung der Kapitalkosten**[26] an. Im Rahmen dieser Methode finden Analystenprognosen für die Renditeentwicklung eines jeden Wertpapieres zur zukunftsbezogenen Schätzung der (erwarteten) Rendite des Marktportefeuilles Verwendung. Durch dieses Vorgehen ist man in der Lage, die Bewertungsgleichung nach dem Diskontierungszinssatz aufzulösen und hieraus die Marktrisikoprämie abzuleiten. Eine implizit ermittelte Marktrisikoprämie ist stichtagsbezogen, zukunftsorientiert, laufzeit-, verfügbarkeits- und risikoäquivalent.

Die zukunftsbezogene Ermittlung der Marktrisikoprämie wurde in der wissenschaftlichen Literatur relativ breit thematisiert.[27] Der fachliche Diskurs fand zudem Eingang in die nationale und internationale Praxis der Unternehmensbewertung.[28]

---

[23] Trotz fortschreitender Globalisierung der Kapitalmärkte wird insbes. in rechtlich relevanten Bewertungskontexten weiterhin eine regionale Abgrenzung des Marktportefeuille präferiert. Vgl. zum „Grundsatz der Inlandsorientierung von Bewertungssubjekten" in der deutschen Rechtsprechung *Kuhner* (2007), S. 825–834.

[24] Vgl. zu diesem Problem: *Schredelseker* (2013), S. 347.

[25] Zur Diskussion vgl. etwa m. w. V. *Schredelseker* (2013), S. 330 f.

[26] Vgl. auch unten, Abschn. 6.1.3.2; zum Überblick über einzelne Varianten vgl. m. w. V. *Ballwieser* (2005), S. 321 ff.

[27] Vgl. u. a. AKU (2005), S. 555–556; *Daske et al.* (2006); *Gebhardt et al.* (2001); *Jonas et al.* (2005), S. 647–653; *Reese und Wiese* (2007), S. 38–51.

[28] Vgl. etwa *IDW* (2014), Rn. A 353 ff. u. 358 ff., *IDW* (2008), Rn. 117 ff.

Hinsichtlich des Beta-Faktors stellt sich die Situation anders dar. Eine zukunftsorientierte Ermittlung dieses Parameters wurde bisher nur in wenigen Beiträgen behandelt[29] und hat dementsprechend noch keinen Eingang in die Bewertungspraxis und berufsständische Verlautbarungen gefunden.[30] Die z. T. für den Beta-Faktor geforderten **unmittelbaren** Prognosen besitzen überdies keinen modelltheoretischen Unterbau. Sie bereinigen lediglich die historischen Beta-Faktoren um Einflüsse außergewöhnlicher Umstände und planen mögliche zukünftige Entwicklungen ein.[31] Diese Herangehensweise ähnelt in ihrer fehlenden Theoriefundierung dem Vorgehen bei der Schätzung zukünftiger Zahlungsüberschüsse.[32]

Einen ersten Schritt zu einer zukunftsorientierten Bestimmung des Beta-Faktors stellt hingegen die Prognose auf Grundlage von Regressionsanalysen und Zeitreihenmodellen dar. Regressionsverfahren untersuchen das Verhältnis von historischen Beta-Faktoren und historischen Einflussfaktoren. Die festgestellte Relation zwischen in der Vergangenheit beobachteten Regressions- und Einflussfaktoren wird auf die gegenwärtigen Realisierungen der Einflussvariablen übertragen. Hieraus lässt sich ein gegenwartsbezogener Beta-Faktor schätzen. Zeitreihenmodelle bestimmen zukünftige Regressionsfaktoren alleine aus den zurückliegenden Beta-Faktoren. Beide Verfahren unterscheiden sich insofern von dem eingangs beschriebenen Prognosevorgehen, als sie nicht auf intuitiven Annahmen bzgl. des Charakters bestimmter Geschäftsvorfälle beruhen, sondern statistisch einen Zusammenhang zwischen Beta-Faktoren der Vergangenheit, beobachtbaren Einflussgrößen und künftigen Beta-Faktoren modellieren. Dennoch fließen ausschließlich vergangenheitsbezogene sowie gegenwärtige Daten in die Modelle ein, deren Bedeutung für die Zukunft nicht dem beobachteten historischen Muster folgen muss.[33]

Eine weitere Möglichkeit der zukunftsbezogenen Schätzung von Beta-Faktoren greift wiederum auf Modelle der **impliziten Kapitalkostenbestimmung** zurück. Ähnlich wie bei der zukunftsbezogenen Schätzung der Marktrisikoprämie wird der Beta-Faktor durch Unternehmensbewertungsmodelle aus Analystenprognosen abgeleitet. Die Analystenerwartung wird als Unternehmenswert in das jeweilige Bewertungsverfahren eingesetzt. Anschließend formt man die resultierende Gleichung nach den Kapitalkosten des Unternehmens um. Analog lässt sich für eine ganze Branche vorgehen: Hier wird der Mittelwert der Eigenkapitalkosten aller Unternehmen einer Branche betrachtet. Ein branchenbezogener Beta-Faktor resultiert schließlich aus der Division der Branchenrisikoprämie durch die Marktrisikoprämie. Auf äquivalente Weise lässt sich ebenfalls ein unterneh-

---

[29] Vgl. etwa Daske und *Gebhardt* (2006); *Bassemir et al.* (2012); *Chang et al.* (2012).

[30] Die prospektive Berechnung des Beta-Faktors wird in IDW S 1 nicht thematisiert, verwiesen wird sowohl auf eine vergangenheitsbezogene Ermittlung als auch auf Prognosen durch Finanzdienstleister. Vgl. *IDW* (2008), Rn. 121.

[31] Vgl. *IDW* (2014), Rn. A 369 ff.

[32] Zur Erläuterung siehe Kap. 4; *Dörschell et al.* (2012) stellen das Prognosevorgehen detailliert dar.

[33] Vgl. *Gebhardt und Ruffing* (2014), S. 208.

mensspezifischer Regressionskoeffizient berechnen. Dieser setzt allerdings voraus, dass die verwendete Analystenprognose dem Unternehmenswert entspricht. Eine anschließende Berechnung des Unternehmenswerts wäre, wie auch beim Investitionsprogrammvergleich,[34] dann allerdings überflüssig. Weiterhin ist der durch dieses Vorgehen berechnete Beta-Faktor konstant, eine periodenspezifische Bestimmung ist nicht möglich.[35]

Trotz der hier knapp skizzierten, nicht unbeachtlichen Ansätze zur zukunftsorientierten Ermittlung der zentralen Strukturparameter des CAPM bleibt festzuhalten, dass in praktischen Bewertungskontexten fast ausschließlich Vergangenheitsgrößen Verwendung finden. Aber auch daran knüpfen sich etliche Mess- und Ermittlungsprobleme.

6.1.3.1.5 Messprobleme bei der vergangenheitsorientierten Ermittlung der Renditekomponenten

Bei der statischen Erhebung der Vergangenheitsgrößen (Marktrenditen, Beta-Werte, Varianzen) gibt es zahlreiche Mess- und Abgrenzungsprobleme. Insbesondere sind keine theoretisch fundierten Aussagen darüber möglich, auf welches Zeitfenster sich die Messungen beziehen sollen. Für die Ermittlung der Beta-Werte werden herkömmlicherweise relativ aktuelle Zeitfenster herangezogen – so typischerweise täglich ermittelte Realisationen der letzten 360 Tage/250 Börsentage. Neben der Tatsache, dass sich auf mittlere Frist die systematische Risikoexposition von Unternehmen oft nicht unbeachtlich ändert, dürfte der Grund hierfür wohl in der erheblichen Zeitinstabilität unternehmensindividueller Beta-Faktoren zu sehen sein, die oft nicht ohne Weiteres durch beobachtbare Strukturparameter des eingegangenen systematischen Risikos erklärbar ist. Die Zeitinstabilität (s. Abb. 6.5) stellt aber gleichzeitig ihre Verwendbarkeit im Rahmen von Bewertungen mit unbegrenztem Zeithorizont in Frage.

Sehr langfristige Zeitfenster werden bei der Ermittlung der Marktrisikoprämie bevorzugt. Die lange Frist birgt den Vorteil der Absorbierung einer möglichst umfangreichen historischen Erfahrung. Problematisch ist hierbei allerdings die Einbeziehung von Strukturbrüche wie Währungsreformen, Hyperinflationen, Weltkriegen sowie der Weltwirtschaftskrise, die für sich genommen jeweils präzedenzlos sind. Außerdem stellt sich die Frage nach der Aussagekraft weit zurückliegender Daten in Anbetracht von langfristigen, historischen Strukturänderungen des Wirtschafts- und Finanzsystems. Ein offenes Problem, das sich mit zunehmendem Zeithorizont verschärft, ist weiter die konkrete Definition der Portefeuillebestandteile in Anbetracht ausscheidender und neunotierter Unternehmen. Inländische Studien liegen für Zeitfenster von 30 bis zu 120 Jahren vor.[36]

---

[34] Siehe hierfür Kap. 3 Abschn. 3.3.2.

[35] Vgl. *Gebhardt und Ruffing* (2014), S. 209; *Hagemeister und Kempf* (2010).

[36] Vgl. etwa (mit Übersicht) *Reese* (2007), S. 30 f.

	09.01.14 DAX / 250 Tage [Dt. Börse]	19.12.12 DAX / 250 Tage [Dt. Börse]	08.01.09 DAX / 1 Jahr [Dt. Börse]	29.06.04 DAX / 250 Tage [Dt. Börse]	13.01.01 DAX/250 Tage [HB]	06.11.99 DAX / 250 Tage [FAZ]	23.12.94 DAX / 250 Tage [HB]	22.8.89 Dax / 250 Tage [HB]
Allianz	1,27	1,14	1,25	1,34	0,74	1,20	1,18	-
Bayer	1,18	1,12	0,82	1,17	0,55	0,74	1,08	0,85
Daimler	1,37	1,37	1,2	1,01	0,45	1,03	1,11	1,44
Deutsche Bank	1,39	1,73	1,39	1,02	0,76	1,06	0,99	1,32
Deutsche Telekom	0,91	0,70	0,75	0,79	1,84	1,26	-	-
SAP	0,87	0,75	0,75	1,20	20,3	1,00	.	-
Siemens	0,95	0,84	1,16	1,17	1,58	0,90	0,87	1,25
E.ON	0,86	0,89	0,96	0,70	0,15	0,83	0,93	-
Volkswagen	1,20	1,10	0,45	1,06	0,46	1,05	0,95	-

Abb. 6.5 Zeitinstabilität von Beta-Faktoren

Grundsätzlich stehen zur Ermittlung der historischen Durchschnittsrendite des Marktportefeuilles zwei alternative Messmethoden zur Verfügung: die **arithmetische** und die
geometrische Mittelbildung. Offensichtlich ist das arithmetische Mittel als (historische)
Durchschnittsrendite angemessen, wenn man die jährliche Ausschüttung der erwirtschafteten Portefeuilleerträge zu Grunde legt. Bei Einbehaltung und Wiederanlage der erwirtschafteten Erträge ist jedoch das geometrische Mittel das authentische Maß für die realisierte Durchschnittsrendite. Im Falle stochastisch unabhängiger Jahresrenditen führen
beide Vorgehensweisen zu demselben Ergebnis.

Zweck der Ermittlung der Rendite des Marktportefeuilles aufgrund von Vergangenheitsdaten ist die **Schätzung der erwarteten Marktrisikoprämie jeweils für ein Jahr**
des Prognosezeitraums, was allerdings nicht ausschließt, dass für jedes folgende Jahr der
gleiche Wert erwartet wird. Für diesen Anwendungszusammenhang lässt sich zeigen,
dass das arithmetische Mittel im Gegensatz zum geometrischen Mittel einen **erwartungstreuen Schätzer** für die künftigen Jahresrenditen darstellt, was definitiv für seine Verwendung zur Ermittlung CAPM-basierter Kapitalisierungssätze bei der Unternehmensbewertung spricht.[37]

---

[37] Vgl. hierzu etwa die Darstellung bei *Reese* (2007), S. 34–56; sowie *Stehle* (2004), S. 918 f.

6.1.3.2 Alternativen zum CAPM

Vor allem drei Ansätze wurden und werden als Alternativen zum CAPM diskutiert:

(i) APT-Modelle (*arbitrage price theory*)
(ii) das *Fama-French*-3-Faktoren-Modell
(iii) Modelle der impliziten Kapitalkostenberechnung.

ad (i): Das APT-Modell[38] erklärt das systematische Risiko und damit den Beta-Faktor eines Papiers aus der Reagibilität gegenüber mehreren „Faktoren" i = i, ..., I. Die Faktoren werden typischerweise als einzelne makroökonomische Einflussgrößen interpretiert, die als prägend für das systematische Risiko angenommen werden. Beispiele können das BIP-Wachstum, die Inflationsrate, das Lohnniveau etc. sein. Anwender werden je nach Plausibilität und empirischer Validität entsprechende Zuordnungen vornehmen; Aussagen über eine mehr oder weniger sinnvolle Schlüsselung der „Faktoren" auf real beobachtete Phänomene zu treffen, ist aber ausdrücklich nicht Gegenstand der Theorie. Ein Vektor von Wertpapieren wird nun im Arbitragegleichgewicht so bewertet, dass jedem einzelnen Risikofaktor i eine spezifische Risikoprämie λ_i zugewiesen wird. Der konkrete Wert dieser Risikoprämien λ_i ergibt sich aus dem **Arbitragekalkül**, d. h. der arbitragefreien Bewertung unterschiedlich zusammengesetzter Portefeuilles mit gleichem systematischen Risiko.

Die erwartete Rendite eines einzelnen Papiers wird dann als Linearkombination zwischen dem risikolosen Zinssatz und den einzelnen Risikoprämien je Einflussfaktor, gewichtet mit den jeweiligen Sensitivitätsparametern, gemessen.

APT-Modelle überwinden gewisse Restriktionen und Anwendungsschwächen des CAPM, indem etwa lediglich die Arbitragefreiheit des Wertpapiermarktes und kein (allgemeines) Marktgleichgewicht gefordert wird. Auch ist die (problematische) Abgrenzung des Marktportefeuilles nicht erforderlich, weil sich die arbitragefreie Bewertung auf beliebige Portefeuilles beziehen kann. Trotzdem hat die APT-Bewertung zur Ermittlung von Kapitalkosten bisher nur nachrangige Bedeutung. Möglicherweise ist dies auf eine fragmentarische ökonomische Fundierung des APT zurückzuführen, da vor allem die Anzahl und der materielle Gehalt der „Faktoren" durch den jeweiligen Anwender „gegriffen" und nicht etwa modellendogen erklärt werden.[39]

ad (ii): In einer groß angelegten empirischen Studie konnten *Fama und French*[40] für den US-amerikanischen Aktienmarkt 1963–1990 belegen, dass die Größe von Unternehmen, gemessen an der Börsenkapitalisierung, sowie die *book to market ratio*[41] einen wesentlichen, gegenüber dem individuellen Beta nicht zu vernachlässigenden Einfluss auf Aktienrenditen haben. Der Beitrag fand sehr große Beachtung in der Folgeliteratur;

---

[38] Das APT-Modell geht auf *Ross* (1976) zurück.

[39] Vgl. zur Diskussion etwa: *Schredelseker* (2013), S. 360–364.

[40] Vgl. *Fama und French* (1992).

[41] Zum Begriff vgl.: Kap. 2, Abschn. 2.1.1.

allerdings hat sich die Bedeutung des *Fama-French*-Ansatzes in konkreten Bewertungszusammenhängen in Grenzen gehalten. Dies dürfte z. T. der mangelnden theoretischen Fundierung des Einflusses der beiden zusätzlichen Variablen geschuldet sein.

ad (iii): Die schon mehrmals angesprochene **implizite Ermittlung von Kapitalkosten** erfolgt unternehmensindividuell mit Bezug auf die am Kapitalmarkt beobachtbare Schätzung des Unternehmenswertes, die Börsenkapitalisierung. Die Börsenkapitalisierung wird in Beziehung gesetzt mit Schätzmodellen des Unternehmenswertes, die typischerweise den Charakter von Residualgewinnmodellen haben, also auf der Grundlage des bereits dargestellten *Preinreich-Lücke*-Theorems den Unternehmenswert aus Buchwertgrößen (Eigenkapital, Jahresüberschuss) bzw. deren prognostizierten Werten herleiten.[42] Im Informationsgleichgewicht des Kapitalmarktes muss die Börsenkapitalisierung (BK) bei Gültigkeit des **Kongruenzprinzips**[43] identisch sein mit:

$$BK_t = EK_t + \sum_{\tau=1}^{\infty} \left(J\ddot{U}_{t+\tau} - r \cdot EK_{t+\tau-1} \right) \cdot \left[\frac{1}{1+r} \right]^{\tau}$$

Als Schätzgrößen geht in diese Gleichung die künftige Entwicklung des Eigenkapitals und des Jahresüberschusses ein. Bei Gültigkeit des Kongruenzprinzips lässt sich wiederum die Eigenkapitalentwicklung durch die Differenz zwischen erwirtschafteten Jahresüberschüssen und getätigten Ausschüttungen darstellen. Für die Schätzung im nahen Zeithorizont wird hierfür auf aktuelle Analystenschätzungen zurückgegriffen, die für zahlreiche börsennotierte Unternehmen vorliegen und in Datenbanken zugänglich sind.[44] Das Verfahren ist also abhängig vom Vorliegen einer Börsennotiz sowie belastbarer, unverzerrter Analystenschätzungen. Die Fortschreibung der Analystenschätzung für fernere Zeitperioden erfolgt in etlichen Ansätzen auf der Grundlage der Theorie der *linear income dynamics*,[45] die für Bewertungs- und Prognosezwecke in den letzten beiden Jahrzehnten große Beachtung gefunden hat.

Insofern wird eine unternehmensindividuelle Schätzung ermöglicht, basierend (i) auf **beobachtbaren** Unternehmenswerten in Gestalt der Börsenkapitalisierung, (ii) existierenden Analystenschätzungen, (iii) Modellierungen des Entwicklungspfades von Jahresüberschüssen und Dividenden. Für die allgemeine Unternehmensbewertung – anders als für die (unterschiedlichen Zwecken dienende) Ermittlung von Kapitalkosten börsennotierter Unternehmen – dürfte die implizite Ermittlung von Kapitalkosten nur von

---

[42] Vgl. Kap. 3, Abschn. 3.1.2.

[43] Vgl. Kap. 3, Abschn. 3.1.2.

[44] Führend in diesem Zusammenhang ist die I/B/E/S (*Institutional Brokers' Estimate System*) Datenbank. Sie wurde von *Lynch, Jones & Ryan* sowie *Technimetrics Inc* gegründet und gehört gegenwärtig zu *Thomson Reuters*.

[45] Grundlegend für diesen Theoriestrang ist das sogenannte *Feltham-Ohlson*-Modell, vgl. als Primärquellen: *Ohlson* (1995); *Feltham und Ohlson* (1995).

begrenzter Bedeutung sein, da hier ja an der Börse beobachtete Unternehmenswerte vorausgesetzt werden. Hervorzuheben ist allerdings die Bedeutung der Modelle impliziter Kapitalkostenberechnung für die – auch prospektive – Berechnung der Marktrisikoprämie.[46]

6.1.3.3 Schlussfazit

Theoretische Einwände gegen den Grad der Komplexitätsreduktion sowie empirische Befunde setzen die Bedeutung des CAPM zwar herab; alternative Ansätze haben aber bis heute seine Rolle als weitaus dominierender Ansatz zur kapitalmarktorientierten Messung von Kapitalkosten nicht wirklich in Frage stellen können.[47]

Die Bedeutung des Ansatzes liegt weniger in der Tatsache, dass er eine an Kapitalmärkten immer und überall beobachtbare Beziehung darstellen würde. Sie ist vielmehr darin zu sehen, dass hier unter sehr elementaren Bedingungen demonstriert wird, wie ein rationaler Kapitalanleger im Bewertungsgleichgewicht Risikoprämien setzen **würde.**

Kern ist die Erkenntnis, dass nicht die gesamte Streuung der Erträge eines Papiers durch eine Risikoprämie abgegolten wird, sondern lediglich das sogenannte „systematische Risiko". Ausschlaggebend für die Risikoprämie, die die Anteilseigner im Gleichgewicht fordern, ist dabei das Verhältnis, in welchem die Kursentwicklung des einzelnen Papiers zur Durchschnittskursentwicklung des Marktes steht.

6.1.4   Die Ermittlung des Eigenkapitalkostensatzes nach persönlichen Steuern

Seit der Verlautbarung der **Grundsätze zur Durchführung von Unternehmensbewertung IDW S 1 von 2000** ist – zu diesem Zeitpunkt erstmals in Deutschland und entgegen internationalen Gepflogenheiten – für die Unternehmensbewertung grundsätzlich ein Kapitalisierungszinssatz **nach persönlichen Steuern** heranzuziehen (vollständiges Nachsteuerkalkül).[48]

Die im Rahmen des (Standard-)CAPM in der Realität ermittelten Kapitalkosten berücksichtigen dabei insofern bestenfalls implizit die Wirkung persönlicher Steuern aller Kapitalmarktteilnehmer, als deren Berücksichtigung in die empirisch erhobenen Parameter der Renditegleichung gemäß CAPM mittelbar eingeflossen sein dürfte.[49] Für Bewertungsanlässe, bei denen die Bewertung als objektivierte Informationsgrundlage im Rahmen unternehmerischer Initiativen dienen soll (z. B. *fairness opinions*, Kreditwürdigkeitsprüfungen, Kaufpreisverhandlungen), wird diese Form der nicht expliziten

---

[46] Vgl. Abschn. 6.1.3.1.

[47] Vgl. *Drukarczyk* (2003), S. 363; *Drukarczyk und Schüler* (2009), S. 56.

[48] Vgl. *IDW* (2000), Rn. 32, 37–40, 51, 83, 99 ff. 117.

[49] Vgl. *IDW* (2014), S. 113, Rn. 340.

Modellierung der Belastung durch persönliche Steuern als sachgerecht angesehen (nicht zuletzt vor dem Hintergrund der Internationalisierung der Unternehmenstransaktionen) und als **mittelbare Typisierung** bezeichnet.[50]

Bei anderen Bewertungsanlässen (z. B. bei subjektiven Wertermittlungen), aber auch bei der Ermittlung eines objektivierten Unternehmenswerts für Zwecke einer gesellschaftsrechtlichen Entschädigung (z. B. *squeeze out*) empfiehlt sich die unmittelbare Berücksichtigung persönlicher Ertragsteuern (**unmittelbare Typisierung**) sowohl in der Überschussgröße als auch im Kapitalisierungszinssatz eines überschussorientierten Bewertungskalküls.[51]

In pragmatischer Vereinfachung findet sich dazu um die Jahrtausendwende die Empfehlung, den Eigenkapitalkostensatz nach dem Standard-CAPM nachträglich um die Wirkung persönlicher Steuern „anzureichern", indem man ihn mit dem Faktor „$(1 - s_P)$" multipliziert.[52] Diese Vorgehensweise ist aber dann wenig sachgerecht, wenn das zum Zeitpunkt der Bewertung geltende Steuersystem die verschiedenen Arten von Kapitaleinkünften (Zinsen, Dividenden, Veräußerungsgewinne von Unternehmensanteilen) unterschiedlich besteuert. In einem solchen Steuersystem (so etwa in Deutschland seit der Einführung des Abgeltungssteuersystems in 2008) ist die Ausschüttungspolitik eines Unternehmens nicht mehr ohne Auswirkung auf die erwarteten Renditen der Kapitalmarktteilnehmer und damit auf die Eigenkapitalkosten des jeweiligen Unternehmens. Dann aber verliert das Separationstheorem von *Tobin* seine Gültigkeit und damit auch das Standard-CAPM seine Aussagekraft.

Das von *Brennan* entwickelte TAX-CAPM trägt diesem Umstand Rechnung.[53] Wie im Standard-CAPM wird eine Portefeuille-Optimierung aller Kapitalmarktteilnehmer modelliert, diesmal aber auf der Basis von Netto-Renditegrößen, die durch den Abzug der persönlichen Steuern von den unterschiedlichen Kapitaleinkunftsarten entstehen. Auch in diesem expliziten „nach persönlicher Steuer-Modellansatz" lassen sich Gleichgewichtsrenditen (als Brutto-Renditen vor persönlicher Einkommensteuer) der einzelnen Wertpapiere und ein linearer Rendite-Risiko-Zusammenhang ermitteln,[54] die unmittelbar von der steuerlichen Situation aller Marktteilnehmer beeinflusst sind.[55]
Es gilt:

---

[50] Vgl. *IDW* (2008), Rn. 30; *IDW* (2014), S. 26, Rn. 83.

[51] Vgl. *IDW* (2008), Rn. 31; *IDW* (2014), S. 26, Rn. 84.

[52] Vgl. *Drukarczyk und Richter* (1995), S. 562; *Löffler* (1998), S. 422; *Dinstuhl* (2002), S. 85; *Maier* (2002), S. 77; *Schmidbauer* (2002), S. 1256.

[53] Vgl. *IDW* (2014), S. 114, Rn. 343, mit Verweis auf *Brennan* (1970), S. 417–427.

[54] Unter verschiedenen, von der Ausgestaltung des jeweiligen Steuerregimes abhängigen, vereinfachenden Annahmen, zu denen insbesondere die Unterstellung von deterministischen Dividendenrenditen gehört; vgl. dazu *Brennan* (1970), S. 418 ff., *Jonas et al.* (2004), S. 900. Unterstellt man eine in der Praxis angestrebte Dividendenkontinuität, ist letzteres ein hinnehmbare Einschränkung.

[55] Vgl. *Jonas et al.* (2004), S. 901.

$$r_j^{EK,npSt} = i \cdot (1 - s_P) + \beta_j \cdot rz^{npSt} = i \cdot (1 - 26,4\%) + \beta_j \cdot rz^{npSt} \qquad (6.7)$$

mit

$r_j^{EK,\,npSt}$	Eigenkapitalsatz nach Unternehmenssteuern und persönlichen Steuern
s_P	Persönlicher Steuersatz (25 %) zzgl. Solidaritätszuschlag
i	Risikoloser Zinssatz
β_j	Beta-Faktor des Unternehmens j
rz^{npSt}	Risikoprämie nach Unternehmenssteuern und persönlichen Steuern

In dieser Gleichung entspricht der risikolose Basiszinssatz dem des Standard-CAPM, der Steuersatz darauf ist bekannt und auch der β-Faktor entspricht bei Gültigkeit des Abgeltungssteuersystems dem des Standard-CAPM.[56] Zu ermitteln bleibt die Marktrisikoprämie nach persönlichen Steuern rz^{npST}.

Unterstellt man eine inländische unbeschränkt steuerpflichtige natürliche Person, so gilt im Abgeltungssteuersystem der folgende Zusammenhang zwischen der Brutto-Rendite und der Netto-Rendite eines Wertpapiers nach bzw. vor persönlichen Steuern:[57]

$$r_j^{EK,npSt} = r_j^{EK,vpSt} - d_j \cdot 26,4\% - k_j \cdot s^{k,eff} \qquad (6.8)$$

mit

$r_j^{EK,\,npSt}$	Eigenkapitalsatz nach Unternehmenssteuern und persönlichen Steuern
$r_j^{EK,\,vpSt}$	Eigenkapitalsatz nach Unternehmenssteuern, aber vor persönlichen Steuern
d_j	Dividende
k_j	Kursgewinn
$s^{k,\,eff}$	Effektive Besteuerung der jährlichen, nicht durch Veräußerung realisierten Kursgewinne

Während im Abgeltungssteuersystem Zinserträge und Dividenden mit einem einheitlichen Steuersatz von 25 % zzgl. Solidaritätszuschlag (ergibt insgesamt 26,4 %) besteuert werden, ist die effektive Besteuerung $s^{k,eff}$ der jährlichen, nicht durch Veräußerung realisierten Kursgewinne offensichtlich von der Haltedauer und zudem von der erwarteten Kurswachstumsrate des Wertpapiers abhängig.[58] Je länger ein Wertpapier gehalten wird und je höher das jährliche Kurswachstum ausfällt, desto größer ist der Steuerstundungseffekt und desto kleiner somit der effektive Kursgewinnsteuersatz.

---

[56] Vgl. *Löffler* (1998), S. 422.

[57] Vgl. *IDW* (2014), S. 115, Rn. 345. Zu beachten ist, dass die Unternehmenssteuern bei beiden Renditegrößen in Abzug gebracht sind.

[58] Vgl. *Wiese* (2007), S. 368–375.

Während bei einer subjektiven Unternehmensbewertung eine investorspezifische, d. h. individuell unterschiedliche, persönlichen Präferenzen gehorchende Realisationsstrategie zu beachten ist, ist für eine marktmäßig objektivierte Unternehmensbewertung auf der Basis des TAX-CAPM ein marktdurchschnittlicher effektiver Kursgewinnsteuersatz zu verwenden. Der in der Vergangenheit häufige Wechsel der steuerlichen Rahmenbedingungen verbunden mit der Ahnung, dass sich dies in der Zukunft auch nicht ändern wird, macht die Ermittlung eines validen marktdurchschnittlichen effektiven Kursgewinnsteuersatzes zum Problem; diesem Umstand ist wohl auch der Vorschlag in der einschlägigen Literatur geschuldet, die Hälfte des Abgeltungssteuersatzes als sachgerechte Typisierung anzusehen.[59]

Verwendet man Gl. 6.8 zur Ermittlung der Marktrendite nach typisierter persönlicher Steuer und subtrahiert davon den risikolosen Basiszinssatz nach persönlichen Steuern, so ergibt sich die Marktrisikoprämie nach typisierten persönlichen Steuern und damit unter Verwendung von Gl. 6.7 (Risiko-Rendite-Beziehung) der erwartete Eigenkapitalkostensatz gemäß TAX-CAPM:

$$r_j^{EK,nSt} = i \cdot (1 - 26,4\%) + \beta_j \cdot \left(r_M^{vpSt} - d_M \cdot 26,4\% - k_M \cdot s^{k,eff} - i \cdot (1 - 26,4\%)\right)$$

$$(6.9)$$

mit

$r_j^{EK,\,nSt}$	Eigenkapitalsatz nach Unternehmenssteuern und persönlichen Steuern
r_M^{vpSt}	Eigenkapitalsatz nach Unternehmenssteuern, aber vor persönlichen Steuern
i	Risikoloser Zinssatz
β_j	Beta-Faktor des Unternehmens j
d_M	Dividende des Marktportefeuilles
k_M	Kursgewinn des Marktportefeuilles
$s^{k,\,eff}$	Effektive Besteuerung der jährlichen, nicht durch Veräußerung realisierten Kursgewinne

Die Abb. 6.6 visualisiert die Rendite-Risiko-Beziehung für das Abgeltungssteuersystem nach CAPM bzw. nach TAX-CAPM:[60]

Hervorzuheben ist, dass die Renditeerwartung im TAX-CAPM eine geringere Steigung (entspricht der jeweiligen Marktrisikoprämie) aufweist als die im Standard-CAPM;

---

[59] Vgl. *Dreher* (2010), S. 233 m. w. N.
[60] Vgl. *IDW* (2014), S. 117, Rn. 348.

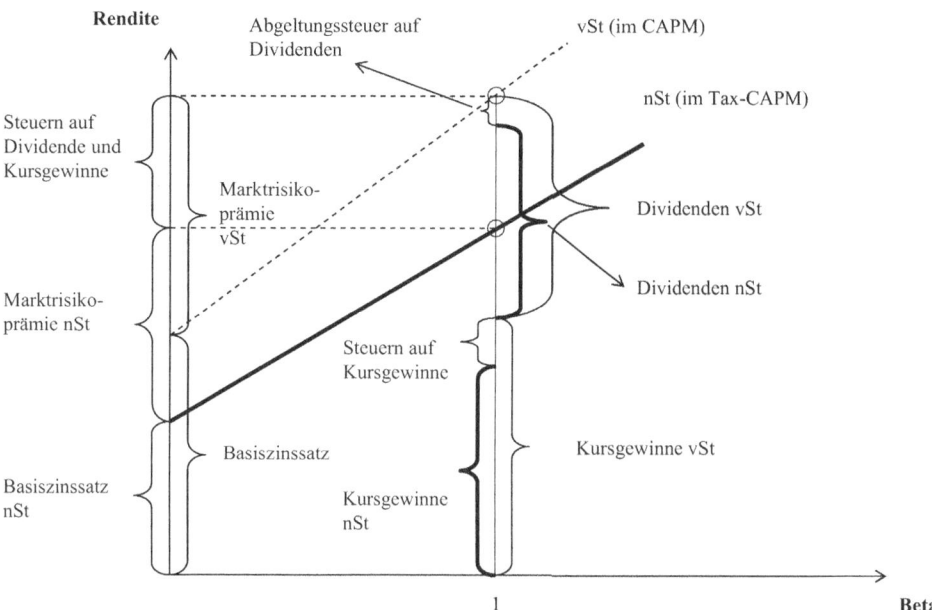

Abb. 6.6 CAPM und Tax-CAPM mit Einführung der Abgeltungssteuer

d. h. es liegt nicht nur eine Parallelverschiebung vor. Dies ist darauf zurückzuführen, dass beim Übergang von der Marktrisikoprämie vor persönlichen Steuern zur Marktrisikoprämie nach persönlichen Steuern bei letztgenannter Größe die Marktrendite steuerlich geringer belastet wird als der risikolose Basiszinssatz.

Unterstellt man vereinfachend eine sofortige Realisation der periodischen Kursgewinne, so reduziert sich Gl. 6.9 zu:

$$r_j^{EK,npSt} = r_j^{EK,vpSt} \cdot (1 - 26{,}4\%)$$

und die persönliche Besteuerung ließe sich aus Zähler und Nenner eines überschuss-orientieren Bewertungskalküls kürzen. Verschiedene Autoren sehen diesen Umstand als Rechtfertigung für die generelle Rückkehr zum Standard-CAPM an.[61] Die Tatsache, dass in der Praxis längere Wertpapierhaltedauern zu beobachten sind, rechtfertigt dieses pauschale Vorgehen u. E. nicht.

---

[61] Kritisch dazu *Dreher* (2010), S. 229 m. w. N.

6.1.5 Exkurs: Beweis zur Herleitung des Bewertungsgleichgewichts zwischen Marktportefeuille und risikoloser Anlage im Standard-CAPM[62]

Gegeben sei ein repräsentativer risikoscheuer Anleger mit:

- Erstausstattung B,
- Risikobehaftetem Endvermögen $W(x_1, x_2, \ldots, x_K)$,
- Risikonutzenfunktion $u[W] = -\exp[-\lambda \cdot W]$, $\lambda > 0$,
- K risikobehafteten Anlagemöglichkeiten (Wertpapiere), deren Renditen r_k jeweils normalverteilt sind, d. h. $r_k \sim N[\mu_k; \sigma_k]$,
- Risikoloser Anlage- und Verschuldungsmöglichkeit zum Zinssatz i.

Der Anleger teilt sein Budget B in die risikofreie Anlage zum Zinssatz i oder in die $k = 1, \ldots, K$ Wertpapiere (jeweils zum Betrag[63] x_k) auf. Das risikobehaftete Endvermögen W lautet dann:

$$W(x_1, x_2, \ldots, x_K) = B \cdot (1+i) + \sum_{k=1}^{K} x_k \cdot (r_k - i)$$

mit

$$E[W(x_1, x_2, \ldots, x_K)] = B \cdot (1+i) + \sum_{k=1}^{K} x_k \cdot (\mu_k - i)$$

und

$$Var[W(x_1, x_2, \ldots, x_K)] = \sum_{m=1}^{K} \sum_{l=1}^{K} x_m \cdot x_l \cdot cov(r_m, r_l).$$

Aufgrund der besonderen Gestalt der Risikonutzenfunktion u sowie der Normalverteilung der Wertpapierrenditen ergibt sich das Sicherheitsäquivalent des Erwartungsnutzens des Endvermögens zu:

---

[62] Vgl. *Spremann* (1991), S. 465 ff.

[63] Zur besseren Veranschaulichung der Beweisidee stellen die x_k hier absolute Beträge und nicht, wie zu Beginn von Abschn. 6.1, relative Anteile dar; auf die Art der Aussagen ist diese Modifikation ohne jeden Einfluss.

$$SÄ(x_1, \ldots, x_K) = EW\left[W(x_1, \ldots, x_K)\right] - \frac{\lambda}{2} \cdot Var\left[W(x_1, \ldots, x_K)\right],$$

das es in Abhängigkeit von den Anlagebeträgen $x_1, \ldots, x_K$ zu maximieren gilt.

Durch partielles Differenzieren nach den x_k und anschließendes Nullsetzen erhält man die notwendige Bedingung für ein Maximum, die wegen der Konkavität der Funktion $SÄ(x_1, \ldots, x_K)$ in den x_k auch hinreichend ist.

Es gilt:

$$\frac{\partial SÄ}{\partial x_k} = (\mu_k - i) - \lambda \cdot \sum_{i=1}^{K} x_l \cdot \text{cov}(r_k, r_l) = 0$$

$$\Leftrightarrow \frac{\mu_k - i}{\lambda} = \sum_{i=1}^{K} x_l \cdot \text{cov}(r_k, r_l) \qquad \textit{für alle } k = 1, \ldots, K \quad (*)$$

Betrachten wir nun das aus den K Wertpapieren zusammengestellte Portefeuille M, dessen Rendite r_M sich als gewichtete Summe der Einzelrenditen r_k ergibt:

$$r_M = \sum_{k=1}^{K} \frac{x_k \cdot r_k}{x_1 + \ldots + x_K}.$$

Nach den Rechenregeln für die Kovarianz gilt weiter:

$$\text{cov}(r_k, r_M) = \text{cov}\left(r_k, \sum_{k=1}^{K} \frac{x_k \cdot r_k}{x_1 + \ldots + x_K}\right) = \frac{1}{x_1 + \ldots + x_K} \cdot \sum_{l=1}^{K} \text{cov}\left(r_k, x_l \cdot r_l\right)$$

$$\Leftrightarrow (x_1 + \ldots + x_K) \cdot \text{cov}\left(r_k, r_M\right) = \sum_{l=1}^{K} x_l \cdot \text{cov}\left(r_k, r_l\right) \qquad (**)$$

Auch auf das Portefeuille M, in dem der Betrag $x_M = x_1 + \ldots + x_K$ zur Rendite r_M angelegt ist, lässt sich die obige Optimalitätsbedingung anwenden. Danach muss für

$$SÄ(x_M) = E\left[W(x_M)\right] - \frac{\lambda}{2} \cdot Var\left[W(x_M \cdot r_M)\right]$$

$$= B \cdot (1 + i) + x_M \cdot (\mu_M - i) - \frac{\lambda}{2} \cdot x_M^2 \cdot \sigma_M^2$$

gelten:

$$\frac{dS\ddot{A}}{dx_M} = (\mu_M - i) - \lambda \cdot x_M \cdot \sigma_M^2 = 0$$

$$\Leftrightarrow \quad \frac{\mu_M - i}{\lambda \cdot \sigma_M^2} = x_M \qquad (***)$$

Durch Gleichsetzen der linken Seiten der Gleichungen (*) und (**) erhält man für beliebiges k:

$$\frac{\mu_k - i}{\lambda} = (x_1 + \ldots + x_K) \cdot cov\,(r_k, r_M) \qquad (****)$$

Einsetzen von $x_M = x_1 + \ldots + x_K$ aus Gleichung $(***)$ in Gleichung $(****)$ ergibt:

$$\frac{\mu_k - i}{\lambda} = \frac{\mu_M - i}{\lambda \cdot \sigma_M^2} \cdot cov\,(r_k, r_M) \text{ für alle } k = 1, \ldots, K$$

Daraus erhält man durch Umstellen die in Formel (6.5) in Abschn. 6.1.2 verwendete Gleichgewichtsbedingung:

$$\frac{\mu_k - i}{cov\,(r_k, r_M)} = \frac{\mu_M - i}{\sigma_M^2} \qquad \text{q.e.d.}$$

6.2   Zum grundsätzlichen Einfluss der Kapitalstruktur auf Kapitalkosten, Überschüsse und Wert eines Unternehmens

In der **kapitalmarktorientierten Unternehmensbewertung** bestimmt sich die Nennergröße des Unternehmenswertkalküls in Anlehnung an die geforderte Eigenkapitalrendite des diversifizierten Aktionärs im CAPM. Zwischen der geforderten Eigenkapitalrendite und dem **Verschuldungsgrad** eines Unternehmens besteht ein offensichtlicher Zusammenhang: Je höher die Verschuldung eines Unternehmens, desto größer ist der fixe Sockelbetrag, der aus dem erwirtschafteten *cash flow* in Form von Zinszahlungen abgeführt werden muss. Mit dem Anstieg dieses Sockelbetrages vergrößert sich aber auch die Varianz der Residualgröße, die den Anteilseignern für Ausschüttungen zur Verfügung steht, sowie, damit einhergehend, die Kovarianz der Eigenkapitalmarktrendite mit der Marktportefeuillerendite. Diese Steigerung des Eigenkapitalgeberrisikos führt c.p. zwangsläufig zu einer Erhöhung der sogenannten Eigenkapitalkosten, d. h. der geforderten Eigenkapitalrendite. Mit wachsendem Verschuldungsgrad muss ein Unternehmen daher in der Lage sein, seinen (potenziellen) Eigenkapitalgebern eine höhere Eigenkapitalrendite in Aussicht zu stellen.

Andererseits bringt eine höhere Verschuldung aber auch positive Effekte in Gestalt von Steuerersparnissen mit sich, die ihrerseits zu einer Senkung der geforderten Eigenkapitalrendite führen.

Die Tarierung des Verschuldungsgrads bzw. der Kapitalstruktur ist aufgrund der induzierten Effekte einer der wichtigsten „Werthebel" im Rahmen der Planung von Unternehmensakquisitionen und -umstrukturierungen. Dementsprechend spielt die Kapitalstruktur innerhalb der *discounted cash flow*-Ansätze eine besondere Rolle. Die aus einer Änderung der Kapitalstruktur resultierenden Werteffekte werden in den Bewertungskalkülen mit nicht zu unterschätzendem formalen Aufwand modelliert.[64]

Die folgenden Ausführungen sind dementsprechend mit einem umfangreichen Formelapparat verbunden. Bei der Herleitung der kapitalstrukturabhängigen Kapitalkostensätze werden sämtliche wesentlichen Zwischenschritte angegeben, um dem interessierten Leser die Nachvollziehbarkeit der Rechenschritte und damit das Verständnis der erzielten Endergebnisse ohne allzu großen eigenen Aufwand zu ermöglichen. Insbesondere haben viele Größen, die in den Formeln vorkommen, den Charakter von Erwartungswerten, da sie auf der Grundlage von Zahlen ermittelt werden, die aus der Sicht des Bewertungsstichtags risikobehaftet sind (z. B. erwartete *cash flows*); auf deren permanente Kennzeichnung mit einem Erwartungswertoperator wird aus Gründen der Übersichtlichkeit und Lesbarkeit verzichtet.

Diejenigen Leser, die allein an den konkreten Bewertungsformeln der verschiedenen DCF-Ansätze interessiert sind, seien auf die diesbezüglichen Zusammenfassungen in Abschn. 6.3.4.1 für den Fall der einfachen Ertragsteuer bzw. in Abschn. 6.3.4.2 für den Fall des seit dem 1.1.2009 geltenden Abgeltungssteuersystems (auf Gesellschafterebene), das das zuvor geltende Halbeinkünftesystem abgelöst hat, verwiesen.

6.2.1   Betrachtung in einer Welt ohne Steuern – Kapitalkosten und Unternehmenswerte im Grundmodell von *Modigliani und Miller*

Im Rahmen der kapitalmarktorientierten Unternehmensbewertung werden Finanzierungseffekte ausgehend von der (hypothetischen) Situation analysiert, in der die Kapitalstruktur **ohne Wirkung** auf die Höhe des gesamten Unternehmenswerts – verstanden als Summe der Anspruchspositionen aller Kapitalgeber – ist.

Modigliani und *Miller* haben bewiesen, dass unter den nachfolgend genannten Annahmen die **Kapitalstruktur ohne Bedeutung** für den Wert des gesamten Unternehmens WG und mithin auch für die Vermögensposition der Unternehmenseigentümer ist:[65]

---

[64] Zur Darstellung unterschiedlicher Formen der Finanzierungspolitik zur Gestaltung der Kapitalstruktur eines Unternehmens und deren Auswirkungen auf das formale Bewertungskalkül vgl. *Kruschwitz und Löffler* (2006), S. 50 ff.

[65] Vgl. *Modigliani und Miller* (1958), S. 261–297; *Drukarczyk* (1993), S. 131 f.; *Drukarczyk und Schüler* (2007), S. 125 ff.; *Franke und Hax* (2009), S. 340 ff.

- Es besteht ein vollkommener Kapitalmarkt, d. h. es gibt keine Steuern, Transaktions- und Informationskosten; es besteht gleicher Marktzugang für Kapitalgeber und Unternehmen, insbesondere können sich Unternehmen und private Investoren zum risikolosen Zinssatz unbegrenzt verschulden bzw. Geld anlegen. Alle Wertpapiere sind beliebig teilbar.
- Die Kapitalgeber maximieren ihren finanziellen Nutzen.
- Es bestehen keine Illiquiditätsrisiken bzw. Insolvenzkosten.
- Die von den Unternehmensleitungen zu realisierenden Investitionsprojekte sind unabhängig von der Kapitalstruktur. Es existieren insbesondere keine vorvertraglichen und nachvertraglichen Informationsasymmetrien, die zu einer Präferenz für die Eigen- oder Fremdfinanzierung bestimmter Projekte führen könnten.[66]
- Am Markt werden mindestens zwei Unternehmen mit übereinstimmendem Investitionsrisiko bei unterschiedlicher Kapitalstruktur gehandelt.

Unter diesen Voraussetzungen haben *Modigliani* und *Miller* das **Theorem von der Irrelevanz der Kapitalstruktur**[67] bewiesen:

Ist das Investitionsprogramm eines Unternehmens unabhängig von seiner Finanzierung vorgegeben, so beeinflusst eine Änderung seiner Finanzierungspolitik bei vollkommenem Kapitalmarkt weder seinen Marktwert noch den finanziellen Nutzen des Kapitalgebers.[68]

Modigliani und Miller beweisen dieses Theorem aufgrund von Arbitrageüberlegungen.[69] Ein Gewinn wird dann als **Arbitragegewinn** bezeichnet, wenn er ohne Einsatz zusätzlicher finanzieller Mittel und ohne zusätzliches Risiko durch die Umschichtung einer gehaltenen Vermögensposition realisiert werden kann. *Modigliani und Miller* zeigen, dass sich – sofern der Gesamtwert eines Unternehmens nicht finanzierungsneutral ist – durch den Kauf und den Verkauf von Aktien sowie durch private Verschuldungsdispositionen Arbitragegewinne erwirtschaften lassen, indem im Privatportefeuille von Kapitalmarktteilnehmern die Risikostruktur von über- oder unterbewerteten Anlagen dupliziert wird.

Das grundlegende Argumentationsmuster sei an einem **Beispiel**[70] verdeutlicht:

---

[66] Vgl. zur Bedeutung asymmetrischer Informationsverteilung *Schmidt und Terberger* (1997), S. 389 ff.

[67] Zum Beweis siehe *Modigliani und Miller* (1958), S. 261–297; *Drukarczyk und Schüler* (2007), S. 128 f.

[68] Hier wiedergegeben in der Formulierung von *Franke und Hax* (2009), S. 342.

[69] Zur Arbitragetheorie vgl. zusammenfassend: *Varian* (1987), S. 55–72.

[70] Für eine formale Begründung siehe *Drukarczyk und Schüler* (2007), S. 128 f.

Auf einem Kapitalmarkt werden zwei in ihrer Vermögensstruktur sowie in den Ertragsperspektiven identische Unternehmen gehandelt, die sich nur durch die Finanzierung der jeweiligen Investitionen unterscheiden:

Unternehmen A: Reine Eigenkapitalfinanzierung durch 1.000 ausgegebene Aktien, die zum Kurs von 100 € notieren.

Unternehmen B: Finanzierung durch 600 ausgegebene Anleihetitel zum Kurswert von 100 € sowie durch 1.000 umlaufende Aktien.

Frage: Zu welchem Kurs notieren die Aktien von Unternehmen B?

Antwort: Wenn das MM-Theorem gilt, dann wird eine Aktie zum Kurs von 40 € gehandelt, da nur bei diesem Kurs die Finanzierungsneutralität des Unternehmenswertes gewährleistet ist.

Frage: Warum kann ein Kurs von (beispielsweise) 50 € nicht Gleichgewichtskurs sein?

Antwort: Bei einem Kurs von 50 € kommt es zu einer Arbitragetransaktion. Beispielsweise würde ein Aktionär von Unternehmen B 10 Aktien von B verkaufen. Erlös dieser Disposition ist 500 €. Der Aktionär würde anschließend einen Kredit in Höhe von 600 € aufnehmen, und mit dem Verkaufserlös sowie der Kreditsumme 10 Aktien von A zu 100 € kaufen.

Der Anleger hat durch diese Disposition in seinem privaten Portefeuille eine Risiko-/Chancenstruktur hergestellt, die seiner ursprünglichen Position, nämlich dem Besitz von 10 Aktien des zu 60 % verschuldeten Unternehmens B, spiegelbildlich entspricht. Überdies hat er einen Arbitragegewinn in Höhe von 100 € erzielt. Der einzige Kurs, bei dem solche Arbitragegewinne nicht entstehen, ist der MM-Gleichgewichtskurs von 40 € für Aktie B.[71]

Dieser Zusammenhang lässt sich auch in einem abstrakteren Arbitragekalkül darstellen: Wäre etwa der **Marktwert des verschuldeten Unternehmens B höher als der Marktwert des unverschuldeten Unternehmens A**, d. h.

$$WG^F = WE^F + WF > WG$$

bzw.

---

[71] n.b.: Wenn Aktie B **unter** dem Gleichgewichtskurs notiert, lohnen sich Arbitragetransaktionen, die den Verkauf von (10) Aktien A, den Kauf von (10) Aktien B und die risikolose Anlage des aus dem Verkauf erlösten Differenzbetrages zum Gegenstand haben.

Maßnahme	Mitteleinsatz	Erwartete Überschüsse pro Periode
1a) Verkauf eines Anteils x am anteilig fremdfinanzierten Unternehmen B	$- x \cdot WE^F$	$- x \cdot (EBIT - i \cdot WF)$
1b) Private Kreditaufnahme in Höhe eines Anteils x des Fremdkapitals des Unternehmens B	$- x \cdot WF$	$- x \cdot i \cdot WF$
2) Kauf eines Anteils x am vollständig eigenfinanzierten Unternehmen A	$x \cdot WG$	$+ x \cdot EBIT$
	Saldo von 1) und 2) $= - x \cdot (WE^F + WF)$ $+ x \cdot WG$ $= - x \cdot (WG^F - WG)$ $=: - x \cdot AG$ mit AG>0	Saldo von 1) und 2) $= - x \cdot (EBIT - i \cdot WF + i \cdot WF)$ $+ x \cdot EBIT$ $= 0$

Abb. 6.7 Arbitragestrategie

$$WG^F := WG + AG \quad \text{mit AG } (= \text{Arbitragegewinn}) > 0,$$

dann könnten Aktionäre des verschuldeten Unternehmens ein Portefeuille mit risikoäquivalentem Einkommensstrom realisieren, indem sie Aktien des verschuldeten Unternehmens B verkaufen, um dann mit dem Verkaufserlös und einem privat zum (annahmegemäß) risikolosen Zinssatz i aufgenommenen Kredit Aktien des unverschuldeten Unternehmens A in passendem Umfang zu erwerben und **zusätzlich einen Arbitragegewinn erzielen**. Das Transaktionsmuster dieser Arbitrageerzielung ist der Abb. 6.7 zu entnehmen.

Wie die Abbildung zeigt, verbliebe unter der Annahme $WG^F > WG$ nach Umschichtung des Portefeuilles bei risikoäquivalentem Einkommensstrom ein Arbitragegewinn in Höhe von $x \cdot AG$.

Unter den gesetzten Annahmen eines arbitragefreien Kapitalmarkts gilt damit, dass der Marktwert des vollständig eigenfinanzierten Unternehmens WG^E ($:= WG$) identisch ist mit dem Marktwert des anteilig fremdfinanzierten Unternehmens $WG^F = WE^F + WF$, d. h.

$$\mathbf{WG = WG^F = WE^F + WF}$$

mit

WE^F	Marktwert des Eigenkapitals eines verschuldeten Unternehmens
WF	Marktwert des Fremdkapitals
WG	Marktwert des unverschuldeten Unternehmens ($= WG^E$)
WG^F	Marktwert des Gesamtkapitals des verschuldeten Unternehmens

Notwendigerweise hat das **MM-Theorem** nicht nur Auswirkungen auf die Marktwerte von Eigenkapitalpositionen, sondern auch auf die Gleichgewichtsrenditen. Allgemein gilt:

$$r_{GK} \cdot WG^F = r_{EK}^F \cdot WE^F + r_{FK} \cdot WF$$
$$\Leftrightarrow \quad r_{EK}^F = WG^F / WE^F \cdot r_{GK} - WF/WE^F \cdot r_{FK}$$

mit

i	risikoloser Zinssatz
r_{EK}^F	Eigenkapitalkostensatz eines verschuldeten Unternehmens
r_{FK}	Fremdkapitalrendite
r_{GK}	Gesamtkapitalrendite

Da nach dem MM-Theorem die Finanzierungsstruktur keinen Einfluss auf die Gesamtkapitalrendite r_{GK} hat, folgt unmittelbar, dass die Gesamtkapitalrendite r_{GK} im Gleichgewicht identisch sein muss mit der Eigenkapitalrendite r_{EK} eines unverschuldeten Unternehmens. Es gilt daher unter der Annahme[72] $r_{FK} = i$:

$$\begin{aligned} r_{EK}^F &= (WE^F + WF)/WE^F \cdot r_{EK} - WF/WE^F \cdot i \\ &= r_{EK} + WF/WE^F \cdot r_{EK} - WF/WE^F \cdot i \end{aligned}$$

Es ergibt sich damit eine **lineare** Beziehung zwischen dem Eigenkapitalkostensatz bei anteiliger Fremdfinanzierung r_{EK}^F und der Kapitalstruktur WF/WE^F eines Unternehmens (vgl. dazu auch Abb. 6.8), die sich in Abhängigkeit von der Eigenkapitalrendite eines unverschuldeten Unternehmens r_{EK} wie folgt darstellen lässt:[73]

$$r_{EK}^F = r_{EK} + (r_{EK} - i) \cdot \frac{WF}{WE^F} \tag{6.10}$$

Die Eigenkapitalgeber passen ihre Renditeerwartung offenbar durch Addition eines mit der Kapitalstruktur proportional steigenden Risikozuschlags an einen wachsenden Fremdkapitaleinsatz an. Anschaulich argumentiert tragen die Eigenkapitalgeber sowohl bei vollständiger Eigenfinanzierung als auch (insbesondere durch die Annahmen von Illiquiditäts- und Insolvenzfreiheit) bei anteiliger Fremdfinanzierung das gesamte aus der laufenden Geschäftätigkeit resultierende leistungswirtschaftliche (operative) Risiko des

---

[72] Vgl. zur Aufhebung dieser Annahme etwa *Homburg et al.* (2004), S. 276 ff.

[73] Man beachte die formale Ähnlichkeit von Gl. (6.10) mit der *Leverage*-Formel (s. *Drukarczyk und Schüler* (2007), S. 127); allerdings handelt es sich hier nicht um (erwartete) Buchwertrentabilitäten, sondern um Renditegrößen, die auf der Grundlage von Marktwerten ermittelt werden.

Abb. 6.8 Kapitalkostensätze bei Irrelevanz der Kapitalstruktur KS; KS $=$ WF/WE^F

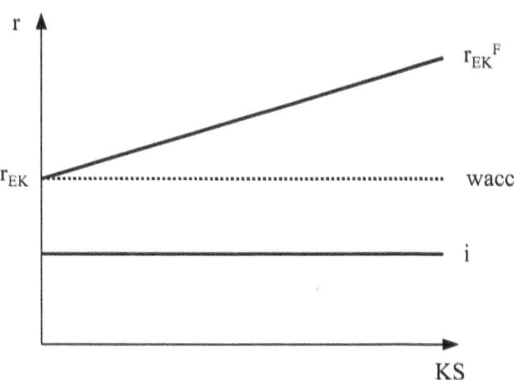

Unternehmens. Bei steigender Fremdfinanzierung steht damit immer weniger Eigenkapital ein unverändert hohes leistungswirtschaftliches Risiko gegenüber, was zum einen zu einer höheren erwarteten Rendite (*Leverage*-Effekt), zum andern aber auch zu einem deutlich höheren Renditerisiko des eingesetzten Eigenkapitals führt. Zum **leistungswirtschaftlichen Risiko** kommt damit ein **finanzwirtschaftliches Risiko** zu Lasten der Eigenkapitalgeber hinzu, das sich – je nach Umfang der Fremdfinanzierung – in einer höheren Renditeerwartung und damit in einem höheren Eigenkapitalkostensatz aus Sicht des Unternehmens widerspiegelt.

Die **Kapitalstruktur**, hier verstanden als Verhältnis von Fremd- zu Eigenkapital, ist zu unterscheiden vom **Verschuldungsgrad**, der den Anteil des Fremdkapitals am gesamten Kapital eines Unternehmens bezeichnet.[74] Zu beachten ist, dass im Rahmen des MM-Szenarios stets die **Marktwerte** von Eigen-, Fremd- und Gesamtkapital anzusetzen sind, denn allein Marktwerte, nicht aber Buchwerte oder Substanzwerte, spielen im Rahmen von Arbitrageüberlegungen eine Rolle.[75] I. d. R. wird dabei WF $=$ FK angenommen, d. h. der Marktwert des Fremdkapitals entspricht (dies erfordert konstantes Zinsniveau) dem Nennwert des Fremdkapitals.

Unter den gesetzten Annahmen ist es durch keine noch so geschickte Wahl der Kapitalstruktur möglich, die Höhe der Gesamtkapitalkosten r_{GK}, d. h. der mit den Marktwerten der eingesetzten Kapitalparten gewichteten durchschnittlichen Kapitalkosten (*weighted average cost of capital (**wacc**)*), zu senken. Denn bei anteiliger Fremdfinanzierung muss – wie zuvor ausgeführt – gelten:[76]

---

[74] Vgl. zu diesen Bezeichnungen *Schmidt und Terberger* (1997), S. 238 f.

[75] Zur Veränderung der Kalküle bei der (nicht theoriekonformen) Verwendung von Buchwerten vgl. *Essler et al.* (2004), S. 134 ff.

[76] Jetzt und im Folgenden wird vereinfachend die Renditeforderung der Fremdkapitalgeber r_{FK} gleich dem risikolosen Zinssatz i gesetzt; differenzierte Betrachtungen finden sich in Abschn. 6.5.2.

Eigenkapitalwert des verschuldeten Unternehmens

=   **Gesamtwert des verschuldeten Unternehmens**
            – Marktwert des Fremdkapitals

=   **Eigenkapitalwert des (fiktiv) unverschuldeten**
            Unternehmens
            – Marktwert des Fremdkapitals bei (Ist-)Verschuldung

Abb. 6.9 Identitätsbeziehungen zwischen unterschiedlichen Unternehmenswertabgrenzungen

$$
wacc := i \cdot \frac{WF}{WG^F} + r_{EK}^F \cdot \frac{WE^F}{WG^F}
$$

$$
= i \cdot \frac{WF}{WG^F} + \left[r_{EK} + (r_{EK} - i) \cdot \frac{WF}{WE^F} \right] \cdot \frac{WE^F}{WG^F}
$$

$$
= r_{EK}
$$

Die durchschnittlichen Kapitalkosten wacc eines Unternehmens bleiben unter den gesetzten Annahmen unabhängig von der Kapitalstruktur immer auf der Höhe der Eigenkapitalkosten r_{EK} eines unverschuldeten Unternehmens (vgl. Abb. 6.8).

Aus der Analyse der Kapitalkosten in einem idealtypischen *Modigliani-Miller*-Szenario folgen unmittelbar entsprechende Beziehungen auf der Ebene unterschiedlich abgegrenzter, als Kapitalwerte künftiger Zahlungsüberschüsse definierter Unternehmenswerte. Es gelten im Rahmen der unterschiedlichen Varianten von *discounted cash flow*-Ansätzen insbesondere die Identitäten gemäß Abb. 6.9.

6.2.2 Betrachtung in einer Welt mit proportionaler Ertragsteuer

6.2.2.1 Arbitragebeziehungen nach *Modigliani und Miller* bei unterschiedlicher Verschuldung unter Berücksichtigung von Ertragssteuern

Im Folgenden wird eine der grundlegenden Prämissen des MM-Theorems, die Steuerfreiheit, aufgehoben: Betrachtet wird ein **einfaches Steuerregime**, in dem nur von Unternehmen eine Ertragsteuer auf deren Jahresüberschuss im Sinne einer Körperschaftsteuer erhoben wird; der einheitliche Steuersatz betrage s_K. Eigen- und Fremdkapitalgeber werden hingegen nicht in ihrem persönlichen Verfügungsbereich besteuert; Dividenden und Zinserträge unterliegen damit annahmegemäß keiner Einkommensteuer. Die Zinszahlungen eines Unternehmens für geliehenes Fremdkapital kürzen die steuerliche Bemessungsgrundlage der Ertragsteuer. Die übrigen Annahmen des Grundmodells sollen ihre Gültigkeit behalten; dies gilt insbesondere für den Ausschluss des Illiquiditäts- und Insolvenzrisikos.

Unter diesen gegenüber dem *Modigliani-Miller*-Grundmodell durch die Einführung einer Unternehmensteuer geänderten Bedingungen hat die **Kapitalstruktur** eines Unternehmens **Einfluss auf den Unternehmenswert** sowie auf die Höhe der Kapitalkosten. Das Arbitragekalkül des ursprünglichen MM-Theorems wird auf diesen Fall übertragen, indem gefordert wird, dass der Marktwert von Unternehmen mit unterschiedlicher Kapitalstruktur sich allein um den (hypothetischen) Marktwert der unterschiedlichen Steuerbelastung unterscheiden darf.

Bezeichnet man den Erwartungswert des Gewinns eines Unternehmens vor Zinsen und Steuern den allgemeinen Gepflogenheiten folgend mit EBIT (*earnings before interest and taxes*), so ergibt sich für ein **anteilig fremdfinanziertes Unternehmen** die Steuerbemessungsgrundlage der unterstellten einfachen Ertragsteuer zu EBIT – i·WF. Nachfolgend sei des Weiteren unterstellt, dass das Unternehmen alle zahlungsgleichen Überschüsse, die entziehbar sind, d. h. z. B. nicht für Investitionen oder Tilgungen eingesetzt werden sollen, ausschüttet.[77] Der Eigentümer[78] des anteilig fremdfinanzierten Unternehmens erzielt aus diesem Engagement damit einen erwarteten periodischen Zahlungsüberschuss FTE^F in Höhe von:

$$FTE^F := [EBIT - i \cdot WF] \cdot (1 - s_K) - NI - T - \Delta Z$$

Die Größen NI, T und ΔZ kennzeichnen dabei die Größen, die über die steuerliche Bemessungsgrundlage und den Steuersatz s_K hinaus von Bedeutung für die Höhe der Ausschüttungen an den Eigentümer des Unternehmens sind:

EBIT Erwartungswert der *earnings before interest and taxes*
FTE^F *flow to equity* bei anteiliger Fremdfinanzierung
ΔZ Mit Ausnahme von Abschreibungen und Investitionen die Saldogröße aus nicht-zahlungswirksamen Größen, die Einfluss auf die steuerliche Bemessungsgrundlage nehmen, und zahlungswirksamen Größen ohne Einfluss auf die steuerliche Bemessungsgrundlage (z. B. und wesentlich: Rückstellungen)
NI Netto-Investitionen
s_K Einfacher Ertragsteuersatz
T Tilgung von Fremdkapital[79]
WF Aufgenommenes Fremdkapital auf Unternehmensebene

Verschuldet der Investor sich stattdessen in demselben Umfang privat, um ein hinsichtlich des Leistungsbereichs identisches Unternehmen vollständig mit Eigenkapital

---

[77] Vgl. dazu *Drukarczyk und Schüler* (2009), S. 92 ff.

[78] Die Betrachtung kann in gleicher Weise für Anteilseigner durchgeführt werden, die nur eine prozentuale Quote (<100 %) am Unternehmen halten.

[79] U.U. auch mit negativem Vorzeichen vorstellbar.

auszustatten, so erzielt er als privat verschuldeter Eigentümer eines unverschuldeten Unternehmens einen erwarteten Überschuss FTE in Höhe von:

$$FTE := [EBIT \cdot (1 - s_K) - NI - T - \Delta Z] - i \cdot WF$$

Der erwartete Zahlungsmittelzufluss aus dem Besitz des anteilig fremdfinanzierten Unternehmens ist wegen der Abzugsfähigkeit der Fremdkapitalzinsen von der Steuerbemessungsgrundlage in jeder Periode um

$$\begin{aligned} \Delta WG^F &:= FTE^F - FTE \\ &= [EBIT - i \cdot WF] \cdot (1 - s_K) - [EBIT \cdot (1 - s_K) - i \cdot WF] \\ &= s_K \cdot i \cdot WF \end{aligned} \qquad (6.11)$$

größer als der erwartete Zahlungsmittelzufluss aus dem Besitz des unverschuldeten Unternehmens bei betragsgleicher privater Verschuldung. Der Besitz des fremdfinanzierten Unternehmens bietet dem Eigentümer demnach gegenüber dem Besitz des ansonsten identischen, jedoch unverschuldeten Unternehmen bei gleichzeitiger privater Verschuldung einen periodischen Steuervorteil ΔWG^F, das sogenannte **tax shield**, in Höhe der Steuerminderung durch die abzugsfähigen Fremdkapitalzinsen. Wegen des Ausschlusses des Illiquiditätsrisikos ist dieser Steuervorteil als **risikolos** anzusehen, sofern unterstellt wird, dass die steuerliche Bemessungsgrundlage ausreichend groß ist. Der Mehrwert eines fremdfinanzierten Unternehmens gegenüber dem Marktwert eines bis auf die Fremdfinanzierung identischen, unverschuldeten Unternehmens ergibt sich damit als Barwert der periodischen Steuervorteile bei Diskontierung mit dem risikolosen Zinssatz i.

Zur Darstellung der grundsätzlichen Aussagen wird zunächst ohne Einschränkung der Verallgemeinerungsfähigkeit der erzielten Ergebnisse der Rentenfall unterstellt, in dem das Unternehmen bei unverändertem Fremdkapitalbestand ein vollständig zahlungswirksames, konstantes EBIT mit $NI = \Delta Z = T = 0$ erzielt.

Für diesen einfachen Fall ergibt sich durch Anwendung der kaufmännischen Kapitalisierungsformel bei Vorliegen einer einfachen Ertragsteuer ein **fremdkapitalinduzierter Gesamtwertvorteil** WB^F aus dem Besitz eines anteilig fremdfinanzierten gegenüber einem vollständig eigenfinanzierten Unternehmen in Höhe von:

$$WB^F = \Delta WG^F / i = s_K \cdot i \cdot WF / i = s_K \cdot WF,$$

d. h. es gilt:

$$WG^F = WG + s_K \cdot WF$$

Das damit erzielte Ergebnis, dass sich der Marktwert von Unternehmen mit unterschiedlicher Kapitalstruktur allein um den (hypothetischen) Marktwert der unterschiedlichen

Steuerbelastung unterscheidet, lässt sich analog zu den Ausführungen in Abschn. 6.2.1 durch ein Arbitragekalkül veranschaulichen und begründen, welches *Modigliani und Miller* in einem zweiten, klassisch gewordenen Beitrag ausgeführt haben:[80]

Wäre etwa der **Marktwert eines verschuldeten Unternehmens geringer als der Marktwert eines unverschuldeten Unternehmens zuzüglich des Barwerts der fremd-kapitalinduzierten Steuerersparnis,** würde also gelten:

$$\mathrm{WG^F} < \mathrm{WG} + \mathrm{WB^F} \qquad \left(\mathrm{mit\,WG} = \mathrm{WG^E}\right)$$

$$\Leftrightarrow \quad \mathrm{WG^F} < \mathrm{WG} + s_K \cdot \mathrm{WF}$$

$$\Leftrightarrow \quad \mathrm{WE^F} + \mathrm{WF} < \mathrm{WG} + s_K \cdot \mathrm{WF}$$

$$\Leftrightarrow \quad \mathrm{WG} > \mathrm{WE^F} + (1 - s_K) \cdot \mathrm{WF},$$

dann könnten Aktionäre der unverschuldeten Gesellschaft bei identischer Risikostruktur ihres Portefeuilles einen **Arbitragegewinn** (in Höhe von $z \cdot \mathrm{EBIT} \cdot (1 - s_K)$, mit $z > 0$, vgl. Abb. 6.10 realisieren, indem sie die Aktien der unverschuldeten Gesellschaft verkaufen, um dann den Verkaufserlös $\mathrm{WG^E}(= \mathrm{WG})$ zu einem prozentualen Anteil x mit $\mathrm{WE^F} / \left[\mathrm{WE^F} + (1 - s_k)\mathrm{WF}\right] =: x$ in Aktien der verschuldeten Unternehmung sowie zu einem prozentualen Anteil[81] von

$$(1 - s_k)\mathrm{WF} / \left[\left(\mathrm{WE^F} + (1 - s_k)\mathrm{WF}\right)\right] =: y$$

in Anleihen der verschuldeten Unternehmung zum (annahmegemäß) risikolosen Zinssatz i zu investieren. Das Transaktionsmuster dieser Arbitragebeziehung ist der Abb. 6.10 zu entnehmen.

Das „Umsteigen" vom unverschuldeten Unternehmen auf das verschuldete Unternehmen, ergänzt durch eine Kapitalanlage in Anleihen, wäre daher unter den gesetzten Annahmen lohnenswert. Investoren, die um diesen Effekt wissen, schichten so lange ihre Anteile um, bis sich keine Arbitragegewinne mehr erzielen lassen, d. h. bis gilt:

$$WG^F = WG + WB^F = WG + s_K \cdot WF.$$

---

[80] Vgl. *Modigliani und Miller* (1963), S. 433–443.

[81] Die Summe beider Anteilswerte x und y ergibt offensichtlich 100 %.

Maßnahme	Mitteleinsatz	Erwartete Überschüsse pro Periode
1) Verkauf des vollständig eigenfinanzierten Unternehmens	$-WG^E = WG$	$- EBIT \cdot (1-s_K)$
2a) Einsatz des erlösten Kapitals zum Kauf von Anteilen des anteilig fremdfinanzierten Unternehmens	$WG \cdot x$	$\{[(EBIT-i \cdot WF) \cdot (1-s_K)]/WE^F\}$ $\cdot \{WG \cdot [WE^F/(WE^F + (1-s_K)WF)]\}$
2b) Kapitalanlage in Anleihen	$WG \cdot y$	$i \cdot WG \cdot [(1-s_K) \cdot WF /(WE^F + (1- s_K)WF)]$
	Saldo = 0	Saldo von 1) und 2) = $- EBIT \cdot (1-s_K)$ $+ EBIT \cdot (1-s_K) \cdot [WG/(WE^F + (1- s_K)WF)]$ $=\{[WG/(WE^F+(1- s_K)WF)]-1\} \cdot EBIT \cdot (1-s_K)$ $= z \cdot EBIT \cdot (1-s_K) > 0$ (mit $z := \{[WG/(WE^F +(1- s_K)WF] -1\} > 0$ gem. Annahme)

Abb. 6.10 Erzielung eines Arbitragegewinns für $WG^F < WG + WB^F$

Der umgekehrte Fall führt zu demselben Ergebnis: Wäre das verschuldete Unternehmen **überbewertet**, d. h. es gilt:

$$WG^F > WG + WB^F,$$

dann ist analog eine Arbitragetransaktion lohnend, bei der diesmal Aktien der verschuldeten Unternehmung verkauft werden, um dann mit dem Verkaufserlös sowie mit zusätzlich aufgenommenen privaten Krediten Aktien der unverschuldeten Gesellschaft zu erwerben.[82]

Eine modifizierte Darstellung[83] desselben Sachverhalts ist den Abb. 6.11 und 6.12 zu entnehmen. Hier wird unterstellt, dass keine Arbitragemöglichkeiten bestehen. Wird unter diesen Bedingungen eine Investition durch Herstellung eines identischen i.S.v. risikoäquivalenten Überschussstroms dupliziert, so müssen die Marktwerte beider Maßnahmen bzw. Maßnahmenbündel übereinstimmen. Diese Vorgehensweise ist in der Abb. 6.12 dargestellt.

Der Gesamtsaldo der erwarteten Überschüsse in Abb. 6.11 von 0 weist aus, dass der Investor aus den beiden betrachteten Maßnahmen(−paketen) identische Überschüsse erwirtschaftet. Es muss daher bei Annahme von Arbitragefreiheit für den korrespondierenden Mitteleinsatz gelten:

---

[82] Bei beiden alternativen Arbitragemustern ist das Verhältnis zwischen privater Geldaufnahme bzw. -verschuldung und Investition in die jeweils unterbewertete Aktie so zu tarieren, dass sich die Rendite-/Risikoposition des arbitrierenden Anlegers nicht ändert. Beweise bei *Modigliani und Miller* (1963), S. 435–439.

[83] Eine analoge Darstellung findet sich für den Fall des Abgeltungssteuersystems in Abschn. 6.3.3.2.

Maßnahme	Mitteleinsatz	Erwartete Überschüsse pro Periode
1) Verkauf des vollständig eigenfinanzierten Unternehmens	$- WG^E$	$- EBIT \cdot (1-s_K)$
2a) Kauf des anteilig fremdfinanzierten Unternehmens	WE^F	$[EBIT - i \cdot WF] \cdot (1-s_K)$
2b) Kapitalanlage	$WF \cdot (1-s_K)$	$i \cdot WF \cdot (1-s_K)$
	Saldo = 0	$\Leftarrow$ Saldo von 1) und 2) = 0

Abb. 6.11 Duplikation mittels einer unter dem betrachteten Steuerregime steuerfreien Kapitalanlage

Maßnahme	Mitteleinsatz	Erwartete Überschüsse pro Periode
1) Verkauf des anteilig fremdfinanzierten Unternehmens	$- WG^F$	$- [EBIT - i \cdot WF] \cdot (1 - s_K)$
2a) Kauf des vollständig eigenfinanzierten Unternehmens	WE^E	$EBIT \cdot (1-s_K)$
2b) Kapitalanlage	$WF \cdot (1-s_K)$	$- i \cdot WF \cdot (1-s_K)$
	Saldo = 0	$\Leftarrow$ Saldo von 1) und 2) = 0

Abb. 6.12 Duplikation mittels steuerfreier Kreditaufnahme

$$WG^E = WE^F + WF \cdot (1 - s_K)$$

Einsetzen dieses Ergebnisses in die Definitionsgleichung für WG^F mit $WG^F := WE^F + WF$ ergibt dann wiederum:

$$WG^F = \left[WG^E - WF \cdot (1 - s_K) \right] + WF = WG^E + WF \cdot s_K$$

Betrachtet man den analogen Fall, dass der Investor das anteilig fremdfinanzierte Unternehmen besitzt und dies verkauft, so ergibt sich das Transaktionsmuster nach Abb. 6.12.

Bei Annahme von Arbitragefreiheit muss auch hier für den korrespondierenden Mitteleinsatz gelten:

$$WE^F = WG^E - WF \cdot (1 - s_K)$$
$$\Leftrightarrow WG^F := WE^F + WF = WG^E + WF \cdot s_K$$

Das Nach-Steuer-Arbitragetheorem von *Modigliani und Miller* ist für die Berechnung von Kalkulationszinssätzen gemischtfinanzierter Projekte in Theorie und Praxis seit fünf

Jahrzehnten von überragender Bedeutung. Es ist auch Grundlage der kapitalmarktorientierten Unternehmensbewertungsverfahren; dies sind die im Folgenden dargestellten DCF-Methoden. Sein Erklärungsgehalt wird allerdings dadurch eingeschränkt, dass im Rahmen dieser Theorie nicht begründbar ist, weshalb überhaupt Projekte mit mehr als nur marginaler Eigenkapitalfinanzierung realisiert werden. Denn die Substitution von Eigenkapital durch Fremdkapital ist ja, der Theorie folgend, auf der ganzen Bandbreite möglicher Verschuldungsgrade aus der Sicht der Kapitalgeber lohnend. *Modigliani und Miller* haben sich im Rahmen ihrer Theorie mit diesem vorhersehbaren Effekt nicht befasst; sie haben es vielmehr als gegeben angenommen, dass Unternehmen, die unterschiedlichen (leistungswirtschaftlichen) Risikoklassen angehören, am Kapitalmarkt gehandelt werden und dass sich bei Unternehmen, die der gleichen Risikoklasse angehören, ein Arbitragegleichgewicht i. S. der obigen Ausführungen bei einer positiven Eigenkapitalquote einstellt. Trotz diesen und anderen Fragwürdigkeiten bei der Begründung des Arbitragemechanismus[84] ist die praktische Relevanz des Modells und seine Ausstrahlungskraft in der Literatur bis heute unangefochten.

6.2.2.2 Herleitung der Kapitalkosten bei proportionaler Ertragsteuer im Rentenfall

Welche **Renditeforderung** $r_{EK,s}^F$ stellen die Eigentümer eines anteilig fremdfinanzierten Unternehmens nun bei Existenz einer einfachen Ertragsteuer an das Unternehmen? Im hier betrachteten **Rentenfall** gilt *per definitionem* für das vollständig eigenfinanzierte Unternehmen:

$$r_{EK,s} := EBIT \cdot (1 - s_K)/WE.$$

(Man beachte hier und im Folgenden, dass für das vollständig eigenfinanzierte Unternehmen p.d. $WE = WG^E = WG$ gilt.)

Umformen ergibt:

$$
\begin{aligned}
EBIT \cdot (1 - s_K) &= r_{EK,s} \cdot WG^E, \text{ bzw. mit } WG^E = WE^F + WF \cdot (1 - s_K) \\
EBIT \cdot (1 - s_K) &= r_{EK,s} \cdot \left(WE^F + WF \cdot (1 - s_K) \right)
\end{aligned}
\tag{6.12}
$$

Für die Nach-Steuer-Eigenkapitalrendite eines anteilig fremdfinanzierten Unternehmens $r_{EK,s}^F$ gilt:

$$
\begin{aligned}
r_{EK,s}^F &:= (EBIT - i \cdot WF) \cdot (1 - s_K)/WE^F \\
&= [EBIT \cdot (1 - s_K) - i \cdot WF \cdot (1 - s_K)]/WE^F
\end{aligned}
\tag{6.13}
$$

---

[84] Vgl. hierzu auch *Hering* (2006), S. 174 ff.

Durch Einsetzen von (6.12) in (6.13) erhält man:

$$r_{EK,s}{}^F = \left[r_{EK,s} \cdot \left(WE^F + WF \cdot (1 - s_K) \right) - i \cdot WF \cdot (1 - s_K) \right] / WE^F$$
$$\Leftrightarrow \; r_{EK,s}{}^F = r_{EK,s} + (r_{EK,s} - i) \cdot (1 - s_K) \cdot WF / WE^F \tag{6.14}$$

Auch im Fall der proportionalen Ertragsteuer ist der Eigenkapitalkostensatz $r_{EK,s}{}^F$ also eine **lineare Funktion der Kapitalstruktur.**

Vergleicht man den Eigenkapitalkostensatz des verschuldeten Unternehmens bei Existenz einer einfachen Ertragsteuer $r_{EK,s}{}^F$ nach Formel (6.14) mit dem Eigenkapitalkostensatz des verschuldeten Unternehmens $r_{EK}{}^F$ ohne Steuern nach Formel (6.10), so wird deutlich, dass der Risikozuschlag für das Finanzierungsrisiko $[(r_{EK,s} - i) \cdot (1 - s_K) \cdot WF/WE^F]$ auf den Eigenkapitalkostensatz des unverschuldeten Unternehmens $r_{EK,s}$ wegen $(1 - s_K) < 1$ **geringer** ausfällt als der entsprechende Risikozuschlag $[(r_{EK} - i) \cdot WF/WE^F]$ auf r_{EK}; er wird genau um den Faktor $(1-s_K)$ gemindert.

Auf der Grundlage dieser Ergebnisse lässt sich ein[85] Durchschnittskapitalkostensatz $wacc_s$ (*weighted average cost of capital*) ermitteln. Für den hier betrachteten Fall einer proportionalen Ertragsteuer ergibt sich:

$$wacc_s := i \cdot (1 - s_K) \cdot \frac{WF}{WG^F} + r_{EK,s}{}^F \cdot \frac{WE^F}{WG^F} \quad \text{(Einsetzen von Gleichung (6.14))} \tag{6.15}$$

$$= i \cdot (1 - s_K) \cdot \frac{WF}{WG^F} + \left[r_{EK,s} + (r_{EK,s} - i) \cdot (1 - s_K) \cdot \frac{WF}{WE^F} \right] \cdot \frac{WE^F}{WG^F}$$

$$= r_{EK,s} \cdot \left[1 - s_K \cdot \frac{WF}{WG^F} \right] \tag{6.16}$$

Formel (6.16) sagt aus, dass die durchschnittlichen Kapitalkosten eines Unternehmens unter den gegebenen Annahmen vom Verschuldungsgrad abhängig sind und mit wachsender Verschuldung (und damit auch wachsendem Grad der Kapitalstruktur) **sinken** (vgl. Abb. 6.13).

Die Ergebnisse dieses Abschnitts lassen sich heranziehen, um unter den gesetzten Annahmen (Rentenfall bei einfacher Ertragsteuer) die Abhängigkeit des ß-Faktors eines Unternehmens von seiner Kapitalstruktur darzustellen. Denn zwischen dem Beta-Faktor eines unverschuldeten Unternehmens ß und dem Beta-Faktor eines verschuldeten

---

[85] Im Rahmen der Unternehmensbewertung lassen sich zwei verschiedene Durchschnittskapitalkostensätze zur Ermittlung des Gesamtunternehmenswerts verwenden; sie unterscheiden sich durch die explizite Berücksichtigung des Steuervorteils der Fremdfinanzierung im Kapitalkostensatz. Für eine differenzierte Betrachtung sei auf die Ausführungen des nachfolgenden Abschnitts verwiesen.

Abb. 6.13 Kapitalkosten eines
Unternehmens bei einfacher
Ertragsteuer in Abhängigkeit
von der Kapitalstruktur KS
$(KS = WF/ WE^F)$

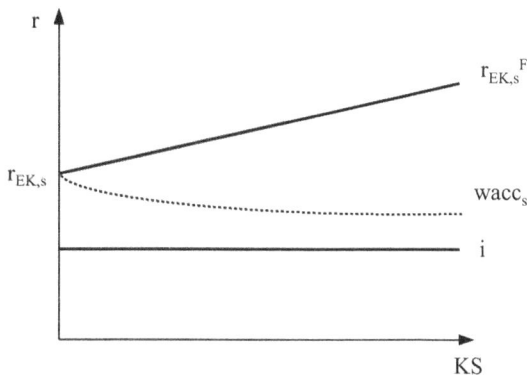

Unternehmens β^F lässt sich mittels Formel (6.14) eine Beziehung herstellen.[86] Nach dem CAPM-Modell gilt:

$$r_{EK,s}{}^F = i + (r_{M,s} - i) \cdot \beta^F \quad \text{bzw.} \quad r_{EK,s} = i + (r_{M,s} - i) \cdot \beta$$

Das Einsetzen von $r_{EK,s}$ in der obigen CAPM-Darstellung in Formel (6.14) führt zu:

$$r_{EK,s}{}^F = r_{EK,s} + (r_{EK,s} - i) \cdot (1 - s_K) \cdot WF/WE^F$$
$$= i + (r_{M,s} - i) \cdot \beta + [i + (r_{M,s} - i) \cdot \beta - i] \cdot (1 - s_K) \cdot WF/WE^F$$
$$= i + (r_{M,s} - i) \cdot [1 + (1 - s_K) \cdot WF/WE^F] \cdot \beta$$

Das Gleichsetzen beider Darstellungen von $r_{EK,s}{}^F$ ergibt dann:

$$\beta^F = [1 + (1 - s_k)WF/WE^F] \cdot \beta$$

6.2.2.3 Herleitung der äquivalenten Überschussgrößen (Zählergrößen) bei proportionaler Ertragsteuer im Rentenfall

Nach den Äquivalenzprinzipien der Unternehmensbewertung, die in Kap. 3 entwickelt wurden, müssen Zähler- und Nennergrößen des Kapitalwertkalküls in Bezug auf verschiedene Dimensionen konsistente Abgrenzungen aufweisen. Im dargestellten Modell dieses Abschnitts ergeben sich die äquivalenten Überschussgrößen unmittelbar aus einer Umformung der entwickelten Kapitalisierungszinssätze: Eine Äquivalenzumformung der $wacc_s$-Gleichung aus (6.16) macht etwa deutlich, welche **Überschussgröße** bei Verwendung des $wacc_s$ als Kapitalisierungszinssatz in den **Zähler** der Bewertungsformel zur Ermittlung des Gesamtunternehmenswerts einzusetzen ist. Es gilt:[87]

---

[86] Das Umrechnen von ß in ß^F bzw. von ß^F in ß wird als „levern" bzw. „unlevern" bezeichnet.

[87] Vgl. dazu *Drukarczyk und Schüler* (2009), S. 121.

$$\text{wacc}_s \quad = \quad r_{EK,s} \cdot \left[1 - s_K \cdot \frac{\text{WF}}{\text{WG}^F} \right]$$

$$= \quad \frac{r_{EK,s} \cdot \text{WG}^F - r_{EK,s} \cdot s_K \cdot \text{WF}}{\text{WG}^F}$$

$$= \quad \frac{r_{EK,s} \cdot \left[\text{WG}^F - s_K \cdot \text{WF} \right]}{WG^F} \qquad \left(\text{ mit } \text{WG}^F - s_K \cdot \text{WF} = \text{WG} \right)$$

$$= \quad \frac{r_{EK,s} \cdot \text{WG}}{\text{WG}^F} \qquad \left(\text{ mit } r_{EK,s} \cdot \text{WG} = \text{EBT} \cdot (1 - s_K) \right)$$

$$= \quad \frac{\text{EBT} \cdot (1 - s_K)}{\text{WG}^F}$$

mit

EBT: EBIT eines unverschuldeten Unternehmens (Fremdkapitalzinsen fallen nicht an)

$$\Leftrightarrow \text{WG}^F \quad = \quad \frac{\text{EBT} \cdot (1 - s_K)}{\text{wacc}_s} \qquad (6.17)$$

Bei der Zählergröße $\text{EBT} \cdot (1 - s_k)$ handelt es sich um den sogenannten *free cash flow* (**FCF**) des Unternehmens, d. h. den **entziehbaren Überschuss bei fiktiver vollständiger Eigenfinanzierung nach Steuern**. Dies ist der Betrag, den ein Unternehmen – ohne Berücksichtigung des durch die Fremdfinanzierung hervorgerufenen Steuervorteils – an alle seine (Eigen- und Fremd-) Kapitalgeber auskehren kann.

Die Tatsache, dass die zu diskontierende Zahlungsgröße das *tax shield* aus Fremdfinanzierung nicht beinhaltet, lässt sich bereits an der Definitionsgleichung des wacc_s bei der Herleitung von Formel (6.16) plausibilisieren. Denn in dieser Gleichung ist die „Verbilligung" des Fremdkapitals auf Unternehmensebene – von i auf $i \cdot (1 - s_K)$ – bereits berücksichtigt. Die Steuerersparnis der anteiligen Fremdfinanzierung darf deshalb nicht noch einmal in der korrespondierenden Überschussgröße erfasst werden. Der durchschnittliche Kapitalkostensatz eines anteilig fremdfinanzierten Unternehmens, der das *tax shield* der Fremdfinanzierung bereits beinhaltet, wird nachfolgend als wacc_s^{FCF} bezeichnet.

Formel (6.17) stellt damit das konzeptionelle „Baumuster" einer Gesamtunternehmenswertermittlung – hier für den Rentenfall – dar: *free cash flow*-Größen im Zähler der Bewertungsformel werden mittels des Durchschnittskostensatzes wacc_s^{FCF} diskontiert.[88] Eine Unternehmensbewertungsmethode gemäß Formel (6.17) wird als **entity-Methode** bezeichnet, weil zuerst der Wert des gesamten Unternehmens ermittelt und dann durch Subtraktion des Fremdkapitalwerts der letztlich gesuchte Wert des Eigenkapitals ermittelt werden kann.

---

[88] Zur Herleitung der Formeln für den Nicht-Rentenfall s. Abschn. 6.3.2.2.

Wird der Steuervorteil der Fremdfinanzierung im Gegensatz zu der bisherigen Vorgehensweise in der zu diskontierenden (zahlungswirksamen) Überschussgröße erfasst, so bezeichnet man diese als **total cash flow** (TCF). Während der FCF den aus der Fremdfinanzierung resultierenden Steuervorteil unbeachtet lässt und damit eine fiktive Größe ist (Rückfluss an alle Kapitalgeber bei **fiktiver** Eigenfinanzierung), entspricht der TCF den **tatsächlichen Rückflüssen an alle Kapitalgeber einschließlich der Steuervorteile bei gegebener Kapitalstruktur**. Für den hier betrachteten Rentenfall ergibt sich der *total cash flow* einer Periode als Summe des *free cash flow* zuzüglich des *tax shield* $i \cdot s_k \cdot WF$ der Periode.

Bei der Ermittlung des Unternehmenswerts auf der Grundlage des *total cash flow* nach dem Muster von Formel (6.16) ist dann allerdings darauf zu achten, dass das *tax shield* nicht gleichzeitig in die durchschnittlichen Kapitalkosten einbezogen wird, da sonst der Vorteil der Fremdfinanzierung fälschlicherweise doppelt berücksichtigt würde. In die Definitionsgleichung ist daher nicht der effektive Fremdkapitalkostensatz $i \cdot (1 - s_K)$, sondern der nominale (unversteuerte) Fremdkapitalkostensatz i aufzunehmen; das Ergebnis wird als $wacc_s^{TCF}$ bezeichnet. Es gilt:

$$
\begin{aligned}
wacc_s^{TCF} &:= i \cdot \frac{WF}{WG^F} + r_{EK,s}^F \cdot \frac{WE^F}{WG^F} \\
&= i \cdot \frac{WF}{WG^F} + \left[r_{EK,s} + (r_{EK,s} - i) \cdot (1 - s_K) \cdot \frac{WF}{WE^F} \right] \cdot \frac{WE^F}{WG^F} \\
&= r_{EK,s} - (r_{EK,s} - i) \cdot s_K \cdot \frac{WF}{WG^F} \\
&= r_{EK,s} \cdot \left[1 - s_K \cdot \frac{WF}{WG^F} \right] + i \cdot s_K \cdot \frac{WF}{WG^F} \\
&= wacc_s^{FCF} + i \cdot s_K \cdot \frac{WF}{WG^F} \qquad\qquad (6.18)
\end{aligned}
$$

Wie zu erwarten, ist der durchschnittliche Kapitalkostensatz $wacc_s^{TCF}$ größer als $wacc_s^{FCF}$.

6.2.2.4 Exkurs: Zur Rolle konstanter Fremdkapitalzinsen

Die mit zunehmendem Verschuldungsgrad sinkenden durchschnittlichen Kapitalkosten eines Unternehmens sind eine Folge des hier gesetzten Prämissenkranzes; sie werden in der Praxis allerdings ab einem bestimmten Fremdkapitalanteil nicht mehr beobachtbar sein. Wird insbesondere die realitätsfremde Fiktion vernachlässigbarer Konkurskosten aufgegeben, so ist anzunehmen, dass die Fremdkapitalgeber mit wachsender Verschuldung des Unternehmens auch höhere Zinsen als i verlangen werden: Die Fremdkapitalgeber werden bei steigender Verschuldung ähnlich wie die Eigentümer zu Residualempfängern, weil sie das leistungswirtschaftliche Unternehmensrisiko nach Maßgabe der Ausfallwahrscheinlichkeit mittragen.

Dieser Logik folgend werden die **durchschnittlichen Kapitalkosten** trotz Steuerersparnis irgendwann **wieder steigen** (vgl. Abb. 6.14).

Abb. 6.14 Kapitalkosten eines Unternehmens bei einfacher Ertragsteuer und steigenden Fremdkapitalkosten in Abhängigkeit von der Kapitalstruktur $KS = WF/WE^F$.

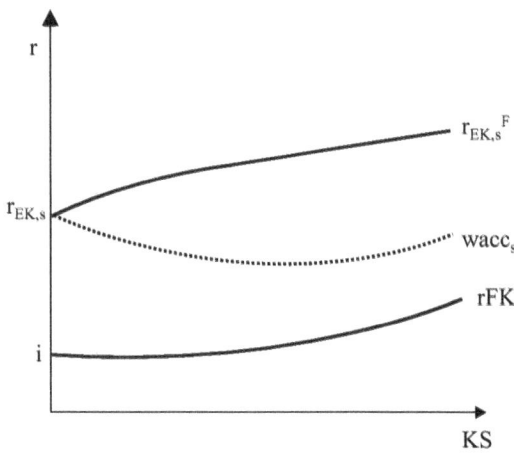

Die Modellerweiterung um Konkurskosten als Auslöser risikoabhängiger Fremd-kapitalzinsen wird in den nachfolgenden Formulierungen der DCF-Standardmodell-varianten vernachlässigt. Dies geschieht in Einklang mit der zu Grunde liegenden Literatur und erklärt sich nicht nur aus Vereinfachungsgründen: Ein nicht-linearer Verlauf der Kapitalkosten in Abhängigkeit von der Finanzierungsstruktur hat nämlich zur Folge, dass die klassischen Arbitrageargumente des *Modigliani-Miller*-Ansatzes nicht mehr anwendbar sind, weil sich in diesem Fall für beliebige Duplizierungsportefeuilles kein einheitlicher Gleichgewichtspreis ergibt. Der MM-Ansatz als Grundlage aller DCF-Kal-küle vereinfacht insofern nicht lediglich die Realität; er bildet sie systematisch falsch ab. Allerdings teilt er dieses Defizit mit wohl allen Arten von Bewertungskalkülen, die auf ökonomischen Modellen basieren. Die Anwender von DCF-Modellen in Theorie und Praxis stimmen darin überein, dass dieser systematische Fehler die Existenzberechtigung dieser Kalküle nicht grundsätzlich in Frage stellt. Auf Besonderheiten, die sich aus bonitätsabhängigen Fremdkapitalkosten ergeben, wird unten in Abschn. 6.5.2 eingegangen.

6.3   Unternehmenswertermittlung mittels DCF-Verfahren

Die allgemeinen Darstellungen des Abschn. 6.2 haben grundlegende Zusammenhänge zwischen verschiedenen Arten von Kapitalkostensätzen, den korrespondierenden Unter-nehmenswerten (Eigenkapital- oder Gesamtkapitalwerten) sowie den Wirkungen der Fremdfinanzierung auf Kapitalkosten und Unternehmenswerte unter dem Einfluss von Steuern verdeutlicht. Aus didaktischen Gründen wurde dabei auf den Rentenfall und ein einfaches Ertragsteuerregime rekurriert. Die gewonnenen Erkenntnisse sollen nachfolgend genutzt werden, um – unter Abkehr vom einfachen Rentenfall – konkrete Unter-nehmensbewertungskalküle zu entwickeln. Ausgehend von einem einfachen Er-tragsteuersystem auf Unternehmensebene sollen schließlich DCF-Formeln für die Unter-

> **Marktwert des Eigenkapitals eines verschuldeten Unternehmens,**
> *ermittelt durch Diskontierung der FTE mit $r_{EK}{}^F$*
> *(Equity-Methode, FTE-Variante)*
>
> =   Marktwert des Gesamtkapitals eines verschuldeten Unternehmens, *ermittelt durch Diskontierung der TCF mit $wacc_s{}^{TCF}$*
> –   Marktwert des Fremdkapitals
> =   **Marktwert des Eigenkapitals eines verschuldeten Unternehmens**
> *(Entity-Methode, TCF-Variante)*
>
> =   Marktwert des Gesamtkapitals eines verschuldeten Unternehmens, *ermittelt durch Diskontierung der FCF mit $wacc_s{}^{FCF}$*
> –   Marktwert des Fremdkapitals
> =   **Marktwert des Eigenkapitals eines verschuldeten Unternehmens**
> *(Entity-Methode, FCF-Variante)*
>
> =   Marktwert des Eigenkapitals eines (fiktiv) unverschuldeten Unternehmens
> +   Barwert des fremdkapitalinduzierten Steuervorteils, diskontiert mit dem risikolosen Zinssatz i
> –   Marktwert des Fremdkapitals bei (Ist-)Verschuldung
>
> =   **Marktwert des Eigenkapitals eines verschuldeten Unternehmens**
> *(adjusted present value, (APV)-Variante)*

Abb. 6.15 Identitätsbeziehungen des DCF-Kalküls

nehmenswertermittlung unter Einbeziehung persönlicher Steuern in der Variante des in Deutschland zur Zeit gültigen Abgeltungsteuersystems hergeleitet werden.

Als Grundlage der Unternehmensbewertungskalküle werden zunächst die *discounted cash flow*-Verfahren in ihren allgemeinen Formulierungen dargestellt.

6.3.1   Allgemeine Darstellung der Grundvarianten des DCF-Kalküls

Die aus der anglo-amerikanischen Bewertungspraxis stammenden *discounted cash flow*-Verfahren haben in Deutschland weite Verbreitung und Anerkennung in der Bewertungspraxis sowie auch in den berufsständischen Verlautbarungen der Wirtschaftsprüfer[89] gefunden. Man unterscheidet dabei *equity-* und *entity-*Ansätze (bzw. Netto- und Brutto-Ansätze). *Equity-*Ansätze – wie etwa das Ertragswertverfahren – ermitteln direkt den Wert des Eigenkapitals eines Unternehmens. *Entity-*Ansätze ermitteln zunächst den Wert des Gesamtkapitals (= Gesamtunternehmenswert) unter unterschiedlichen Finanzierungsprämissen und gelangen dann durch den Abzug des

---

[89] Vgl. *IDW* (2008); *IDW* (2014), Kap. A.

Marktwerts des Fremdkapitals zum Marktwert des Eigenkapitals. Die Grundvarianten des DCF-Kalküls greifen auf Kapitalkostensätze zurück, die durch Arbitragekalküle hergeleitet werden.

Grundlegend sind die Identitätsbeziehungen gemäß Abb. 6.15, welche die in Abb. 6.9[90] dargestellten Identitäten für den Fall einer proportionalen Ertragsteuer und für die entsprechenden, oben dargestellten Zähler- und Nennergrößen spezifizieren und erweitern.

Im Folgenden werden die vier Grundvarianten von DCF-Verfahren ausführlich dargestellt.

6.3.1.1 *Equity*-Verfahren: FTE-Methode

Beim *equity*-Verfahren werden die *cash flows*, die den Anteilseignern zustehen (*flow to equity* (FTE)), mit den Eigenkapitalkosten, d. h. der von den Eigenkapitalgebern geforderten Rendite, diskontiert. Bei Anwendung des FTE-Ansatzes ergibt sich damit allgemein der Wert des Eigenkapitals $WE^F{}_0$ (für ein verschuldetes Unternehmen)[91] wie folgt:

$$WE^F{}_0 = \sum_{t=1}^{\infty} \frac{FTE_t}{\prod_{\nu=1}^{t} \left[1 + r_{EK,s}{}^F{}_\nu\right]} \tag{6.19}$$

Die *equity*-**Methode** ist technisch gesehen eine **Variante** des in Deutschland verbreiteten **Ertragswertverfahrens**:[92] Der ausschließlich den Eignern im Zeitpunkt t aus dem Unternehmen zufließende *cash flow*-Strom wird mit dem Produkt von i. d. R. periodenspezifischen Diskontierungsfaktoren abgezinst. Zu beachten ist dabei, dass die Diskontierungsfaktoren der FTE-Methode (nur) auf der Grundlage der Annahmen des CAPM ermittelt werden, d. h. insbesondere aus den Renditeansprüchen eines am vollkommenen Kapitalmarkt diversifizierten Aktionärs, während das Ertragswertverfahren darüber hinaus auch die Verwendung von subjektiv geprägten Kapitalisierungszinssätzen zulässt.[93]

Differenziert man den der Unternehmensbewertung zu Grunde liegenden Prognosezeitraum in einen Detailplanungszeitraum der Länge T und eine anschließende Rentenphase, so stellt sich die Ermittlung von $WE^F{}_0$ nach der FTE-Methode bei

---

[90] Abschn. 6.2.1.

[91] Der Index 0 bei $WE^F{}_0$ soll darauf hinweisen, dass die Ermittlung eines Unternehmenswerts grundsätzlich in jedem Zeitpunkt möglich ist. $WE^F{}_0$ bezeichnet den Marktwert des Eigenkapitals im Zeitpunkt 0 (Bewertungsstichtag).

[92] Zur Äquivalenz von Ertragswertmethode und *equity*-Ansatz (sowie auch allen übrigen DCF-Varianten) vgl. etwa knapp: *Sieben* (1995), S. 714 ff.; *Schmidt* (1995), S. 1087 ff.; *Jakubowicz* (2000), S. 191 ff.; *Ballwieser* (2015), S. 514.

[93] Vgl. *IDW* (2008), Rn. 123.

Anwendung der kaufmännischen Kapitalisierungsformel auf die Rentenphase formal wie folgt dar:

$$WE^F{}_0 = \sum_{t=1}^{T} \frac{FTE_t}{\prod\limits_{\nu=1}^{t} \left[1 + r_{EK,s}{}^F{}_\nu\right]} + \frac{1}{\prod\limits_{t=1}^{T} \left[1 + r_{EK,s}{}^F{}_t\right]} \cdot \frac{FTE_{T+1}}{r_{EK,s}{}^F{}_{T+1}} \qquad (6.20)$$

Trotz ihrer augenscheinlich geringen Komplexität haben sich *equity*-Verfahren in der internationalen Bewertungspraxis **nicht** durchsetzen können. Der Grund liegt darin, dass diese Technik es nicht erlaubt, strategische Dispositionen i.e.S. und reine Finanzdispositionen schon im Kalkül voneinander zu trennen: Die Größe FTE bezieht sich spezifisch nur auf eine einzige Kapitalstruktur. Im Rahmen der Planung von Akquisitionen ist es aber erforderlich, unterschiedliche Grenzpreise für unterschiedlich wählbare Kapitalstrukturen zu ermitteln. So verfolgen viele Unternehmensakquisitionen etwa gerade das Ziel, gering verschuldete Unternehmen zu erwerben und sie mit gestiegener Verschuldung weiterzuveräußern.[94] Die damit verbundenen Werteffekte können im Rahmen von *equity*-Ansätzen allerdings nicht transparent gemacht werden, da sie in der FTE-Größe untergehen. In Deutschland kommt dem FTE-Verfahren allerdings wegen der vom *IDW* favorisierten **Unternehmenswertermittlung nach persönlichen Steuern** der Anteilseigner eine herausgehobene Bedeutung zu, da die Verwendung von FTE eine einfache Überführung einer Vorsteuergröße in eine Zuflussgröße nach persönlichen Steuern ermöglicht.[95]

6.3.1.2 *Entity*-Verfahren

Im Rahmen der *entity*-Methoden wird der Wert der Eigenkapitalposition ermittelt, indem man den Marktwert des Fremdkapitals[96] vom Gesamtwert der Unternehmung, d. h. vom aggregierten Wert des Eigen- und Fremdkapitals abzieht: $WE^F = WG^F - WF$.

Obwohl mit der *equity*-Methode der Wert des Eigenkapitals direkt berechnet werden kann, wird also ein „Umweg" über die Ermittlung des Werts des Gesamtkapitals beschritten. Die Trennung des Gesamtkapitals in Eigen- und Fremdkapital soll eine genauere und einfach zugängliche Analyse der wertbildenden Faktoren einer Unternehmung gewährleisten: Der „produktive Bereich" (= Betriebs- oder Leistungsbereich) wird

---

[94] Dies ist etwa das Grundprinzip der sogenannten *leveraged buy outs*, die in der großen Übernahmewelle der Achtzigerjahre aufkamen. Vgl. Kap. 1, Abschn. 1.3.3.

[95] Vgl. dazu *IDW* (2014), Rn. A 295.

[96] Häufig wird für den Marktwert des Fremdkapitals vereinfachend dessen Buchwert angesetzt. Diese Vereinfachung ist dann tragfähig, wenn der für das Fremdkapital vereinbarte Fremdkapitalzins den am Bewertungsstichtag am Markt gültigen Konditionen entspricht; bei einer zu großen Abweichung sind differenzierte Ermittlungen notwendig. Vgl. dazu mit weiteren Nachweisen *Baetge et al.* (2015), S. 363.

gedanklich vom Finanzierungsbereich separiert; leistungswirtschaftliche und finanzwirtschaftliche Zahlungsströme werden somit getrennt bewertet.

Diese Vorgehensweise trägt der Tatsache Rechnung, dass in vielen Fällen bei der Ermittlung von Grenzpreisen gleichzeitig eine Optimierung des Kapitalwertes stattfindet. Diese Optimierung wird durch die gesonderte Betrachtung einzelner Segmente („*profit center*") und deren Finanzierung vereinfacht.

6.3.1.2.1 *Total Cash Flow*-Variante

Die einfachste Möglichkeit, einen Gesamtkapitalwert zu errechnen, besteht darin, die tatsächlich anfallenden *cash flows* vor Zinszahlungen mit den durchschnittlichen Kapitalkosten (ermittelt aus geforderter Eigenkapitalrendite bei Ist-Verschuldung sowie FK-Zinsen ohne Steuervorteil) zu diskontieren. Zählergröße ist damit der bereits bekannte *total cash flow* (TCF); Nennergröße sind – i. d. R. periodenspezifische – Diskontierungsfaktoren auf der Grundlage des $wacc_s{}^{TCF}$. Es gilt:

$$WE^F{}_0 = \sum_{t=1}^{\infty} \frac{TCF_t}{\prod_{\nu=1}^{t} \left[1 + wacc_s{}^{TCF}{}_\nu\right]} - WF_0 \qquad (6.21)$$

Für einen Detailplanungszeitraum der Länge T mit anschließender Rentenphase ergibt sich:

$$WE^F{}_0 = \sum_{t=1}^{T} \frac{TCF_t}{\prod_{\nu=1}^{t} \left[1 + wacc_s{}^{TCF}{}_\nu\right]} + \frac{1}{\prod_{t=1}^{T} \left[1 + wacc_s{}^{TCF}{}_t\right]} \cdot \frac{TCF_{T+1}}{wacc_s{}^{TCF}{}_{T+1}} - WF_0$$

$$(6.22)$$

Die TCF-Variante wird in der Unternehmensbewertungspraxis äußerst selten angewandt. Sie unterläuft nämlich ebenso wie die FTE-Methode das häufig gesetzte Ziel, Dispositionen der Betriebsbereiche von Finanzdispositionen zu trennen, da die **Zählergröße nicht finanzierungsneutral** ist: Denn die *cash flows* an die Kapitalgeber enthalten auch die anteiligen Ertragsteuern, d. h. die Körperschaftsteuer sowie Gewerbeertragsteuer auf den erwirtschafteten Gewinn. Je größer aber der Eigenkapitalanteil ist, desto geringer fallen die Zinszahlungen aus und desto größer ist der Gewinn und mithin auch die Steuerzahlung. Insofern verfehlt die TCF-Variante ebenso wie die FTE-Variante die Zielsetzung einer klaren Trennung der operativen und finanziellen Werteffekte.

6.3.1.2.2 *Free Cash Flow*-Variante

Als finanzierungsneutrale Planungsgröße für den Betriebsbereich wird hier der *free cash flow*, der entziehbare Überschuss bei fiktiver vollständiger Eigenfinanzierung nach

Steuern, verwendet. Die Ermittlung des Gesamtunternehmenswerts des verschuldeten Unternehmens WG^F_0 erfolgt durch Diskontierung der den Kapitalgebern, d. h. hier den Investoren, periodisch zufließenden Ausschüttungen des fiktiv vollständig eigenfinanzierten Unternehmens, den *free cash flow*[97] (FCF). Die zur Anwendung kommenden Diskontierungsfaktoren ergeben sich auf der Grundlage der durchschnittlichen Kapitalkosten, ermittelt aus der geforderten Eigenkapitalrendite bei Ist-Verschuldung sowie aus den FK-Zinsen unter Einbeziehung des Steuervorteils (vgl. Formel 6.15). Die – i. d. R. periodenspezifischen – fremdfinanzierungsbedingten *tax shields* werden damit bei der Ermittlung der zur Diskontierung verwendeten Kapitalkostensätze $wacc_s^{FCF}{}_t$ berücksichtigt. Es gilt:

$$WE^F_0 = \sum_{t=1}^{\infty} \frac{FCF_t}{\prod_{\nu=1}^{t} \left[1 + wacc_s^{FCF}{}_\nu\right]} - WF_0 \qquad (6.23)$$

Für einen Detailplanungszeitraum der Länge T mit anschließender Rentenphase ergibt sich:

$$WE^F_0 = \sum_{t=1}^{T} \frac{FCF_t}{\prod_{\nu=1}^{t} \left[1 + wacc_s^{FCF}{}_\nu\right]} + \frac{1}{\prod_{t=1}^{T} \left[1 + wacc_s^{FCF}{}_t\right]} \cdot \frac{FCF_{T+1}}{wacc_s^{FCF}{}_{T+1}} - WF_0$$

$$(6.24)$$

Durch ihre weite Verbreitung ist die FCF-Variante, die auch wacc^{FCF} – oder einfach nur wacc-Verfahren genannt wird, fast zum Synonym der *discounted cash flow*-Methode geworden. Sie erlaubt, dass zumindest die Zählergröße der Unternehmensbewertung von Einflüssen durch die Kapitalstruktur freigehalten wird. Der Einfluss der **Kapitalstruktur** schlägt sich **im Kalkulationszinsfuß** des Nenners sowie im Marktwert des aufgenommenen Fremdkapitals, der vom Bruttowert der Unternehmung subtrahiert wird, nieder.

6.3.1.2.3 APV-Verfahren

Beim APV-Ansatz („*adjusted present value*"-Ansatz) wird der Unternehmensgesamtwert **additiv** aus verschiedenen unternehmenswertbestimmenden Komponenten ermittelt:

---

[97] Bei Existenz von Steuern handelt es sich stets um *cash flow*-Größen nach Steuern.

Unternehmenswert

= hypothetischer Marktwert eines unverschuldeten Unternehmens
+ Steuervorteil der Verschuldung
− Marktwert des Fremdkapitals

bzw. in formaler Darstellung

$$WE^F = WG + WB^F - WF$$

und damit

$$
\begin{aligned}
WE^F{}_0 &= \sum_{t=1}^{\infty} \frac{FCF_t}{(1 + r_{EK,s})^t} + WB^F{}_0 - WF_0 \\[2mm]
&= \sum_{t=1}^{\infty} \frac{FCF_t}{(1 + r_{EK,s})^t} + \sum_{t=1}^{\infty} \frac{\Delta WG^F{}_t}{(1 + i)^t} - WF_0
\end{aligned}
\tag{6.25}
$$

wobei

$WE^F{}_0$	Wert des Eigenkapitals bei anteiliger Fremdfinanzierung
FCF_t	*free cash flow* in Periode t
$r_{EK,s}$	Eigenkapitalkostensatz nach Steuern
WB^F	Barwert der steuerinduzierten Wertvorteile aus Fremdfinanzierung
WF_0	Wert des Fremdkapitals
i	Fremdkapitalkostensatz
ΔWG^F	Periodisches *tax shield*

Für einen Detailplanungszeitraum der Länge T mit anschließender Rentenphase ergibt sich allgemein:

$$
\begin{aligned}
WE^F{}_0 &= \sum_{t=1}^{T} \frac{FCF_t}{(1 + r_{EK,s})^t} + \frac{1}{(1 + r_{EK,s})^T} \cdot \frac{FCF_{T+1}}{r_{EK,s}} \\[2mm]
&+ \sum_{t=1}^{T} \frac{\Delta WG^F{}_t}{(1 + i)^t} + \frac{1}{(1 + i)^T} \cdot \frac{\Delta WG^F{}_{T+1}}{i} - WF_0
\end{aligned}
\tag{6.26}
$$

Im ersten Schritt erfolgt die Ermittlung des Gesamtunternehmenswerts des vollständig eigenfinanzierten Unternehmens $WG = WG^E$: Die dem Investor zufließenden Zahlungsüberschüsse des fiktiv vollständig eigenfinanzierten Unternehmens, dies ist der *free cash flow* (FCF), werden mittels des Eigenkapitalkostensatzes des vollständig eigenfinanzierten Unternehmens $r_{EK,s}$ diskontiert. Die Ermittlung dieses Satzes aus dem Ist-Eigenkapitalsatz des verschuldeten Unternehmens erfolgt im Standardfall durch Anwendung der *unlever*-Formel am Ende von Abschn. 6.2.2.2.

Im zweiten Schritt wird daraus der Gesamtunternehmenswert des verschuldeten Unternehmens WG^F ermittelt, indem die mittels des risikolosen Kapitalkostensatzes i diskontierten periodischen Steuervorteile der Fremdfinanzierung hinzugerechnet werden (= Adjustierung, *adjusted present value*). Zieht man den Marktwert des Fremdkapitals ab, ergibt sich wiederum der Marktwert des Eigenkapitals.

Vorteil des APV-Verfahrens ist eine denkbar trennscharfe Separation der einzelnen wertbildenden Komponenten einer Unternehmensgesamtheit. Im Vergleich zum $wacc^{FCF}$-Verfahren scheint die **Trennung zwischen Leistungs- und Finanzierungsbereich** innerhalb des APV-Verfahrens konsequenter angelegt: Zähler- **und** Nennergröße werden bei der Ermittlung des Gesamtkapitalwertes von Finanzierungs- und Steuereinflüssen freigehalten. Die Berücksichtigung der durch die Kapitalstruktur induzierten Werteffekte (d. h. die Adjustierung von WG^E zu WG^F) erfolgt ausschließlich durch die Summanden, die das *tax shield* sowie den Marktwert des Fremdkapitals repräsentieren.

Weiterhin entfällt beim APV-Ansatz die periodenspezifische Adjustierung der Eigenkapitalkosten nach Maßgabe des schwankenden Verschuldungsgrades. Stattdessen ist durchgehend der Eigenkapitalkostensatz eines unverschuldeten Unternehmens $r_{EK,s}$ anzuwenden.

Für den Fall eines differenzierten Ertragsteuersystems wird überdies argumentiert, dass der Summand

$$\sum_{t=1}^{\infty} \frac{\Delta WG^F_t}{(1+i)^t}$$

es wesentlich besser ermöglicht, den Effekt des Steuersystems transparent zu machen als die vergleichsweise schwerfällige und undurchsichtige Abbildung der verschiedenen *tax shields* im $wacc^{FCF}$-Ansatz.

In der Bewertungspraxis findet das APV-Verfahren kaum Anwendung. Dies ist darin begründet, dass die Eigenkapitalkosten eines vollständig eigenfinanzierten Unternehmens nicht beobachtbar sind, sondern modellgestützt rekonstruiert werden müssen.[98] Dazu muss der ß-Faktor des unverschuldeten Unternehmens (durch unlevern) aus dem beobachteten ß-Faktor des zu bewertenden anteilig fremdfinanzieren Unternehmens ermittelt werden; dies gestützt auf die restriktiven Voraussetzungen einer *Modigliani-Miller*-Welt (z. B. fehlendes Insolvenzrisiko, vgl. Abschn. 6.2.1) und unter Auflösung des Zirkularitätsproblems (vgl. Abschn. 6.5.1.1).[99]

---

[98] Vgl. zu dieser Problematik *Ballwieser und Hachmeister* (2013), S. 157 f., mit weiteren Nachweisen.

[99] Vgl. ebenda.

6.3.2 Unternehmenswertermittlung nach den DCF-Varianten bei proportionaler Ertragsteuer

Die allgemeinen formalen **Darstellungen der DCF-Varianten**[100] in Abschn. 6.3.1 sollen nachfolgend dadurch konkretisiert werden, dass die jeweiligen **variantenspezifischen Kapitalkostensätze in Abhängigkeit vom Eigenkapitalkostensatz des unverschuldeten Unternehmens** $r_{EK,s}$ dargestellt werden. In Abhängigkeit von den beiden Phasen des Prognosezeitraums [T-periodischer Detailplanungszeitraum (= Nicht-Rentenfall) bzw. anschließende Rentenphase (= Rentenfall)] werden dabei unterschiedlich komplexe Darstellungen der Kapitalkostensätze ermittelt.

6.3.2.1 Rentenfall

Aus den Ausführungen des Abschn. 6.2.2.2 ergeben sich bei Verfolgung einer **autonomen Finanzierungspolitik**[101] unmittelbar die nachfolgenden formalen Darstellungen der Varianten der **DCF-Verfahren für den Rentenfall bei proportionaler Ertragsteuer**.

    Es gilt:

FTE-Methode (nach 6.14 und 6.19)

$$WE^F{}_0 = \frac{FTE}{r_{EK,s}{}^F} = \frac{FTE}{r_{EK,s} + (r_{EK,s} - i) \cdot (1 - s_K) \cdot WF/WE^F} \tag{6.27}$$

TCF-Methode (nach 6.18 und 6.21)

$$WE^F{}_0 = \frac{TCF}{wacc_s{}^{TCF}} - WF = \frac{TCF}{wacc_s^{FCF} + i \cdot s_k \cdot \frac{WF}{WG^F}}$$

$$= \frac{TCF}{r_{EK,s} \cdot \left(1 - s_k \cdot \frac{WF}{WG^F}\right) + i \cdot s_k \cdot \frac{WF}{WG^F}} - WF \tag{6.28}$$

---

[100] Vgl. zur Herleitung von Bewertungsformeln für eine einfache Ertragsteuer z. B. *Hachmeister* (2000), S. 91 ff.

[101] Eine autonome Finanzierungspolitik beinhaltet eine deterministische Planung des Fremdkapitalbestandes für alle zukünftigen Perioden. Vgl. hierzu und zur Unterscheidung von autonomer und atmender Finanzierungspolitik Abschn. 6.5.1.

FCF-Methode (nach 6.16 und 6.23)

$$WE^F{}_0 = \frac{FCF}{wacc_s{}^{FCF}} - WF = \frac{FCF}{i \cdot (1 - s_K) \cdot \frac{WF}{WG^F} + r_{EK,s}{}^F \cdot \frac{WE^F}{WG^F}} = \frac{FCF}{r_{EK,s} \cdot \left(1 - s_K \cdot \frac{WF}{WG^F}\right)} - WF$$

APV-Methode (nach 6.11 und 6.25)

$$WE^F{}_0 = \frac{FCF}{r_{EK,s}} + s_K \cdot WF - WF \qquad (6.29)$$

$$= \frac{FCF}{r_{EK,s}} - (1 - s_K) \cdot WF$$

6.3.2.2 Nicht-Rentenfall

Für den **Nicht-Rentenfall** ist die Ermittlung der variantenspezifischen Kapitalkostensätze etwas aufwendiger. Der Grund liegt darin, dass die Kapitalstruktur eines Unternehmens sich in Abhängigkeit von den Überschüssen des Leistungsbereichs sowie der Ausgestaltung der – hier als autonom unterstellten – Finanzierungspolitik von Periode zu Periode ändern kann, was für die DCF-Verfahren (mit Ausnahme des APV-Verfahrens)[102] die **Ermittlung periodenspezifischer Kapitalkosten** notwendig macht. Die für den Rentenfall dargestellten, grundlegenden Beziehungen zwischen den variantenspezifischen Kapitalkostensätzen bleiben aber auch im Nicht-Rentenfall vom Grundsatz her erhalten.

Unter Berücksichtigung des zu Beginn der Periode t, d. h. im Zeitpunkt t-1, vorhandenen Fremdkapitalbestands WF_{t-1} eines Unternehmens ergibt sich der steuerinduzierte Vorteil der Fremdfinanzierung $\Delta WG^F{}_t$ der Periode t (*tax shield*) analog zum Rentenfall (vgl. Herleitung von Formel (6.11)) zu

$$\Delta WG^F{}_t = s_K \cdot i \cdot WF_{t-1}.$$

Der Barwert der steuerinduzierten Wertvorteile aus Fremdfinanzierung[103] $WB^F{}_{t-1}$, d. h. der Unternehmens- bzw. Marktwertvorteil im Zeitpunkt t-1, ergibt sich danach zu:

---

[102] Zur Problematik des APV-Verfahrens s. Abschn. 6.3.1.2.3.

[103] Hier wie in allen folgenden Ausführungen bis einschließlich Abschn. 6.4 wird eine autonome Finanzierungspolitik unterstellt, d. h. bereits zum Bewertungsstichtag sind die Fremdkapitalbestände der künftigen Perioden in ihrer absoluten Höhe festgelegt. Daher werden die periodischen steuerinduzierten fremdfinanzierungsbedingten Marktwertvorteile $\Delta WG^F{}_t = s_K \cdot i \cdot WF_{t-1}$ als risikolos eingestuft und mit dem risikolosen Zinssatz i diskontiert.

$$WB^F{}_{t-1} = \sum_{s=t}^{T} \Delta WG^F{}_s \cdot (1 + i)^{-(s-(t-1))}, \quad t = 1, \ldots, T$$

Da in der hier betrachteten Grundvariante Insolvenz- und Illiquiditätskosten p.d. ausgeschlossen sind und des Weiteren eine stets hinreichend große Steuerbemessungsgrundlage aus dem Leistungsbereich zur Realisierung von fremdkapitalinduzierten Steuervorteilen unterstellt wird, können die *tax shields* als risikolos angesehen und deshalb mit dem risikolosen Zinssatz i diskontiert werden. Genau um den Betrag $WB^F{}_{t-1}$ ist der Gesamtwert eines anteilig fremdfinanzierten Unternehmens größer als der Gesamtwert eines vollständig eigenfinanzierten Unternehmens.

Entsprechend der zweiten Variante des *Modigliani-Miller*-Theorems gelten damit im Zeitpunkt t, d. h. zum Beginn der (t+1)-ten Periode, die folgenden Gleichheitsbeziehungen:

$$WG^F{}_t = WG_t + WB^F{}_t = WE^F{}_t + WF_t \tag{6.30}$$

Weiterhin gilt **allgemein** für die benachbarten Kapitalwerte KW_{t-1} und KW_t einer beliebigen Reihe von Zahlungsüberschüssen $\ddot{U}_t$ bei gegebenem Kalkulationszinssatz r (bzw. bei periodenspezifischen Kalkulationszinssätzen r_t) die folgende definitorische Beziehung:

$$KW_{t-1} = (KW_t + \ddot{U}_t)/(1 + r)$$

und damit auch

$$KW_t - KW_{t-1} + \ddot{U}_t = r \cdot KW_{t-1} \tag{6.31}$$

KW	Kapitalwert
Ü	Überschuss
r	Kalkulationszinssatz

Auf dieser allgemeingültigen Beziehung aufbauend lassen sich nun durch Wahl geeigneter Zahlungsüberschüsse verbunden mit den jeweils konsistenten Kapitalisierungszinssätzen analoge Gleichungen für alle Unternehmenswertbestandteile gemäß Formel 6.30 aufstellen. Für die einzelnen Vermögenspositionen gilt damit:

$$WG_t - WG_{t-1} + FCF_t = r_{EK,s} \cdot WG_{t-1} \tag{6.32}$$

$$WE^F_t = WE^F_{t-1} - FTE_t + r_{EK,s}{}^F_t \cdot WE^F_{t-1} \tag{6.33}$$

$$WB^F_t = WB^F_{t-1} - \Delta WG^F_t + i \cdot WB^F_{t-1} \tag{6.34}$$

$$WF_t = WF_{t-1} - T_t = WF_{t-1} + i \cdot WF_{t-1} - i \cdot WF_{t-1} - T_t$$
$$= WF_{t-1} - (i \cdot WF_{t-1} + T_t) + i \cdot WF_{t-1} \tag{6.35}$$

mit

FCF_t: Erwartungswert des *free cash flow* des betrachteten Unternehmens in Periode t
FTE_t: Erwartungswert des *flow to equity* des betrachteten Unternehmens in Periode t
T_t : Tilgungszahlung (bei negativem Vorzeichen als FK-Aufnahme zu deuten) in Periode t

Setzt man die Gl. 6.32, 6.33, 6.34, und 6.35 in Formel (6.30) ein, so erhält man:

$$[WG_{t-1} + r_{EK,s} \cdot WG_{t-1} - FCF_t] + [WB^F_{t-1} - \Delta WG^F_t + i \cdot WB^F_{t-1}]$$

$$= [WE^F_{t-1} - FTE_t + r_{EK,s}{}^F_t \cdot WE^F_{t-1} + [WF_{t-1} + i \cdot WF_{t-1} - i \cdot WF_{t-1} - T_t] \tag{6.36}$$

Wegen

$$- FCF_t - \Delta WG^F_t + FTE_t + i \cdot WF_{t-1} + T_t$$

$$= - FCF_t - i \cdot s_K \cdot WF_{t-1} + FTE_t + i \cdot WF_{t-1} + T_t$$

$$:= - [FTE_t + i \cdot (1-s_K) \cdot WF_{t-1} + T_t] - i \cdot s_K \cdot WF_{t-1} + FTE_t + i \cdot WF_{t-1} + T_t = 0$$

ergibt sich aus Formel (6.36):

$$[WG_{t-1} + r_{EK,s} \cdot WG_{t-1}] + [WB^F_{t-1} + i \cdot WB^F_{t-1}] = [WE^F_{t-1} + r_{EK,s}{}^F_t \cdot WE^F_{t-1}]$$
$$+ [WF_{t-1} + i \cdot WF_{t-1}]$$

und daraus wiederum unter Nutzung von $WG_{t-1} + WB^F_{t-1} = WE^F_{t-1} + WF_{t-1}$ nach (6.30):

$$r_{EK,s} \cdot WG_{t-1} + i \cdot WB^F_{t-1} = r_{EK,s}{}^F_t \cdot WE^F_{t-1} + i \cdot WF_{t-1} \tag{6.37}$$

Die letzte Formel lässt sich anschaulich interpretieren: Auf der linken Seite von (6.37) steht die Veränderung des Gesamtunternehmenswerts des anteilig fremdfinanzierten Unternehmens in der Periode t als Summe des erwarteten Einkommens der Eigentümer eines fiktiv unverschuldeten Unternehmens zuzüglich der Rendite auf die Steuervorteile;

die rechte Seite zeigt die Verteilung dieses Periodeneinkommens auf Eigen- und Fremd-kapitalgeber.

Durch Einsetzen von $WG_{t-1} = WE^F_{t-1} + WF_{t-1} - WB^F_{t-1}$ gemäß (6.30) in (6.37) ergibt sich dann die Renditeerwartung der Eigentümer bzw. der periodenspezifische Eigenkapitalkostensatz des anteilig fremdfinanzierten Unternehmens zu:

$$r_{EK,s}{}^F{}_t = \left\{ r_{EK,s} \cdot \left[WE^F_{t-1} + WF_{t-1} - WB^F_{t-1} \right] + i \cdot WB^F_{t-1} - i \cdot WF_{t-1} \right\} / WE^F_{t-1}$$

$$\Leftrightarrow r_{EK,s}{}^F{}_t = r_{EK,s} + \frac{(r_{EK,s} - i) \cdot (WF_{t-1} - WB^F_{t-1})}{WE^F_{t-1}}$$

(6.38)

Formuliert man die letzte Formel 6.38 wie folgt um zu

$$r_{EK,s}{}^F{}_t = r_{EK,s} + (r_{EK,s} - i) \cdot \left(1 - \frac{WB^F_{t-1}}{WF_{t-1}} \right) \cdot \frac{WF_{t-1}}{WE^F_{t-1}} \cdot$$

so wird die Analogie zum Eigenkapitalkostensatz $r_{EK,s}{}^F$ des anteilig fremdfinanzierten Unternehmens im Rentenfall 6.14 offensichtlich, da im Rentenfall $WB^F = s \cdot WF$ gilt.

Durch Einsetzen von $r_{EK,s}{}^F{}_t$ gemäß (6.38) in die Basisgleichungen (*text-book-formula*) der durchschnittlichen Kapitalkostensätze der FCF-Methode bzw. der TCF-Methode:

$$wacc_{s,t}{}^{FCF} = i \cdot (1 - s_K) \cdot \frac{WF_{t-1}}{WG^F_{t-1}} + r_{EK,s}{}^F{}_t \cdot \frac{WE^F_{t-1}}{WG^F_{t-1}}$$

(6.39)

sowie

$$wacc_{s,t}{}^{TCF} = i \cdot \frac{WF_{t-1}}{WG^F_{t-1}} + r_{EK,s}{}^F{}_t \cdot \frac{WE^F_{t-1}}{WG^F_{t-1}}$$

(6.40)

gelangt man leicht zu den gebräuchlichen Darstellungen in Abhängigkeit vom Eigenka-pitalkostensatz des unverschuldeten Unternehmens $r_{EK,s}$.

Es gilt:

$$wacc_{s,t}{}^{FCF} = r_{EK,s} - [r_{EK,s} - i] \cdot \frac{WB^F_{t-1}}{WG^F_{t-1}} - i \cdot s_K \cdot \frac{WF_{t-1}}{WG^F_{t-1}}$$

(6.41)

sowie

$$wacc_{s,\,t}{}^{TCF} = r_{EK,s} - [r_{EK,s} - i] \cdot \frac{WB^F_{t-1}}{WG^F_{t-1}} \tag{6.42}$$

und daraus leicht ersichtlich

$$wacc_{s,\,t}{}^{TCF} = wacc_{s,\,t}{}^{FCF} + i \cdot s_K \cdot \frac{WF_{t-1}}{WG^F_{t-1}} \tag{6.43}$$

als Beziehung zwischen den beiden durchschnittlichen Kapitalkostensätzen.

Das Einsetzen der damit hergeleiteten variantenspezifischen Kapitalkostensätze in die allgemeinen Formeln der DCF-Verfahren nach Abschn. 6.3.1. ergibt dann die **gängigen formalen Darstellungen für den Fall eines T-periodischen Detailplanungszeitraums bei proportionaler Ertragsteuer:**

FTE-Methode:

$$WE^F{}_0 = \sum_{t=1}^{T} \frac{FTF_t}{\prod\limits_{\nu=1}^{t} \left[1 + r_{EK,s}{}^F{}_\nu\right]} \tag{6.44}$$

mit

$$r_{EK,s}{}^F{}_\nu = r_{EK,s} + (r_{EK,s} - i) \cdot (WF_{v-1} - WB^F_{v-1})/WE^F_{v-1} \qquad \text{für } v = 1, \ldots, T$$

TCF-Methode:

$$WE^F{}_0 = \sum_{t=1}^{T} \frac{TCF_t}{\prod\limits_{\nu=1}^{t} \left[1 + wacc_{s,\nu}{}^{TCF}\right]} - WF_0 \tag{6.45}$$

mit

$$wacc_{s,v}{}^{TCF} = i \cdot \frac{WF}{WG^F} + r_{EK,s}{}^F \cdot \frac{WE^F}{WG^F} = wacc_s^{FCF} + i \cdot s_k \cdot \frac{WF}{WG^F}$$

$$= r_{EK,s} - [r_{EK,s} - i] \cdot \frac{WB^F_{v-1}}{WG^F_{v-1}} \qquad \text{für } v = 1, \ldots, T$$

FCF-Methode:

$$WE^F{}_0 = \sum_{t=1}^{T} \frac{FCF_t}{\prod_{\nu=1}^{t} \left[1 + wacc_{s,\nu}{}^{FCF}\right]} - WF_0 \qquad (6.46)$$

mit

$$wacc_{s,t}{}^{FCF} = i \cdot (1 - s_K) \cdot \frac{WF}{WG^F} + r_{EK,s}{}^F \cdot \frac{WE^F}{WG^F}$$

$$= r_{EK,s} - [r_{EK,s} - i] \cdot \frac{WB^F{}_{t-1}}{WG^F{}_{t-1}} - i \cdot s_K \cdot \frac{WF_{t-1}}{WG^F{}_{t-1}} \qquad \qquad f\ddot{u}r\, \nu = 1,\, \dots,\, T$$

APV-Methode:

$$WE^F{}_0 = \sum_{t=1}^{T} \frac{FCF_t}{(1 + r_{EK,s})^t} + i \cdot s_K \cdot \sum_{t=1}^{T} \frac{WF_{t-1}}{(1 + i)^t} - WF_0 \qquad (6.47)$$

Üblicherweise besteht in der Unternehmensbewertungspraxis der Prognosezeitraum aus **einer Detailplanungsphase, gefolgt von einer Rentenphase** (vgl. Abschn. 4.2.1.1). Die für diesen Fall zu verwendenden **Bewertungskalküle** der verschiedenen DCF-Methoden ergeben sich aus der additiven Zusammenfügung der obigen Formeln sowie der Formeln aus Abschn. 6.3.2.1. (wobei die Rententerme noch vom Zeitpunkt T, dem Ende des Detailplanungszeitraums, auf den Zeitpunkt 0, den Bewertungsstichtag, diskontiert werden müssen.)

Im Einzelnen gilt:

FTE-Methode

$$WE^F{}_0 = \sum_{t=1}^{T} \frac{FTE_t}{\prod_{\nu=1}^{t} \left[1 + r_{EK,s}{}^F{}_\nu\right]} + \frac{1}{\prod_{t=1}^{T} \left[1 + r_{EK,s}{}^F{}_t\right]} \cdot \frac{FTE_{T+1}}{r_{EK,s}{}^F{}_{T+1}}$$

$$= \sum_{t=1}^{T} \frac{FTE_t}{\prod_{\nu=1}^{t} \left[1 + r_{EK,s}{}^F{}_\nu\right]}$$

$$+ \frac{1}{\prod_{t=1}^{T} \left[1 + r_{EK,s}{}^F{}_t\right]} \cdot \frac{FTE_{T+1}}{r_{EK,s} + (r_{EK,s} - i) \cdot (1 - s_K) \cdot WF_T/WE^F{}_T}$$

mit:

$$r_{EK,s}{}^F = r_{EK,s} + (r_{EK,s} - i) \cdot (1 - s_K) \cdot WF/WE^F$$

$$r_{EK,s}{}^F{}_v = r_{EK,s} + (r_{EK,s} - i) \cdot (WF_{v-1} - WB^F{}_{v-1}) / WE^F{}_{v-1}$$

TCF-Methode

$$WE^F{}_0 = \sum_{t=1}^{T} \frac{TCF_t}{\prod_{\nu=1}^{t} \left[1 + wacc_{s,\nu}{}^{TCF}\right]} + \frac{1}{\prod_{t=1}^{T} \left[1 + wacc_{s,t}{}^{TCF}\right]} \cdot \frac{TCF_{T+1}}{wacc_{s,T+1}{}^{TCF}} - WF_0 =$$

$$= \sum_{t=1}^{T} \frac{TCF_t}{\prod_{\nu=1}^{t} \left[1 + wacc_{s,\nu}{}^{TCF}\right]}$$

$$+ \frac{1}{\prod_{t=1}^{T} \left[1 + wacc_{s,t}{}^{TCF}\right]} \cdot \frac{TCF_{T+1}}{r_{EK,s} \cdot \left(1 - s_K \cdot \dfrac{WF_T}{WG^F{}_T}\right) + i \cdot s_K \cdot \dfrac{WF_T}{WG^F{}_T}} - WF_0$$

mit:

$$wacc_s{}^{TCF} = wacc_s{}^{FCF} + i \cdot s_k \cdot \frac{WF}{WG^F} = wacc_s{}^{FCF} + i \cdot s_k \cdot \frac{WF}{WG^F}$$

$$wacc_{s,v}{}^{TCF} = wacc_s{}^{FCF} + i \cdot s_k \cdot \frac{WF}{WG^F} = r_{EK,s} - [r_{EK,s} - i] \cdot \frac{WB^F{}_{v-1}}{WG^F{}_{v-1}}$$

FCF-Methode

$$WE^F{}_0 = \sum_{t=1}^{T} \frac{FCF_t}{\prod_{\nu=1}^{t} \left[1 + wacc_{s,\nu}{}^{FCF}\right]} + \frac{1}{\prod_{t=1}^{T} \left[1 + wacc_{s,t}{}^{FCF}\right]} \cdot \frac{FCF_{T+1}}{wacc_{s,T+1}{}^{FCF}} - WF_0$$

$$= \sum_{t=1}^{T} \frac{FCF_t}{\prod_{\nu=1}^{t} \left[1 + wacc_{s,\nu}{}^{FCF}\right]} + \frac{1}{\prod_{t=1}^{T} \left[1 + wacc_{s,t}{}^{FCF}\right]} \cdot \frac{FCF_{T+1}}{r_{EK,s} \cdot \left(1 - s_K \cdot \frac{WF_T}{WG^F{}_T}\right)} - WF_0$$

mit:

$$wacc_s{}^{FCF} = i \cdot (1 - s_K) \cdot \frac{WF}{WG^F} + r_{EK,s}{}^F \cdot \frac{WE^F}{WG^F} = r_{EK,s} \cdot \left(1 - s_K \cdot \frac{WF}{WG^F}\right)$$

$$wacc_{s,t}{}^{FCF} = i \cdot (1 - s_K) \cdot \frac{WF}{WG^F} + r_{EK,s}{}^F \cdot \frac{WE^F}{WG^F}$$

$$= r_{EK,s} - [r_{EK,s} - i] \cdot \frac{WB^F_{t-1}}{WG^F_{t-1}} - i \cdot s_K \cdot \frac{WF_{t-1}}{WG^F_{t-1}} \qquad \text{für } v = 1, \ldots, T$$

APV-Methode

$$WE^F{}_0 = \sum_{t=1}^{T} \frac{FCF_t}{(1 + r_{EK,s})^t} + \frac{1}{(1 + r_{EK,s})^T} \cdot \frac{FCF_{T+1}}{r_{EK,s}}$$

$$+ i \cdot s_K \cdot \sum_{t=1}^{T} \frac{WF_{t-1}}{(1 + i)^t} + \frac{s_K \cdot WF_T}{(1 + i)^T} - WF_0$$

6.3.3 Betrachtung in einem Umfeld nach persönlichen Steuern mit dem Steuersystem des Abgeltungsverfahrens

Im vorherigen Abschnitt wurden die Kapitalkosten eines verschuldeten Unternehmens bei proportionaler Ertragsbesteuerung auf Unternehmensebene unter Ausblendung der Besteuerung der Anteilseigner hergeleitet. Reale Steuerregime sind nicht derart einfach gestaltet. Überdies entspricht es seit 2000 den berufsständischen Normen des *Instituts der Wirtschaftsprüfer*, **objektivierte** Unternehmenswerte aus einem Kalkül nach persönlichen Steuern zu entwickeln.[104] Für die Anwendung der DCF-Methode hat dies **einerseits** zur Folge, dass die Herleitung des Eigenkapitalkostensatzes auf der Grundlage des Nach-Steuer-CAPM erfolgt.[105] **Andererseits** werden die Arbitragekalküle nach *Modigliani und Miller II* entsprechend des in Deutschland geltenden Ertragsteuersystems mit den beiden Ebenen der Unternehmens- und der persönlichen Besteuerung modifiziert.

6.3.3.1 Grundlagen des aktuell verbindlichen Ertragsteuersystems in Deutschland

Seit der Verabschiedung des Unternehmensteuerreformgesetzes 2008 (Besteuerung auf Unternehmensebene) und seit der Ablösung des Halbeinkünfteverfahrens durch ein Abgeltungssteuersystem (Besteuerung auf Gesellschafterebene) im Jahre 2009 sind in

---

[104] Vgl. IDW S.1, *IDW* (2000), Rn. 32, 37–40, 51, 83, 99 ff, 117, sowie die Ausführungen in Abschn. 6.1.4.

[105] Vgl. hierzu Abschn. 6.1.4.

Deutschland die folgenden steuerlichen Regelungen für Zwecke der Unternehmensbewertung von Kapitalgesellschaften zu beachten:

(i) Gewerbesteuer

Die Bemessungsgrundlage der Gewerbesteuer ist der „Gewerbeertrag" gemäß § 7 GewStG. Ausgangspunkt für die Ermittlung des Gewerbeertrags ist der nach den Vorschriften des Einkommensteuergesetzes oder des Körperschaftsteuergesetzes ermittelte „Gewinn aus Gewerbebetrieb", der um Hinzurechnungen und Kürzungen modifiziert wird (§§ 8, 9 GewStG). Die zentrale Modifikation besteht in der Hinzurechnung von 25 % der Zinsaufwendungen sowohl für Dauer- als auch für Nichtdauerschulden eines Unternehmens,[106] die vorher bei der Ermittlung des „Gewinns aus Gewerbebetrieb" in voller Höhe abgezogen worden sind. Des Weiteren sind u. a. unterschiedlich hohe Hinzurechnungen (zwischen 20 % und 65 %) von Zinsaufwendungen für im GewStG definierte Leasingraten, Finanzierungsbestandteile von Miet- oder Pachtaufwendungen sowie Konzessions- und Lizenzaufwendungen vorzunehmen.[107] Zur Vereinfachung der nachfolgenden Herleitungen wird unterstellt, dass für das zu bewertende Unternehmen nur Hinzurechnungen in Höhe von 25 % der gesamten Zinsaufwendungen zu berücksichtigen sind.

Die für die Ermittlung des Gewerbesteuersatzes anzusetzende Messzahl ist von 5 % auf 3,5 % gesenkt worden. Im Gegenzug kürzt die Gewerbesteuer nicht mehr (als Betriebsausgabe) sowohl die Bemessungsgrundlage der Körperschaftsteuer als auch ihre eigene Bemessungsgrundlage. Für einen gemeindespezifischen gewerbesteuerlichen Hebesatz H (in %) ergibt sich der (effektive) Gewerbesteuersatz s_{GE} damit allgemein zu

$$s_{GE} = H \cdot 3,5\%.$$

Nachdem in der Vergangenheit einige Gemeinden den Hebesatz aus standortpolitischen Motiven auf 0 % gesenkt hatten, hat der Gesetzgeber durch eine Änderung im Gewerbesteuergesetz einen Mindesthebesatz von 200 % festgelegt (§ 16 Abs. 4 S. 2 GewStG). Für einen (für den Durchschnitt repräsentativen) Hebesatz von 460 % fällt damit z. B. ein Gewerbesteuersatz s_{GE} von 16,10 % an.[108]

(ii) Körperschaftsteuer

Unabhängig davon, ob ausgeschüttet oder thesauriert wird, wird das auf der Grundlage einkommensteuer- und körperschaftsteuerrechtlicher Vorschriften (§§ 7, 8 KStG) ermittelte körperschaftsteuerliche Einkommen, der Erfolg aus Gewerbebetrieb,

---

[106] Zuvor wurden 50 % der Dauerschuldzinsen hinzugerechnet.

[107] Für die Darstellung weiterer Hinzurechnungen sowie Kürzungen sei auf die §§ 8 und 9 GewStG verwiesen.

[108] Vgl. *Statistisches Bundesamt* (2015).

mit einem einheitlichen Körperschaftsteuersatz in Höhe von 15 % belegt. Von der Besteuerung befreit sind dabei in der Regel (nach § 8b Abs. 1 KStG) Ausschüttungen an Kapitalgesellschaften.

Der Abzugsfähigkeit von Zinsaufwendungen von der körperschaftsteuerlichen Bemessungsgrundlage hat der Gesetzgeber ab 1.1.2008 durch die Einführung einer „Zinsschranke" eine Grenze gesetzt. Nach § 8a KStG i.V.m. § 4 h EStG dürfen Zinsaufwendungen nur dann von der Bemessungsgrundlage abgezogen werden, wenn der Schuldzinsüberhang (Differenz von Zinsaufwendungen und Zinserträgen) nicht mehr als 3 Mio. € beträgt. Bei einem größeren Schuldzinsüberhang begrenzt die Zinsschranke den abzugsfähigen Schuldzinsüberhang auf 30 % des steuerlichen Rohgewinns EBITDA; nicht abzugsfähige Zinsaufwendungen werden dann in einem Zinsvortrag erfasst, der in den nächsten Jahren den jeweiligen Zinsaufwendungen hinzugerechnet wird.[109] Auf Grund der geringen Bedeutung der Zinsschranke[110] für die Unternehmensbewertung in der Praxis wird nachfolgend auf deren explizite Berücksichtigung in den Herleitung der Bewertungskalküle verzichtet.

Dividenden, die bei der Ausschüttung an natürliche Personen mit Körperschaftsteuer belegt wurden, müssen danach zusätzlich noch der Einkommensbesteuerung unterworfen werden. Das gegenwärtige Steuersystem ist damit ein System der vollen Doppelbesteuerung.

(iii) Einkommensteuer,[111] Solidaritätszuschlag, Kirchensteuer

Mit der Ablösung des Halbeinkünfteverfahrens durch ein Abgeltungssteuersystem (mit Veranlagungsoption) zum 1.1.2009 ist die Einkommensbesteuerung von Kapitaleinkünften von der Einkunftsart unabhängig. Nunmehr werden Zinsen, Dividenden und realisierte Kursgewinne,[112] die von natürlichen Personen erzielt werden, grundsätzlich mit einem Abgeltungssteuersatz in Höhe von 25 % belastet.[113]

---

[109] Allerdings gibt es Ausnahmen (§ 4 h Abs. 2 EStG), die die Bedeutung der Zinsschranke in der Praxis aushebeln (Escape-Klausel, Konzern-Klausel), d. h. den Kreis der betroffenen Unternehmen deutlich verringern.

[110] Vgl. *Bach und Buslei* (2009), S. 283 ff., für eine Abschätzung der Zahl der von der Zinsschranke betroffenen deutschen Unternehmen.

[111] Nach IDW S 1 seit 1999 bei der Unternehmensbewertung einzubeziehen.

[112] Nach dem 1.1.2009 erzielte Kursgewinne, die aus Anteilserwerben resultieren, die vor dem 31.12.2008 getätigt wurden, bleiben abgeltungssteuerfrei, wenn der Anleger weniger als 1 % der Kapitalgesellschaft besitzt und die Anteile mindestens ein Jahr gehalten hat (§§ 17 Abs. 1, 23 Abs. 1 EStG). Für Kapitaleinkünfte sowie die Veräußerung von Anteilen an Kapitalgesellschaften im betrieblichen Bereich von Personengesellschaften erfolgt die Besteuerung nach Ablösung des Halbeinkünfteverfahrens nach dem Teileinkünfteverfahren (§ 3 EStG).

[113] An dieser Stelle sei auf die allgemeinen Ausführungen zum TAX-CAPM verwiesen (vgl. Abschn. 6.1.4.). Danach ist der effektive Steuersatz auf Kursgewinne eine Funktion von Haltedauer des Anteilsbesitzes und Kurswachstum und unterscheidet sich daher – außer bei einer Haltedauer von genau einer Periode – vom nominalen Abgeltungssteuersatz.

Insbesondere sind seit dem 1.1.2009 Schuldzinsen aus privater Verschuldung zum Zwecke der Erzielung von Kapitaleinkünften grundsätzlich – sieht man von einem Freibetrag in Höhe von 801 € ab – nicht mehr abzugsfähig. Damit werden auf der Ebene eines Gesellschafters Zinserträge voll besteuert, während Zinsaufwendungen über 801 € die Einkommensteuerlast nicht (mehr) mindern. Diese **Asymmetrie der Einkommensbesteuerung auf privater Ebene** hat u. U. zur Folge, dass die Ausstattung eines Unternehmens mit Fremdkapital (auch) einen unternehmenswertsenkenden Effekt haben kann (**negativer Einkommensteuereffekt**).[114] Denn die steuerliche Diskriminierung von „Geldaufnahme" und „Geldanlage" führt dazu, dass die Vermögensposition eines Investors (Anteilsbesitz an einem unverschuldeten bzw. an einem verschuldeten Unternehmen) vor der Duplikation der risikoäquivalenten Überschüsse von Bedeutung für die Unternehmenswertermittlung ist: Die je nach „Arbitragerichtung" ermittelten Unternehmenswerte unterscheiden sich nämlich voneinander (**Präferenzabhängigkeit** der Unternehmenswertermittlung).[115]

(iv) Annexsteuern (Solidaritätszuschlag, Kirchensteuer)

Von den an die Einkommen- und Körperschaftsteuer gekoppelten Annexsteuern (Solidaritätszuschlag, ggf. Kirchensteuer) wird im Folgenden lediglich der Solidaritätszuschlag in Höhe von 5,5 % auf den jeweiligen Steuersatz betrachtet. Der Körperschaftsteuersatz erhöht sich damit von 15 % auf 15,825 %, der Abgeltungsteuersatz von 25 % auf 26,375 %. Nachfolgend werden diese Bruttosätze verwendet. Annexsteuern werden nicht separat aufgeführt.

Für das gegenüber der zuvor betrachteten einfachen Ertragsteuer deutlich komplexere Steuerregime des Abgeltungsteuerverfahrens werden nachfolgend die relevanten Zähler- und Nennergrößen hergeleitet.

6.3.3.2 DCF-Verfahren auf der Grundlage des Arbitragekalküls bei Anwendung des Abgeltungsteuersystems

Unterstellt man zunächst die Anwendung des *equity*-Ansatzes, so besteht die Zählergröße des Bewertungskalküls aus allen Zahlungen (entziehbare Überschüsse), die das Bewertungsobjekt, d. h. das zur Bewertung stehende Unternehmen, dem derzeitigen oder potenziellen Eigentümer nach sämtlichen Steuern sowie sonstigen Zahlungen (Investitionen o. ä.) zufließen lassen kann.

---

[114] S. dazu Abschn. 6.3.3.2.1 sowie Abschn. 6.3.3.4, dort insbesondere die Komponenten 6.69, 6.70 und 6.74.

[115] Zur Herleitung des Bewertungskalküls in Abhängigkeit von der Präferenz des Investors für ein verschuldetes oder unverschuldetes Unternehmen s. Abschn. 6.3.3.2.2 f.

Es gilt grundsätzlich für den *flow to equity* einer beliebigen Periode[116] eines vollständig eigenfinanzierten Unternehmens:

$$
\begin{aligned}
FTE_s^E &= (EBIT - EBIT \cdot s_K - EBIT \cdot s_{GE}) \cdot (1 - s_{AS}) \\
&\quad - (NI + \Delta Z) \cdot (1 - s_{AS}) \\
&= EBIT \cdot (1 - s_K - s_{GE}) \cdot (1 - s_{AS}) \\
&\quad - (NI + \Delta Z) \cdot (1 - s_{AS})
\end{aligned}
\tag{6.48}
$$

sowie für ein anteilig fremdfinanziertes Unternehmen:

$$
\begin{aligned}
FTE_s^E &= [(EBIT - i \cdot WF) - (EBIT - i \cdot WF) \cdot s_K - (EBIT - 0,75 \cdot i \cdot WF) \cdot s_{GE}] \cdot (1 - s_{AS}) \\
&\quad - (NI + T + \Delta Z) \cdot (1 - s_{AS}) \\
&= EBIT \cdot (1 - s_K - s_{GE}) \cdot (1 - s_{AS}) - i \cdot WF \cdot (1 - s_K - 0,75 \cdot s_{GE}) \cdot (1 - s_{AS}) \\
&\quad - (NI + T + \Delta Z) \cdot (1 - s_{AS})
\end{aligned}
\tag{6.49}
$$

mit

ΔZ Mit Ausnahme von Abschreibungen und Investitionen die Saldogröße aus nicht zahlungswirksamen Größen, die Einfluss auf die steuerliche Bemessungsgrundlage nehmen (z. B. Rückstellungsbildung[117]), und zahlungswirksamen Größen ohne Einfluss auf die Bemessungsgrundlage der Unternehmenssteuern

EBIT   Erwartungswert der *earnings before interest and taxes*, also des Jahresüberschusses vor Zinsen und Steuern

FTE_s^E *flow to equity* bei anteiliger Fremdfinanzierung nach sämtlichen Steuern

FTE_s^F *flow to equity* bei anteiliger Fremdfinanzierung

WF   Aufgenommenes Fremdkapital auf Unternehmensebene

NI   Netto-Investitionen

s_{GE} Gewerbesteuersatz

s_K Körperschaftsteuersatz inkl. Solidaritätszuschlag

s_{AS} Abgeltungsteuersatz

T   Tilgung von Fremdkapital[118]

---

[116] Vereinfachend, aber ohne Beschränkung der Allgemeinheit, wird eine gewerbesteuerliche Hinzurechnung von 25 % des Fremdkapitalbestands angenommen.

[117] Auf die explizite Berücksichtigung etwaiger Steuervorteile aufgrund von Rückstellungen (u. U. als spezifische Art der Fremdfinanzierung anzusehen) sei in den nachfolgenden Herleitungen aus Vereinfachungsgründen verzichtet; zu diesbezüglichen Darstellungen vgl. *Drukarczyk und Schüler* (2002), S. 309 ff.; *Drukarczyk und Schüler* (2009), S. 329–371.

[118] U.U. auch mit negativem Vorzeichen.

Der jeweils erste Summand in den obigen Formeln (6.48) und (6.49) gibt den periodischen Zahlungsüberschuss an, der nach Steuern und ggf. Zinsen für Netto-Investitionen (d. h. für die über die Abschreibungen hinausgehenden Investitionen), Ausschüttungen und ggf. Tilgungen zur Verfügung steht. Die eckige Klammer des zweiten Summanden fasst insbesondere Investitionszahlungen (ins Anlagevermögen und ins Netto-Umlaufvermögen (*net working capital*) (= Umlaufvermögen – liquide Mittel – kurzfristige Verbindlichkeiten)) und ggf. Tilgungen an die Fremdkapitalgeber zusammen.

Die Überschussgrößen der anderen DCF-Verfahren – *free cash flow* bzw. *total cash flow* – lassen sich aus der obigen Formel für den *flow to equity* ableiten, indem Zins- und Tilgungszahlungen sowie ggf. *tax shields* aus dem FTE herausgerechnet werden (s. dazu die Beispielrechnungen in Abschn. 6.4.).

Die mit den jeweiligen Zählergrößen (FTE, FCF, TCF) der DCF-Varianten korrespondierenden Kapitalkostensätze im Nenner der Bewertungskalküle ($r_{EK,s}^F$, $wacc_s^{FCF}$, $wacc_s^{TCF}$) werden nachfolgend – analog zur Vorgehensweise bei proportionaler Ertragsteuer – in Abhängigkeit von den Eigenkapitalkosten eines vollständig eigenfinanzierten Unternehmens nach Unternehmens- **und** Einkommensteuern $r_{EK,s}$ dargestellt. Um die Abhängigkeit der Kapitalkostensätze von der gegebenen oder angestrebten Kapitalstruktur des Akquisitionsobjekts adäquat und explizit berücksichtigen zu können, werden wiederum MM-Arbitragekalküle formuliert.

6.3.3.2.1   Zwei Einflusseffekte der Fremdfinanzierung im Unternehmensbewertungskalkül nach persönlichen Steuern

Betrachtet sei zunächst ein Eigenkapitalgeber, der die ihm zufließenden Zahlungsströme für die beiden folgenden Fälle vergleicht (aus Vereinfachungsgründen ohne Periodenindizierung):

(i) Er besitze einen (zur Vereinfachung sei unterstellt: 100 %igen) Anteil an einem vollständig eigenfinanzierten Unternehmen.

(ii) Er besitze einen (zur Vereinfachung sei unterstellt: 100 %igen) Anteil an einem teilweise fremdfinanzierten, leistungswirtschaftlich identischen Unternehmen.

Vergleicht man die korrespondierenden FTE-Überschussgrößen FTE und FTE_F gemäß den Darstellungen in (6.48) und (6.49) zunächst überschlägig, so vermittelt bereits die bloße Anschauung eine Vorstellung von der steuerinduzierten Wirkung einer anteiligen Fremdfinanzierung auf den Wert des betrachteten Unternehmens. Zum einen ist deutlich erkennbar, dass die steuerliche Abzugsfähigkeit der Fremdkapitalzinsen eines verschuldeten Unternehmens von den steuerlichen Bemessungsgrundlagen der Gewerbe- und Körperschaftsteuer zu einer Minderung der Steuerlast dieses Unternehmens im Vergleich zu einem unverschuldeten, ansonsten aber identischen Unternehmen führt. Dieser Werteffekt der Fremdfinanzierung steht in Analogie zum Fall der proportionalen Ertragsteuer.

Der daraus folgende unternehmenssteuerinduzierte Wertbeitrag der Fremdfinanzierung (unternehmenssteuerinduziertes *tax shield*) wird als **Unternehmenssteuereffekt**[119] oder auch **Kapitalstruktureffekt**[120] bezeichnet.

Zum zweiten fällt ein weiterer Effekt der Fremdfinanzierung ins Auge, der originär der persönlichen Besteuerungsebene zugeordnet ist: Wenn ein Unternehmen seine Verschuldung durch eine Tilgungszahlung T **mindert**, dann gelangt dieser Tilgungsbetrag T **nicht** als einkommensteuerpflichtige Ausschüttung in den Verfügungsbereich des Investors und wird damit auch nicht dessen Einkommensbesteuerung unterworfen. Damit haben Tilgungszahlungen eines verschuldeten Unternehmens eine (implizite) Steuerersparnis zur Folge, die aus Investorsicht gleichfalls unternehmenswerterhöhend wirkt. Dieses einkommensteuerinduzierte *tax shield* wird als **Einkommensteuereffekt**[121] oder auch als **Ausschüttungsdifferenzeffekt**[122] bezeichnet. Der Einkommensteuereffekt nimmt eine negative Ausprägung an, wenn der Fremdkapitalbestand eines verschuldeten Unternehmens erhöht wird und damit eine erhöhte Ausschüttung an die Investoren einhergeht, die zu einer höheren Einkommensteuerbelastung führt.

6.3.3.2.2   Erweitertes „Arbitragegleichgewicht" nach persönlichen Steuern: Berücksichtigung privater Geldanlagen

Der Beweis von *Modigliani und Miller* zur Ermittlung des unternehmenssteuerinduzierten Wertvorteils eines verschuldeten Unternehmens greift auf Arbitrageüberlegungen für unterschiedlich finanzierte, aber ansonsten identische Unternehmen zurück.[123] Durch die Duplizierung der Kapitalstruktur eines zu bewertenden Unternehmens im Privatportefeuille wird ein risikoäquivalenter erwarteter Einkommensstrom erzeugt, der auf arbitragefreien Kapitalmärkten den gleichen Wert besitzen muss. Für die Ermittlung von Unternehmenswerten nach persönlichen Steuern nach geltendem deutschen Einkommensteuerrecht zeigt sich jedoch, dass die Wertermittlung im Rahmen eines einfachen, fingierten Arbitragegleichgewichts nicht ohne Weiteres möglich ist: Die nach dem derzeit geltenden Abgeltungsteuersystem nicht mehr gegebene Abzugsfähigkeit von (Soll-)Zinsen für eine Verschuldung auf privater Ebene gekoppelt mit der Besteuerung von (Haben-)Zinsen für eine Finanzanlage auf privater Ebene durchbricht die für ein Arbitragegleichgewicht grundlegende Annahme der **Linearität** der Werteffekte.

Dies hat zur Folge, dass der Unternehmenswert als Ergebnis eines Arbitragegleichgewichts nicht mehr eindeutig bestimmt ist: Aufgrund der diskriminierenden Behandlung von „Geldanlage" (z. B. Kauf einer Obligation) und „Geldaufnahme" (zur Ausstattung des Unternehmens mit Eigenkapital zum Zweck der Dividendenerzielung) im Abgel-

---

[119] Vgl. *Drukarczyk und Schüler* (2009), S. 156.

[120] Vgl. *Dinstuhl* (2003), S. 83 ff.

[121] Vgl. *Drukarczyk und Schüler* (2009), S. 158.

[122] Vgl. *Dinstuhl* (2003), S. 89 ff.

[123] Vgl. *Modigliani und Miller* (1958), S. 269 f.

tungsteuersystem ist es nicht mehr gleichgültig, aus welcher Position heraus der Investor die Duplikation der risikoäquivalenten erwarteten Überschüsse vornimmt – aus der Position des Anteilseigners (oder Besitzers) eines unverschuldeten Unternehmens oder aus der Position des Anteilseigners (oder Besitzers) eines verschuldeten Unternehmens.

Die Rendite/Risiko-Position eines verschuldeten Unternehmens wird durch den Erwerb eines Anteils des korrespondierenden unverschuldeten Unternehmens verbunden mit privater Kreditaufnahme dupliziert. Die Rendite/Risiko-Position eines unverschuldeten Unternehmens wird durch den Erwerb eines Anteils des korrespondierenden verschuldeten Unternehmens verbunden mit privater Geldanlage dupliziert. Notwendigerweise müssen bei asymmetrischer Besteuerung von Geldanlage und Kreditaufnahme aus beiden Arbitragetransaktionen in der Nach-Steuerbetrachtung unterschiedliche (Brutto-)Unternehmenswerte resultieren.

Im Schrifttum ist der geschilderte Zusammenhang unter dem Begriff der **Präferenzabhängigkeit**[124] **der Unternehmenswertermittlung** bekannt geworden. In diesem Sinne weist *Drukarczyk*[125] den beiden Ausgangspositionen ein unterschiedliches Risikoniveau zu. Das Transaktionsschema, die Risikoposition eines unverschuldeten Unternehmens als Ausgangspunkt durch den Anteilserwerb an einem verschuldeten Unternehmen sowie durch private Geldanlage zu duplizieren, kennzeichnet er mit Risikoniveau I (Präferenz für das verschuldete Unternehmen); die Duplikation der Risikoposition eines verschuldeten Unternehmens als Ausgangspunkt durch private Verschuldung und durch Anteilserwerb an einem unverschuldeten Unternehmen mit Risikoniveau II (Präferenz für das unverschuldete Unternehmen).

Zur Vereinfachung der Darstellung und ohne Einschränkung der Verallgemeinerbarkeit der erzielten Aussagen sei nachfolgend der **Rentenfall** betrachtet, d. h. das Unternehmen befindet sich in einem Beharrungszustand mit $NI = \Delta Z = T = 0$ bei konstantem, nachhaltigen, zahlungsgleichen Periodenüberschuss. Der oben skizzierte Einkommens- bzw. Ausschüttungsdifferenzeffekt wird also zunächst ausgeblendet.

Im Fall des **Risikoniveau I** dupliziert der Eigentümer des unverschuldeten Unternehmens seine erwarteten Überschüsse durch eine Kombination aus der Beteiligung an einem anteilig fremdfinanzierten Unternehmen und einer risikolosen Geldanlage, die nach Einkommensteuer eine (ewige) risikolose Rendite von $i \cdot (1 - s_{AS})$ abwirft. Hier ergeben sich die folgenden Arbitrageschritte gemäß Abb. 6.16.

---

[124] Der Begriff der Präferenzabhängigkeit darf dabei nicht i.S. einer subjektiven Unternehmensbewertungslehre (fehl-)interpretiert werden, denn es geht hier um die Ermittlung von Marktwerten; s. dazu *Dietrich und Dierkes* (2015), S. 352.

[125] Vgl. *Drukarczyk* (2003), S. 241 ff.; *Drukarczyk und Schüler* (2009), S. 158 ff.

Maßnahme	Mitteleinsatz	Erwartete Überschüsse
1) Verkauf des vollständig eigenfinanzierten Unternehmens	$-WG = -WG^E$	$- EBIT \cdot (1 - s_K - 0{,}75 \cdot s_{GE}) \cdot (1 - s_{AS})$
2a) Kauf des anteilig fremdfinanzierten Unternehmens	WE^F	$(EBIT - i \cdot WF) \cdot (1 - s_K - 0{,}75 \cdot s_{GE}) \cdot (1 - s_{AS})$
2b) Kapitalanlage	$i \cdot WF \cdot (1 - s_K - 0{,}75 \cdot s_{GE})$	$i \cdot WF \cdot (1 - s_K - 0{,}75 \cdot s_{GE}) \cdot (1 - s_{AS})$
	Saldo = 0	$\Leftarrow$ Saldo aus 1) und 2) = 0

Abb. 6.16 Transaktionsschema bei Präferenz für das verschuldete Unternehmen bei Eigentum am unverschuldeten Unternehmen im Abgeltungsteuersystem (Duplizierung der erwarteten Überschüsse des unverschuldeten Unternehmens (Risikoniveau I))

Der Gesamtsaldo der erwarteten Überschüsse von 0 in Abb. 6.16 belegt, dass der Investor aus den beiden betrachteten Maßnahmen(−paketen) risikoidentische erwartete Überschüsse erwirtschaftet. Auf einem arbitragefreien Kapitalmarkt muss daher das Duplikationsportefeuille II denselben Wert besitzen wie das vollständig eigenfinanzierte Unternehmen, d. h. im hier betrachteten Rentenfall:

$$
\begin{aligned}
WG^E &= WE^F + WF \cdot (1 - s_K - 0{,}75 \cdot s_{GE}) \\
&= WE^F + WF - WF \cdot (s_K + 0{,}75 \cdot s_{GE}) \\
&= WG^F - WF \cdot (s_K + 0{,}75 \cdot s_{GE})
\end{aligned}
\tag{6.50}
$$

Mit dieser Identität sowie $WG^F := WG + WB^F$ ergibt sich – im betrachteten Rentenfall – der Marktwertvorteil eines fremdfinanzierten Unternehmens bei Präferenz des Investors für den Einkommensstrom aus einem unverschuldeten Unternehmen aufgrund des Unternehmensteuer- oder Kapitalstruktureffekts zu:

$$
WB^F := WG^F - WG^E = WF \cdot (s_K + 0{,}75 \cdot s_{GE})
\tag{6.51}
$$

Nun sei der umgekehrte Fall betrachtet, d. h. als **Ausgangspunkt** der Arbitrage wird **Risikoniveau II** gewählt. Danach versucht der Eigentümer des anteilig fremdfinanzierten Unternehmens seine erwarteten Überschüsse risikoäquivalent durch eine Kombination aus der Beteiligung an einem unverschuldeten Unternehmen und einer privaten Kreditaufnahme zu duplizieren. Es ergibt sich für den Rentenfall das Transaktionsschema gemäß Abb. 6.17.

Wie aus der Abbildung zu entnehmen ist, werden die mit einem höheren Risiko behafteten erwarteten Überschüsse des fremdfinanzierten Unternehmens durch die Kombination der risikoärmeren erwarteten Zahlungszuflüsse aus dem unverschuldeten Unternehmen sowie der Zahlungsbelastung einer passend zugeschnittenen privaten Verschuldung nachgebildet, deren (Soll-)Zinsen nicht von der Bemessungsgrundlage der Einkommensteuer in Abzug gebracht werden dürfen. Im Endeffekt entsteht wiederum

Maßnahme	Mitteleinsatz	Erwartete Überschüsse
1) Verkauf des anteilig fremdfinanzierten Unternehmens	$-WE^F$	$- (EBIT - i \cdot WF) \cdot (1 - s_K - 0{,}75 \cdot s_{GE}) \cdot (1 - s_{AS})$
2a) Kauf des vollständig eigenfinanzierten Unternehmens	$WG^E = WG$	$EBIT \cdot (1 - s_K - 0{,}75 \cdot s_{GE}) \cdot (1 - s_{AS})$
2b) Private Verschuldung	$-WF \cdot (1 - s_K - 0{,}75 \cdot s_{GE}) \cdot (1 - s_{AS})$	$- i \cdot WF \cdot (1 - s_K - 0{,}75 \cdot s_{GE}) \cdot (1 - s_{AS})$
	Saldo = 0	$\Leftarrow$ Saldo aus 1) und 2) = 0

Abb. 6.17 Transaktionsschema bei Präferenz für das unverschuldete Unternehmen bei Eigentum am verschuldeten Unternehmen im Abgeltungsteuersystem (Duplizierung der erwarteten Überschüsse des verschuldeten Unternehmens (Risikoniveau II))

ein Duplikationsportfolio mit einer im Vergleich zur (aufgegebenen) Ausgangsposition identischen Summe risikoäquivalenter erwarteter Überschüsse.

Der Gesamtsaldo der erwarteten Überschüsse von 0 in Abb. 6.17 weist aus, dass der Investor aus den beiden betrachteten Positionen risikoidentische erwartete Überschüsse erwirtschaftet. Wenn die beiden Positionen am Kapitalmarkt arbitragefrei bewertet werden, muss daher im hier betrachteten Rentenfall gelten:

$$
\begin{aligned}
WG^E &= WE^F + WF \cdot (1 - s_K - 0{,}75 \cdot s_{GE}) \cdot (1 - s_{AS}) \\
&= WE^F + WF \cdot (1 - s_{AS}) - WF \cdot (s_K + 0{,}75 \cdot s_{GE}) \cdot (1 - s_{AS}) \\
&= WE^F + WF - WF \cdot [(s_K + 0{,}75 \cdot s_{GE}) \cdot (1 - s_{AS}) + s_{AS}] \\
&= WG^F - WF \cdot [(s_K + 0{,}75 \cdot s_{GE}) \cdot (1 - s_{AS}) + s_{AS}]
\end{aligned}
\tag{6.52}
$$

Mit dieser Identität sowie $WG^F := WG + WB^F$ ergibt sich der Marktwertvorteil eines fremdfinanzierten Unternehmens bei Präferenz des Investors für den Einkommensstrom aus einem verschuldeten Unternehmen aufgrund des Unternehmensteuer- oder Kapitalstruktureffekts zu:

$$
\begin{aligned}
WB^F &:= WG^F - WG^E \\
&= WF \cdot [(s_K + 0{,}75 \cdot s_{GE}) \cdot (1 - s_{AS}) + s_{AS}]
\end{aligned}
\tag{6.53}
$$

Vergleicht man die beiden Kapitalstruktureffekte im Rentenfall, so zeigt sich wegen

$$
\begin{aligned}
[(s_K + 0{,}75 \cdot s_{GE}) \cdot (1 - s_{AS}) + s_{AS}] &= (s_K + 0{,}75 \cdot s_{GE}) + s_{AS} \cdot [1 - (s_K + 0{,}75 \cdot s_{GE})] \\
&> (s_K + 0{,}75 \cdot s_{GE}),
\end{aligned}
$$

dass der fremdfinanzierungsinduzierte Wertvorteil im Fall von Risikoniveau II stets (deutlich) größer ist. Für einen Gewerbesteuersatz von 16,10 % (d. h. bei einem Hebesatz H = 460%) erhält man etwa als prozentualen aggregierten Unternehmenssteuereffekt des Fremdkapitaleinsatzes für Risikoniveau I

$$s_K + 0,75 \cdot s_{GE} = 15\% \cdot 1,055 + 0,75 \cdot 16,10\% = 27,90\%$$

sowie für Risikoniveau II

$$(s_K + 0,75 \cdot s_{GE}) \cdot (1 - s_{AS}) + s_{AS} = (15\% \cdot 1,055 + 0,75 \cdot 16,1\%) \cdot (1 - 25\% \cdot 1,055)$$
$$+ 25\% \cdot 1,055$$
$$= 46,92\%;$$

das ist ein drastischer Unterschied des Gesamtwerts des fremdfinanzierten Unternehmens in Höhe von 19 % des im Unternehmen vorhandenen Fremdkapitalbestands![126]

In Abhängigkeit vom Risikoniveau der Vermögensposition, die man als Ausgangspunkt der Arbitrageschritte wählt, folgt damit ein **unterschiedlicher Marktwertvorsprung** des anteilig fremdfinanzierten Unternehmens gegenüber dem unverschuldeten Unternehmen und mithin ein jeweils unterschiedlicher Wert WE^F des Eigenkapitals eines anteilig fremdfinanzierten Unternehmens. Die Ursache für die Differenz ist in der asymmetrischen Besteuerung der zur Duplikation eingesetzten Maßnahmen zu sehen. Es lässt sich festhalten: Unter dem Regime des Abgeltungsteuersystems ist der aufgrund von *Modigliani-Miller*-Arbitragefiktionen ermittelte **Eigenkapitalwert** eines verschuldeten Unternehmens **risikoniveau- bzw. präferenzabhängig** bzw. abhängig von der jeweils fingierten Arbitragetransaktion. Der Unterschied kann beeindruckend groß ausfallen, so dass Zweifel an der Sinnhaftigkeit einer Unternehmenswertermittlung auf dieser Grundlage wohl nicht von der Hand zu weisen sind.

6.3.3.2.3 Der Lösungsvorschlag von Drukarczyk

Die Koexistenz zweier „präferenzabhängiger" Bewertungsgleichgewichte im DCF-Regime nach persönlichen Steuern kann nicht befriedigen. *Drukarczyk* hat bereits unter dem Regime des Halbeinkünfteverfahrens – wie nachfolgend dargestellt – darauf hingewiesen, dass eine Lösung dieses Dilemmas darin bestehen könnte, nur eine der beiden dargestellten Duplizierungsmaßnahmen zuzulassen.[127] Ließe man seiner Überlegung zufolge aus-

---

[126] Vgl. *Ballwieser und Hachmeister* (2013), die (für einen anderen Gewerbesteuersatz) vergleichbare Zahlen angeben, S. 153 f.

[127] Vgl. *Drukarczyk und Schüler* (2007), S. 186.

schließlich private Kreditaufnahmen zu, so dürfte der betrachtete Investor für die Durchführung der Duplikation gemäß Abb. 6.16 keine verzinsliche Geldanlage tätigen, sondern müsste seine bereits bestehende private Verschuldung reduzieren. Ließe man hingegen nur private Geldanlagen zu, so dürfte sich der betrachtete Investor für die Durchführung der Duplikation gemäß Abb. 6.17 nicht verschulden, sondern müsste eine in seinem Besitz befindliche private Finanzanlage verkaufen.

Im Sinne der Eindeutigkeit des zu ermittelnden Marktwerts eines Unternehmens wäre es wünschenswert, dass alle Investoren „vom gleichen Typ" sind, d. h. sämtlich bei entsprechender Erstausstattung die Vorentscheidung getroffen haben, entweder Risikoniveau I oder Risikoniveau II einzunehmen. Für dieses Szenario würde sich ein einziger Marktwert ergeben.

Nimmt man aber an, dass tatsächlich beide Gruppen von Investoren existieren, wobei die eine die dargestellten Duplizierungen über die Erhöhung oder Verringerung der privaten Verschuldung, die andere hingegen über die Erhöhung oder Verringerung der privaten Geldanlage realisiert, so hat das zur Disposition stehende, anteilig fremdfinanzierte Unternehmen für die Investoren der ersten Gruppe einen höheren Marktwert des Eigenkapitals WE^F als für die Investoren der zweiten Gruppe.

Damit aber bestünde – ganz untypisch für den Anspruch der DCF-Methoden, marktmäßig objektivierte Unternehmenswerte zu ermitteln und nur durch die international unübliche Einbeziehung einer persönlichen (Einkommen-)Steuer mit asymmetrischer Besteuerung von Geldanlage und -aufnahme hervorgerufen – die Möglichkeit für die Investoren der zweiten Gruppe, Arbitragegewinne zu erzielen.

Um ein Kapitalmarkt-„Gleichgewicht" auszuschließen, bei dem strukturbedingt Arbitragegewinne durch einen Teil der Marktteilnehmer möglich sind, wird in den nachfolgenden Betrachtungen auf **Risikoniveau I**, d. h. den geringeren besteuerungsinduzierten Wertbeitrag der Fremdfinanzierung und damit auf den geringeren Marktwert des Eigenkapitals des anteilig fremdfinanzieren Unternehmens WE^F, abgestellt. Argument hierfür ist die Mutmaßung, dass sich bei grundsätzlicher Verfügbarkeit beider Arbitragealternativen am Kapitalmarkt der niedrigere Gleichgewichtswert durchsetzt.[128]

Durch die Festlegung der Unternehmenswertermittlung auf der Basis von Risikoniveau I, d. h. der Präferenz des Investors für das verschuldete Unternehmen als Ausgangspunkt der Duplikation, lassen sich nun wiederum die variantenspezifischen Kapitalkostensätze in Abhängigkeit vom Eigenkapitalkostensatz eines unverschuldeten

---

[128] Dietrich und Dierkes weisen darauf hin, dass die theoretische Lösung dieses Dilemmas in der Modellierung eines Kapitalmarktgleichgewichts bestehen könnte, in dessen Parameterkranz das aggregierte Verschuldungsverhalten aller Marktteilnehmer einbezogen wird; vgl. *Dietrich und Dierkes* (2015), S. 352.

Unternehmens $r_{EK,s}$ unter dem Regime des Abgeltungsteuersystems und für den hier betrachteten Rentenfall ermitteln.

Setzt man für den Rentenfall wieder NI $= \Delta = $ T $= 0$, so gilt definitionsgemäß:

$$r_{EK,s} \cdot WG^{E} := EBIT \cdot (1 - s_K - s_{GE}) \cdot (1 - s_{AS})$$

$$\Leftrightarrow \quad r_{EK,s} \cdot \left(WE^{F} + WF - WB^{F}\right) := EBIT \cdot (1 - s_K - s_{GE}) \cdot (1 - s_{AS}) \quad (6.54)$$

Weiterhin gilt im Rentenfall *per definitionem*:

$$r_{EK,s}^{F} := [EBIT \cdot (1 - s_K - s_{GE}) \cdot (1 - s_{AS}) - i \cdot WF \cdot (1 - s_K - 0{,}75 \cdot s_{GE}) \cdot (1 - s_{AS})] / WE^{F}$$
$$(6.55)$$

Einsetzen von (6.54) in (6.55) ergibt:

$$r_{EK,s}^{F} := \left[r_{EK,s} \cdot \left(WE^{F} + WF - WB^{F}\right) - i \cdot WF \cdot (1 - s_K - 0{,}75 \cdot s_{GE}) \cdot (1 - s_{AS}) \right] / WE^{F}$$
$$(6.56)$$

Einsetzen von $WB^{F} = WF \cdot (s_K + 0{,}75 \cdot s_{GE})$ und auflösen nach $r_{EK,s}^{F}$ ergibt:

$$r_{EK,s}^{F} := r_{EK,s} + [r_{EK,s} - i \cdot (1 - s_{AS})] \cdot (1 - s_K - 0{,}75 \cdot s_{GE}) \cdot WF/WE^{F} \quad (6.57)$$

Setzt man analog zum Rentenfall bei einfacher Ertragsteuer die *text-book-formulas* für die Durchschnittskapitalkostensätze $wacc_s^{FCF}$ bzw. $wacc_s^{TCF}$ an, so ergibt sich:[129]

$$wacc_s^{FCF} := r_{EK,s}^{F} \cdot WE^{F}/WG^{F} + i \cdot (1 - s_{AS}) \cdot (1 - 0{,}75 \cdot s_{GE} - s_K) \cdot WF/WG^{F}$$
$$(6.58)$$

Einsetzen von (6.57) in (6.58), ergibt unter Verwendung von (6.54):

---

[129] Hierbei ist zu berücksichtigen, dass aufgrund der Einkommensbesteuerung der Zinsen der Geldanlage im ersten Arbitrage-Schema (d. h. Präferenz für das unverschuldete Unternehmen) der Fremdkapitalzinssatz **nach** Abgeltungsteuer als Referenzzinssatz heranzuziehen und dann zur Berücksichtigung des unternehmenssteuerinduziertes *tax shields* zusätzlich noch um den Faktor „ $(0{,}75 \cdot s_{GE} + s_K)$" zu reduzieren ist.

$$
\begin{aligned}
wacc_s^{FCF} :=& \left\{ r_{EK,s} + \left[r_{EK,s} - i \cdot (1 - s_{AS}) \right] \cdot (1 - s_K - 0,75 \cdot s_{GE}) \cdot WF/WE^F \right\} \cdot WE^F/WG^F \\
&+ i \cdot (1 - s_{AS}) \cdot (1 - 0,75 \cdot s_{GE} - s_K) \cdot WF/WG^F \\
=& \ r_{EK,s} \cdot WE^F/WG^F + r_{EK,s} \cdot (1 - s_K - 0,75 \cdot s_{GE}) \cdot WF/WG^F \\
=& \ r_{EK,s} \cdot \left(WE^F + WF \right)/WG^F - r_{EK,s} \cdot (s_K + 0,75 \cdot s_{GE}) \cdot WF/WG^F \\
=& \ r_{EK,s} - r_{EK,s} \cdot WB^F/WG^F \\
=& \ r_{EK,s} \cdot \left[1 - WB^F/WG^F \right]
\end{aligned}
$$

$$(6.59)$$

als Durchschnittskapitalkostensatz eines fiktiv eigenfinanzierten Unternehmens bei Anwendung des FCF-Verfahrens.

Weiterhin ergibt sich:

$$
\begin{aligned}
wacc_s^{TCF} :=& \ r_{EK,s}^F \cdot WE^F/WG^F + i \cdot WF/WG^F \\
=& \ r_{EK,s} \cdot \left[1 - WB^F/WG^F \right] + i \cdot \left[(0,75 \cdot s_{GE} + s_K) \cdot (1 - s_{AS}) + s_{AS} \right] \cdot WF/WG^F
\end{aligned}
$$

$$(6.60)$$

als Durchschnittskapitalkostensatz bei Anwendung des TCF-Verfahrens.

Die in diesem Abschnitt präsentierte Lösung beruht auf der Vorstellung, dass sich bei mehreren möglichen Transaktionsmustern zur Duplikation eines Unternehmensanteils durch risikofreie Geldanlage, Geldaufnahme und Aktienkauf der jeweils niedrigste Unternehmenswert als endgültiges Marktgleichgewicht einstellen wird. Gleichwohl dürfte das Marktgleichgewicht bei einer endlichen Anzahl von Marktteilnehmern und bei begrenzter Ressourcenausstattung in der Realität auch von der empirischen Verbreitung der beiden Typausprägungen von Arbitrageuren abhängig sein.[130]

6.3.3.2.4 Kritische Würdigung konkurrierender Arbitrageprämissen als Grundlage des DCF-Verfahrens nach persönlichen Steuern

Bewertungsverfahren, die wie die DCF-Modelle auf dem *Modigliani-Miller*-Theorem basieren, beziehen ihre besondere Überzeugungskraft aus **Arbitrageüberlegungen**: Der Preis für ein am Markt gehandeltes Wertpapier kann sich nur unwesentlich vom Preis eines Duplikationsportefeuilles unterscheiden. Die normative Kraft, die von dieser einfachen Überlegung ausgeht, hat zur Folge, dass Methoden der Arbitragetheorie auch dort für Bewertungszwecke eingesetzt werden, wo die Voraussetzungen für funktionierende Duplikationsgeschäfte nicht gegeben sind. So werden DCF-Verfahren auch zur Bewertung von Unternehmen angewandt, deren Eigen- und Fremdkapitaltitel nicht an Kapitalmärkten gehandelt werden. Ein weiteres Beispiel für fehlende Anwendungsvoraussetzungen der Arbitragetheorie ist der bereits erwähnte nicht-lineare Verlauf der Fremdkapitalkosten in Abhängigkeit vom Verschuldungsgrad und damit von der Insolvenzwahrscheinlichkeit,

---

[130] Vgl. in diesem Sinne *Drukarczyk und Lobe* (2002), S. 8 f.

der in den theoretischen Herleitungen und praktischen Anwendungen der DCF-Kalküle oftmals ignoriert wird.[131]

Im vorliegenden Fall unterschiedlicher, auf Arbitrageüberlegungen gründender Unternehmenswerte sind allerdings nicht nur wesentliche **Prämissen** der Arbitragetheorie nicht erfüllt; vielmehr widersprechen auch die **Ergebnisse** den Kernaussagen der Arbitragetheorie: Zwei parallele, „konkurrierende" Arbitragegleichgewichte sind nämlich mit dem grundlegendenden *law of one price*, dem elementaren Theorem, dass es auf Arbitragemärkten für einen gehandelten Wert immer nur einen Preis geben kann, nicht vereinbar.

Die Koexistenz zweier „Gleichgewichte" ist auf Asymmetrien im Steuertarif zurückzuführen, d. h. auf die Tatsache, dass „spiegelbildliche" Transaktionen (z. B. Verschuldung, Geldanlage) nicht identisch besteuert werden. Diese Asymmetrien sind prägend für die persönliche Besteuerung im Rahmen des Abgeltungsteuersystems in Deutschland. Es stellt sich damit die Frage, ob die Verhältnisse des deutschen Steuersystems die Aussagekraft von Arbitragewerten nicht unrettbar korrumpieren, weil nicht nur lediglich die Anwendungsvoraussetzungen der Theorie nicht gegeben sind, sondern auch der wesentliche Vorteil ihrer Anwendung, nämlich die Herleitung eines eindeutigen, durch ein fiktives Marktgleichgewicht objektivierten Wertes, verfehlt wird. Beantwortet man diese Frage positiv, dann wäre es unter dem Regime des Abgeltungsteuersystems konsequent, **entweder** den **Einsatz von DCF-Methoden für die Ermittlung objektivierter Unternehmenswerte abzulehnen, oder** zu einer **Ermittlung objektivierter Werte <u>vor</u> persönlichen Steuern zurückzukehren**, wie es internationalen Standards entspricht und wie es in Deutschland entsprechend der Berufspraxis der Wirtschaftsprüfer bis zum Jahre 2000, d. h. bis zum Inkrafttreten des IDW S 1, schon einmal üblich gewesen ist.

Für die Ermittlung subjektiver Unternehmenswerte (Entscheidungswerte) mögen dagegen die geschilderten **Nachsteuer-DCF-Verfahren weiterhin** ihre **Bedeutung** besitzen; die unterschiedlichen Duplikationsmuster können dabei je nach Erstausstattung des Bewertungssubjekts ausgewählt werden. Der Bewerter muss sich aber im Klaren sein, dass es sich bei dem so berechneten Unternehmenswert um einen individuellen Wertansatz und nicht um die Bewertung eines repräsentativen, diversifizierten Kapitalmarktteilnehmers handelt.

6.3.3.3 Bewertungsformeln der DCF-Verfahren im Rentenfall

Die allgemeinen formalen **Darstellungen der DCF-Varianten** in Abschn. 6.3.1 sollen nachfolgend dadurch konkretisiert werden, dass die jeweiligen **variantenspezifischen Kapitalkostensätze in Abhängigkeit vom Eigenkapitalkostensatz des unverschuldeten Unternehmens** $r_{EK,s}$ dargestellt werden. In Abhängigkeit von den Phasen des der Unternehmensbewertung zu Grunde liegenden Prognosezeitraums (T-periodischer

---

[131] Siehe Abschn. 6.2.2.4.

Detailplanungszeitraum (= Nicht-Rentenfall) bzw. anschließende Rentenphase (= Rentenfall)) ergeben sich dabei unterschiedlich komplexe Darstellungen der Kapitalkostensätze.

Aus den Ausführungen des Abschn. 6.3.3.2.3 ergeben sich unmittelbar die nachfolgenden formalen **Kalküle der DCF-Varianten für den Rentenfall bei Gültigkeit des Abgeltungsteuersystems und Annahme von Risikoniveau I.**

FTE-Methode (nach (6.57)):

$$WE^F{}_0 \;=\; \frac{FTE_s}{r_{EK,s}{}^F}$$

$$= \frac{FTE_s}{r_{EK,s} + [r_{EK,s} - i \cdot (1 - s_{AS})] \cdot (1 - s_K - 0{,}75 \cdot s_{GE}) \cdot WF_0/WE^F{}_0} \qquad (6.61)$$

mit

$$FTE_s = [EBIT - i \cdot WF_0 - (EBT + 0{,}25 \cdot s_{GE} \cdot WF_0) \cdot s_{GE} - EBT \cdot s_K] \cdot (1 - s_{AS})$$

TCF-Methode (nach (6.60)):

$$\mathrm{WE}^F{}_0 = \frac{TCF_s}{wacc_s{}^{TCF}} - WF_0 = \frac{TCF_s}{r_{EK,s}{}^F \cdot WE^F/WG^F + i \cdot WF/WG^F} - WF_0$$

$$= \frac{TCF_s}{r_{EK,s} \cdot [1 - WB^F/WG^F] + i \cdot [(0{,}75 \cdot s_{GE} + s_K) \cdot (1 - s_{AS}) + s_{AS}] \cdot WF_0/WG^F{}_0} - WF_0$$

$$(6.62)$$

mit

$$TCF_s = FCF_s + TS_{TCF} = FCF_s + i \cdot (0{,}75 \cdot s_{GE} + s_K) \cdot WF_0 \cdot (1 - s_{AS}) + i \cdot WF_0 \cdot s_{AS}$$

FCF-Methode (nach (6.59)):

$$WE^F{}_0 \;=\; \frac{FCF_s}{wacc_s{}^{FCF}} - WF_0 = \frac{r_{EK,s}{}^F \cdot WE^F/WG^F + i \cdot (1 - s_{AS}) \cdot (1 - 0{,}75 \cdot s_{GE} - s_K) \cdot WF/WG^F}{r_{EK,s} \cdot \left[1 - WB^F{}_0/WG^F{}_0\right]} - WF_0$$

$$= \frac{FCF_s}{r_{EK,s} \cdot \left[1 - WB^F{}_0/WG^F{}_0\right]} - WF_0$$

$$(6.63)$$

mit

$$FCF_s = \left[EBIT \cdot \left(1 - s_{GE} - s_K \right] \cdot \left(1 - s_{AS} \right) \right.$$

APV-Methode (nach (6.54)):

$$
\begin{aligned}
WE^F{}_0 &= \frac{FCF_s}{r_{EK,s}} + \frac{TS_{APV}}{i \cdot (1 - s_{AS})} - WF_0 \\[2mm]
&= \frac{FCF_s}{r_{EK,s}} + \frac{i \cdot (0,75 \cdot s_{GE} + s_K) \cdot WF_0 \cdot (1 - s_{AS})}{i \cdot (1 - s_{AS})} - WF_0 \\[2mm]
&= \frac{FCF_s}{r_{EK,s}} + WB^F{}_0 - WF_0 \qquad\qquad (6.64) \\[2mm]
&= \frac{FCF_s}{r_{EK,s}} + (s_K + 0,75 \cdot s_{GE}) \cdot WF_0 - WF_0 \\[2mm]
&= \frac{FCF_s}{r_{EK,s}} - [1 - (s_K + 0,75 \cdot s_{GE}) \cdot WF_0]
\end{aligned}
$$

6.3.3.4 Bewertungsformeln der DCF-Verfahren im Nicht-Rentenfall

Auch für die einzelnen Perioden eines T-periodischen Detailplanungszeitraums lassen sich die variantenspezifischen Kapitalkostensätze in Abhängigkeit vom Eigenkapitalkostensatz eines unverschuldeten Unternehmens $r_{EK,s}$ unter dem Regime des Abgeltungssteuersystems ermitteln.

Für den Fall eines **sich periodisch ändernden Fremdkapitalbestands bei Vorliegen einer autonomen Finanzierungspolitik** ergibt sich das *tax shield* einer Periode aus Fremdfinanzierung als **Summe aus dem Unternehmenssteuereffekt und dem Ausschüttungsdifferenzeffekt**. Letzterer ergibt sich aus der Veränderung (Tilgung oder Aufstockung) der Fremdkapitalbestände eines Unternehmens, die im bisher betrachteten Rentenfall nicht vorkommt. Der für eine planmäßige Tilgung T_t notwendige Betrag ist durch Gewinneinbehaltung aufzubringen; die solcherart geminderte Ausschüttung des Unternehmens an die Eigenkapitalgeber geht einher mit einer Ersparnis von Abgeltungssteuer in Höhe von $s_{AS} \cdot T_t$ je Periode t.

Die zuvor jeweils für den Rentenfall hergeleiteten präferenzabhängigen, aggregierten Unternehmenssteuer- bzw. Kapitalstruktureffekte lassen sich verursachungsgerecht in verschiedene Komponenten zerlegen.[132] In Analogie zum Rentenfall ergeben sich damit für die einzelnen Perioden t des Planungs- und Prognosezeitraums einer Unternehmensbewertung die folgenden Zerlegungen der jeweiligen aggregieren periodischen *tax shields*:

---

[132] Vgl. *Baetge et al.* (2015), S. 442.

Summe von unternehmens- und einkommensteuerinduziertem *tax shield* für Risikoniveau I:

$$\Delta WG_t^F = WF_{t-1} \cdot i \cdot (1 - s_{AS}) \cdot (s_K + 0,75 \cdot s_{GE}) + s_{AS} \cdot T_t \qquad (6.65)$$

(1) **Steuervorteil** der Fremdfinanzierung durch die **Gewerbesteuer**:

$$WF_{t-1} \cdot i \cdot 0,75 \cdot s_{GE} \qquad (6.66)$$

(2) **Steuervorteil** der Fremdfinanzierung durch die **Körperschaftsteuer**:

$$WF_{t-1} \cdot i \cdot s_K \qquad (6.67)$$

(3) **Steuervorteil** bei der **Besteuerung der Dividenden**:

$$WF_{t-1} \cdot i \cdot s_{AS} \cdot (1 - s_K - 0,75 \cdot s_{GE}) \qquad (6.68)$$

(4) **Steuernachteil** bei der **Besteuerung der Zinseinkünfte**:

$$WF_{t-1} \cdot i \cdot s_{AS} \qquad (6.69)$$

(5) **Steuervorteil durch** Einkommensteuerersparnis bei **Tilgung**:

$$s_{AS} \cdot T_t \qquad (6.70)$$

Summe von unternehmens- und einkommensteuerinduziertem *tax shield* für Risikoniveau II:

$$\Delta WG_t^F = WF_{t-1} \cdot i \cdot [(s_K + 0,75 \cdot s_{GE}) \cdot (1 - s_{AS}) + s_{AS}] + s_{AS} \cdot T_t \qquad (6.71)$$

(1) **Steuervorteil** der Fremdfinanzierung durch die **Gewerbesteuer**:

$$WF_{t-1} \cdot i \cdot 0,75 \cdot s_{GE} \qquad (6.72)$$

(2) **Steuervorteil** der Fremdfinanzierung durch die **Körperschaftsteuer**:

$$WF_{t-1} \cdot i \cdot s_K \qquad (6.73)$$

(3) **Steuervorteil** bei der **Besteuerung der Dividenden**:

$$WF_{t-1} \cdot i \cdot s_{AS} \cdot (1 - s_K - 0,75 \cdot s_{GE})$$
(6.74)

(4) **Steuervorteil durch** Einkommensteuerersparnis bei **Tilgung**:

$$s_{AS} \cdot T_t$$
(6.75)

Unter der Prämisse, dass die **Unternehmenswertermittlung auf Risikoniveau I** erfolgt, d. h. **bei Präferenz des Investors für das verschuldete Unternehmen**, ergibt sich damit der in den nachfolgenden Berechnungen zu berücksichtigende gesamte periodische Steuervorteil

$$\Delta WG_t^F = WF_{t-1} \cdot i \cdot (1 - s_{AS}) \cdot (s_K + 0,75 \cdot s_{GE}) + s_{AS} \cdot T$$
(6.76)

als Summe[133] des periodischen Unternehmensteuereffekts

$$\Delta WG_{U,t}^F = WF_{t-1} \cdot i \cdot (1 - s_{AS}) \cdot (s_K + 0,75 \cdot s_{GE})$$
(6.77)

sowie des ausschließlich einkommensteuerinduzierten Ausschüttungsdifferenzeffekts

$$\Delta WG_{T,t}^F = s_{AS} \cdot T_t$$
(6.78)

mit

$\Delta WG^F_{U,\,t}$ unternehmensteuerinduziertes periodisches *tax shield* im Abgeltungssystem
$\Delta WG^F_{T,\,t}$ einkommensteuerinduziertes periodisches *tax shield* im Abgeltungssystem

Damit ergibt sich der Barwert WB^F_{t-1} des gesamten steuerinduzierten periodischen Marktwertvorteils durch Fremdfinanzierung im Zeitpunkt $t-1$ bei **Annahme eines T-periodischen Detailplanungszeitraums ohne anschließende Rentenphase** zu:

---

[133] Ggf. bietet sich bei manchen DCF-Methoden eine unterschiedliche Erfassung der Summanden in Zähler- bzw. Nennergröße des Bewertungskalküls an; vgl. dazu die Ausführungen am Ende von Abschn. 6.3.3.4 sowie die Handhabung im Bewertungsbeispiel in Abschn. 6.4.2.

$$WB^F_{t-1} = \sum_{s=t}^{T} \Delta WG^F_s \cdot (1 + i \cdot (1 - s_{AS}))^{-(s-(t-1))} \qquad , \ t = 1, \ldots, T \qquad (6.79)$$

Wie im Fall der einfachen Gewinnbesteuerung kann nun auch bei der Ermittlung der Eigenkapitalkosten des anteilig fremdfinanzierten Unternehmens vorgegangen werden. Analog zur Darstellung nach Formel (6.37) wird die Veränderung des Gesamtunternehmenswerts bei anteiliger Fremdfinanzierung in der Periode t zwischen Eigen- und Fremdkapitalgebern aufgeteilt. Dabei wird nachfolgend die persönliche Einkommensteuer auf den Fremdkapitalzinssatz erfasst; sämtliche anderen Steuereffekte werden bei dieser Vorgehensweise im *flow to equity* (FTE) bzw. in den in den TCF einzubeziehenden *tax shields* berücksichtigt.

Das erwartungskonforme Einkommen der Periode t ergibt sich damit zu:[134]

$$r_{EK,s} \cdot WG_{t-1} + i \cdot (1 - s_{AS}) \cdot WB^F_{t-1} = r_{EK,s}{}^F_t \cdot WE^F_{t-1} + i \cdot (1 - s_{AS}) \cdot WF_{t-1}$$
$$(6.80)$$

Auf der linken Seite der letzten Gleichung steht die Veränderung des Gesamtunternehmenswerts des anteilig fremdfinanzierten Unternehmens in der Periode t vor Bedienung der Gläubiger, formuliert als Einkommen der Eigentümer eines vollständig eigenfinanzierten Unternehmens zuzüglich des (risikolosen) steuerinduzierten Wertvorteils. Die rechte Seite zeigt das Einkommen der Eigentümer eines anteilig fremdfinanzierten Unternehmens zuzüglich der Bedienung der Gläubiger.

Durch Auflösen der Gleichung erhält man:

$$r_{EK,s}{}^F_t = \left\{ r_{EK,s} \cdot WG_{t-1} - i \cdot (1 - s_{AS}) \cdot \left[WF_{t-1} - WB^F_{t-1} \right] \right\} / WE^F_{t-1}$$

$$= \left\{ r_{EK,s} \cdot \left[WE^F_{t-1} + WF_{t-1} - WB^F_{t-1} \right] - i \cdot (1 - s_{AS}) \cdot \left[WF_{t-1} - WB^F_{t-1} \right] \right\} / WE^F_{t-1}$$

$$\Leftrightarrow r_{EK,s}{}^F_t = r_{EK,s} + \left[(r_{EK,s} - i \cdot (1 - s_{AS})) \cdot \left(WF_{t-1} - WB^F_{t-1} \right) \right] / WE^F_{t-1} \quad (6.81)$$

Mittels der *text book formulas* lassen sich nun wieder die Durchschnittskapitalkostensätze der *entity*-Methoden ermitteln. Es gilt:

$$wacc_{s,t}{}^{FCF} = r_{EK,s}{}^F_t \cdot \frac{WE^F_{t-1}}{WG^F_{t-1}} + i \cdot (1 - (s_K + 0{,}75 \cdot s_{GE})) \cdot (1 - s_{AS}) \cdot \frac{WF_{t-1}}{WG^F_{t-1}}$$

$$= r_{EK,s} - (r_{EK,s} - i \cdot (1 - s_{AS})) \cdot \frac{WB^F_{t-1}}{WG^F_{t-1}} - i \cdot (s_K + 0{,}75 \cdot s_{GE}) \cdot (1 - s_{AS}) \cdot \frac{WF_{t-1}}{WG^F_{t-1}}$$

$$(6.82)$$

---

[134] Zu Herleitung und Begründung vgl. auch *Drukarczyk und Schüler* (2009), S. 182.

sowie

$$
\begin{aligned}
wacc_{s,t}{}^{TCF} &= r_{EK,s}{}^{F}{}_{t} \cdot \frac{WE^{F}{}_{t-1}}{WG^{F}{}_{t-1}} + i \cdot \frac{WF_{t-1}}{WG^{F}{}_{t-1}} \\
&= r_{EK,s} - \left(r_{EK,s} - i \cdot (1 - s_{AS})\right) \cdot \frac{WB^{F}{}_{t-1}}{WG^{F}{}_{t-1}} + i \cdot s_{AS} \cdot \frac{WF_{t-1}}{WG^{F}{}_{t-1}}
\end{aligned}
\qquad (6.83)
$$

Unverkennbar ist die Analogie der durchschnittlichen Kapitalkosten nach den Formeln (6.82) und (6.83) für das Abgeltungssteuersystem mit den entsprechenden Kapitalkostensätzen nach den Formeln (6.41) und (6.42) für eine (einfache) proportionale Unternehmensertragssteuer.

Allerdings ist bei der Ermittlung der durchschnittlichen Kapitalkosten nach den Formeln (6.82) und (6.83) eine Problematik zu berücksichtigen, die sich für eine proportionale Unternehmensertragssteuer nicht stellt, aber auch schon im Halbeinkünfteverfahren gegeben war.[135] Es geht dabei um die adäquate Berücksichtigung der effektiven Höhe der Fremdkapitalzinsen bei der Ermittlung von durchschnittlichen Kapitalkostensätzen ($wacc_{s,t}{}^{FCF}$ bzw. $wacc_{s,t}{}^{TCF}$) bzw. um die adäquate Berücksichtigung der durch die Fremdfinanzierung ausgelösten unternehmenswerterhöhenden *tax shields*. Im Abgeltungsteuersystem kommt es durch **zwei Effekte** zu Steuervorteilen des Fremdkapitaleinsatzes: zum einen durch den unternehmensteuerinduzierten Kapitalstruktureffekt und zum anderen durch den einkommensteuerinduzierten Ausschüttungsdifferenzeffekt (aufgrund von Tilgung).[136] Diese Verbilligung des Fremdkapitals lässt sich wiederum auf zweierlei Weise berücksichtigen: zum einen explizit im jeweiligen Durchschnittskapitalkostensatz, zum andern in der korrespondierenden *cash flow*-Größe.

Beschreitet man den Weg gemäß den Formeln (6.82) und (6.83) und erfasst die steuerlich bedingten Wertvorteile einer anteiligen Fremdfinanzierung, hier insbesondere den einkommensteuerinduzierten Ausschüttungsdifferenzeffekt, nicht explizit im Kapitalisierungszinssatz, so muss er im Gegenzug in der mit diesem durchschnittlichen Kapitalkostensatz korrespondierenden diskontierten *cash flow*-Größe berücksichtigt werden (in Gestalt der Addition von „$s_{AS} \cdot T_t$" zur periodischen *cash flow*-Größe der jeweiligen *entity*-Methode). Ist dies jedoch nicht der Fall, so ist etwa die Ermittlung des $wacc_{s,t}{}^{FCF}$ gegenüber Formel (6.82) wie folgt zu modifizieren:[137]

---

[135] Vgl. dazu die Ausführungen in *Kuhner und Maltry* (2006), S. 233 f., sowie schon *Drukarczyk* (2003), S. 444; *Dinstuhl* (2003), S. 89 f. sowie Baetge et al. (2015), S. 439 f., auch *Ballwieser und Hachmeister* (2013), S. 184, FN 667. Bei einer proportionalen Unternehmensertragsteuer kann es diesen einkommensteuerinduzierten Effekt p.d. nicht geben.

[136] Wie in Abschn. 6.3.3.2.1 dargestellt.

[137] Für die TCF-Methode ist analog zu verfahren.

$$wacc_{s,t}{}^{FCF} = r_{EK,s}{}^{F}{}_{t} \cdot \frac{WE^{F}{}_{t-1}}{WG^{F}{}_{t-1}} + i \cdot (1 - (s_K + 0{,}75 \cdot s_{GE})) \cdot (1 - s_{AS}) \cdot \frac{WF_{t-1}}{WG^{F}{}_{t-1}} - s_{AS} \cdot \frac{T_t}{WG^{F}{}_{t-1}}$$

$$= \left(r_{EK,s}{}^{F}{}_{t} - \frac{s_{AS} \cdot T_t}{WE^{F}{}_{t-1}} \right) \cdot \frac{WE^{F}{}_{t-1}}{WG^{F}{}_{t-1}} + i \cdot (1 - (s_K + 0{,}75 \cdot s_{GE})) \cdot (1 - s_{AS}) \cdot \frac{WF_{t-1}}{WG^{F}{}_{t-1}}$$

$$(6.84)$$

Mit der Einbeziehung des einkommensteuerinduzierten Ausschüttungsdifferenzeffekts in den *free cash flow* (FCF) geht allerdings die strikte Trennung von leistungswirtschaftlichem Bereich (Erfassung im Zähler des Bewertungskalküls als Überschussgröße eines fiktiv unverschuldeten Unternehmens) und finanzwirtschaftlichem Bereich (Erfassung im Nenner des Bewertungskalküls unter Einbeziehung sämtlicher steuerinduzierter Wertbeiträge der Fremdfinanzierung) verloren.[138] Das Freihalten der Zählergröße der Unternehmensbewertung von Einflüssen durch die Kapitalstruktur ist aber gerade das konstitutive Element der FCF-Methode.[139] Will man diese Eigenschaft bewahren, ist für die Unternehmenswertermittlung nach DCF-Methode deshalb ein $wacc_{s,t}{}^{FCF}$ nach Formel (6.84) anzuwenden.

Aus diesen arbitragetheoretisch fundierten Identitätsbeziehungen zwischen den vier verschiedenen Wertkonzeptionen des DCF-Kalküls ergeben sich die bekannten vier Varianten der **DCF-Verfahren für den Fall eines Detailplanungszeitraums, der sich über T Perioden erstreckt.** Korrespondierend zu den in den nachfolgenden Bewertungskalkülen (Formeln (6.85, 6.86, 6.87 und 6.88)) verwendeten periodischen Durchschnittskapitalkostensätzen der *entity*-Methoden sind hier *cash flows* (TCF bzw. FCF) zu verwenden, die den periodischen Ausschüttungsdifferenzeffekt nicht beinhalten.[140]

---

[138] Vgl. *Dinstuhl* (2003), S. 91.

[139] Es ist ja gerade die Finanzierungsneutralität der Zählergröße der FCF-Methode, die sie von der in der Bewertungspraxis gerade wegen dieses Makels kaum anzutreffenden TCF-Methode unterscheidet.

[140] Im Bewertungsbeispiel zum Abgeltungsteuersystem in Abschn. 6.4 werden für die *entity*-Verfahren alternative Vorgehensweisen bzgl. der Einbeziehung der *tax shields* dargestellt. Ohnehin ist festzuhalten, dass sich bei Existenz mehrerer Steuerarten auch mehrere Arten von TCF bzw. $wacc_s{}^{TCF}$ ermitteln lassen, je nachdem welche *tax shields* im Zähler oder im Nenner der Bewertungsformel des allgemeinen TCF-Verfahrens angesetzt werden sollen. Angesichts der Tatsache, dass die TCF-Methode in der Unternehmensbewertungspraxis aufgrund der Vermengung von Leistungs- und Finanzbereich ohnehin wenig beliebt ist, wird hier auf die Darstellung der möglichen Varianten verzichtet.

FTE-Methode:

$$WE^F{}_0 \quad = \sum_{t=1}^{T} \frac{FTF_{s,t}}{\prod\limits_{\nu=1}^{t}\left[1+r_{EK,s}{}^F{}_\nu\right]} \tag{6.85}$$

mit

$$r_{EK,s}{}^F{}_t = r_{EK,s} + \left[\,(r_{EK,s} - i\cdot(1-s_{AS}))\cdot\left(WF_{t-1} - WB^F{}_{t-1}\right)\right]/WE^F{}_{t-1}$$

$$WB^F{}_{t-1} = \sum_{s=t}^{T}\Delta WG^F{}_s\cdot\left(1+i\cdot(1-s_{AS})\right)^{-(s-(t-1))} \quad,\ t=1,\ \ldots,\ T\ (\text{nach }(6.79))$$

TCF-Methode:

$$WE^F{}_0 \quad = \sum_{t=1}^{T} \frac{TCF_{s,t}}{\prod\limits_{\nu=1}^{t}\left[1+wacc_{s,\nu}{}^{TCF}\right]} \ - WF_0 \tag{6.86}$$

mit

$$wacc_{s,t}{}^{TCF} = r_{EK,s}{}^F{}_t\cdot\frac{WE^F{}_{t-1}}{WG^F{}_{t-1}} + i\cdot\frac{WF_{t-1}}{WG^F{}_{t-1}} - s_{AS}\cdot\frac{T_t}{WG^F{}_{t-1}}$$

FCF-Methode:

$$WE^F{}_0 \quad = \sum_{t=1}^{T} \frac{FCF_{s,t}}{\prod\limits_{\nu=1}^{t}\left[1+wacc_{s,\nu}{}^{FCF}\right]} \ - WF_0 \tag{6.87}$$

mit

$$wacc_{s,t}{}^{FCF} = r_{EK,s}{}^F{}_t\cdot\frac{WE^F{}_{t-1}}{WG^F{}_{t-1}} + i\cdot\left(1-(s_K+0{,}75\cdot s_{GE})\right)\cdot\left(1-s_{AS}\right)\cdot\frac{WF_{t-1}}{WG^F{}_{t-1}} - s_{AS}\cdot\frac{T_t}{WG^F{}_{t-1}}$$

APV-Methode:

$$
\begin{aligned}
WE^F{}_0 &= \sum_{t=1}^{T} \frac{FCF_{s,t}}{(1+r_{EK,s})^t} + WB^F{}_0 \;-\; WF_0 \\
&= \sum_{t=1}^{T} \frac{FCF_{s,t}}{(1+r_{EK,s})^t} + \sum_{t=1}^{T} \frac{\Delta WB^F{}_s}{(1+i\cdot(1-s_{AS}))^t} \;-\; WF_0
\end{aligned}
\tag{6.88}
$$

6.3.4 Zusammenfassende Darstellung der Formeln aller DCF-Verfahren für die Steuersysteme der proportionalen Ertragsteuer und des Abgeltungssteuersystems

In diesem Abschnitt werden die Bewertungsformeln der vier DCF-Verfahren für einen **T-periodischen Detailplanungszeitraum mit anschließender Rentenphase** zusammenfassend dargestellt. Die variantenspezifischen Kapitalkostensätze werden dabei stets auch in Abhängigkeit vom Eigenkapitalkostensatz des unverschuldeten Unternehmens $r_{EK,s}$ dargestellt. Die Herleitung der Bewertungskalküle findet sich in den Abschn. 6.3.2 und 6.3.3.

6.3.4.1 DCF-Formeln bei proportionaler Ertragsteuer
FTE-Methode:

$$
WE^F{}_0 = \sum_{t=1}^{T} \frac{FTE_t}{\prod_{\nu=1}^{t}\left[1+r_{EK,s}{}^F{}_\nu\right]} + \frac{1}{\prod_{t=1}^{T}\left[1+r_{EK,s}{}^F{}_t\right]} \cdot \frac{FTE_{T+1}}{r_{EK,s}{}^F{}_{T+1}}
$$

$$
= \sum_{t=1}^{T} \frac{FTE_t}{\prod_{\nu=1}^{t}\left[1+r_{EK,s}{}^F{}_\nu\right]} + \frac{1}{\prod_{t=1}^{T}\left[1+r_{EK,s}{}^F{}_t\right]} \cdot \frac{FTE_{T+1}}{r_{EK,s}+(r_{EK,s}-i)\cdot(1-s_K)\cdot WF_T/WE_T{}^F}
$$

mit

$$
r_{EK,s}{}^F{}_\nu = r_{EK,s} + (r_{EK,s} - i)\cdot\left(WF_{\nu-1} - WB^F{}_{\nu-1}\right)/WE^F{}_{\nu-1}
$$

$$
\Delta WG^F{}_\nu = s_K \cdot i \cdot WF_{\nu-1}
$$

$$
WB^F{}_{\nu-1} = \sum_{s=\nu}^{T} \Delta WG^F{}_s \cdot (1+i)^{-(s-(\nu-1))}, \quad \nu = 1,\,\ldots,\,T
$$

TCF-Methode:

$$WE^F_0 = \sum_{t=1}^{T} \frac{TCF_t}{\prod_{\nu=1}^{t} \left[1 + wacc_{s,\nu}^{TCF}\right]} + \frac{1}{\prod_{t=1}^{T} \left[1 + wacc_{s,t}^{TCF}\right]} \cdot \frac{TCF_{T+1}}{wacc_{s,T+1}^{TCF}} - WF_0 =$$

$$\sum_{t=1}^{T} \frac{TCF_t}{\prod_{\nu=1}^{t} \left[1 + wacc_{s,\nu}^{TCF}\right]}$$

$$+ \frac{1}{\prod_{t=1}^{T} \left[1 + wacc_{s,t}^{TCF}\right]} \cdot \frac{TCF_{T+1}}{r_{EK,s} \cdot \left(1 - s_K \cdot \dfrac{WF_T}{WG^F_T}\right) + i \cdot s_K \cdot \dfrac{WF_T}{WG^F_T}}$$

$$- WF_0$$

mit

$$wacc_{s,\nu}^{TCF} = r_{EK,s} \cdot \frac{WG_{\nu-1}}{WG^F_{\nu-1}} + \frac{i \cdot WB^F_{\nu-1}}{WG^F_{\nu-1}}$$

$$= r_{EK,s} \cdot \frac{WG^F_{\nu-1} - WB^F_{\nu-1}}{WG^F_{\nu-1}} + \frac{i \cdot WB^F_{\nu-1}}{WG^F_{\nu-1}}$$

$$= r_{EK,s} - (r_{EK,s} - i) \cdot \frac{WB^F_{\nu-1}}{WG^F_{\nu-1}}$$

FCF-Methode:

$$WE^F_0 = \sum_{t=1}^{T} \frac{FCF_t}{\prod_{\nu=1}^{t} \left[1 + wacc_{s,\nu}^{FCF}\right]} + \frac{1}{\prod_{t=1}^{T} \left[1 + wacc_{s,t}^{FCF}\right]} \cdot \frac{FCF_{T+1}}{wacc_{s,T+1}^{FCF}} - WF_0$$

$$= \sum_{t=1}^{T} \frac{FCF_t}{\prod_{\nu=1}^{t} \left[1 + wacc_{s,\nu}^{FCF}\right]} + \frac{1}{\prod_{t=1}^{T} \left[1 + wacc_{s,t}^{FCF}\right]} \cdot \frac{FCF_{T+1}}{r_{EK,s} \cdot \left(1 - s_K \cdot \dfrac{WF_T}{WG^F_T}\right)} - WF_0$$

mit

$$\text{wacc}_{s,v}^{\text{FCF}} = r_{\text{EK},s} \cdot \frac{\text{WG}_{v-1}}{\text{WG}_{v-1}^{\text{F}}} + \frac{i \cdot \left(\text{WB}_{v-1}^{\text{F}} - s_K \cdot \text{WF}_{v-1}\right)}{\text{WG}_{v-1}^{\text{F}}}$$

$$= r_{\text{EK},s} - (r_{\text{EK},s} - i) \cdot \frac{\text{WB}_{v-1}^{\text{F}}}{\text{WG}_{v-1}^{\text{F}}} - \frac{i \cdot s_K \cdot \text{WF}_{v-1}}{\text{WG}_{v-1}^{\text{F}}}$$

APV-Methode:

$$WE^F{}_0 = \sum_{t=1}^{T} \frac{FCF_t}{(1 + r_{EK,s})^t} + \frac{1}{(1 + r_{EK,s})^T} \cdot \frac{FCF_{T+1}}{r_{EK,s}}$$

$$+ \, i \cdot s_K \cdot \sum_{t=1}^{T} \frac{WF_{t-1}}{(1 + i)^t} + \frac{1}{(1 + i)^T} \cdot s_K \cdot WF_T - WF_0$$

6.3.4.2 DCF-Formeln unter dem Regime des Abgeltungssteuersystems
FTE-Methode:

$$WE^F{}_0$$

$$= \sum_{t=1}^{T} \frac{FTE_{s,t}}{\prod_{\nu=1}^{t} \left[1 + r_{EK,s}{}^F{}_\nu\right]} + \frac{1}{\prod_{t=1}^{T} \left[1 + r_{EK,s}{}^F{}_t\right]} \cdot \frac{FTE_{s,T+1}}{r_{EK,s}{}^F{}_{T+1}} \qquad (6.89)$$

$$= \sum_{t=1}^{T} \frac{FTE_{s,t}}{\prod_{\nu=1}^{t} \left[1 + r_{EK,s}{}^F{}_\nu\right]}$$

$$+ \frac{1}{\prod_{t=1}^{T} \left[1 + r_{EK,s}{}^F{}_t\right]} \cdot \frac{FTE_{s,T+1}}{r_{EK,s} + \left[r_{EK,s} - i \cdot (1 - s_{AS})\right] \cdot (1 - s_K - 0,75 \cdot s_{GE}) \cdot WF_T / WE^F{}_T}$$

mit

$$r_{EK,s}{}^F{}_t = r_{EK,s} + \left[\,(r_{EK,s} - i \cdot (1 - s_{AS})) \cdot \left(WF_{t-1} - WB^F{}_{t-1}\right)\right] / WE^F{}_{t-1}$$

$$WB^{\text{F}}{}_{t-1} = \sum_{s=t}^{T} \Delta WG^{\text{F}}{}_s \cdot (1 + i \cdot (1 - s_{AS}))^{-(s-(t-1))} \qquad , \ t = 1, \, \ldots, \, T$$

$$\Delta WB_t^F = WF_{t-1} \cdot i \cdot (1 - s_{AS}) \cdot (s_K + 0,75 \cdot s_{GE}) + s_{AS} \cdot T_t \qquad , \ v = 1, \, \ldots, \, T$$

TCF-Methode:

$$WE^F_0$$

$$= \sum_{t=1}^{T} \frac{TCF_{s,t}}{\prod_{v=1}^{t} \left[1 + wacc_{s,v}{}^{TCF}\right]} + \frac{1}{\prod_{t=1}^{T} \left[1 + wacc_{s,t}{}^{TCF}\right]} \cdot \frac{TCF_{s,T+1}}{wacc_{s,T+1}{}^{TCF}} - WF_0 \qquad (6.90)$$

$$= \sum_{t=1}^{T} \frac{TCF_{s,t}}{\prod_{v=1}^{t} \left[1 + wacc_{s,v}{}^{TCF}\right]}$$

$$+ \frac{1}{\prod_{t=1}^{T} \left[1 + wacc_{s,t}{}^{TCF}\right]} \cdot \frac{TCF_s}{r_{EK,s} \cdot \left[1 - WB^F/WG^F\right] + i \cdot \left[(0,75 \cdot s_{GE} + s_K) \cdot (1 - s_{AS}) + s_{AS}\right] \cdot WF_t/WG^F_t} - WF_0$$

mit

$$wacc_{s,t}{}^{TCF} = r_{EK,s}{}^F{}_t \cdot \frac{WE^F_{t-1}}{WG^F_{t-1}} + i \cdot \frac{WF_{t-1}}{WG^F_{t-1}}$$

$$= r_{EK,s} - (r_{EK,s} - i \cdot (1 - s_{AS})) \cdot \frac{WB^F_{t-1}}{WG^F_{t-1}} + i \cdot s_{AS} \cdot \frac{WF_{t-1}}{WG^F_{t-1}}$$

FCF-Methode:

$$WE^F_0 = \sum_{t=1}^{T} \frac{FCF_{s,t}}{\prod_{v=1}^{t} \left[1 + wacc_{s,v}{}^{FCF}\right]} + \frac{1}{\prod_{t=1}^{T} \left[1 + wacc_{s,t}{}^{FCF}\right]} \cdot \frac{FCF_{s,T+1}}{wacc_{s,T+1}{}^{FCF}} - WF_0$$

$$= \sum_{t=1}^{T} \frac{FCF_{s,t}}{\prod_{v=1}^{t} \left[1 + wacc_{s,v}{}^{FCF}\right]} +$$

$$\frac{1}{\prod_{t=1}^{T} \left[1 + wacc_{s,t}{}^{FCF}\right]} \cdot \frac{FCF_{s,T+1}}{r_{EK,s} \cdot \left[1 - WB^F_0/WG^F_0\right]} - WF_0 \qquad (6.91)$$

mit

$$wacc_{s,t}{}^{FCF} = r_{EK,s}{}^F{}_t \cdot \frac{WE^F_{t-1}}{WG^F_{t-1}} + i \cdot (1 - (s_K + 0,75 \cdot s_{GE})) \cdot (1 - s_{AS}) \cdot \frac{WF_{t-1}}{WG^F_{t-1}}$$

$$= r_{EK,s} - (r_{EK,s} - i \cdot (1 - s_{AS})) \cdot \frac{WB^F_{t-1}}{WG^F_{t-1}} - i \cdot (s_K + 0,75 \cdot s_{GE}) \cdot (1 - s_{AS}) \cdot \frac{WF_{t-1}}{WG^F_{t-1}}$$

APV-Methode:

$$
\begin{aligned}
WE^F{}_0 = &\sum_{t=1}^{T} \frac{FCF_{s,t}}{(1+r_{EK,s})^t} + \frac{1}{(1+r_{EK,s})^T} \cdot \frac{FCF_{s,T+1}}{r_{EK,s}} + \\
&\sum_{t=1}^{T} \frac{\Delta WB^F{}_s}{(1+i\cdot(1-s_{AS}))^t} \\
&+ \frac{(s_K + 0,75\cdot s_{GE})\cdot WF_T}{[1+i\cdot(1-s_{AS})]^T} - WF_0
\end{aligned}
\tag{6.92}
$$

6.4 Beispielrechnungen zur Anwendung der DCF-Verfahren

6.4.1 Unternehmenswertermittlung bei autonomer Finanzierungspolitik und einfacher Ertragsteuer

Nachfolgend wird für ein Beispiel mit allen vier DCF-Verfahren die Ermittlung des Unternehmenswerts, i.S.d. Wertes des Eigenkapitals des Unternehmens, durchgeführt. Den Berechnungen liegt ein 3-jähriger Detailplanungszeitraum zu Grunde, gefolgt von einer Rentenphase.[141] Auf den expliziten Ausweis von ß-Faktor und Marktpreis des Risikos (Marktrisikoprämie) wird verzichtet. Bei der Bewertung wird die Ausschüttung der periodischen FTE bzw. der FCF unterstellt.

Neben den nachfolgend aufgeführten Plan-Jahresabschlüssen und Plan-Kapitalflussrechnungen seien den Berechnungen die folgenden Annahmen zu Grunde gelegt:

Fremdkapitalzinssatz i (= vereinfachend risikoloser Basiszinssatz)	6,5 %
Eigenkapitalkostensatz des unverschuldeten Unternehmens $r_{EK,s}$	11 %
Guthabenzins	0 %
Wertpapierzins	6 %
Ertragsteuersatz s_K	30 %

Bilanz- und Finanzplanung liefern, ausgehend von der Jahresabschlussbilanz eines Basisjahres (= Bewertungsstichtag), die nachfolgenden Daten für den Bewertungszeitraum. Als Bestandteile des *working capital* werden im Beispiel die Positionen Forderungen, Vorräte, Wertpapiere, Kasse, aktivischer Rechnungsabgrenzungsposten abzüglich der Verbindlichkeiten aus Lieferungen sowie Leistungen und der passivischen Rechnungsabgrenzungsposten betrachtet.

---

[141] Das Beispiel orientiert sich hinsichtlich des formalen Aufbaus am Beispiel in *Baetge et al.* (2015), S. 475 ff. Aus Vereinfachungsgründen werden Steuervorteile aufgrund der Bildung von Rückstellungen vernachlässigt.

Die Ausgangsdaten des Beispiels finden sich in Abb. 6.18, 6.19, 6.20, 6.21, 6.22, 6.23, 6.24, sowie 6.25.

Zur Ermittlung des Unternehmenswerts werden die Bewertungsformeln aus Abschn. 6.3.4.1. herangezogen. Unter Einsatz eines Tabellenkalkulationsprogramms und iterativer Lösung der selbstbezüglichen Unternehmenswert- und Kapitalkostengleichungen erhält man die (gleichlautenden) Ergebnisse der veschiedenen DCF-Verfahren gemäß Abb. 6.26, 6.27, 6.28, sowie 6.29.

Übereinstimmend führen alle vier DCF-Verfahren zu einem Wert des Eigenkapitals WE^F_0 in Höhe von 13.133,86 €. Keines der DCF-Verfahren muss bei der Ermittlung des

	Basisjahr	1. Jahr	2. Jahr	3. Jahr	4. Jahr ff.
Aktiva					
A. Anlagevermögen					
Immaterielles Vermögen	2.000,00	3.000,00	3.000,00	3.000,00	3.000,00
Sachanlagen	9.625,00	9.600,00	9.725,00	9.725,00	9.725,00
Finanzanlagevermögen	3.500,00	3.500,00	3.500,00	3.500,00	3.500,00
B. Umlaufvermögen					
Vorräte	2.612,00	3.029,00	3.254,00	3.735,00	3.735,00
Forderungen	5.800,00	7.063,00	7.219,00	8.241,00	8.241,00
Wertpapiere	100,00	100,00	140,00	150,00	150,00
Kasse	800,00	800,00	800,00	800,00	800,00
C. Rechnungsabgrenzungsposten					
Aktivischer RAP	50,00	0,00	17,00	38,00	38,00
Summe Aktiva	**24.487,00**	**27.092,00**	**27.655,00**	**29.189,00**	**29.189,00**
Passiva					
A. Eigenkapital					
Gezeichnetes Kapital	5.000,00	5.000,00	5.000,00	5.000,00	5.000,00
Kapitalrücklage	3.000,00	3.000,00	3.000,00	3.000,00	3.000,00
Gewinnrücklage	0,00	936,00	2.017,00	2.515,00	3.226,00
B. Rückstellungen					
Rückstellungen	1.000,00	2.417,00	2.736,00	3.817,00	3.106,00
C. Verbindlichkeiten					
gegenüber Kreditinstituten	12.900,00	12.400,00	11.900,00	11.400,00	11.400,00
aus Lieferungen und Leistungen	2.255,00	3.094,00	2.700,00	3.124,00	3.124,00
D. Rechnungsabgrenzungsposten					
Passivischer RAP	332,00	245,00	302,00	333,00	333,00
Summe Passiva	**24.487,00**	**27.092,00**	**27.655,00**	**29.189,00**	**29.189,00**

Abb. 6.18 Plan-Bilanzen

	Basisjahr	1. Jahr	2. Jahr	3. Jahr	4. Jahr ff.
Immaterielles Vermögen		1.000,00	1.000,00	1.000,00	1.000,00
Sachanlagen		1.625,00	2.025,00	2.375,00	2.750,00
Finanzanlagevermögen		0,00	0,00	0,00	0,00
Abschreibungen		**2.625,00**	**3.025,00**	**3.375,00**	**3.750,00**

Abb. 6.19 Geplante Abschreibungen

	Basisjahr	1. Jahr	2. Jahr	3. Jahr	4. Jahr ff.
Immaterielles Vermögen	0,00	2.000,00	1.000,00	1.000,00	1.000,00
Sachanlagen	0,00	2.000,00	2.500,00	2.750,00	2.750,00
Finanzanlagevermögen	0,00	0,00	0,00	0,00	0,00
Investitionen	**0,00**	**4.000,00**	**3.500,00**	**3.750,00**	**3.750,00**

Abb. 6.20 Geplante Investitionen

	Basisjahr	1. Jahr	2. Jahr	3. Jahr	4. Jahr ff.
Investitionen		4.000,00	3.500,00	3.750,00	3.750,00
Veränderungen *working capital*		878,00	775,00	1.079,00	0,00
Veränderung der langfristigen Rückstellungen		-1.417,00	-319,00	-1.081,00	711,00
Abschreibungen		-3.025,00	-3.375,00	-3.750,00	-3.750,00
Tilgung		500,00	500,00	500,00	0,00
Erforderliche Rücklagenzuführung		**936,00**	**1.081,00**	**498,00**	**711,00**

Abb. 6.21 Ermittlung der erforderlichen Rücklagenzufuhr

Unternehmenswerts auf Ergebnisse eines anderen Verfahrens zurückgreifen;[142] insbesondere auch nicht auf Ergebnisse des APV-Verfahrens, dessen Formeln aufgrund der Vorgabe des Eigenkapitalkostensatzes des **unverschuldeten** Unternehmens keine Zirkularitäten (vgl. Kap. 6.5.1.1.) aufweisen.

---

[142] Im vorliegenden Beispiel sind die Lösungen iterativ mit EXCEL ermittelt worden.

	Basisjahr	1. Jahr	2. Jahr	3. Jahr	4. Jahr ff.
Umsatzerlöse		30.000,00	33.600,00	26.000,00	25.000,00
Materialaufwand		8.000,00	9.800,00	6.000,00	5.000,00
Personalaufwand		12.500,00	12.210,00	7.500,00	7.250,00
Abschreibungen		3.025,00	3.375,00	3.750,00	3.750,00
Sonst. betriebliche Aufwendungen		4.000,00	4.100,00	4.200,00	4.300,00
Zinsen und ähnliche Aufwendungen		839,00	806,00	774,00	741,00
Zinserträge		6,00	6,00	8,00	9,00
Ergebnis vor Steuern		**1.642,50**	**3.315,00**	**3.784,90**	**3.968,00**
Steuern		492,75	994,50	1.135,47	1.190,40
Jahresüberschuss		**1.149,75**	**2.320,50**	**2.649,43**	**2.777,60**

Abb. 6.22 Plan-Gewinn- und Verlustrechnungen

	Basisjahr	1. Jahr	2. Jahr	3. Jahr	4. Jahr ff.
Jahresüberschuss vor Zinsen		1.988,25	3.126,50	3.422,93	3.518,60
Abschreibungen		3.025,00	3.375,00	3.750,00	3.750,00
Veränderung der langfristigen Rückstellungen		1.417,00	319,00	1.081,00	-711,00
Operativer cash flow		**6.430,25**	**6.820,50**	**8.253,93**	**6.557,60**
Immaterielles Vermögen		2.000,00	1.000,00	1.000,00	1.000,00
Sachanlagen		2.000,00	2.500,00	2.750,00	2.750,00
Finanzanlagevermögen		0,00	0,00	0,00	0,00
Investitionen		**4.000,00**	**3.500,00**	**3.750,00**	**3.750,00**
Veränderungen working capital		**878,00**	**775,00**	**1.079,00**	**0,00**
total cash flow (TCF)		**1.552,25**	**2.545,50**	**3.424,93**	**2.807,60**
Veränderung Kredite		-500,00	-500,00	-500,00	0,00
Zinszahlungen		-838,50	-806,00	-773,50	-741,00
Dividendenzahlungen		-213,75	-1.239,50	-2.151,43	-2.066,60
Außenfinanzierung		**-1.552,25**	**-2.545,50**	**-3.424,93**	**-2.807,60**

Abb. 6.23 Plan-Kapitalflussrechnung

	Basisjahr	1. Jahr	2. Jahr	3. Jahr	4. Jahr ff.
Jahresüberschuss		1.149,75	2.320,50	2.649,43	2.777,60
Entnahmen aus Gewinnrücklagen		0,00	0,00	0,00	0,00
Veränderung der Gewinnrücklagen		-936,00	-1081,00	-498,00	-711,00
Bilanzgewinn (= FTE)		**213,75**	**1.239,50**	**2.151,43**	**2.066,60**

Abb. 6.24 Plan-Gewinnverwendungsrechnung (Ermittlung der FTE zur Durchführung des *equity*-Ansatzes)

	Basisjahr	1. Jahr	2. Jahr	3. Jahr	4. Jahr ff.
Gewinn vor Steuern		1.642,50	3.315,00	3.784,90	3.968,00
Steuern		-492,75	-994,50	-1.135,47	-1.190,40
Zinsen und ähnliche Aufwendungen		838,50	806,00	773,50	741,00
Abschreibungen		3.025,00	3.375,00	3.750,00	3.750,00
Veränderung langfr. Rückstellungen		1.417,00	319,00	1.081,00	-711,00
Veränderungen *working capital*		-878,00	-775,00	-1.079,00	0,00
Investitionen		-4.000,00	-3.500,00	-3.750,00	-3.750,00
total cash flow (TCF)		1.552,25	2.545,50	3.424,93	2.807,60
Steuerersparnis bei anteiliger Fremdfinanzierung (*tax shield*)		-251,55	-241,80	-232,05	-222,30
free cash flow (FCF)		1.300,70	2.303,70	3.192,88	2.585,30
Einkommensteuer (nicht gegeben)		0,00	0,00	0,00	0,00
FCF nach Einkommensteuer		**1.300,70**	**2.303,70**	**3.192,88**	**2.585,30**

Abb. 6.25 Ermittlung der TCF und FCF zur Durchführung der *entity*-Ansätze

	Basisjahr	1. Jahr	2. Jahr	3. Jahr	4. Jahr ff.
flow to equity (FTE$_t$)		213,75	1.239,50	2.151,43	2.066,60
Eigenkapitalkostensatz des verschuld. Unternehmens ($r_{EK,s}^{F}{}_t$)		**14,230%**	**13,724%**	**13,447%**	**13,313%**
Barwert des Steuervorteils (WB^F_t)	3.472,73	3.446,91	3.429,16	3.420,00	
Marktwert des Eigenkapitals (WE$_t$)	*13.133,86*	**14.789,07**	**15.579,25**	**15.522,73**	

Abb. 6.26 Unternehmenswertermittlung nach dem FTE-Verfahren

	Basisjahr	1. Jahr	2. Jahr	3. Jahr	4. Jahr ff.
free cash flow (FCF$_t$)		1.300,70	2.303,70	3.192,88	2.585,30
Durchschnittskapitalkostensatz (wacc$_{s,t}^{FCF}$)		**9,433%**	**9,540%**	**9,594%**	**9,603%**
Barwert des Steuervorteils (WB^F_t)	3.472,73	3.446,91	3.429,15	3.420,00	
Gesamtmarktwert des Unternehmens (WG^F_t)	**26.033,86**	**27.189,07**	**27.479,25**	**26.922,73**	
Marktwert des Eigenkapitals (WE$_t$)	*13.133,86*	**14.789,07**	**15.579,25**	**15.522,73**	

Abb. 6.27 Unternehmenswertermittlung nach dem FCF-Verfahren

	Basisjahr	1. Jahr	2. Jahr	3. Jahr	4. Jahr ff.
total cash flow (TCF$_t$)		1.552,25	2.545,50	3.424,93	2.807,60
Durchschnittskapitalkostensatz (wacc$_{s,t}^{TCF}$)		**10,400%**	**10,430%**	**10,438%**	**10,428%**
Barwert des Steuervorteils (WB^F_t)	3.472,73	3.446,91	3.429,16	3.420,00	
Gesamtmarktwert des Unternehmens (WG^F_t)	**26.033,86**	**27.189,07**	**27.479,25**	**26.922,73**	
Marktwert des Eigenkapitals (WE$_t$)	*13.133,86*	**14.789,07**	**15.579,25**	**15.522,73**	

Abb. 6.28 Unternehmenswertermittlung nach dem TCF-Verfahren

	Basisjahr	1. Jahr	2. Jahr	3. Jahr	4. Jahr ff.
free cash flow (FCF$_t$)		1.300,70	2.303,70	3.192,88	2.585,30
Eigenkapitalkostensatz des unverschuld. Unternehmens (r$_{EK,s\,t}$)		**11,000%**	**11,000%**	**11,000%**	**11,000%**
Gesamtwert des fiktiv unverschuldeten Unternehmens (WG$_t$)	**22.561,13**	**23.742,16**	**24.050,1**	**23.502,73**	
tax shield (ΔWG^F_t)		251,55	241,80	232,05	222,30
Barwert des Steuervorteils (WB^F_t)	3.472,73	3.446,91	3.429,16	3.420,00	
Gesamtmarktwert des Unternehmens (WG^F_t)	**26.033,86**	**27.189,07**	**27.479,25**	**26.922,73**	
Marktwert des Fremdkapitals (WF$_t$)	12.900,00	12.400,00	11.900,00	11.400,00	
Marktwert des Eigenkapitals (WE$_t$)	*13.133,86*	**14.789,07**	**15.579,25**	**15.522,73**	

Abb. 6.29 Unternehmenswertermittlung nach dem APV-Verfahren

6.4.2 Unternehmenswertermittlung bei autonomer Finanzierungspolitik und Abgeltungssteuersystem

Nachfolgend wird für ein Beispiel mit allen vier DCF-Verfahren die Ermittlung des Unternehmenswerts, i.S.d. Wertes des Eigenkapitals des Unternehmens, durchgeführt. Den Berechnungen liegt ein 3-jähriger Detailplanungszeitraum zu Grunde, gefolgt von einer Rentenphase.[143] Auf den expliziten Ausweis von ß-Faktor und Marktpreis des Risikos (Marktrisikoprämie) wird verzichtet. Bei der Bewertung wird von der Präferenz des Investors für ein verschuldetes Unternehmen ausgegangen; zudem wird die Ausschüttung der periodischen FTE bzw. der FCF unterstellt.

Das *working capital* ist wie in Abschn. 6.4.1. definiert. Neben den nachfolgend aufgeführten Plan-Jahresabschlüssen und Plan-Kapitalflussrechnungen seien den Berechnungen die folgenden Annahmen zu Grunde gelegt:

Fremdkapitalzinssatz i (vereinfachend risikoloser Basiszinssatz)	6,5 %
Eigenkapitalkostensatz des unverschuldeten Unternehmens vor persönlicher Einkommensteuer $r_{EK,s}$	11 %
Guthabenzins	0 %
Wertpapierzins	6 %
Körperschaftsteuersatz s_K	15 %
Gewerbesteuerhebesatz	400 %
Gewerbesteuermesszahl	3,5 %
Gewerbesteuersatz s_{GE}	14 %
Abgeltungsteuersatz s_A	25 %
Solidaritätszuschlag	5,5 %

(Körperschaftsteuer und Abgeltungssteuer werden nachfolgend als Bruttogrößen, d. h. inklusive Solidaritätszuschlag, ermittelt.)

Bilanz- und Finanzplanung liefern, ausgehend von der Jahresabschlussbilanz eines Basisjahres (= Bewertungsstichtag) die Daten gemäß Abb. 6.30, 6.31, 6.32, 6.33, 6.34, 6.35, 6.36, 6.37, sowie 6.38.

Zu beachten ist hier, dass das in der vorletzten Zeile von Abb. 6.36 ausgewiesene *tax shield* nur den Kapitalstruktureffekt wiedergibt. Begründet ist diese Beschränkung auf einen Teil des insgesamt anfallenden *tax shields* in der hier eingenommenen unternehmensinternen Sichtweise, aus der heraus die Einbeziehung eines unternehmensextern begründeten *tax shields*, wie es der Ausschüttungsdifferenzeffekt auf der privaten Besteuerungsebene der Investoren darstellt, in der obigen Abbildung keinen Platz hat. Der in den nachfolgenden Tabellen ausgewiesene „Barwert des Steuervorteils" umfasst hingegen (richtigerweise) sowohl den Kapitalstruktur- als auch den Ausschüttungsdifferenzeffekt WB^F_t gemäß Formel (6.65).

Zur Ermittlung des Unternehmenswerts werden die Bewertungsformeln aus Abschn. 6.3.4.1 herangezogen. Unter Einsatz eines Tabellenkalkulationsprogramms und iterativer Lösung der selbstbezüglichen Unternehmenswert- und Kapitalkostengleichun-

---

[143] Das Beispiel orientiert sich hinsichtlich des formalen Aufbaus am Beispiel in *Baetge et al.* (2015), S. 475 ff. Aus Vereinfachungsgründen werden Steuervorteile aufgrund der Bildung von Rückstellungen vernachlässigt.

	Basisjahr	1. Jahr	2. Jahr	3. Jahr	4. Jahr ff.
Aktiva					
A. Anlagevermögen					
Immaterielles Vermögen	2.000,00	3.000,00	3.000,00	3.000,00	3.000,00
Sachanlagen	9.625,00	9.600,00	9.725,00	9.725,00	9.725,00
Finanzanlagevermögen	3.500,00	3.500,00	3.500,00	3.500,00	3.500,00
B. Umlaufvermögen					
Vorräte	2.612,00	3.029,00	3.254,00	3.735,00	3.735,00
Forderungen	5.800,00	7.063,00	7.219,00	8.241,00	8.241,00
Wertpapiere	100,00	100,00	140,00	150,00	150,00
Kasse	800,00	800,00	800,00	800,00	800,00
C. Rechnungsabgrenzungsposten					
Aktivischer RAP	50,00	0,00	17,00	38,00	38,00
Summe Aktiva	**24.487,00**	**27.092,00**	**27.655,00**	**29.189,00**	**29.189,00**
Passiva					
A. Eigenkapital					
Gezeichnetes Kapital	5.000,00	5.000,00	5.000,00	5.000,00	5.000,00
Kapitalrücklage	3.000,00	3.000,00	3.000,00	3.000,00	3.000,00
Gewinnrücklage	0,00	936,00	2.017,00	2.515,00	3.226,00
B. Rückstellungen					
Rückstellungen	1.000,00	2.417,00	2.736,00	3.817,00	3.106,00
C. Verbindlichkeiten					
gegenüber Kreditinstituten	12.900,00	12.400,00	11.900,00	11.400,00	11.400,00
aus Lieferungen und Leistungen	2.255,00	3.094,00	2.700,00	3.124,00	3.124,00
D. Rechnungsabgrenzungsposten					
Passivischer RAP	332,00	245,00	302,00	333,00	333,00
Summe Passiva	**24.487,00**	**27.092,00**	**27.655,00**	**29.189,00**	**29.189,00**

Abb. 6.30 Plan-Bilanzen

	Basisjahr	1. Jahr	2. Jahr	3. Jahr	4. Jahr ff.
Immaterielles Vermögen	1.000,00	1.000,00	1.000,00	1.000,00	1.000,00
Sachanlagen	1.625,00	2.025,00	2.375,00	2.750,00	2.750,00
Finanzanlagevermögen	0,00	0,00	0,00	0,00	0,00
Abschreibungen	**2.625,00**	**3.025,00**	**3.375,00**	**3.750,00**	**3.750,00**

Abb. 6.31 Geplante Abschreibungen

	Basisjahr	1. Jahr	2. Jahr	3. Jahr	4. Jahr ff.
Immaterielles Vermögen	0,00	2.000,00	1.000,00	1.000,00	1.000,00
Sachanlagen	0,00	2.000,00	2.500,00	2.750,00	2.750,00
Finanzanlagevermögen	0,00	0,00	0,00	0,00	0,00
Investitionen	**0,00**	**4.000,00**	**3.500,00**	**3.750,00**	**3.750,00**

Abb. 6.32 Geplante Investitionen

	Basisjahr	1. Jahr	2. Jahr	3. Jahr	4. Jahr ff.
Investitionen		4.000,00	3.500,00	3.750,00	3.750,00
Veränderungen *working capital*		878,00	775,00	1.079,00	0,00
Veränderung der langfristigen Rückstellungen		-1.417,00	-319,00	-1.081,00	711,00
Abschreibungen		-3.025,00	-3.375,00	-3.750,00	-3.750,00
Tilgung		500,00	500,00	500,00	0,00
Erforderliche Rücklagenzuführung		**936,00**	**1.081,00**	**498,00**	**711,00**

Abb. 6.33 Ermittlung der erforderlichen Rücklagenzuführung

	Basisjahr	1. Jahr	2. Jahr	3. Jahr	4. Jahr ff.
Ergebnis vor Steuern		1.642,50	3.315,00	3.784,90	3.968,00
Hinzurechnung Dauerschuldzinsen		209,63	201,50	193,38	185,25
Bemessungsgrundlage		**1.852,13**	**3.516,50**	**3.978,28**	**4.153,25**
Gewerbesteuer		**259,30**	**492,31**	**556,96**	**581,46**

Abb. 6.34 Ermittlung der Gewerbesteuerbelastung

gen erhält man die (gleichlautenden) Ergebnisse der verschiedenen DCF-Verfahren gemäß Abb. 6.39, 6.40, 6.41, sowie 6.42.

Während in den Unternehmenswertermittlungen gemäß den Abb. 6.41 und Abb. 6.42 der Ausschüttungsdifferenzeffekt jeweils in den Durchschnittskapitalkostensätzen erfasst worden ist (gemäß der Vorgehensweise bei der Herleitung von Formel (6.76)), geschieht diese Erfassung in den Abb. 6.43 und Abb. 6.44 in den periodischen *cash flow*-Größen. Ein Vergleich der periodischen FCF, TCF, FCF* und TCF*-Größen (vgl. die Formeln 6.82, 6.83 und 6.84. sowie Fußnote 141) offenbart sofort die Differenz der jeweiligen *cash flow*-Größen von $s_{AS} \cdot T_t = 0,26375 \cdot 500 = 131,88$ €.

Übereinstimmend führen alle DCF-Verfahren zu einem Wert des Eigenkapitals in Höhe von 13.372,57 €.

	Basisjahr	1. Jahr	2. Jahr	3. Jahr	4. Jahr ff.
Umsatzerlöse		30.000,00	33.600,00	26.000,00	25.000,00
Materialaufwand		8.000,00	9.800,00	6.000,00	5.000,00
Personalaufwand		12.500,00	12.210,00	7.500,00	7.250,00
Abschreibungen		3.025,00	3.375,00	3.750,00	3.750,00
Sonstige betriebliche Aufwendungen		4.000,00	4.100,00	4.200,00	4.300,00
Zinsen und ähnliche Aufwendungen		839,00	806,00	774,00	741,00
Zinserträge		6,00	6,00	8,00	9,00
Ergebnis vor Steuern		**1.642,50**	**3.315,00**	**3.784,90**	**3.968,00**
Gewerbesteuer		259,30	492,31	556,96	581,46
Gewinn nach Gewerbesteuer		**1.383,20**	**2.822,69**	**3.227,94**	**3.386,55**
Körperschaftsteuer		259,93	524,60	598,96	627,94
Jahresüberschuss		**1.123,28**	**2.298,09**	**2.628,98**	**2.758,61**

Abb. 6.35 Plan-Gewinn- und Verlustrechnungen

	Basisjahr	1. Jahr	2. Jahr	3. Jahr	4. Jahr ff.
Jahresüberschuss vor Zinsen		1.961,78	3.104,09	3.402,48	3.499,61
Abschreibungen		3.025,00	3.375,00	3.750,00	3.750,00
Veränderung der langfristigen Rückstellungen		1.417,00	319,00	1.081,00	-711,00
Operativer *cash flow*		**6.403,78**	**6.798,09**	**8.233,48**	**6.538,61**
Immaterielles Vermögen		2.000,00	1.000,00	1.000,00	1.000,00
Sachanlagen		2.000,00	2.500,00	2.750,00	2.750,00
Finanzanlagevermögen		0,00	0,00	0,00	0,00
Investitionen		**4.000,00**	**3.500,00**	**3.750,00**	**3.750,00**
Veränderungen *working capital*		**878,00**	**775,00**	**1.079,00**	**0,00**
Mittelfluss operativer Bereich u. Investitionsbereich		**1.525,78**	**2.523,09**	**3.404,48**	**2.788,61**
Veränderung Kredite		-500,00	-500,00	-500,00	0,00
Zinszahlungen		-838,50	-806,00	-773,50	-741,00
Dividendenzahlungen		-187,28	-1.217,09	-2.130,98	-2.047,61
Außenfinanzierung		**-1.525,78**	**-2.523,09**	**-3.404,48**	**-2.788,61**

Abb. 6.36 Plan-Kapitalflussrechnung

	Basisjahr	1. Jahr	2. Jahr	3. Jahr	4. Jahr ff.
Jahresüberschuss		1.123,28	2.298,09	2.628,98	2.758,61
Entnahmen aus den Gewinnrücklagen		0,00	0,00	0,00	0,00
Veränderung der Gewinnrücklagen		-936,00	-1.081,00	-498,00	-711,00
Bilanzgewinn		**187,28**	**1.217,09**	**2.130,98**	**2.047,61**
flow to equity nach Einkommensteuer		**137,88**	**896,08**	**1.568,93**	**1.507,55**

Abb. 6.37 Plan-Gewinnverwendungsrechnung (Ermittlung der FTE)

	Basisjahr	1. Jahr	2. Jahr	3. Jahr	4. Jahr ff.
Gewinn vor Steuern		1.642,50	3.315,00	3.784,90	3.968,00
Gewerbesteuer		-259,30	-492,31	-556,96	-581,46
Körperschaftsteuer		-259,93	-524,60	-598,96	-627,94
Zinsen und ähnliche Aufwendungen		838,50	806,00	773,50	741,00
Abschreibungen		3.025,00	3.375,00	3.750,00	3.750,00
Veränderung der langfristigen Rückstellungen		1.417,00	319,00	1.081,00	-711,00
Veränderungen *working capital*		-878,00	-775,00	-1.079,00	0,00
Investitionen		-4.000,00	-3.500,00	-3.750,00	-3.750,00
Gesamter *cash flow* **vor Steuern**		**1.525,78**	**2.523,09**	**3.404,48**	**2.788,61**
Gewerbesteuerersparnis bei anteiliger Fremdfinanzierung		-88,04	-84,63	-81,22	-77,81
Körperschaftsteuerersparnis bei anteiliger Fremdfinanzierung		-132,69	-127,55	-122,41	-117,26
free cash flow		**1.305,04**	**2.310,91**	**3.200,86**	**2.593,54**
Einkommensteuer		-344,20	-609,50	-844,23	-684,05
free cash flow **nach Einkommensteuer (FCF)**		**960,84**	**1.701,41**	**2.356,63**	**1.909,49**
Unternehmensteuerinduziertes *tax shield* nach Formel 6.77		162,52	156,22	149,92	143,62
total cash flow **nach Einkommensteuer (TCF)**		**1.123,35**	**1.857,63**	**2.506,55**	**2.053,11**

Abb. 6.38 Ermittlung der FCF und TCF zur Durchführung der *entity*-Ansätze

	Basisjahr	1. Jahr	2. Jahr	3. Jahr	4. Jahr
flow to equity (FTE$_t$)		137,88	896,08	1.568,93	1.507,55
Eigenkapitalkostensatz des verschuld. Unternehmens (r$_{EK,s}^F{}_t$)		**10,453%**	**10,167%**	**10,007%**	**9,932%**
Barwert des Steuervorteils (WB^F_t)	3.396,61	3.264,77	3.132,91	3.001,05	
Marktwert des Eigenkapitals (WE$_t$)	**13.372,57**	**14.632,56**	**15.224,19**	**15.178,69**	

Abb. 6.39 Unternehmenswertermittlung nach dem FTE-Verfahren

	Basisjahr	1. Jahr	2. Jahr	3. Jahr	4. Jahr
free cash flow (FCF$_t$)		960,84	1.701,41	2.356,63	1.909,49
Durchschnittskapitalkostensatz) (wacc$_{s,t}^{FCF}$)		**6,550%**	**6,633%**	**6,677%**	**7,184%**
Barwert des Steuervorteils (WB^F_t)	3.396,61	3.264,77	3.132,91	3.001,05	
Gesamtmarktwert des Unternehmens (WG^F_t)	**26.272,57**	**27.032,56**	**27.124,19**	**26.578,69**	
Marktwert des Eigenkapitals (WE$_t$)	**13.372,57**	**14.632,56**	**15.224,19**	**15.178,69**	

Abb. 6.40 Unternehmenswertermittlung nach dem FCF-Verfahren

	Basisjahr	1. Jahr	2. Jahr	3. Jahr	4. Jahr
total cash flow (TCF$_t$)		1.123,35	1.857,63	2.506,55	2.053,11
Durchschnittskapitalkostensatz (waccs$_{,t}^{TCF}$)		**7,168%**	**7,211%**	**7,230%**	**7,725%**
Barwert des Steuervorteils (WB^F_t)	3.396,61	3.264,77	3.132,91	3.001,05	
Gesamtmarktwert des Unternehmens (WG^F_t)	**26.272,47**	**27.032,45**	**27.124,08**	**26.578,57**	
Marktwert des Eigenkapitals (WE$_t$)	**13.372,47**	**14.632,45**	**15.224,08**	**15.178,57**	

Abb. 6.41 Unternehmenswertermittlung nach dem TCF-Verfahren

	Basisjahr	1. Jahr	2. Jahr	3. Jahr	4. Jahr
free cash flow (FCF$_t$)		960,84	1.701,41	2.356,63	1.909,49
Eigenkapitalkostensatz des unverschuld. Unternehmens (r$_{EK,s,t}$)		**8,099%**	**8,099%**	**8,099%**	**8,099%**
Gesamtwert des fiktiv unverschuldeten Unternehmens (WG$_t$)	**22.875,96**	**23.767,79**	**23.991,28**	**23.577,64**	
tax shield (ΔWG^F_t)		162,52	156,22	149,92	143,62
Barwert des Steuervorteils (WB^F_t)	3.396,61	3.264,77	3.132,91	3.001,05	
Gesamtmarktwert des Unternehmens (WG^F_t)	**26.272,57**	**27.032,56**	**27.124,19**	**26.578,69**	
Marktwert des Fremdkapitals (WF$_t$)	12.900,00	12.400,00	11.900,00	11.400,00	
Marktwert des Eigenkapitals (WE$_t$)	**13.372,57**	**14.632,56**	**15.224,19**	**15.178,69**	

Abb. 6.42 Unternehmenswertermittlung nach dem APV-Verfahren

	Basisjahr	1. Jahr	2. Jahr	3. Jahr	4. Jahr
total cash flow (TCF$_t$)		1.255,23	1.989,50	2.638,42	2.053,11
Durchschnittskapitalkostensatz) (wacc$_{s,t}^{TCF}$)		**7,670%**	**7,699%**	**7,716%**	**7,725%**
Barwert des Steuervorteils (WB^F_t)	3.396,61	3.264,77	3.132,91	3.001,05	
Gesamtmarktwert des Unternehmens (WG^F_t)	**26.272,47**	**27.032,45**	**27.124,08**	**26.578,57**	
Marktwert des Eigenkapitals (WE$_t$)	**13.372,47**	**14.632,45**	**15.224,08**	**15.178,57**	

Abb. 6.43 Unternehmenswertermittlung nach dem TCF*-Verfahren

	Basisjahr	1. Jahr	2. Jahr	3. Jahr	4. Jahr
free cash flow (FCF$_t$)		1.092,71	1.833,28	2.488,51	1.909,49
Durchschnittskapitalkostensatz) (wacc$_{s,t}^{FCF}$)		7,052%	7,121%	7,163%	7,184%
Barwert des Steuervorteils (WB^F_t)	3.396,61	3.264,77	3.132,91	3.001,05	
Gesamtmarktwert des Unternehmens (WG^F_t)	26.272,57	27.032,56	27.124,19	26.578,69	
Marktwert des Eigenkapitals (WE$_t$)	13.372,57	14.632,56	15.224,19	15.178,69	

Abb. 6.44 Unternehmenswertermittlung nach dem FCF*-Verfahren

6.5 Anwendungsprobleme und -erleichterungen der DCF-Methoden

6.5.1 Bedeutung der Finanzierungspolitik für die Unternehmenswertermittlung

6.5.1.1 Finanzierungspolitik und Zirkularitätsproblem

Im Rahmen der Unternehmensbewertung lassen sich zwei Ausprägungen der Finanzierungspolitik[144] unterscheiden, die Auswirkungen auf die Durchführung der Bewertung haben. Bei der in diesem Kapitel bereits thematisierten **autonomen Finanzierungspolitik** werden die Fremdkapitalbestände der künftigen Perioden bereits im Zeitpunkt der Bewertung in ihrer absoluten Höhe festgelegt.

Im Gegensatz dazu wird bei der **unternehmenswertorientierten (= atmenden) Finanzierungspolitik**[145] die Relation des Fremdkapitalbestands in einem Zeitpunkt t zum Gesamtkapitalwert des Unternehmens in diesem Zeitpunkt festgeschrieben (i. d. R als konstanter Wert). Der Fremdkapitalbestand ist daher in diesem Fall im Zeitablauf beständig zu „pflegen" (durch Tilgungen oder weitere Kreditaufnahmen), damit die avisierte **Zielkapitalstruktur** bzw. der avisierte Zielverschuldungsgrad eingehalten wird.

Es ist sofort offensichtlich, dass sich in Abhängigkeit von der einer Unternehmensbewertung zu Grunde gelegten Finanzierungspolitik i. d. R. allein deshalb unterschiedliche Unternehmenswerte ergeben, weil die Höhen der Fremdkapitalbestände und damit der steuerinduzierten Wertvorteile differieren.

Aus **unternehmensstrategischer Sicht** könnte die potenzielle Attraktivität einer atmenden Finanzierungspolitik darin bestehen, dass durch die Bindung an eine Zielkapitalstruktur den Kapitalgebern glaubwürdig die Absicht kommuniziert wird, ein über die Zeit hinweg konstantes Niveau der finanzierungsbedingten Risiken zu realisieren

---

[144] Vgl. *Inselbag und Kaufold* (1997), S. 114 ff.; *Wallmeier* (1999), S. 1473 ff.

[145] Zu einer generellen Kritik an der ökonomischen Rationalität einer atmenden Finanzierungspolitik vgl. stellvertretend *Hering* (2005), S. 197–199.

und damit die langfristige Berechenbarkeit der Eigen- und Fremdkapitalkosten zu gewährleisten. Als **methodischer Vorteil einer atmenden Finanzierungspolitik** wird es generell angesehen, dass sich aufgrund der zeitlichen Konstanz der Kapitalstruktur bzw. des Verschuldungsgrads der Rechenaufwand für die Ermittlung eines Unternehmenswerts mittels eines DCF-Verfahrens maßgeblich vereinfacht: Ein konstanter Verschuldungsgrad führt i. d. R. zu konstanten Kapitalkostensätzen.[146]

Wie sich an den Formeln für die Kapitalisierungszinssätze sowie für die Unternehmenswerte nach den DCF-Methoden im Falle einer autonomen Finanzierungspolitik gemäß Abschn. 6.3.2 erkennen lässt, sind diese für jede Periode grundsätzlich **selbstbezüglich**: Ohne Kenntnis des Unternehmenswerts sind die Kapitalisierungszinssätze zu dessen Berechnung nicht zu ermitteln und umgekehrt. Der Marktwert des Eigenkapitals ist also zugleich Input- und Outputgröße der Rechnung. Während sich dieses Problem im Rentenfall analytisch leicht in einem Schritt (durch Einsetzen der Formeln für Unternehmenswert und Kapitalisierungszinssatz ineinander) lösen lässt, sind im Nicht-Rentenfall – außer bei der APV-Methode[147] – aufwendigere Lösungsverfahren erforderlich, wenn zu Beginn der Unternehmenswertermittlung der Kapitalkostensatz eines unverschuldeten Unternehmens zu Grunde gelegt wird.

Dieses in der Literatur zur Unternehmensbewertung häufig angesprochene Problem der Selbstbezüglichkeit der Bewertungsformeln der verschiedenen DCF-Verfahren wird als **Zirkularitätsproblem** bezeichnet.

Im Fall einer **atmenden Finanzierungspolitik** stellt sich dieses Problem nicht unmittelbar, da in den Formeln zur Ermittlung der Kapitalisierungszinssätze nicht mehr auf den (bis dato unbekannten) Unternehmenswert in einem Zeitpunkt t rekurriert werden muss, sondern direkt auf die im Zeitablauf konstante Zielkapitalstruktur zurückgegriffen werden kann. Der Unternehmenswert lässt sich dabei durch eine **progressive Berechnung**[148] ermitteln.

Bei **autonomer Finanzierungspolitik** kann das Zirkularitätsproblem aufgelöst werden, indem die **Berechnung** des Unternehmenswerts **rekursiv** durchgeführt wird. Ausgehend vom analytisch leicht ermittelbaren Barwert der ewigen Rente im Zeitpunkt T des Detailplanungszeitraums wird der Unternehmenswert periodenweise rückwärtsschreitend

---

[146] Ob ein konstanter Verschuldungsgrad tatsächlich zu konstanten Kapitalkostensätzen führt, ist von den Umständen des Einzelfalles, insbesondere der Art des Steuerregimes und der Existenz von Pensionsrückstellungen, abhängig; vgl. dazu *Drukarczyk und Schüler* (2009), S. 194 f.; *Laitenberger* (2003), S. 1221 ff.; *Streitferdt* (2004), S. 1473 ff.

[147] Auch bei der APV-Methode greift das Zirkularitätsproblem, wenn zu Beginn der Rechnung der Eigenkapitalkostensatz eines **verschuldeten** Unternehmens – und dies wird die Regel sein – vorliegt. Das „unlevern" des Eigenkapitalkostensatzes erfordert auch hier wiederum die Kenntnis des Unternehmenswerts. Dasselbe Problem tritt auf, wenn zwar ein Eigenkapitalkostensatz für einen bestimmten Verschuldungsgrad bekannt ist, der der Bewertung zu Grunde zu legende Kapitalkostensatz aber auf einer anderen Kapitalstruktur beruhen soll.

[148] Vgl. *Baetge et al.* (2015), S. 405 f.

bis zum Zeitpunkt 0 bestimmt. Diese rekursive Berechnung (*Rollback-Verfahren*) lässt sich durch das Lösen von Gleichungen durchführen, ersatzweise durch den Einsatz eines Iterationsverfahren[149] im Rahmen von gängigen Tabellenkalkulationsprogrammen.

Allgemein lässt sich sagen, dass das Problem der Zirkularität in der Vergangenheit eher überschätzt wurde. Denn jede Zirkularität in den Bewertungsformeln der DCF-Verfahren ist durch ein adäquates Lösungsverfahren nach dem *Rollback-Prinzip* auflösbar. Aus praktischer Sicht hat sich der mit der Lösungsfindung verbundene Rechenaufwand durch die erhebliche Erweiterung der überall verfügbaren Rechnerkapazitäten in jüngster Zeit praktisch verflüchtigt.

6.5.1.2 Möglichkeiten der Erfassung risikobehafteter steuerlicher Vorteile bei Wahl einer atmenden Finanzierungspolitik

Es ist offensichtlich, dass der Risikograd der steuerlichen Vorteile der Fremdfinanzierung von der Annahme bestehender Illiquiditätsrisiken oder einer unzureichenden steuerlichen Bemessungsgrundlage, die eine volle Abzugsfähigkeit der vom Unternehmen zu leistenden Zins- und Tilgungszahlungen nicht mehr in jedem Fall erlaubt, abhängig ist. Blendet man die beiden letztgenannten Probleme per Annahme aus, so ist es aber bereits die Unterstellung einer **atmenden Finanzierungspolitik**, d. h. die Festlegung einer Zielkapitalstruktur, die die steuerlichen Vorteile der Fremdfinanzierung, die *tax shields*, **unsicher** sein lässt.

Bei einer atmenden Finanzierungspolitik sind die *tax shields* des Bewertungszeitraums deshalb unsicher, weil sie per Definition an die Unternehmenswerte in den einzelnen Zeitpunkten und damit an die risikobehafteten *cash flow*-Profile gekoppelt sind. Die Ermittlung des steuerlich induzierten Wertvorteils durch Diskontierung der periodischen *tax shields* mit dem risikolosen Zinssatz i, wie sie in Abschn. 6.3 für den Fall einer autonomen Finanzierungspolitik vorgenommen wurde, verstößt damit gegen das Äquivalenzprinzip.

Auf diese grundsätzliche Problematik risikobehafteter *tax shields* bei Unterstellung einer atmenden Finanzierungspolitik haben als Erste *Miles und Ezzell* hingewiesen[150] und die in den DCF-Verfahren zu verwendenden Kapitalisierungszinssätze diesbezüglich korrigiert.[151]

Nachfolgend werden die Implikationen einer atmenden Finanzierungspolitik insbesondere auf die Höhe des Barwerts der *tax shields* sowie die im Bewertungskalkül einzusetzenden Kapitalisierungszinssätze – vereinfachend für den Fall einer proportionalen Unternehmensteuer mit dem Gewinnsteuersatz s – dargestellt.[152]

---

[149] Vgl. zum *Rollback-Verfahren Schwetzler und Darijtschuk* (1999), S. 295–318; *Heitzer und Dutschmann* (1999), S. 1463–1471.

[150] Vgl. *Miles und Ezzell* (1980), S. 719–730; zur Ergänzung auch *Miles und Ezzell* (1996), S. 1485–1492.

[151] Für eine ausführliche Darstellung vgl. *Drukarczyk und Schüler* (2007), S. 218 ff.

[152] In Anlehnung an *Drukarczyk und Schüler* (2009), S. 186 f.

Betrachtet man bei Festlegung eines konstanten Zielverschuldungsgrads L (Verhältnis des Marktwerts des Fremdkapitals zum Marktwert des gesamten anteilig fremdfinanzierten Unternehmens) die Ermittlung des Gesamtunternehmenswerts im Zeitpunkt T-1 für einen T-periodigen Detailplanungszeitraum,[153] so ergibt sich dieser nach dem APV-Verfahren als Summe des Gesamtunternehmenswerts des fiktiv unverschuldeten Unternehmens im Zeitpunkt T-1 sowie des in dieser Periode induzierten *tax shields* wie folgt:

$$
\begin{aligned}
WG^F{}_{T-1} & = WG^E{}_{T-1} + \frac{s \cdot i \cdot WF_{T-1}}{1+i} = \frac{FCF_T}{1+r_{EK}} + \frac{s \cdot i \cdot WF_{T-1}}{1+i} \\
& = \frac{FCF_T}{1+r_{EK}} + \frac{s \cdot i \cdot L \cdot WG^F{}_{T-1}}{1+i}
\end{aligned}
\tag{6.93}
$$

mit

$$
L = \frac{WF_t}{WG^F{}_t}
$$

Aus der Sicht des Zeitpunktes T-1 ist das in der Periode T erzeugte *tax shield* risikolos, da das im Zeitpunkt T-1 vorhandene Fremdkapital bekannt ist. Demzufolge wird es – dem Risikoäquivalenzprinzip entsprechend – mit dem sicheren Zinssatz i diskontiert. Durch Auflösen nach $WG^F{}_{T-1}$ ergibt sich:

$$
WG^F{}_{T-1} = \frac{FCF_T}{(1+r_{EK}) \cdot \left(1 - \frac{s \cdot i \cdot L}{1+i}\right)}
\tag{6.94}
$$

Im Zeitpunkt T-2 gilt analog der folgende Zusammenhang:

$$
WG^F{}_{T-2} = \frac{FCF_{T-1}}{1+r_{EK}} + \frac{s \cdot i \cdot L \cdot WG^F{}_{T-2}}{1+i} + \frac{WG^F{}_{T-1}}{1+d}
\tag{6.95}
$$

Wiederum ist der zweite Summand risikolos und deshalb mit i zu diskontieren. Den Diskontierungssatz d, mit dem $WG^F{}_{T-1}$ auf den Zeitpunkt T−2 bezogen wird, gilt es zu bestimmen. Es lässt sich zeigen, dass er dem Eigenkapitalkostensatz des unverschuldeten Unternehmens r_{EK} entspricht.[154]

---

[153] Analoge Betrachtungen lassen sich ohne Probleme für periodenspezifische Zielverschuldungsgrade L_t anstellen und formalmathematisch abbilden; aus Vereinfachungsgründen wird darauf nachfolgend verzichtet.

[154] Vgl. *Drukarczyk und Schüler* (2009), S. 186 f. $WG^F{}_{T-1}$ und $WG^E{}_{T-1}$ sind vollständig positiv korreliert und daher beide mit derselben Renditeerwartung zu bewerten.

Einsetzen von WG^F_{T-1} und Umformen ergibt:

$$WG^F_{T-2} \;=\; \frac{FCF_{T-1}}{(1+r_{EK}) \cdot \left(1 - \frac{s \cdot i \cdot L}{1+i}\right)} + \frac{FCF_T}{\left[(1+r_{EK}) \cdot \left(1 - \frac{s \cdot i \cdot L}{1+i}\right)\right]^2} \tag{6.96}$$

Die letzte Gleichung zeigt die Ermittlung des Unternehmenswerts bei atmender Finanzierungspolitik anhand des wacc-Verfahrens. Auf die dargestellte Weise ließe sich nun sukzessiv der gesuchte Gesamtunternehmenswert WG^F_0 ermitteln. Es ist aber bereits aus Formel (6.88) ersichtlich, dass gilt:

$$1 + wacc^{ME} \;=\; (1+r_{EK}) \cdot \left(1 - \frac{s \cdot i \cdot L}{1+i}\right) \tag{6.97}$$

Daraus ergibt sich:

$$wacc^{ME} \;=\; r_{EK} - s \cdot i \cdot L \cdot \frac{1 + r_{EK}}{1 + i} \tag{6.98}$$

(Mit $wacc^{ME}$ wird der wacc nach *Miles und Ezzel* für den Fall einer atmenden Finanzierung bezeichnet.)

Aufbauend auf die *text book-formula* des wacc lässt sich nun auch der Eigenkapitalkostensatz des verschuldeten Unternehmens bei Annahme einer atmenden Finanzierungspolitik $r_{EK}^{ME,F}$ ermitteln. Verwendet man zur Vereinfachung der Umformung eine konstante Zielkapitalstruktur V (Verhältnis des Marktwerts des Fremdkapitals zum Marktwert des Eigenkapitals des anteilig fremdfinanzierten Unternehmens), d. h.

$$\begin{aligned} wacc^{ME} \;&:=\; (1-L) \cdot r_{EK}^{ME,F} + (1-s) \cdot i \cdot L \\ &=\; \frac{1}{1+V} \cdot r_{EK}^{ME,F} + (1-s) \cdot i \cdot \frac{V}{1+V} \end{aligned} \tag{6.99}$$

mit

$$L = \frac{WF_t}{WG^F_t}$$

$$V = \frac{WF_t}{WE^F_t} \tag{6.100}$$

so ergibt sich durch Einsetzen von Formel (6.97) in (6.99)

$$
\begin{aligned}
r_{EK}{}^{ME,F} &= wacc^{ME} \cdot (1+V) - (1-s) \cdot i \cdot V \\[2mm]
&= \left[r_{EK}{}^{ME} - s \cdot i \cdot \frac{V}{1+V} \cdot \frac{1+r_{EK}{}^{ME}}{1+i} \right] \cdot (1+V) - (1-s) \cdot i \cdot V \\[2mm]
&= r_{EK}{}^{ME} \cdot (1+V) - s \cdot i \cdot V \cdot \frac{1+r_{EK}{}^{ME}}{1+i} - (1-s) \cdot i \cdot V \\[2mm]
&= r_{EK}{}^{ME} + (r_{EK}{}^{ME} - i) \cdot V - (r_{EK}{}^{ME} - i) \cdot s \cdot i \cdot \frac{V}{1+i} \\[2mm]
&= r_{EK}{}^{ME} + (r_{EK}{}^{ME} - i) \cdot \left[V - s \cdot i \cdot \frac{V}{1+i} \right] \\[2mm]
&= r_{EK}{}^{ME} + (r_{EK}{}^{ME} - i) \cdot \left(\frac{1 + i \cdot (1-s)}{1+i} \right) \cdot V
\end{aligned} \qquad (6.101)
$$

Vergleicht man $r_{EK}{}^{ME,F}$ mit dem korrespondierenden Eigenkapitalkostensatz $r_{EK}{}^{MM,F}$ in einer *Modigliani-Miller*-Welt, d. h. insbesondere bei autonomer Finanzierungspolitik, gemäß Formel (6.14)

$$
r_{EK}{}^{MM,F} = r_{EK}{}^{MM} + (r_{EK}{}^{MM} - i) \cdot (1-s) \cdot V,
$$

so gilt wegen $\frac{1+i\cdot(1-s)}{1+i} > 1 - s$ für jeden positiven Gewinnsteuersatz s:

$$
r_{EK}{}^{ME,F} > r_{EK}{}^{MM,F},
$$

d. h. die Eigenkapitalgeber eines Unternehmens, das eine atmende Finanzierungspolitik verfolgt, haben auf Grund der Unsicherheit der *tax shields* eine höhere Renditeforderung.[155]

Harris und Pringle haben darauf hingewiesen, dass es in der Unternehmensbewertungspraxis kaum zu übermäßigen Verfälschungen des Bewertungsergebnisses kommen dürfte, wenn man wacc^{ME} wie folgt vereinfacht:[156]

$$
wacc^{HP} = r_{EK} - s \cdot i \cdot L \qquad (6.102)
$$

Diese Vereinfachung bedeutet letztlich, dass bei atmender Finanzierungspolitik sämtliche *tax shields*, also auch das der unmittelbar bevorstehenden Periode, als risikobehaftet angesehen werden. Ermittelt man auf der Grundlage dieser Vereinfachung den Eigen-

---

[155] Wenn man unterstellt, dass der Eigenkapitalkostensatz für das unverschuldete Unternehmen in beiden Fällen gleich ist; für eine differenzierte Betrachtung vgl. *Drukarczyk und Schüler* (2009), S. 191 f.

[156] Vgl. *Harris und Pringle* (1985), S. 237–244; *Drukarczyk und Schüler* (2007), S. 225 f.

kapitalkostensatz des anteilig fremdfinanzierten Unternehmens $r_{EK}^{HP,F}$, indem man wie oben die *text book-formula* des wacc heranzieht, so ergibt sich:

$$
\begin{aligned}
r_{EK}^{HP,F} &= wacc^{HP} \cdot (1+V) - (1-s) \cdot i \cdot V \\
&= \left[r_{EK}^{HP} - s \cdot i \cdot \frac{V}{1+V} \right] \cdot (1+V) - (1-s) \cdot i \cdot V \\
&= r_{EK}^{HP} \cdot (1+V) - s \cdot i \cdot V - (1-s) \cdot i \cdot V \\
&= r_{EK}^{HP} + r_{EK}^{HP} \cdot V - s \cdot i \cdot V - i \cdot V + s \cdot i \cdot V \\
&= r_{EK}^{HP} + (r_{EK}^{HP} - i) \cdot V
\end{aligned}
\tag{6.103}
$$

Das Ergebnis ist insofern zunächst überraschend, als der Steuersatz s nicht mehr in der Formel enthalten ist. Der Eigenkapitalkostensatz eines anteilig fremdfinanzierten Unternehmens bei atmender Finanzierungspolitik $r_{EK}^{HP,F}$ entspricht formal-mathematisch dem Eigenkapitalkostensatz in einer *Modigliani-Miller*-Welt **ohne Steuern** bei autonomer Finanzierungspolitik gemäß Formel (6.10). Dass der Steuersatz s in der Berechnungsformel von $r_{EK}^{HP,F}$ nicht mehr auftaucht, ist darin begründet, dass unter den Annahmen von *Harris und Pringle* die *tax shields* dasselbe Risiko aufweisen wie die in den einzelnen Zeitpunkten des Prognosezeitraums ermittelten Unternehmenswerte und daher nicht mehr in derselben Weise zu einer „Dämpfung" des Risikozuschlags auf den Eigenkapitalkostensatz eines unverschuldeten Unternehmens beitragen können, wie dies im Fall der Risikolosigkeit der *tax shields* bei Verfolgung einer autonomen Finanzierungspolitik möglich ist.[157]

Insgesamt lässt sich festhalten, dass auch für Unternehmen, die eine atmende Finanzierungspolitik verfolgen, passende Kapitalisierungszinssätze ermittelt werden können und damit eine sachgerechte Wertermittlung auf der Basis der DCF-Verfahren grundsätzlich möglich ist. Es ist allerdings fraglich, ob die Unterstellung einer atmenden Finanzierungspolitik eine realitätsadäquate Annahme darstellt.

6.5.1.3 Zur Wahl der Finanzierungspolitik für Zwecke der Unternehmensbewertung

Für die Unterstellung einer atmenden Finanzierungspolitik spricht in erster Linie die augenscheinliche (und arbeitserleichternde) Tatsache, dass man es bei der Durchführung des Bewertungskalküls im Vergleich zu einer autonomen Finanzierungspolitik ausschließlich mit konstanten Kapitalisierungszinssätzen zu tun hat, während letztere es erfordert, periodenspezifische Kapitalisierungszinssätze im Rahmen eines *Roll back*-Ver-

---

[157] Vgl. *Meitner und Streitferdt* (2011), S. 18.

fahrens zu ermitteln. Allerdings lassen sich gewichtige Argumente anführen, die gegen die Unterstellung einer atmenden Finanzierungspolitik sprechen:

(i) Grundlegende Voraussetzung für die Validität der Bewertungsergebnisse bei Unterstellung einer atmenden Finanzierungspolitik ist, dass das „*rebalancing*"[158] bzw. das Adjustieren des Fremdkapitalbestands in jeder Periode des Prognosezeitraums entsprechend der bzw. den vorgegebenen Zielkapitalstrukturen durchgeführt wird. Da die *cash flows* der einzelnen Perioden durch ein individuelles Planungskalkül ermittelt werden, die Zielkapitalstruktur aber *ex ante* vorgegeben ist, kann es zu Abweichungen zwischen Zielkapitalstruktur und wirklicher Kapitalstruktur kommen. Bleiben diese Abweichungen in einem tolerierbaren Rahmen, so kann man sie vernachlässigen. Allerdings weiß man dies im Vorhinein nicht.

(ii) Es ist umstritten, ob sich die Verfolgung einer atmenden Finanzierungspolitik im empirischen Finanzierungsverhalten von Unternehmen überhaupt beobachten lässt. Stellvertretend seien *Drukarczyk und Schüler*,[159] *Ballwieser*[160] und *Baetge et al.*[161] angeführt, die dies bezweifeln. Die Betrachtung einer atmenden Finanzierungspolitik hätte dann aber (nur) akademischen Wert; die Verwendung darauf aufbauender mathematischer Kalküle bei der Anwendung von DCF-Verfahren ließe sich kaum begründen.

(iii) Bei der Unternehmensbewertung handelt es sich um einen Optimierungsvorgang. Optimiert wird der Unternehmenswert durch entsprechende Gestaltung der strategischen Variablen. Eine solche strategische Variable ist u. a. die Kapitalstruktur. Hält man sie von vornherein konstant, so verzichtet man auf die genaue „Tarierung" eines Werthebels und schränkt damit die Handlungsfreiheit des Managements ohne Not ein.[162]

(iv) In der Bewertungspraxis ist die Verwendung der wacc-Methode häufig mit der Annahme einer atmenden Finanzierungspolitik mit konstanter Zielkapitalstruktur gekoppelt. Diese Koppelung besitzt offenbar unabweisbare, im Wesentlichen rechenaufwandminimierende Vorteile: zum einen die Verwendung von *free cash flows* (FCF) mit klarer Trennung von leistungswirtschaftlichem und finanzwirtschaftlichem Bereich eines Unternehmens, zum anderen das Vorliegen konstanter wacc, die eine einfache, weil progressive Unternehmenswertermittlung erlauben. Der „Charme" dieser Verbindung wird aber durch das Erfordernis, Unternehmenswerte in Deutschland nach persönlichen Steuern zu ermitteln, beeinträchtigt. Die

---

[158] Vgl. *Brealey et al.* (2005), S. 528. Zur möglichen Suboptimalität einer vorgegebenen Zielkapitalstruktur vgl. *Hering* (2006), S. 216–223.

[159] Vgl. *Drukarczyk und Schüler* (2009), S. 138 f.

[160] Vgl. *Ballwieser und Hachmeister* (2013), S. 175.

[161] Vgl. *Baetge et al.* (2015), S. 4.

[162] Vgl. auch *Langenkämper* (2000), S. 60 f.

Berücksichtigung persönlicher Steuern im Bewertungskalkül führt auch bei Verfolgung einer atmenden Finanzierungspolitik zu einem einkommensteuerinduzierten Unternehmenswerteffekt, dem in Abschn. 6.3.3.2.1 beschriebenen Ausschüttungsdifferenzeffekt. Wie in Abschn. 6.3.3.4 beschrieben und im Beispiel in Abschn. 6.4.2 dargestellt kann dieser Effekt auf zwei Weisen im Bewertungskalkül erfasst werden:

– Zum einen im Kapitalisierungszinssatz, dem wacc; dann wird dieser aber im Detailplanungszeitraum trotz vorgegebener konstanter Zielkapitalstruktur periodenspezifische Werte annehmen, da kaum zu erwarten ist, dass die notwendige periodische Tilgung (bzw. Fremdkapitalaufnahme) stets vollständig mit der vorgegebenen Zielkapitalstruktur korreliert sein wird.

– Zum anderen im *free cash flow* (FCF); dann aber findet eine Vermischung von Überschüssen aus dem Leistungsbereich mit Überschüssen aus dem Finanzbereich, dem der Ausschüttungsdifferenzeffekt zuzurechnen ist, statt. Es ist aber gerade die konsequente Trennung beider Bereiche, die bei der FCF-Methode intendiert wird.

Da der Fall der atmenden Finanzierungspolitik gegenüber der autonomen Finanzierungspolitik aufgrund ihrer dargestellten Defizite von untergeordneter Bedeutung ist, wird an dieser Stelle auf die ausführliche Darstellung aller DCF-Bewertungsformeln verzichtet.

6.5.2 Unternehmensbewertung bei Aufgabe der Annahme konstanter Fremdkapitalzinsen sowie der Risikolosigkeit des Fremdkapitals

6.5.2.1 Zur theoretischen und empirischen Relevanz von Ausfallwahrscheinlichkeiten und Fremdkapitalrisikoprämien

In den in Abschn. 6.3. betrachteten Modellen ist die Fremdkapitalaufnahme nicht beschränkt; der **Fremdkapitalzinssatz** ist **identisch mit dem risikolosen Zinssatz**. Die Aufnahme von Fremdkapital beeinflusst den Unternehmenswert in den betrachteten Modellen lediglich in zweifacher Weise:

• Eine Steigerung des Verschuldungsgrads erhöht das systematische Eigenkapitalrisiko, d. h. die Kovarianz der EK-Rendite mit der Marktrendite.

• Die Substitution von Eigenkapital durch Fremdkapital ist nicht steuerneutral, sondern führt i. d. R. zu einer Steuerersparnis.

Die Verengung der Rolle des Fremdkapitals auf diese beiden Aspekte ist eine sehr grobe Vereinfachung der Realität. Sie wird in den weiten Teilen der modelltheoretischen DCF-Literatur in Kauf genommen, um Unternehmenswerte auf der Grundlage des CAPM und des MM-Theorems herleiten zu können.

In Wirklichkeit ist der Einfluss der Fremdfinanzierung komplexer. Löst man sich zunächst von der grundlegenden Prämisse des *Modigliani-Miller*-Theorems, nach der das Investitionsprogramm eines Unternehmens unabhängig von seiner Finanzierung vorgegeben ist, dann sind mannigfaltige in der Realität beobachtbare Nicht-Neutralitäten zu konstatieren. Sie sind vor allem auf Verhaltensanreize zurückzuführen, welche aus unterschiedlichen Kapitalstrukturen resultieren.

So **kann** von einer hohen Verschuldung eine positive Auswirkung auf den Gesamtunternehmenswert, verstanden als Summe der kapitalisierten operativen *cash flows*, ausgehen, weil man sich eine disziplinierende Wirkung auf das Management einer Unternehmung verspricht: Der umfangreiche Schuldendienst in Form von fix abzuführenden Zahlungen erschwert die Realisation unrentierlicher Projekte (*empire building*) und wirkt auch sonst in Richtung auf eine Straffung von Managementdispositionen.[163] Gleichzeitig lassen sich aber auch negative Verhaltensanreize konstatieren: Steigt die Fremdfinanzierung, dann steigt c.p. die Wahrscheinlichkeit, dass ein Unternehmen Zinsen und Tilgungen nicht vertragsgemäß bedienen kann. Damit verbunden erhöht sich nicht nur das objektive Ausfallrisiko, sondern es ergeben sich auch regelmäßig Verhaltensanreize für Anteilseigner und Manager, die nicht nur aus Gläubigersicht negativ zu beurteilen sind, sondern im Sinne von *agency*-Kosten wertevernichtend wirken.[164]

Auf eine Steigerung des Erfüllungsrisikos werden die Fremdkapitalgeber zunächst reagieren, indem sie höhere Zinsen fordern. Übersteigt das wahrnehmbare Erfüllungsrisiko allerdings eine bestimmte Schwelle, dann werden Kreditgeber auch gegen drastische Erhöhung der vom Unternehmen gebotenen Zinsen nicht mehr bereit sein, zusätzliches Fremdkapital bereitzustellen. Die Kapitalstruktur ist damit nicht beliebig planbar.

Ausfallrisiken schlagen sich also in **höheren Kosten der Fremdmittelbeschaffung** nieder. Auf internationalen Kapitalmärkten erfolgt eine Bewertung der individuellen Ausfallrisiken durch Ratingagenturen. Zur Quantifizierung individueller Risikoaufschläge auf den risikolosen Zinssatz besteht insofern für geratete Unternehmen eine externe Datenbasis. Für Unternehmen ohne Agenturrating lässt sich die externe Bonitätseinschätzung durch die Ratings vergleichbarer Unternehmen annähern bzw. lassen sich gegebene Schätzungen plausibilisieren.

In der Abb. 6.45 sind die Einstufungen der führenden Agentur *Standard & Poor's, Inc.* wiedergegeben. Differenzierungen der hier dargestellten einzelnen Bewertungsstufen werden jeweils noch mit „ + ", neutral und „ – " vorgenommen:

In Abb. 6.46 sind die langfristigen S&P-Ratings einiger deutscher Großunternehmen aufgeführt.

Diesen Einstufungen sind historisch gemessene **Übergangswahrscheinlichkeiten** zugeordnet. Dies sind die auf der Grundlage von Vergangenheitsdaten ermittelten Wahrscheinlichkeiten, dass ein Unternehmen im nächsten Jahr in eine andere Ratingkategorie

---

[163] Grundlegend *Jensen* (1986), S. 323–329.

[164] Zu einigen möglichen Strategieprofilen der Anteilseigner in einer Situation erhöhter Erfüllungsrisiken vgl. knapp: *Brealey et al.* (2014), S. 459–462. Zu denken ist etwa an den Anreiz bestandsgefährdender Ausschüttungen oder an die erhöhte Attraktivität von Hochrisikoprojekten in Anbetracht der asymmetrischen Beteiligung der Anteilseigner an den Ergebnissen (*gambling for resurrection*).

AAA	An obligor rated AAA has extremely strong capacity to meet its financial commitments
AA	An obligor rated AA has very strong capacity to meet its financial commitments
A	An obligor rated A has strong capacity to meet its financial commitments
BBB	An obligor rated BBB has adequate capacity to meet its financial commitments
BB	An obligor rated BB is less vulnerable in the near term than other lower-rated obligors
B	An obligor rated B is more vulnerable than the obligors rated BB
CCC	An obligor rated CCC is currently vulnerable
CC	An obligor rated CC is currently highly vulnerable

Abb. 6.45 Rating-Skala von *Standard & Poor's, Inc*

S&P-Rating	2015	2005
Allianz	AA	AA-
Hypovereinsbank/Bay.-Hypo-Vereinsbank	A	A-
Daimler/Daimler-Chrysler	A	BBB
Deutsche Bank	BBB+	AA-
Deutsche Telekom	BBB+	A-
Lufthansa	BBB-	BBB
Metro	BBB-	BBB
Thyssen Krupp AG	BB	BBB-
Volkswagen	A	A

Abb. 6.46 S&P-Ratings ausgewählter deutscher Großunternehmen (Stand: 15. August 2015/3. Mai 2005)

wechselt. Ausgehend von der Matrix der Übergangswahrscheinlichkeiten kann die Insolvenzwahrscheinlichkeit für einen mehrjährigen Zeithorizont berechnet werden (vgl. Abb. 6.47).[165] Für den Zeithorizont eines Jahres gelten jeweils die Spaltenwerte.

---

[165] Die Ermittlung der Insolvenzwahrscheinlichkeit für einen mehrjährigen Zeithorizont basiert auf Multiplikationen der Ratingübergangsmatrizen. Für den Prozess der Rating-Änderung der Kreditnehmer wird damit die *Markov*-Eigenschaft unterstellt, d. h. die Übergangswahrscheinlichkeiten eines Kreditnehmers einer bestimmten Bonitätsstufe sind unabhängig davon, ob er schon lange dieser Bonitätsstufe angehört oder gerade erst in diese abgestiegen ist: *Markov*-Prozesse haben kein

Durchschnittliche Übergangswahrscheinlichkeiten für einen Jahreszeitraum (Average One-Year Corporate Transition Rates), 1981-2014 (%)									
From/to	AAA	AA	A	BBB	BB	B	CCC/C	D	NR
AAA	87.03	9.03	0.54	0.05	0.08	0.03	0.05	0.00	3.19
AA	0.54	86.55	8.13	0.54	0.06	0.07	0.02	0.02	4.07
A	0.03	1.83	87.55	5.38	0.35	0.14	0.02	0.07	4.64
BBB	0.01	0.11	3.57	85.45	3.75	0.56	0.13	0.20	6.23
BB	0.01	0.03	0.14	5.16	76.62	6.96	0.66	0.76	9.65
B	0.00	0.03	0.10	0.21	5.39	74.13	4.37	3.88	11.89
CCC/C	0.00	0.00	0.14	0.22	0.65	13.26	43.85	26.38	15.49

Abb. 6.47 Durchschnittliche Übergangswahrscheinlichkeiten für einen Jahreszeitraum, (%) bezogen auf die globale Grundgesamtheit von S&P-gerateten Unternehmen im Zeitraum 1981–2014 (Bem.: NR = Aufgabe des Ratings im nächsten Jahr; D = „default".). (Quelle: o. V (2014).)

Den Einstufungen der Agenturen korrespondieren, wie schon erwähnt, die Risikoprämien, die von den jeweiligen Unternehmen an die Fremdkapitalgeber zu zahlen sind. Abb. 6.48 gewährt einen Überblick hinsichtlich der aktuellen Höhe der Risikoaufschläge (*spreads*) für einzelne Rating-Kategorien und einzelne Restlaufzeiten. Die Tabelle bezieht sich auf in US-Dollar valutierte Industrieanleihen.

Der Risikoaufschlag (*spread*) beinhaltet die Risikoprämie, d. h. die Kompensation dafür, dass der Gläubiger ein gegebenes Ausfallrisiko übernimmt, als Bestandteil. Er ist aber nicht mit der Risikoprämie identisch. Insbesondere enthält der *spread* darüber hinaus auch die Kompensation, die man einem **risikoneutralen** Fremdkapitalgeber dafür zahlen müsste, dass der erwartete Rückfluss aus einer ausfallgefährdeten Fremdkapitalparte geringer ist als der vertragliche Rückzahlungsbetrag bzw. Nennwert. Der Risikoaufschlag überschätzt insofern die Risikoprämie (vgl. Beispiel 2, unten).

Zentraler Einflussfaktor für die Insolvenzwahrscheinlichkeit, und damit für die Ratingagentur, ist die Kapitalstruktur bzw. der Verschuldungsgrad eines Unternehmens. *Standard & Poor's* hat auch hierfür bestimmte Richtgrößen bekannt gegeben. Die Daten in Abb. 6.49 vermitteln einen Eindruck über die für die Anwendung der DCF-Methoden besonders wichtige Abhängigkeit des Fremdkapitalkostensatzes von der Kapitalstruktur.

Die Tatsachen,

„Gedächtnis" bzw. entwickeln keinen „Schwung", der mit dem Abstieg in niedrigere Rating-Klassen verbunden sein könnte; vgl. dazu *Altrock und Hakenes* (2001), S. 189 f., S. 195.

Rating	1 yr	2 yr	3 yr	5 yr	7 yr	10 yr	30 yr
Aaa/AAA	5	10	15	20	25	33	60
Aa1/AA+	10	15	20	30	35	42	66
Aa2/AA	15	25	30	35	44	52	71
Aa3/AA-	20	30	35	45	52	59	78
A1/A+	25	35	40	50	55	65	85
A2/A	35	44	55	60	65	73	90
A3/A-	45	59	68	75	80	89	110
Baa1/BBB+	55	65	80	90	94	104	123
Baa2/BBB	60	75	100	105	112	122	143
Baa3/BBB-	75	90	110	115	124	140	173
Ba1/BB+	115	125	140	170	180	210	235
Ba2/BB	140	180	210	205	210	250	300
Ba3/BB-	165	200	230	235	235	270	320
B1/B+	190	215	250	250	275	335	360
B2/B	215	220	260	300	315	350	450
B3/B-	265	310	350	400	435	480	525
Caa/CCC	1125	1225	1250	1200	1200	1275	1400

Abb. 6.48 Aufschläge auf den risikolosen Zinssatz in Abhängigkeit von Rating-Kategorie (*Moody's/S&P*) und Restlaufzeit [in Basispunkten (BP), 1 BP = 0, 01 %] (Quelle: *Reuters* (2015).)

	Financial Risk Profile				
	(Die prozentualen Zahlenwerte geben die Richtwerte von S&P für die Größe *total debt/total capital* [=hier wohl: bilanzieller Verschuldungsgrad] an)				
Business Risk Profile	Minimal (> 35%)	Modest (25%-35%)	Intermediate (35%-45%)	Aggressive (45%-55%)	Highly Leveraged (< 55%)
Excellent	AAA	AA	A	BBB	BB
Strong	AA	A	A-	BBB-	BB-
Satisfactory	A	BBB+	BBB	BB+	B+
Weak	BBB	BBB-	BB+	BB-	B
Vulnerable	BB	B+	B+	B	B-

Abb. 6.49 Zusammenhang zwischen Verschuldungsgrad, operativer Risikoexposition und Unternehmensrating, US-amerikanische Industrieschuldner (Quelle: *Standard & Poor's*: Credit Week, November 22, 2006, S. 14)

- dass Fremdkapital im Unterschied zu den Prämissen der klassischen Herleitungen der DCF-Verfahren mit dem Ausfallrisiko behaftet ist,
- dass dieses Risiko den Fremdkapitalgebern durch einen Risikozuschlag auf den risikolosen Zins entgolten wird,
- dass die Realisation dieses Risikos in Form der Insolvenz einen gravierenden Strukturbruch der Unternehmenstätigkeit darstellt,
- und dass ein systematischer Zusammenhang zwischen Insolvenzrisiko und Verschuldungsgrad besteht,

haben für die Unternehmensbewertung nach den DCF-Verfahren auf unterschiedlichen Ebenen Implikationen. Relevant sind insbesondere folgende Aspekte:

(i) Adjustierung der Gesamtkapitalkosten entsprechend der Risikokomponente der Fremdkapitalkosten
(ii) Notwendigkeit der Anpassung des Beta-Faktors für unterschiedliche Ausfallrisiko-Niveaus
(iii) Berücksichtigung der unsicheren Realisation der finanzierungsbedingten Steuereinsparungen bei Vorhandensein eines Insolvenzrisikos

6.5.2.2 Die Adjustierung der Gesamtkapitalkosten entsprechend der Risikokomponente der Fremdkapitalkosten

Bei Vorliegen eines Insolvenzrisikos werden die Fremdkapitalgeber einen Kreditzinssatz fordern, der über dem risikolosen Zinssatz i liegt. Ein gewogener Kapitalkostensatz (wacc), der als Fremdkapitalkomponente den risikolosen Zinssatz ohne unternehmensindividuelle Zuschläge enthält, kann aus diesen Gründen nicht identisch mit den tatsächlichen Gesamtkapitalkosten sein.

Außerhalb der Unternehmensbewertung i.e.S. kommen Gesamtkapitalkostensätze vor allem im Bereich der wertorientierten Unternehmenssteuerung sowie im Rahmen der Ermittlung des Nutzungswertes (*value in use*) zum Zweck der Bemessung von Wertminderungsabschreibungen auf Positionen des Anlagevermögens nach IAS 36 zur Anwendung. Seit Langem entspricht es der üblichen Vorgehensweise, das oben skizzierte Problem auf denkbar einfache Weise zu lösen: Man adjustiert in der Fremdkapitalkomponente des wacc den risikolosen Zinssatz mit dem jeweiligen, unternehmensindividuellen Risikozuschlag. Zur Ermittlung des Nettowertes ist entsprechend der den risikoadäquaten Zinssatz reflektierende Marktwert des Fremdkapitals, als praktischer Ersatz der **Buchwert** des Fremdkapitals, heranzuziehen.

$$wacc_s^{FCF} = r_{EK,s}^{F} \cdot \left(WE^F/WG^F\right) + r_{FK} \cdot (1-s) \cdot \left(WF/WG^F\right)$$

Mit r_{FK} = unternehmensindividueller Fremdkapitalkostensatz
$\quad\quad$ = $i + r_{sp}$,

mit r_{sp} – unternehmensindividueller Fremdkapitalrisikozuschlag.

Beispiel 1

Im *ENBW*-Finanzbericht 2012 wird die Ermittlung des **Kapitalkostensatzes** (wacc) wie folgt beschrieben:[166]

Die Kapitalkosten vor Steuern stellen eine Mindestverzinsung auf das eingesetzte Kapital dar. Erst wenn die erzielte Verzinsung (ROCE) über den Kapitalkosten liegt, entsteht ein positiver Wertbeitrag. Zur Ermittlung der Kapitalkosten wird der gewichtete Durchschnitt der Eigen- und Fremdkapitalkosten zu Grunde gelegt. Der gewichtete Durchschnitt ist der jeweilige Anteil von Eigen- und Fremdkapital am Gesamtkapital. Der Wert des Eigenkapitals entspricht dabei einer Marktbewertung und stimmt somit nicht mit dem bilanziellen Wert überein. Die Eigenkapitalkosten basieren auf der Rendite einer risikofreien Anlage und einem unternehmensspezifischen Risikoaufschlag. Dieser bestimmt sich aus der Differenz einer risikofreien Anlage und der Rendite des Gesamtmarkts, gewichtet mit dem unternehmens-individuellen Beta-Faktor. Die langfristigen Konditionen, zu denen der EnBW-Konzern Fremdkapital aufnehmen kann, dienen zur Festlegung der Fremdkapitalkosten. Die steuerliche Abzugsfähigkeit der Fremdkapitalzinsen wird über das Tax Shield berücksichtigt.

Ableitung des Kapitalkostensatzes (wacc) des EnBW-Konzerns

	2012	2011
Risikofreier Zinssatz (r_F)	3,8 %	4,0 %
Marktrisikoprämie (MRP)	5,0 %	5,0 %
Beta-Faktor (β)	0,9	0,8
Eigenkapitalkostensatz nach Steuern	8,2 %	7,9 %
Fremdkapitalkostensatz vor Steuern (r_{FK})	5,8 %	6,0 %
Tax shield der Fremdkapitalzinsen	−1,5 %	−1,5 %
Fremdkapitalkostensatz nach Steuern	4,3 %	4,5 %
Anteil Eigenkapital (EK)	50,0 %	50,0 %
Anteil Fremdkapital (FK)	50,0 %	50,0 %
Kapitalkostensatz nach Steuern	6,2 %	6,2 %
Steuersatz (s)	29,0 %	29,0 %
Kapitalkostensatz vor Steuern (Konzern)	8,7 %	8,7 %"

Für das Jahr 2012 rechnet *ENBW* also mit einem Risikoaufschlag von $[5,8\% - 3,8\%]$ $= 2\%$ (im Ergebnis gleich für 2011).

---

[166] *ENBW*-Finanzbericht 2012, S. 42; n.b.: Das hier präsentierte Konzept der Kapitalkosten **vor** Ertragssteuern des Unternehmens spielt in der Unternehmensbewertung keine Rolle, besitzt aber Bedeutung im Rahmen der wertorientierten Unternehmensführung sowie bei der Berechnung des Nutzungswertes nach IAS 38. Zur Problematik der „Steuerbereinigung" des wacc vgl. *Kuhner* (2010).

Die intuitiv einsichtig wirkende Ergänzung der Fremdkapitalkomponente des wacc um einen risikoadjustierten Zinssatz stellt allerdings keine konsistente Lösung des skizzierten Problems dar. Denn die Lehrbuchformel des wacc gründet ja weiterhin auf der Annahme eines Arbitragegleichgewichts nach *Modigliani und Miller II*, welches die unbegrenzte Verschuldungsmöglichkeit von Unternehmen und Haushalten zum risikolosen Zinssatz voraussetzt. Von besonderer Bedeutung ist diese Annahme für den Gewichtungsfaktor der gewogenen Kapitalkosten. Trotz dieser konzeptionellen Bedenken ist die Vorgehensweise in der Praxis der Unternehmenssteuerung und -analyse so gut wie unumstritten.

Obwohl die Bedeutung von Fremdkapitalrisikoaufschlägen für die Unternehmensbewertung in der analytischen DCF-Literatur traditionell eher niedrig veranschlagt wird, entspricht es den berufsständischen Vorgaben, Bruttounternehmenswerte auf der Basis der Ist-Fremdkapitalkostensätze zu errechnen. Zur Anwendung kommt ein gewogener durchschnittlicher Kapitalkostensatz der einzelnen Fremdkapitalformen.[167] Bei nicht explizit verzinslichen Fremdkapitalposten, insbes. Pensionsrückstellungen, ist der korrespondierende Satz für Kredite des Unternehmens der entsprechenden Fristigkeit heranzuziehen.[168]

In Bezug auf die Verwendung von Ist-Kapitalkostensätzen ist zu beachten, dass bei Vorhandensein eines Ausfallrisikos die vertraglich kontrahierten Sätze nicht mit der korrespondierenden Fremdkapital**rendite** identisch sind: Sie überschätzen die Fremdkapitalrendite, weil bei der Renditeermittlung für eine Fremdkapitalposition das Ausfallereignis miteinbezogen werden muss (s.o., Abschn. 6.5.1).

Beispiel 2

Ein Kredit in Höhe von 100.000 € wird mit einjähriger Laufzeit vergeben. Vertraglicher Zinssatz: 8 %. Gerechnet wird mit einer Insolvenzwahrscheinlichkeit von 2 %. Im Falle der Insolvenz des Kreditnehmers wird mit einer Rückzahlungsquote von 30 % des Nennbetrags gerechnet.

Die erwartete Rückzahlung nach einem Jahr beträgt:

$$0,98 \cdot 108.000 + 0,02 \cdot 30.000 = 106.440 \text{ €}$$

Die (erwartete) Fremdkapitalrendite beträgt: 6,44 %.

Die Einbeziehung von Fremdkapitalkostensätzen in den gewogenen Kapitalkostensatz muss sich, entgegen dem unmittelbaren Wortlaut der berufsständischen Verlautbarungen, sinnvollerweise auf (erwartete) Fremdkapital**renditen** beziehen. Zu deren Ermittlung ist die Einschätzung des Ausfallrisikos notwendig. Dies scheint trotz der oben, in Abschn. 6.5.2.1 dargestellten Evidenz über den Zusammenhang von Ausfallwahrschein-

---

[167] Vgl. *IDW* (2014), Rn. A 376, mit Verweis auf *IDW* (2008), Rn. 134.
[168] Vgl. ebd.

lichkeit und beobachtbaren *spreads* in der Bewertungspraxis auf Schwierigkeiten zu stoßen, weshalb sehr oft auf eine Bereinigung verzichtet wird.

6.5.2.3 Die Notwendigkeit der Anpassung des Beta-Faktors für unterschiedliche Ausfallrisiko-Niveaus

Ausfallrisiken sind von den Fremdkapitalgebern zu tragen und werden ihnen durch einen Aufschlag auf den risikolosen Zinssatz entgolten. Wenn man die oben skizzierten Managementfehlanreize einer zunehmenden Verschuldung ausblendet, ist das operative Risiko eines verschuldeten Unternehmens aber nicht größer als das operative Risiko eines unverschuldeten Unternehmens mit identischer Geschäftsstruktur, sondern genau gleich. Daraus folgt, dass operative Risiken des Unternehmens im Verschuldungsfall – allerdings zu unterschiedlichen Teilen – von zwei Parteien getragen werden: den Eigenkapitalgebern **und** den Fremdkapitalgebern. Dabei ist davon auszugehen, dass das von den Fremdkapitalgeber zu tragende und ihnen entgoltene Ausfallrisiko zu maßgeblichen Teilen dem systematischen Risiko zuzuordnen ist. Bei einem unverschuldeten Unternehmen ist hingegen einzig die Eigenkapitalgeberpartei Trägerin des operativen Risikos bzw. seines systematischen Anteils.

Der Anteil am systematischen Risiko, der auf die Eigenkapitalgeber entfällt und ihnen entgolten wird, ist repräsentiert durch den Beta-Faktor. Wenn nun im Wege des „levern" bzw. „unlevern" der Beta-Faktor eines Unternehmens auf unterschiedliche Verschuldungsniveaus hochgerechnet wird, dann hat die oben skizzierte Erkenntnis besondere Bedeutung. Die Hochrechnung geschieht, wie dargestellt,[169] in den meisten Fällen vereinfachend durch die Anwendung der entsprechenden Formel für den Rentenfall und eine proportionale Ertragssteuer bei beliebiger Finanzierung zum risikolosen Zinssatz:

$$ \text{ß}^F \;=\; \left[1 + (1 - s_k) \cdot WF/WE^F \right] \,\cdot\, \text{ß} \;\Leftrightarrow\; \text{ß} \;=\; \text{ß}^F / \left[1 + (1 - s_k) \cdot WF/WE^F \right] \; (*) $$

mit

ß   Beta-Faktor des unverschuldeten Unternehmens;

ß^F Beta-Faktor des (operativ identischen) verschuldeten Unternehmens.

Bedenkt man nun, dass im Verschuldungsfall ein Teil des systematischen, operativen Risikos auch von den Fremdkapitalgebern getragen wird, im Fall eines komplett eigenfinanzierten Unternehmens aber einzig die Eigenkapitalgeber Risikoträger sind, dann wird deutlich, dass die o. a. einfache Formel der Herleitung des Beta-Faktors eines unverschuldeten Unternehmens aufgrund des Ist-Beta-Faktors des verschuldeten Objekts den Beta-Faktor des unverschuldeten Unternehmens **unterschätzt**. Denn der Anteil am (systematischen) operativen Risiko, der im Verschuldungsfall in der Gestalt des Ausfallrisikos auf

---

[169] Vgl. Abschn. 6.2.2.4.

die Gläubiger entfällt, wird im Fall eines unverschuldeten Unternehmens vollständig zu Lasten der Eigenkaptalgeber absorbiert.

Zur Korrektur dieses Fehlers wurde das Konzept des „*debt beta*" entwickelt. Das *debt beta* repräsentiert für einen gegebenen Verschuldungsgrad den Anteil am systematischen operativen Risiko des Unternehmens, der auf das Fremdkapital entfällt.

In der Anwendung auf die o. a. „*lever/unlever*"-Beziehung ist das *debt beta* ($ß^{debt}$) als Korrekturfaktor zu verstehen. Es gilt die geänderte Beziehung:[170]

$$ß^F = ß + (1 - s_k) \cdot \left(ß - ß^{debt}\right) \cdot WF/WE^F,$$

bzw.[171]

$$ß = \left[ß^F + (1 - s_k) \cdot ß^{debt} \cdot \left(WF/WE^F\right)\right] / \left[1 + (1 - s_k) \cdot \left(WF/WE^F\right)\right] \quad (**)$$

Das *debt beta* repräsentiert dabei allgemein den Anteil des systematischen Risikos eines Unternehmens, der bei positiver Ausfallwahrscheinlichkeit auf die Fremdkapitalgeber entfällt. In Einklang mit der CAPM-Theorie wird das *debt beta* bestimmt, indem die Kovarianz der Marktwerte von Fremdkapital und Marktportefeuille in Beziehung gesetzt wird zu der Varianz des Marktportefeuilles.

In Anlehnung an die börsendatengestützte Ermittlung des Eigenkapital-Betas würde es somit einer konsistenten Vorgehensweise entsprechen, wenn das *debt beta* ausgehend von der Kovarianz zwischen der Börsenrendite gehandelter Fremdkapitaltitel eines Unternehmens und der Rendite des Marktportefeuilles ermittelt würde. Dieser Wert wäre dann durch die Varianz des Marktportefeuilles zu dividieren. Soweit ersichtlich, spielt diese Vorgehensweise in der Unternehmensbewertungspraxis sowie auch in fachlichen Veröffentlichungen so gut wie keine Rolle. Hierfür mögen folgende Gründe ausschlaggebend sein:

- In vergleichbar wenigen Fällen werden Fremdkapitaltitel eines Bewertungsobjekts an organisierten Märkten gehandelt. Marktdaten sind also sehr oft nicht in hinreichendem Maße verfügbar.
- Anleihemärkte weisen im Segment privater Emittenten in vielen Fällen einen sehr viel geringeren Vollkommenheitsgrad als die korrespondierenden Aktienmärkte auf.
- Die Ermittlung zweckgerecht verwendbarer Börsenrenditen für Fremdkapitaltitel würde ihre Bereinigung um Zinsstruktureffekte voraussetzen. Eine derartige Bereinigung gilt als technisch undurchführbar.

---

[170] Diese geänderte Beziehung erhält man, wenn man in die Herleitung von $ß^F$ gemäß Abschn. 6.2.2.2 anstatt i die risikoadjustierte Fremdkapitalrendite $r_f = (r_m - i) \cdot ß^{debt}$ einsetzt. Vgl. etwa: *Mandl und Rabel* (1997), S. 300, mit Bezug auf: *Kruschwitz und Milde* (1996), S. 1121 ff.

[171] Zu diesen Berechnungen vgl. die Spezifizierungen für eine atmende Finanzierung in *IDW* (2014), Rn. A 371.

Aus den genannten Gründen lassen sich aufgrund einer kapitalmarktdatengestützten Ermittlung des *debt beta* kaum belastbare Daten gewinnen. In der Bewertungspraxis wird ein anderer Weg eingeschlagen: Die Schätzung des unternehmensindividuellen *debt beta* findet auf der Grundlage eines Vergleichs zwischen dem unternehmensindividuellen Risikozuschlag (*spread*) als Komponente der Fremdkapitalkosten und der Marktrisikoprämie statt. Im Unterschied zu den Eigenkapitalkosten sind die Fremdkapitalkosten auf der Grundlage verifizierbarer Daten, d. h. der individuellen Vertragskonditionen für die Aufnahme von Fremdkapital, ermittelbar. Der *spread* ergibt sich als Differenz des kontrahierten Zinssatzes und des risikolosen Zinssatzes.

Der *spread* ist allerdings nicht identisch mit der **Risikoprämie**, die von den Fremdkapitalgeber als Ausgleich für die Übernahme systematischer Risiken gefordert wird, sondern überschätzt letztere. Bestandteil des *spreads* sind noch andere Komponenten: Zunächst ist auf die oben, in 6.5.2.2. dargestellte **Ausfall**prämie zu verweisen. Sie repräsentiert den Gegenwert, den ein risikoneutraler Fremdkapitalgeber für die Tatsache fordern würde, dass bei positiver Ausfallwahrscheinlichkeit der erwartete Rückzahlungswert geringer ist als der hingegebene Betrag. Bei gegebener und bekannter Ausfallwahrscheinlichkeit ist die Ausfallprämie annähernd präzise kalkulierbar, der *spread* ist um diese Komponente zu bereinigen, um zur **Risiko**prämie zu gelangen.

Weiter wäre zu differenzieren, welcher Anteil der so gemessenen Risikoprämie auf die Übernahme von systematischem Risiko und welcher auf die Übernahme von unsystematischem Risiko durch die Fremdkapitalgeber entfällt. Die grundlegende Prämisse des CAPM, dass aufgrund der vollkommenen Diversifizierung der Eigenkapitalgeber nur das systematische Risiko entgolten wird, das unsystematische aber durch Diversifikation „vernichtet" wird, lässt sich für die Fremdkapitalseite kaum halten: Dies liegt einerseits an der asymmetrischen Zahlungsstruktur, die zum Erreichen des Diversifikationszieles wohl sehr viel großzahligere Portefeuilles voraussetzt. Andererseits ist eine „Atomisierung" des Fremdkapitals kaum mit der Tatsache vereinbar, dass mit der Fremdkapitalvergabe verknüpfte *agency*-Probleme eine höhere Überwachungsintensität bedingen, als dies im Falle der Eigenkapitalvergabe notwendig erscheint. Die höhere Überwachungsintensität steht der Aufspaltung von Fremdkapitalanteilen in beliebig kleine Einheiten und damit der beliebigen Diversifikation entgegen.[172]

Insofern repräsentiert nur ein Bruchteil des *spread* die Prämie, welche für die Übernahme systematischen Risikos durch die Fremdkapitalgeber gezahlt wird. Es gilt allgemein:

---

[172] In verbreiteten Ansätzen zur Ermittlung des *debt betas* wird von der Gegenthese ausgegangen, dass die gezahlte Risikoprämie auf Fremdkapital ausschließlich systematisches Risiko repräsentiert. Vgl. *Grabowski und Pratt* (2014); S. 202, mit Verweis auf *Benninga* (2000), S. 414.

$$\text{ß}^{\text{debt}} = \text{x} \cdot spread/\text{Marktrisikoprämie, mit } 0 < \text{x} < 1. \, [***]$$

Ungeachtet der dargestellten Argumente für ein *debt beta*, das strikt kleiner ist als der Quotient von *spread* und Marktrisikoprämie, hat sich in der Bewertungspraxis, sanktioniert durch Verlautbarungen des deutschen Berufsstandes, durchgesetzt, den Faktor x = 100% zu Grunde zu legen, also einfach:[173]

$$\text{ß}^{\text{debt}} = [\text{Fremdkapitalzins} - \text{risikoloser Zinssatz}]/\text{Marktrisikoprämie}$$

zu setzen. Unterstellt wird hierbei, dass der gesamte *spread* ein Entgelt für das von den Fremdkapitalgebern übernommene systematische Risiko darstellt:

$$r_{FK} = \quad i \quad + \text{ß}^{\text{debt}} \cdot (\text{MRP})$$

mit

$$r_{FK} = i + spread$$

r_{FK} Ist − Fremdkapitalkostensatz

MRP   Marktrisikoprämie.

Diese „Praktikerregel" entbehrt sowohl einer theoretischen als auch einer empirischen Fundierung. Ihr – praktischer – Vorzug liegt darin begründet, dass bei ihrer Anwendung, verbunden mit einem auch im Fremdkapitalanteil risikoadjustierten wacc sich eine wacc-Formel ergibt, die im Sinne des *Modigliani und Miller* II-Theorems Kapitalstruktureinflüsse auf den Unternehmenswert **ausschließlich** auf den Steuereffekt der Verschuldung reduziert; sonst ist unter dieser Konstellation die Finanzierungsneutralität unterschiedlicher Kapitalstrukturen gewährleistet. Es kommt also zur Wiederherstellung der *Modigliani-Miller*-Verhältnisse bei Berücksichtigung von Ausfallrisiken, allerdings **ohne** konsistente axiomatische Fundierung.

Beispiel 3

Für ENBW 2012 (s.o.) mit einem wacc von 6,2 % ergibt sich bei Anwendung der „Praktikerformel" ein *debt beta* [*spread*/Marktrisikoprämie = 2 %/5 %] = 0, 4. **Ohne** Berücksichtigung des *debt betas* (Formel (*)) folgt daraus ein Eigenkapital-Beta des unverschuldeten Unternehmens von $\text{ß}^{\text{unv}} = 0,526$ sowie eine Eigenkapitalrendite des unverschuldeten Unternehmens von 6,43 %. Mit Berücksichtigung

---

[173] Vgl. *Aders und Wagner* (2004), S. 34 f.; *IDW* (2014), Rn. A 371; beide Quellen ohne weitere Begründung; vgl. auch: *Knabe* (2012), S. 75 f.

des *debt betas* von 0,4 ergibt sich für das Beta des unverschuldeten Unternehmens $\beta^{unv} = 0,692$ und damit eine korrespondierende Eigenkapitalrendite $r^{EK}_{unv} = 7,26\%$. Unter Ausblendung der Ertragsbesteuerung ($s_k = 0$) beträgt ohne Berücksichtigung des *debt betas* (Formel (*)) die Eigenkapitalrendite eines unverschuldeten Unternehmens $r^{EK}_{unv} = 6,05\%$ und der zugeordnete $wacc = 7,05\%$. Unter Einbeziehung des *debt betas* von 0,4 ergibt sich nach Formel (**) in einem Null-Steuer-Regime Finanzierungsneutralität: $r^{EK}_{unv} = wacc = 7,05\%$.

Die Vorteile der „Praktikerregel" sind also genauso evident wie der darin enthaltene Bewertungsfehler. Daneben existieren davon abweichende Daumenregeln für die Ermittlung des *debt betas* aufgrund von Formel [***]. Sie berücksichtigen, dass nur ein Teil des *credit spread* systematisches Risiko repräsentiert. So empfiehlt die *Kammer der Wirtschaftstreuhänder* als berufsständische Organisation in Österreich die Berücksichtigung eines *spread*-Anteils in der Höhe zwischen 20–40 % als Maßziffer des systematischen Risikos.[174] Der Ansatz des *debt betas* im Bewertungskalkül wird grundsätzlich ab einer Höhe des *credits spread* von 2000 Basispunkten (= 2 Prozentpunkten) als erforderlich angesehen.[175] Andere Vorschläge berücksichtigen bei der Ermittlung des *debt betas* 25 %[176] oder 50 %[177] des *spread*.

Der verbreitete Bezug auf derartig pauschalierende Daumenregeln ohne Theoriefundierung bei der Ermittlung des *debt beta* legt die Folgerung nahe, dass die Entwicklung streng theoriegestützter Ansätze zur Separierung jenes Anteils am *spread*, der die Kompensation für systematisches Risiko repräsentiert, (noch) keinen hohen Reifegrad besitzt. Zur Vermeidung von „Scheingenauigkeit" erscheint es deshalb plausibel, den Einsatz von *debt betas* auf Bewertungen zu beschränken, bei denen – etwa wie im Fall der APV-Methode – mit quantitativ sehr weitreichenden Konsequenzen auf die Methode des „leverns" und „unleverns" zurückgegriffen wird bzw. bei denen die Ausfallgefährdung des Bewertungsobjekts eine große Rolle spielt.

6.5.2.4 Die Modellierung des Konkursereignisses und die Berücksichtigung der unsicheren Realisation finanzierungsbedingter Steuereinsparungen im Insolvenzfall

Insolvenz wird in den DCF-Ansätzen i. A. als das Ereignis spezifiziert, dass zu einem Zeitpunkt der Unternehmenswert unter den Bestand an Fremdkapital sinkt, was zu einer Restrukturierung i. S. einer Neuzuordnung von Zahlungsanwartschaften, zunächst **zwischen** Anteilseignern und Gläubigern, Anlass gibt. Fragt man sich, ob und inwiefern die

---

[174] Vgl. *Kammer der Wirtschaftstreuhänder* (2015), Rn. 12; zur Erläuterung: *Enzinger und Mandl* (2015).

[175] Vgl. *Kammer der Wirtschaftstreuhänder* (2015), Rn. 6.

[176] Vgl. *Damodaran* (2011), S. 410.

[177] Vgl. *Skardziukas* (2010), S. 29

Insolvenz ein Ereignis ist, das im Kontext der dargestellten DCF-Verfahren „aus dem Rahmen" fällt, dann sind insbesondere folgende Aspekte von potenzieller Relevanz:

- Primäre Implikation der Insolvenz ist die Einstellung der vertragsmäßigen Zahlungen an die Gläubiger. Das Konkursereignis hat also **Umverteilungscharakter**: Fremdkapitalgeber mit Anwartschaften auf fixe Zahlungen werden in der Insolvenz zum Verzicht auf Teile ihrer Ansprüche genötigt und insofern an Ertragsrisiken des Bewertungsobjekts beteiligt. Auf der anderen Seite werden Eigenkapitalgeber bei beschränkter Haftung *entlastet*, weil sie nicht in beliebiger Höhe am *downside*-Risiko des Bewertungsobjekts partizipieren. Soweit dem Insolvenzereignis dieser reine Umverteilungscharakter zukommt, ändert sich durch die Eventualität der Insolvenz nichts am gesamten operativen Risiko des Unternehmens: Betrachtet man die Realisation von Insolvenzrisiken als „Nullsummenspiel", das zwischen beiden Kapitalgeberparteien stattfindet, dann folgt daraus keine Beeinflussung des operativen Risikos auf Gesamtunternehmensebene. Besondere Bewertungsimplikationen im Rahmen der DCF-Verfahren ergeben sich auf der Ebene der Bruttobewertung nicht. Auf der Ebene der Nettobewertung sind sie ebenfalls auszuschließen, wenn davon auszugehen ist, dass das dargestellte Gläubigerrisiko durch entsprechende Ausfallprämien auf die Fremdkapitalkosten antizipiert wird.
- Unbeachtlich der – beträchtlichen – Umverteilungskomponente wird das Schockereignis „Insolvenz" i. d. R. aber nicht gesamtwertneutral ablaufen: Durch die Insolvenz mit anschließender Umstrukturierung werden aus zweierlei Gründen Werte vernichtet: Einerseits fallen unmittelbare Insolvenzkosten an; dies sind Transaktionskosten, die mit der (rechtlichen) Abwicklung des Verfahrens verbunden sind. Überdies fallen mittelbare Insolvenzkosten an. Sie rühren aus der Tatsache her, dass an die Signalwirkung des Insolvenzereignisses erhebliche negative Folgen anknüpfen, die letztlich durch den Vertrauensverlust aktueller und potenzieller *stakeholder* in die nachhaltige Leistungsfähigkeit der Unternehmung bedingt sind:[178] Vertragskonditionen verschlechtern sich drastisch; Vertragsbeziehungen werden abgebrochen bzw. ihre Aufnahme verweigert; als *ultima ratio* ergibt sich die Notwendigkeit zur Liquidation des Unternehmens bzw. maßgeblicher seiner Teile. Im Schrifttum wurden mehrfach empirische Schätzungen für das Volumen der direkten und indirekten Insolvenzkosten vorgelegt; allerdings verdichten sich daraus kaum verallgemeinerungsfähige Befunde.[179] Als sehr grob geschätzte Bandbreite wird etwa ein Wert für beide Kategorien zwischen 15–30 % des Unternehmenswertes angegeben.[180]

---

[178] Zur Definition und beispielhaften Differenzierung beider Kostenarten vgl. etwa: *Kruschwitz et al.* (2005), S. 223 f.

[179] Vgl. hierzu etwa den kurzen Überblick bei: *Reimund et al.* (2009), die selber in ihrer Untersuchung für deutsche Unternehmen keine signifikanten wertmindernden Effekte der **im Vorfeld** eines Konkurses erwarteten indirekten Kosten identifizieren können. Weiter überblicksartig vgl. *Branch* (2002).

[180] Vgl. *Lodowicks* (2008), S. 1 sowie S. 42–44.

Es muss dabei bedacht werden, dass die skizzierten direkten und indirekten Insolvenzkosten nicht durch die negative Realisation der – im klassischen CAPM-Beweis normalverteilten –Zufallsvariable des operativen *cash flow* repräsentiert sind (die ihrerseits der Auslöser des Insolvenzereignisses ist), sondern im Sinne eines Strukturbruchs hinzu zu addieren sind.

Bei der Kalkulation von Gesamtunternehmenswerten wird es bei nicht vernachlässigbarem Insolvenzrisiko deshalb erwägenswert sein, die direkten und indirekten Insolvenzkosten, gewichtet mit der Insolvenzwahrscheinlichkeit, im Sinne eines Abschlags miteinzubeziehen. Bei der Berechnung des (Netto-)Unternehmenswertes als Wert des Eigenkapitals kann allerdings wiederum davon ausgegangen werden, dass erwartete direkte und indirekte Insolvenzkosten schon in der Ausfallprämie auf die Fremdkapitalkosten antizipiert sind und deshalb bei Abzug des Fremdkapitals keiner gesonderten Berücksichtigung bedürfen: Bei beschränkter Haftung der Eigenkapitalgeber sind auch die unmittelbaren und mittelbaren Insolvenzkosten durch die Fremdkapitalgeber zu tragen.

• Wenn die Risikoprämien auf die Fremdkapitalzinsen das Gläubigerrisiko angemessen widerspiegeln, dann kann sich die Wertrelevanz des potenziellen Konkurses für die Unternehmensbewertung aus Anteilseignersicht nicht auf die damit verbundenen Umverteilungseffekte zwischen Eigenkapital- und Fremdkapitalgebern und auch nicht auf der Wertevernichtung durch unmittelbare und mittelbare Konkurskosten gründen. Von potenziell großer Relevanz ist ein anderer Zusammenhang: Nicht nur die Eigen- und Fremdkapitalgeber sind Anwärter auf den operativen *cash flow* eines Unternehmens; als dritte Partei partizipiert der Fiskus in Form von Ertragsteuerzahlungen. Auf Unternehmensebene lassen sich Ertragsteuerzahlungen durch Änderung der Kapitalstruktur gestalten; das *tax shield*, d. h. der Barwert der verschuldungsbedingten, zukünftig zu realisierenden Steuereinsparungen gegenüber der Situation vollständiger Eigenfinanzierung ist in den DCF-Ansätzen ein eigenständiger Bestandteil des Wertes eines verschuldeten Unternehmens.

Es ist naheliegend zu vermuten, dass die Insolvenzwahrscheinlichkeit den erwarteten Wert der Steuerersparnisse beeinflusst. Jedoch sind bezüglich des Einflusses der Insolvenzgefahr auf Umfang und Erwartungswert der *tax shields* mehrere gegenläufige Effekte auseinanderzuhalten:

(i) Steigende Insolvenzwahrscheinlichkeit führt dann **unmittelbar** zu sinkenden Erwartungswerten der geplanten fremdkapitalinduzierten Steuerersparnisse, wenn im Insolvenzfall die Geltendmachung dieser Vorteile, die ja einen gewissen Sockel an weiterhin erwirtschafteten operativen *cash flows* voraussetzt, nicht mehr möglich bzw. stark eingeschränkt ist. Diesem Effekt wird möglicherweise schon in den herkömmlichen DCF-Kalkülen mit risikoadjustierten Fremdkapitalsätzen dadurch Rechnung getragen, dass auch das *tax shield* mit dem risikoadjustierten Fremdkapitalkostensatz diskontiert wird.

(ii) Steigende Insolvenzwahrscheinlichkeit führt dann **unmittelbar** zu steigenden Erwartungswerten der geplanten fremdkapitalinduzierten Steuerersparnisse, wenn, wie im deutschen Steuerrecht vorgesehen, ein sogenannter „Sanierungsgewinn" entsteht, d. h. wenn die Gläubiger zugunsten der Eigenkapitalgeber auf einen Teil ihrer Ansprüche verzichten. Nach geltender Rechtslage[181] unterliegt ein dadurch induzierter Gewinnanteil nicht der Ertragsbesteuerung. Wirtschaftlich betrachtet entspricht die Realisation eines steuerfreien Sanierungsgewinns i. Verb. mit § 367 BGB[182] der sofortigen Realisation von fremdkapitalinduzierten Steuervorteilen zum Zeitpunkt des Gläubigerverzichts.

(iii) Steigende Insolvenzwahrscheinlichkeit führt **mittelbar** zu einem größeren erwarteten Volumen an fremdkapitalinduzierten Steuerersparnissen: Unter den gegebenen Annahmen rationalen Verhaltens werden die Fremdkapitalgeber ihr Ausfallrisiko durch einen korrespondierenden Aufschlag auf den risikolosen Zinssatz entgelten lassen. Der mit zunehmender Ausfallwahrscheinlichkeit ansteigende *spread* hat wiederum zur Folge, dass das Gesamtvolumen abzugsfähiger Zinszahlungen an die Anteilseigner und damit die Steuerersparnis im Falle der Zahlungsunfähigkeit zunimmt.

Die aus diesen drei Einflüssen resultierende Gesamtwirkung bedarf weiterer Analyse. So wurden zur modellhaften Integration von Steuereffekten des Insolvenzereignisses in die DCF-Ansätze verschiedene Beiträge vorgelegt.[183] Die recht unterschiedlichen Ergebnisse dieser Beiträge belegen deren Abhängigkeit von der jeweiligen Modelltechnik sowie insbesondere von den jeweils spezifischen Annahmen an die rechtlichen und wirtschaftlichen Konsequenzen des Insolvenzereignisses. Auf der Grundlage eines dem geltenden deutschen Steuerrecht angenäherten Insolvenzregimes kommen Homburg et al. (2004) sowie Rapp (2006) zu dem Ergebnis, dass sich die Effekte (i) und (ii) im Wesentlichen ausgleichen, der Effekt (iii) dann in der Gesamtbetrachtung den Ausschlag für einen **höheren** Wert des insolvenzgefährdeten Unternehmens gibt. Bei Kruschwitz et al. (2005) ergibt sich unter Zugrundelegung eines abweichenden Insolvenz- und Steuerregimes ein neutraler Gesamteffekt der Insolvenzwahrscheinlichkeit auf den Unternehmenswert.

Zu den angesprochenen Ansätzen ist anzumerken, dass durch das Insolvenzereignis hier regelmäßig die Fortführungsprämisse **nicht** in Frage gestellt wird; Insolvenz wird im Wesentlichen reduziert auf die Neuverteilung von Verfügungsrechten am operativen

---

[181] Vgl. Schreiben des Bundesfinanzministeriums vom 27. März 2003 „Ertragsteuerliche Behandlung von Sanierungsgewinnen – Steuerstundung und Steuererlass aus sachlichen Billigkeitsgründen" – GZ – IV A 6 – S 2140 – 8/03.

[182] § 367 Anrechnung auf Zinsen und Kosten: „(1) Hat der Schuldner außer der Hauptleistung Zinsen und Kosten zu entrichten, so wird eine zur Tilgung der ganzen Schuld nicht ausreichende Leistung zunächst auf die Kosten, dann auf die Zinsen und zuletzt auf die Hauptleistung angerechnet. (2) Bestimmt der Schuldner eine andere Anrechnung, so kann der Gläubiger die Annahme der Leistung ablehnen." Aus dieser Regelung wird das Wahlrecht geschlossen, die Zahlung, auf die verzichtet wird, als Zins- oder Tilgungsleistung zu definieren. Vgl. Rapp (2006), S. 777.

[183] Darunter: *Homburg et al.* (2004); *Kruschwitz et al.* (2005); *Rapp* (2006); *Lodowicks* (2008).

Cash Flow zwischen den drei Parteien. Die operative Sphäre bleibt unberührt.[184] Insofern ist es nicht verwunderlich, dass negative Auswirkungen auf den Unternehmenswert keine große Rolle spielen.

Gerade die Einstellung des *going concern* bzw. die Liquidation ist jedoch in vielen Fällen die plakativste Implikation des Insolvenzereignisses. Eine umfassende Integration in die DCF-Ansätze steht noch aus.[185]

6.6 Schlussbemerkung

Den in diesem Kapitel dargestellten *discounted cash flow*-Methoden kommt in der modernen, internationalen Unternehmensbewertungspraxis eine überragende Bedeutung zu. Ausgangspunkt dieser Kalküle ist immer die Frage: Wie würde ein Unternehmen bewertet, wenn es auf einem Kapitalmarkt mit idealtypischen Eigenschaften gehandelt würde? Die idealtypischen Eigenschaften sind insbesondere durch die Prämissen des CAPM sowie des *Modigliani-Miller*-Theorems vergegenständlicht. Die Kapitalmarkt-bewertung impliziert ein Arbitragegleichgewicht; das bedeutet, dass der Wert verschul-deter Unternehmen bis auf rein steuerlich veranlasste Effekte identisch mit dem Wert eines Duplikationsportefeuilles sein muss. Insbesondere impliziert die Gleichgewichts-fiktion auch, dass die in die Kalküle eingehende Kapitalstruktur auf der Basis der **Marktwerte** ermittelt wird. Der praktisch wichtigste Besonderheit der kapital-marktgestützten Kalküle dürfte darin bestehen, dass sie den **Blickwinkel eines vollkom-men diversifizierten Aktionärs** zu Grunde legen, also das unsystematische Risiko aus-schließen und bei der Unternehmenswertermittlung vernachlässigen.

Unter diesen Annahmen sind die Grundvarianten der DCF-Methode (FTE-, wacc^{TCF}-, wacc^{FCF}-, APV-Methode) ineinander überführbar. Lockert man die restriktiven Annah-men Zug um Zug, indem man etwa ein zwischen Unternehmenssteuern und persönlichen Steuern differenzierendes Steuersystem zu Grunde legt, oder indem man Insolvenzrisiken und kapitalstrukturabhängige Fremdkapitalkosten einbezieht, dann wird der Modellrah-men, der auf den idealtypischen Bedingungen der Marktvollkommenheit beruht, zuneh-mend problematisch. Deutlich wird dies etwa durch das Vorhandensein zweier alternativ möglicher und sich gegenseitig ausschließender Duplikationsportefeuilles im Rahmen des Unternehmensbewertungskalküls unter Einbeziehung persönlicher Steuern.

Es hat allerdings den Anschein, dass die umfangreiche und wachsende Literatur zu spezifischen Ansätzen der DCF-Verfahren sich durch diese grundlegenden Einwände kaum an der Konstruktion immer komplexerer Kalküle hindern lässt.

---

[184] Mit Ausnahme von *Lodowicks* (2008), der indirekte Konkurskosten miteinbezieht.

[185] Einen Ansatz hierzu bietet etwa: *Knabe* (2012), S. 83 ff.

Literatur

Aders, C., & Wagner, M. (2004). Kapitalkosten in der Bewertungspraxis: Zu hoch für die „New Economy" und zu niedrig für die „Old Economy?". *Finanz-Betrieb, 6*, 30–42.

AKU (2005). Eckdaten zur Bestimmung des Kapitalisierungszinssatzes bei der Unternehmensbewertung – Basiszinssatz. FN-IDW 1-2/2005, 555–556.

Altrock, F., & Hakenes, H. (2001). Die Kalkulation ausfallrisikobedrohter Finanztitel mit Rating-Übergangsmatrizen. *Financial Markets and Portfolio Management, 15*, 187–200.

Bach, S., & Buslei, H. (2009). Zinsschranke trifft vor allem Großunternehmen. *DIW-Wochenbericht, 76*, 283–287.

Baetge, J., Niemeyer, K., Kümmel, J., & Schulz, R. (2015). Darstellung der Discounted Cash Flow-Verfahren (DCF-Verfahren) mit Beispiel. In V. H. Peemöller (Hrsg.), *Praxishandbuch der Unternehmensbewertung* (6. Aufl., S. 353–508). Herne.

Ballwieser, W. (2005). Die Ermittlung impliziter Eigenkapitalkosten aus Gewinnschätzungen und Aktienkursen: Ansatz und Probleme. In D. Schneider (Hrsg.), *Kritisches zu Rechnungslegung und Unternehmensbesteuerung* (S. 321–337). Berlin.

Ballwieser, W. (2012). Verbindungen von Ertragswert- und Discounted-Cashflow-Verfahren. In V. H. Peemöller (Hrsg.), *Praxishandbuch der Unternehmensbewertung* (5. Aufl., S. 499–510). Herne- Berlin.

Ballwieser, W., & Hachmeister, D. (2013). *Unternehmensbewertung – Prozess, Methoden und Probleme* (4. Aufl.). Stuttgart.

Bamberg, G., Baur, F., & Krapp, M. (2012). *Statistik* (17. überarb. Aufl.). München.

Bassemir, M., Gebhardt, G., & Ruffing, P. (2012). Zur Diskussion um die (Nicht-)- Berücksichtigung der Finanz- und Schuldenkrisen bei der Ermittlung der Kapitalkosten. *Die Wirtschaftsprüfung, 65*, 882–893.

Benninga, S. (2000). *Financial modeling* (2. Aufl.). Cambridge, MA. u. a.

Branch, B. (2002). The costs of bancruptcy – A review. *International Review of Financial Analysis, 11*, 39–57.

Brealey, R. A., Myers, S. C., & Allen, F. (2005). *Principles of corporate finance* (8. Aufl.). New York.

Brealey, R. A., Myers, S. C., & Allen, F. (2014). *Principles of corporate finance* (11. Aufl.). Boston u. a.

Brennan, M. J. (1970). Taxes, market valuation and corporate financial policy. *National Tax Journal, 23*, 417–427.

Chang, B., Christoffersen, P., Jacobs, K., & Vainberg, G. (2012). Option-implied measures of equity risk. *Review of Finance, 16*, 385–428.

Damodaran, A. (2011). *Applied corporate finance* (3. Aufl.). Hoboken.

Daske, H., & Gebhardt, G. (2006). Zukunftsorientierte Bestimmung von Risikoprämien und Eigenkapitalkosten für die Unternehmensbewertung. *Schmalenbachs Zeitschrift für betriebswirtschaftliche Forschung, 58*, 530–551.

Daske, H., Gebhardt, G., & Klein, S. (2006). Estimating the expected cost of equity capital using analysts' consensus forecasts. *Schmalenbach Business Review, 58*, 2–36.

Dietrich, R., & Dierkes, S. (2015). *Kapitalmarktorientierte Unternehmensbewertung*. Stuttgart.

Dinstuhl, V. (2002). Discounted-Cashflow-Methoden im Halbeinkünfteverfahren. *Finanz-Betrieb, 4*, 79–90.

Dinstuhl, V. (2003). *Konzernbezogene Unternehmensbewertung*. Wiesbaden.

Dörschell, A., Franken, L., & Schulte, J. (2012). *Der Kapitalisierungszinssatz in der Unternehmensbewertung* (2. Aufl.). Düsseldorf.

Dreher, M. (2010). *Unternehmenswertorientiertes Beteiligungscontrolling*. Lohmar-Köln.

Drukarczyk, J. (1993). *Theorie und Politik der Finanzierung* (2. Aufl.). München.

Drukarczyk, J. (2003). *Unternehmensbewertung* (4. Aufl.). München.

Drukarczyk, J., & Lobe, S. (2002). Unternehmensbewertung und Halbeinkünfteverfahren – Probleme individueller und marktorientierter Bewertung steuerlicher Vorteile. *Der Betriebsberater, 58*(Beilage), 2–9.

Drukarczyk, J., & Richter, F. (1995). Unternehmensgesamtwert, anteilseignerorientierte Finanzentscheidungen und APV-Ansatz. *Die Betriebswirtschaft, 55,* 559–580.

Drukarczyk, J., & Schüler, A. (2002). Rückstellungen, Verwendungsentscheidungen und Nettokapitalwert. In G. Seicht (Hrsg.), *Jahrbuch für Controlling und Rechnungswesen* (S. 309–328). Wien.

Drukarczyk, J., & Schüler, A. (2007). *Unternehmensbewertung* (5. Aufl.). München.

Drukarczyk, J., & Schüler, A. (2009). *Unternehmensbewertung* (6. überarb. und erw. Aufl.). München.

Enzinger, A., & Mandl, G. (2015). Das Debt Beta nach dem Fachgutachten KFS/BW1. *Recht und Rechnungswesen, 25,* 168–174.

Essler, W., Kruschwitz, L., & Löffler, A. (2004). Zur Anwendung des WACC-Verfahrens bei vorgegebener bilanzieller Verschuldung. *Betriebswirtschaftliche Forschung und Praxis, 56,* 134–147.

Fama, E., & French, K. R. (1992). The cross section of expected stock returns. *The Journal of Finance, 47,* 427–465.

Feltham, G. A., & Ohlson, J. A. (1995). Valuation and clean surplus accounting for operating and financial activities. *Contemporary Accounting Research, 11,* 689–731.

Franke, G., & Hax, H. (2009). *Finanzwirtschaft des Unternehmens und Kapitalmarkt* (6. Aufl.). Berlin.

Gebhardt, G., & Ruffing, P. (2014). Zukunftsorientierte Bestimmung von Beta-Faktoren für die Unternehmensbewertung. In M. Dobler, D. Hachmeister, C. Kuhner & S. Rammert (Hrsg.), *Rechnungslegung, Prüfung und Unternehmensbewertung* (S. 201–218). Stuttgart.

Gebhardt, W. R., Lee, C. M. C., & Swaminathan, B. (2001). Toward an implied cost of capital. *Journal of Accounting Research, 39,* 135–176.

Grabowski, S., & Pratt, R. (2014). *Cost of capital* (5. Aufl.). Hoboken/New Jersey.

Hachmeister, D. (2000). *Der Discounted Cash Flow als Maß der Unternehmenswertsteigerung* (4. Aufl.). Frankfurt a. M.

Hagemeister, M., & Kempf, A. (2010). CAPM und erwartete Renditen. *Die Betriebswirtschaft, 70,* 145–164.

Harris, R. S., & Pringle, J. J. (1985). Risk-adjusted discount rates – Extensions from the average-risk case. *Journal of Financial Research, 8,* 237–244.

Heitzer, B., & Dutschmann, M. (1999). Unternehmensbewertung bei autonomer Finanzierungspolitik. *Zeitschrift für Betriebswirtschaft, 69,* 1463–1471.

Hering, T. (2005). Betriebswirtschaftliche Anmerkungen zur „Unternehmensbewertung bei atmender Finanzierung und Insolvenzrisiko". *Die Betriebswirtschaft, 65,* 197–199.

Hering, T. (2006). *Unternehmensbewertung* (2. Aufl.). München.

Homburg, C., Stephan, J., & Weiß, M. (2004). Unternehmensbewertung bei atmender Finanzierung und Insolvenzrisiko. *Die Betriebswirtschaft, 64,* 276–295.

IDW (2000). IDW S 1 [a. F. v. 2000]: Grundsätze zur Durchführung von Unternehmensbewertungen. *Die Wirtschaftsprüfung, 53,* 825–838.

IDW (2008). *IDW S 1 [i. d. F. v. 2008]: Grundsätze zur Durchführung von Unternehmensbewertungen* (IDW-FN 7/2008, S. 271–292).

IDW (2014). *Wirtschaftsprüfer–Handbuch* (Bd. II., 14. Aufl.). Düsseldorf.

Inselbag, I., & Kaufold, H. (1997). Two DCF approaches for valuing companies under alternative financing strategies. *Journal of Applied Corporate Finance, 10,* 114–122.

Jakubowicz, V. (2000). *Wertorientierte Unternehmensführung.* Wiesbaden.

Jensen, M. C. (1986). Agency cost of free cash flow, corporate finance, and takeovers. *American Economic Review, 76,* 323–329.

Jonas, M. (2014). Kapitalmarktgestützte Bewertungsmodelle in Zeiten von Kapitalmarktverwerfungen. In M. Dobler, D. Hachmeister, C. Kuhner & S. Rammert (Hrsg.), *Rechnungslegung,*

Prüfung und Unternehmensbewertung – Festschrift zum 65. Geburtstag von Prof. Dr. Dr. h. c. Wolfgang Ballwieser (S. 365–386). München.

Jonas, M., Löffler, A., & Wiese, J. (2004). Das CAPM mit deutscher Einkommensteuer. *Die Wirtschaftsprüfung, 57*, 898–906.

Jonas, M., Wieland-Blöse, H., & Schiffarth, S. (2005). Der Basiszinssatz in der Unternehmensbewertung. *Finanz-Betrieb, 7*, 647–653.

Kammer der Wirtschaftstreuhänder. (2015). Empfehlung der Arbeitsgruppe Unternehmensbewertung des Fachsenats für Betriebswirtschaft und Organisation zur Berücksichtigung eines Debt Beta. *Zeitschrift für Recht und Rechnungswesen, 25*, 175–177.

Knabe, M. (2012). *Die Berücksichtigung von Insolvenzrisiken in der Unternehmensbewertung.* Lohmar.

Kruschwitz, L., & Löffler, A. (2006). *Discounted cash flow: A theory of the valuation of firms.* Chichester.

Kruschwitz, L., & Milde, H. (1996). Geschäftsrisiko, Finanzierungsrisiko und Kapitalkosten. *Schmalenbachs Zeitschrift für betriebswirtschaftliche Forschung, 48*, 1115–1133.

Kruschwitz, L., Lodowicks, A., & Löffler, A. (2005). Zur Bewertung insolvenzbedrohter Unternehmen. *Die Betriebswirtschaft, 65*, 221–236.

Kuhner, C. (2007). Unternehmensbewertung: Tatsachenfrage oder Rechtsfrage? *Die Wirtschaftsprüfung, 60*, 825–834.

Kuhner, C. (2010). Anmerkungen zur Ermittlung des Vorsteuer-Kapitalisierungszinssatzes im Rahmen der Berechnung des Nutzungswertes (value in use) nach IAS 36. In W. Kessler, G. Förster, & C. Watrin (Hrsg.), *Unternehmensbesteuerung – Festschrift für Norbert Herzig* (S. 609–623). München.

Kuhner, C., & Maltry, H. (2006). *Unternehmensbewertung.* Berlin-Heidelberg.

Laitenberger, J. (2003). Kapitalkosten, Finanzierungsprämissen und Einkommensteuer. *Journal of business economics, 73*, 1221–1239.

Langenkämper, C. (2000). *Unternehmensbewertung.* Wiesbaden.

Lintner, J. (1965). The valuation of risk assets and the selection of risy investments in stock portfolios and capital budgets. *Review of Economics and Statistics, 47*, 13–37.

Lodowicks, A. (2008). *Riskantes Fremdkapital in der Unternehmensbewertung: Bewertung von Insolvenzkosten auf Basis der Discounted-Cashflow-Theorie.* Wiesbaden.

Löffler, A. (1998). Das CAPM mit Steuern. *Wirtschaftswissenschaftliches Studium, 27*, 420–422.

Maier, J. (2002). Unternehmensbewertung nach IDW S 1 – Konsistenz der steuerlichen Annahmen bei Anwendung des Halbeinkünfteverfahrens. *Finanz-Betrieb, 4*, 73–79.

Mandl, G., & Rabel, K. (1997). *Unternehmensbewertung.* Wien-Frankfurt.

Meitner, M., & Streitferdt, F. (2011). Über das Unlevern und Relevern von Betafaktoren, Working Paper, unter: https://www.th-nuernberg.de/fileadmin/Fachbereiche/bw/dozenten/streitferdt/Meitner.Streitferdt_Unlevern_und_Releverrn_01.pdf. Zugegriffen am 05.11.2015.

Miles, J. A., & Ezzell, J. R. (1980). The weighted average cost of capital, perfect capital markets, and project life: A clarification. *Journal of Financial and Quantitative Analysis, 15*, 719–730.

Miles, J. A., & Ezzell, J. R. (1996). Reformulation tax shield valuation: A note. *The Journal of Finance, 51*, 1485–1492.

Modigliani, F., & Miller, M. H. (1958). The cost of capital, corporation finance and the theory of investment. *American Economic Review, 48*, 261–297.

Modigliani, F., & Miller, M. H. (1963). Corporate income taxes and the cost of capital: A correction. *American Economic Review, 53*, 433–443.

Mossin, J. (1966). Equilibrium in a capital asset market. *Econometrica, 34*, 768–783.

o.V. (2014). Annual U.S. Corporate default study and rating transitions, unter: https://www.globalcreditportal.com/ratingsdirect/renderArticle.do?articleId=1396505&SctArtId=313908&

from=CM&nsl_code=LIME&sourceObjectId=9141379&sourceRevId=4&fee_ind=N&exp_date=20250430-00:21:33. Zugegriffen am 15.08.2015.

Ohlson, J. A. (1995). Earnings, book values, and dividends in equity valuation. *Contemporary Accounting Research, 11*, 661–687.

Rapp, M. S. (2006). Die arbitragefreie Adjustierung von Diskontierungssätzen bei einfacher Gewinnsteuer. *Zeitschrift für Betriebswirtschaftliche Forschung, 58*, 771–806.

Reese, R. (2007). *Schätzung von Eigenkapitalkosten für die Unternehmensbewertung*. München.

Reese, R., & Wiese, J. (2007). Die kapitalmarktorientierte Ermittlung des Basiszinssatzes der Unternehmensbewertung. *Zeitschrift für Bankrecht und Bankwirtschaft, 19*, 38–51.

Reimund, C., Schwetzler, B., & Zainhofer, F. (2009). Costs of financial distress: The german evidence. *Kredit und Kapital, 42*, 93–123.

Reuters. (2015). Corporate Spreads for Industrials, unter: http://www.bondsonline.com/Search_Quote__Center/Corporate_Agency_Bonds/Spreads/Industrial_Spreads.php. Zugegriffen am 17.08.2015.

Ross, S. A. (1976). The arbitrage theory of capital asset pricing. *Journal of Economic Theory, 13*, 341–360.

Schmidbauer, R. (2002). Der Kapitalisierungszinssatz in der Unternehmensbewertung nach dem StSenkG – Diskussion auf Irrwegen? *Der Betriebsberater, 57*, 1251–1257.

Schmidt, J. G. (1995). Die Discounted Cash-flow-Methode – nur eine kleine Abwandlung der Ertragswertmethode? *Zeitschrift für Betriebswirtschaftliche Forschung, 47*, 1087–1118.

Schmidt, R. H., & Terberger, E. (1997). *Grundzüge der Investitions- und Finanzierungstheorie* (4. Aufl.). Wiesbaden.

Schredelseker, K. (2013). *Grundlagen der Finanzwirtschaft*. München.

Schwetzler, B., & Darijtschuk, N. (1999). Unternehmensbewertung mit Hilfe der DCF-Methode. *Zeitschrift für Betriebswirtschaft, 69*, 295–318.

Sharpe, W. F. (1964). Capital assets prices: A theory of market equilibriums under conditions of risk. *Journal of Finance, 19*, 425–442.

Sharpe, W. F. (1970). *Portfolio theory and capital markets*. New York.

Sieben, G. (1995). Unternehmensbewertung: Discounted Cash Flow-Verfahren und Ertragswertverfahren – Zwei völlig unterschiedliche Ansätze? In J. Keufermann (Hrsg.), *Internationale Wirtschaftsprüfung, zum 65. Geburtstag von Prof. Dr. Dr. h.c. Hans Havermann* (S. 713–737). Düsseldorf.

Skardziukas, D. (2010). *Practical approach to estimating cost of capital*. univ. Working paper, Erasmus University, Rotterdam.

Spremann, K. (1991). *Investition und Finanzierung* (4. Aufl.). München–Wien.

Statistisches Bundesamt. (2015). Grund- und Gewerbesteuereinnahmen im Jahr 2014 um 2,0 % gestiegen, Pressemitteilung Nr. 316 vom 31.08.2015, unter: https://www.destatis.de/DE/PresseService/Presse/Pressemitteilungen/2015/08/PD15_316_71231.html. Zugegriffen am 05.11.2015.

Stehle, R. (2004). Die Festlegung der Risikoprämie von Aktien im Rahmen der Schätzung des Wertes von börsennotierten Kapitalgesellschaften. *Die Wirtschaftsprüfung, 57*, 906–927.

Streitferdt, F. (2004). Unternehmensbewertung mit dem WACC–Verfahren bei konstantem Verschuldungsgrad. *Finanzbetrieb, 6*, 43–48.

Tobin, J. (1957/58). Liquidity preference as behavior towards risk. *Review of Economic Studies, 25*, 65–86.

Varian, H. R. (1987). The arbitrage principle in financial economics. *Journal of Economic Perspectives, 1*, 55–72.

Wallmeier, M. (1999). Kapitalkosten und Finanzierungsprämissen. *Zeitschrift für Betriebswirtschaft, 69*, 1473–1489.

Wiese, J. (2007). Unternehmensbewertung und Abgeltungssteuer. *Die Wirtschaftsprüfung, 60*, 368–375.

Andere Verfahren der Unternehmensbewertung

7

7.1   Marktorientierte Verfahren

Ein möglicher Weg, den Wert eines Unternehmens zumindest näherungsweise zu bestimmen, ist die Orientierung an den Marktpreisen anderer vergleichbarer Unternehmen. Den marktorientierten Verfahren in ihren verschiedenen Ausprägungen liegt die Überlegung zu Grunde, dass vergleichbare Unternehmen auch vergleichbare Unternehmenswerte besitzen. Im Gegensatz zu nach Ertragswert- oder DCF-Verfahren ermittelten Unternehmenswerten, die z. B. aufgrund der Prognose zukünftiger Zahlungsüberschüsse unzweifelhaft einen subjektiven Charakter haben, sind Marktpreise *per definitionem* durch hinreichend viele Transaktionen am Markt objektiviert. Subjektive Zielvorstellungen, alternative Anlagemöglichkeiten oder das Vorhandensein zielobjektspezifischen Synergiepotenzials aus der Sicht von Käufer oder Verkäufer finden damit zumindest nicht unmittelbar Eingang in das Kalkül marktorientierter Vergleichsverfahren. Gerade diese Eigenschaft macht deutlich, dass es sich bei den Ergebnissen der Vergleichsverfahren um Preise, nicht aber um Werte handelt. Marktorientierte Verfahren sind daher weniger Bewertungs- als **vereinfachende Preisfindungsverfahren**. Für die an einer konkreten Unternehmenstransaktion beteiligten Akteure (Käufer und Verkäufer) kann ein Marktpreis u. U. einen Anhaltspunkt für das jeweils individuelle, an den eigenen Möglichkeiten und Einschätzungen orientierte Bewertungskalkül bieten. Marktorientierte Verfahren können damit im Einzelfall zur Plausibilitätsprüfung der Ergebnisse von Ertragswert- oder DCF-Verfahren herangezogen werden.[1]

---

[1] Das WP-Handbuch betont, dass die vereinfachten Preisfindungsverfahren grundsätzlich keinen Ersatz für die Unternehmenswertermittlung nach IDW S 1 darstellen, aber flankierend für eine ergänzende Plausibilisierung herangezogen werden können, vgl. *IDW* (2014), Rn. 436.

© Springer-Verlag GmbH Deutschland 2017   311
C. Kuhner, H. Maltry, *Unternehmensbewertung*,
DOI 10.1007/978-3-540-74305-7_7

7.1.1 Multiplikator-Verfahren

7.1.1.1 Vergleichsverfahren (Comparative Company Approach)

Die Anwendung eines Vergleichsverfahrens setzt voraus, dass der Bewerter sich ein hinreichend konkretes Bild vom zu bewertenden Unternehmen macht. Neben der Bestimmung von Branchenzugehörigkeit, Unternehmensgröße, Kapitalstruktur, Wettbewerbsposition, Entwicklungspotenzial, Wachstumsraten oder Chancen-Risiko-Profil beinhaltet dies eine dezidierte Analyse und ggf. Normalisierung der Finanzdaten des Bewertungsobjekts. Dabei können z. B. die bilanziellen Niederschläge außerordentlicher Ereignisse zu bereinigen sein oder aber die Auswirkungen unterschiedlicher Rechnungslegungssysteme oder bilanzpolitischer Eingriffe durch abweichende Bewertungsmethoden einzelner Unternehmen sind zu eliminieren.

In Abhängigkeit davon, ob die gesuchte Unternehmenswertgröße dem Marktwert des Eigenkapitals (*equity value*), dem Marktwert des gesamten Unternehmens (*enterprise value*) oder dem Geschäftswert (*goodwill*) entsprechen soll, werden unterschiedliche *performance*-Maße als Bezugsgrößen der Wertermittlung herangezogen. Gängige Maße sind Wertgrößen wie Umsatz, Jahresüberschuss, EBIT (*earnings before interest and taxes*), EBITDA (*earnings before interest, taxes, depreciation and amortisation*), seltener Mengengrößen wie Mitarbeiter- oder Kundenzahlen.[2]

Für eine Menge geeigneter Vergleichsunternehmen (*peer group*) wird dann jeweils das Verhältnis der Unternehmenswertausprägungen zur als geeignet angesehenen Bezugsgröße (die auch prognostiziert werden kann) ermittelt. Aus den Quotienten lässt sich ein **Multiplikator** (*multiple*) M – etwa durch Mittelwertbildung oder Bestimmung des Medians einer Bandbreite von Ergebnissen[3] – ermitteln. In Abhängigkeit von der Art der verwendeten Unternehmenswertgröße ergeben sich Eigenkapitalwert-(*equity*), Gesamtwert-(*entity*) oder Goodwill-Multiplikatoren. Für die Vergleichsunternehmen ergibt sich:

$$M_{PG} = \frac{UWG}{PM} \tag{7.1}$$

mit

M$_{PG}$ Multiplikator der **peer group**,
UWG   Ausprägung der gewählten Unternehmenswertgröße,
PM   *performance*-Maß.

---

[2] Vgl. *Löhnert und Böckmann* (2015), S. 795 f, zu Vor- und Nachteilen der einzelnen *performance*-Maße sowie zur Eignung für spezifische Unternehmen.

[3] Zu beachten ist, dass die verschiedenen Vorgehensweisen i. d. R. zu unterschiedlichen Multiplikatoren und damit auch zu abweichenden Marktpreisschätzungen für das zu bewertende Unternehmen führen.

Die **Vergleichsgruppen** können nach unterschiedlichen Kriterien gebildet werden.[4] Der Vergleich kann sich auf börsennotierte Unternehmen beschränken, deren Marktpreis als Summe der ausgegebenen, zum Börsenkurs bewerteten Aktien (**Börsenkapitalisierung**) ermittelt wird. Dieses Verfahren der Marktpreisermittlung wird als *similar public company* method (SPC-Methode) bezeichnet. Eine andere Methode der Marktpreisermittlung baut auf einer Betrachtung der in der jüngeren Vergangenheit durchgeführten Unternehmenstransaktionen und der dabei erzielten **Verkaufspreise** vergleichbarer Unternehmen auf. Dieses Verfahren der Marktpreisermittlung wird als *recent acquisitions method* (RA-Methode) bezeichnet. Bei der *initial public offerings method* (IPO-Methode) werden Marktpreise vergleichbarer Unternehmen anhand der **Emissionspreise** der gehandelten Anteile ermittelt.[5] Die im Rahmen der RA-Methode ermittelten Multiplikatoren werden als *transaction multiples*, die nach den beiden anderen Methoden ermittelten Multiplikatoren als *trading multiples* bezeichnet.[6]

Der letztlich ermittelte Multiplikator lässt sich dann zur Approximation des erzielbaren Kaufpreises des Bewertungsobjekts einsetzen. Den potenziellen Marktpreis des zu bewertenden Unternehmens (UWG) erhält man durch Multiplikation der unternehmensspezifischen Ausprägung des gewählten *performance*-Maßes (PM_U) mit dem für die Vergleichsgruppe ermittelten Multiplikator (M_{PG}):

$$UWG = M_{PG} \cdot PM_U \tag{7.2}$$

Ein gängiger Multiplikator ist z. B. das Kurs-Gewinn-Verhältnis.[7] Die einfache Vorgehensweise sei an einem Beispiel verdeutlicht, bei dem der *free cash flow* als *performance*-Maß herangezogen wird: Kommt einem Vergleichsunternehmen bei einem *free cash flow* von 20 Mio. Euro ein Marktwert von 200 Mio. Euro zu, dann nimmt der Multiplikator M_{FCF} den Wert 10 an. Erwirtschaftet das Bewertungsobjekt einen *free cash flow* von 18 Mio., so wird ihm nach der Multiplikatormethode ein Unternehmenswert von 180 Mio. Euro zugemessen.

Zusammengefasst vollzieht sich der Einsatz eines Vergleichsverfahrens zur Unternehmensbewertung mittels Multiplikatoren in den folgenden Schritten:[8]

---

[4] Vgl. *Hachmeister und Ruthardt* (2015a), S. 1769, mit weiteren Nachweisen.

[5] Zur Unterstützung aller drei Methoden stehen in den USA verschiedene Informationsquellen zu den grundsätzlich umfangreichen *peer groups* zur Verfügung, zu einer Auflistung vgl. *Mandl und Rabel* (1997), S. 260 ff. In anderen Ländern ist die Aussagekraft wegen geringer Grundgesamtheiten eher fraglich.

[6] Vgl. *Peemöller et al.* (2002), S. 198; *Matschke und Brösel* (2013), S. 679 ff.

[7] Zur Darstellung und Diskussion gängiger Multiplikatoren vgl. *Schüler* (2014), S. 1147 ff.

[8] Vgl. dazu auch *Mandl und Rabel* (1997), S. 260; *Löhnert und Böckmann* (2015), S. 793 f.; *Hayn* (2005), S. 500 ff.; *Matschke und Brösel* (2013), S. 679 f.

(i) Analyse des zu bewertenden Unternehmens,

(ii) Wahl des Transaktionsmarkts (Börse oder Verkäufe), Auswahl der Vergleichsunternehmen, Ermittlung ihrer Marktpreise,

(iii) Wahl des Multiplikator-Typs, Wahl des *performance*-Maßes, Ermittlung des Multiplikators,

(iv) Unternehmenswertschätzung des Bewertungsobjekts durch Ermittlung eines potenziellen Marktpreises auf der Grundlage des ermittelten Multiplikators.

7.1.1.2 Daumenregeln

In der Unternehmensbewertungspraxis haben sich seit Langem Daumenregeln für die Marktpreisschätzung kleiner Unternehmen und insbesondere von Freiberuflerpraxen (Ärzte, Rechtsanwälte, Steuerberater, Wirtschaftsprüfer) eingebürgert.[9] Auf der Grundlage von Erfahrungswerten wird auf die Branchenzugehörigkeit als einzig wertrelevantes Zuordnungskriterium zu einer Vergleichsgruppe abgestellt; eine konkrete Erhebung von Vergleichsunternehmen für den einzelnen Bewertungsfall findet nicht (mehr) statt. Mit Hilfe eines **branchenspezifischen Multiplikators** (evtl. als Bandbreite angegeben) und eines branchenspezifischen *performance*-Maßes wird dann i.A. eine Schätzung für die Unternehmenswertgröße (häufig nur den Unternehmensgoodwill) vorgenommen.[10] So findet bei der Kaufpreisermittlung des Goodwills einer WP-Praxis ein Umsatzmultiplikator zwischen 1,0 und 1,3 Anwendung, der auf den nachhaltigen Umsatz (z. B. den Durchschnitt der letzten drei bis vier Jahre) der WP-Praxis angewendet wird.[11] Neben monetären *performance*-Maßen (i. d. R. Umsatz oder Gewinn) finden auch mengenorientiert *performance*-Maße Verwendung (etwa die Verkaufsflächen von Einzelhandelsunternehmen, Kunden- oder Mitarbeiterzahl).[12]

7.1.2   Börsenkapitalisierung und Paketzuschlag

Die naive Anwendung der Similiar Public Company-Methode zur Unternehmenswertapproximation weist ein methodenimmanentes Problem auf. Denn die Marktpreise börsennotierter Unternehmen, die im Rahmen von Unternehmensübernahmen zustande gekommen sind, liegen im Durchschnitt deutlich höher als es der Börsenpreis als Produkt aus Anzahl der Aktien und Kurs widerspiegelt. Untersuchungen aus den USA belegen einen durchschnittlichen Zuschlag von ca. 40 % auf den Börsenpreis.[13] Der Grund für diese signifikante

---

[9] Vgl. *Englert* (2005), S. 527 ff., S. 541 ff.; ähnlich: *Grün und Grote* (2015), S. 1056 ff.

[10] Vgl. *Barthel* (1996), S. 161; *Buchner und Englert* (1994), S. 1577 f.

[11] Zu diesem und weiteren Multiplikatoren (EBIT, Umsatz) für verschiedene Branchen vgl. *Barthel* (1996), S. 163, sowie insbes. für den Zeitraum 2004–2011 *Matschke und Brösel* (2013), S. 690 ff.

[12] Vgl. *Mandl und Rabel* (1997), S. 266.

[13] Vgl. *Ballwieser* (2003), S. 20 ff.; *Nowak* (2000), S. 168.

Abweichung ist darin zu sehen, dass es sich beim Aktienkurs um den Preis für einen öffentlich gehandelten, i. d. R. marginalen Unternehmensanteil handelt, der für sich genommen keinerlei Einflussnahme auf die Leitung eines Unternehmens erlaubt. Bei der Ermittlung eines Unternehmenswerts nach der SPC-Methode ist die Summe des Wertes aller Anteile daher um eine Kaufpreisprämie, den Paket- oder Kontrollzuschlag, zu erhöhen. Wird die Börsenkapitalisierung zur Bewertung eines nicht börsennotierten Unternehmens herangezogen, so ist ein Abschlag für die eingeschränkte Marktgängigkeit (Fungibilitätsabschlag) zu berücksichtigen.[14]

7.1.3 Beurteilung

Bei der Anwendung von marktorientierten Vergleichsverfahren wird bewusst eine **Reduktion der bewertungsrelevanten Umfeldkomplexität** in Kauf genommen. Die Vergleichsverfahren auf der Basis von Multiplikatoren genügen dieser Intention in idealer Weise, denn ihre Komplexitätsreduktion ist drastisch, weil sie das Prognoseproblem vollständig umgehen.

Es bleibt zu beurteilen, ob man hier die Einfachheit der Methode nicht mit der Fragwürdigkeit der ermittelten Ergebnisse bezahlt.[15] Die an allen Vergleichsverfahren gleichermaßen zu übende Kritik richtet sich zum einen auf die Beschränkung der Unternehmenswertermittlung auf einen einzigen Werttreiber. Zum anderen wird die Zulässigkeit des Analogieschlusses hinsichtlich des Unternehmenswerts von einer Gruppe vergleichbarer Unternehmen auf das Bewertungsobjekt angezweifelt. Jedes Unternehmen ist ein Unikat; bei der Zusammenstellung der *peer group* ist daher die Übereinstimmung der leistungswirtschaftlichen, finanziellen und rechtlichen Eigenschaften[16] der Vergleichsunternehmen mit denen des Bewertungsobjekts nur in grober Näherung ge-

---

[14] Vgl. *Nowak* (2000), S. 168, nennt auf Basis einer Untersuchung in den USA einen durchschnittlichen Fungibilitätsabschlag von ca. 29 %. Vgl. *Nowak* (2000), S. 168, zu weiteren in der Literatur erhobenen Abschlägen. Zu Fungibilitätsabschlägen vgl. auch Kap. 3, Abschn. 3.3, sowie die dort angeführte Literatur (*Damodaran* (2012), S. 683–688; desgleichen *Matschke und Brösel* (2013), S. 679 f.)

[15] Für 51 US-amerikanische Akquisitionen haben *Kaplan* und *Ruback* die tatsächlich gezahlten Transaktionspreise mit den Ergebnissen der SPC-Methode sowie der RA-Methode verglichen. Bei der ersten Methode kam es zu einer durchschnittlichen Unterschätzung von 18,9 %, bei der zweiten Methode zu einer durchschnittlichen Überschätzung von 5,9 %; vgl. *Kaplan und Ruback* (1995), S. 1067. Die Kombination der Ergebnisse beider Verfahren kam bis auf 0,1 % an die tatsächlich gezahlten Preise heran. Dieses zunächst verblüffende Ergebnis kann natürlich dann nicht als Qualitätsausweis der Vergleichsverfahren herangezogen werden, wenn sich die Transaktionsbeteiligten bei ihren Verhandlungen an den Ergebnissen der genannten Methoden orientiert haben.

[16] Vgl. dazu den umfangreichen Katalog von Ähnlichkeitsdimensionen nach *Achleitner und Dresig* (2002), S. 2422.

währleistet oder führt – zum Nachteil der Repräsentativität des Ergebnisses – zu zahlenmäßig kleinen Vergleichsgruppen. Neben der Analyse des Bewertungsobjekts ist deshalb auch für jedes potenzielle Vergleichsunternehmen eine Analyse durchzuführen.[17] Durch die zur Gewährleistung der Vergleichbarkeit notwendigen Anpassungen der Unternehmensstrukturen bzw. des Ergebnisses der Bewertung zum Zweck der Berücksichtigung unternehmensspezifischer Besonderheiten sieht *Ballwieser* die vermeintlichen **Vorteile** der Einfachheit der Vergleichsverfahren **schwinden**: Das zur Ermittlung eines validen Unternehmenswerts notwendige *„fine-tuning"* kommt dann dem Aufwand für die Durchführung einer Ertrags- oder DCF-Methode gleich.[18]

Darüber hinaus unterliegt jede Variante des Vergleichsverfahrens spezifischer Kritik. Neben der bereits erläuterten grundsätzlichen Problematik, die Börsenkapitalisierung von Vergleichsunternehmen als Kaufpreisapproximation für ein Bewertungsobjekt heranzuziehen (Kontrollprämie, Fungibilitätsabschlag), sind die nach der der SPC-Methode ermittelten Werte nur so lange geeignet, wie (eine hinreichende) **Informationseffizienz des Kapitalmarkts** unterstellt wird. Die Schaffenskraft der *invisible hand* nach *Adam Smith* ist aber nicht so groß, dass Marktunvollkommenheiten (durch Illiquidität, Spekulationsblasen) stets vermieden werden könnten.[19]

Weitere Kritik gilt der Tatsache, dass die nach der RA-Methode ermittelten **Multiplikatoren** grundsätzlich **vergangenheitsorientiert** sind. Zudem ist es grundsätzlich zweifelhaft, ob der Durchschnitt von Kaufpreisen, von denen ein jeder von zwei Parteien mit spezifischen Zielplänen und Aktionsräumen, die in die Kaufpreisverhandlungen wertbildend eingeflossen sind, ausgehandelt worden ist, für andere Akteure mit ihrerseits individuellen Plänen sowie für Bewertungsobjekte mit individuell unterschiedlichem Potenzial überhaupt maßgeblich sein kann. Den dargestellten „Daumenregeln" liegt die Vorstellung eines (des) branchentypischen Unternehmens zu Grunde; ihre Aussagekraft ist naturgemäß in Abhängigkeit von der Gültigkeit dieser Annahme beschränkt.

Die Meinungen bezüglich der Validität multiplikatorgestützter Vergleichsverfahren sind geteilt. Verschiedene Autoren halten trotz der hier dargestellten Einwände Vergleichsverfahren im Rahmen der Argumentationsfunktion der Unternehmensbewertung für geeignete Instrumente zur Untermauerung von Verhandlungspositionen.[20]

---

[17] Vgl. *Hayn* (2015), S. 969.

[18] Vgl. *Ballwieser* (2003), S. 26.

[19] Vgl. dazu die Ausführungen in Abschn. 2.1.2.

[20] Vgl. etwa *Hafner* (1993), S. 88 f.; *Hayn* (2003), S. 112. Für eine aktuelle Übersicht zur Beurteilung von Multiplikatoren in Wissenschaft und Praxis vgl. *Löhnert und Böckmann* (2015), S. 787–790. Zur Verbreitung von Multiplikatorverfahren in der Bewertungspraxis vgl. auch *Brösel und Hautmann* (2007), S. 236. Auch bei Urteilen von US-Gerichten spielen Muliplikatorverfahren bisweilen eine gewichtige Rolle, vgl. dazu *Hachmeister und Ruthardt* (2015b), S. 1511 f.

7.2   Einzelbewertungsverfahren und Mischverfahren

Im Gegensatz zu Ertragswert-, DCF- oder Multiplikatorverfahren (Vergleichsverfahren), die – sieht man einmal von der Trennung in betriebsnotwendiges und nicht betriebsnotwendiges Vermögen ab – das Unternehmen als Bewertungseinheit betrachten und dementsprechend den Gesamtwert eines Unternehmens auf der Grundlage eines geeigneten Performance-Maßes ermitteln, gelangen Einzelbewertungsverfahren als sogenannte Substanzwertverfahren auf synthetische Weise zum Unternehmenswert: Er ergibt sich als Summe der isoliert bewerteten Vermögensteile eines Unternehmens abzüglich der Summe der isoliert bewerteten Schulden eines Unternehmens. In Abhängigkeit vom Mengengerüst der Bewertung (z. B. Umfang der Berücksichtigung immaterieller Unternehmensbestandteile) und des Wertansatzes (beschaffungs- oder absatzmarktorientiert) sind verschiedene Verfahren der Substanzbewertung entwickelt worden, denen für Zwecke der Unternehmensbewertung nur eine untergeordnete und bestenfalls ergänzende Funktion zukommt.[21] Die verschiedenen Varianten wurden in Kap. 3 beschrieben und sollen an dieser Stelle nicht weiter thematisiert werden.

Mischverfahren entstehen durch die Kombination aus Gesamt- und Einzelbewertungsverfahren. Streng genommen wendet jede gängige Unternehmensbewertung auf der Basis von Ertrags- oder DCF-Methode dann ein Mischverfahren an, wenn nicht betriebsnotwendiges Vermögen isoliert zum Liquidationswert bewertet und zum Wert des „Kernunternehmens" hinzuaddiert wird. Auch die Multiplikatormethode ist streng genommen dann ein Mischverfahren, wenn z. B. mittels eines Umsatzmultiplikators der potenzielle Marktwert des Unternehmensgoodwills ermittelt und dann durch Addition des Substanzwerts der Gesamtunternehmenswert ermittelt wird.

Klassische Mischverfahren sind hingegen die Varianten des **Mittelwertverfahrens** und das Übergewinnverfahren. Beim Mittelwertverfahren wird der Unternehmenswert (UW) als arithmetisches Mittel von Ertrags- (EW) und Substanzwert (SW) ermittelt:

$$UW = \frac{EW + SW}{2} \tag{7.3}$$

Varianten stellen die Gewichtung des Substanzwerts mit dem Faktor 0,75 oder 2 bei unveränderter Einbeziehung des Ertragswerts oder umgekehrt die Gewichtung des Ertragswerts mit 2 bei unverändertem Substanzwert dar.[22] Einleuchtende Begründungen für die verschiedenen Gewichtungen lassen sich nicht finden; dementsprechend unbedeutend sind sie in der modernen Praxis der Unternehmensbewertung.

---

[21] Vgl. dazu die Darstellungen in Kap. 3 sowie *Sieben und Maltry* (2015), S. 761.

[22] Vgl. *Helbling* (1998), S. 131 f.; *Mandl und Rabel* (2015), S. 89 f.

Ein klassisches Mischverfahren, das in seiner konzeptionellen Gestaltung an ein „modernes" Residualgewinnkonzept erinnert,[23] stellt das **Übergewinnverfahren** dar. Bei diesem Verfahren ergibt sich der Unternehmenswert als Summe eines Substanzwerts (i. S. eines Teilreproduktionswerts) und des Barwerts der „Übergewinne". Übergewinne sind dabei die künftigen Überschüsse eines Unternehmens, die über die „normale" Verzinsung des eingesetzten Kapitals (repräsentiert durch den Substanzwert) hinausgehen. Bei der Anwendung des Übergewinnverfahrens wird unterstellt, dass Übergewinne nur über einen bestimmten Zeitraum T erwirtschaftet werden können. Es gilt damit:[24]

$$UW = SW + \sum_{t=1}^{T} (PE_t - i \cdot SW) \cdot (1 + i)^t \qquad (7.4)$$

mit

PE   Periodenerfolg
i   risikoloser Zins.

Mischverfahren, in deren Rahmen die Ertragswertkomponente mittels Multiplikatoren oder Übergewinnmethode (oder Abwandlungen von beidem) approximiert wird, finden heute überwiegend bei kleinen und mittleren Unternehmen sowie besonders bei der Bewertung freiberuflicher Praxen (etwa Wirtschaftsprüfer, Steuerberater, Rechtsanwälte, Ärzte) Anwendung. In den letztgenannten Fällen wird dies vor allem mit der **Personenbezogenheit des Goodwill** begründet, der sich nicht wie der Firmenwert eines gewerblichen Unternehmens ständig und vom jeweiligen Eigentümer unabhängig regeneriert, sondern sich auf ein Vertrauensverhältnis zwischen dem Kunden/Patienten und dem jeweiligen Praxisinhaber gründet[25] und daher auch nur eingeschränkt übertragen werden kann.[26]

Mittelwert- und Übergewinnverfahren hat der BGH im Jahre 1986 als nicht grundsätzlich ungeeignet bezeichnet, wenn es um die Bewertung eines Unternehmens geht, das seine Erträge weniger durch den Einsatz von materiellen Vermögenswerten (= Substanz) als durch den persönlichen Einsatz der Geschäftsführer erwirtschaftet.[27] In einem aktuel-

---

[23] Vgl. *Mandl und Rabel* (2015), S. 90.

[24] Vgl. *Mandl und Rabel* (2015), S. 90.

[25] Vgl. *Grün und Grote* (2015), S. 1055.

[26] Aus diesem Grund wird bei der Übergewinnmethode die begrenzte zeitliche Reichweite der im Unternehmen bei dessen Erwerb vom Vorbesitzer angelegten Überrendite unterstellt; vgl. dazu auch *Schmidt-von Rhein* (1997), S. 72. Ebenda zu einer vergleichenden Gegenüberstellung der Bewertungsempfehlungen der betreffenden berufsständischen Kammern, S. 60 ff.

[27] Vgl. *Piltz* (2005), S. 784.

len Beitrag werden sie allerdings als „(...) in der gerichtlichen Praxis „ausgestorben""[28] qualifiziert.

Abfindungsklauseln in Gesellschaftsverträgen scheinen jedoch bislang noch in zahlreichen Fällen auf die mit diesen Methoden ermittelten Unternehmenswerte zu rekurrieren.[29] Auch die i. d. R. auf Freiberuflerpraxen angewandte Mischmethode, in deren Rahmen der Ertragswert mit einem Umsatzmultiplikator ermittelt wird, ist bisher vom BGH nicht grundsätzlich verworfen worden.[30]

Literatur

Achleitner, P., & Dresig, T. (2002). Marktorientierte Unternehmensbewertung. In W. Ballwieser, A. G. Coenenberg, K. v. Wysocki (Hrsg.), *Handwörterbuch der Rechnungslegung und Prüfung* (3. Aufl., S. 2432–2445). Stuttgart.

Ballwieser, W. (2003). Unternehmensbewertung durch Rückgriff auf Marktdaten. In M. Heintzen, L. Kruschwitz (Hrsg.), *Unternehmen bewerten* (S. 13–30). Berlin.

Barthel, C. W. (1996). Unternehmenswert: Die vergleichsorientierten Bewertungsverfahren. *Der Betrieb, 49,* 149–163.

Brösel, G., & Hautmann, R. (2007). Einsatz von Unternehmensbewertungsverfahren zur Bestimmung von Konzessionsgrenzen sowie in Verhandlungssituationen, Eine empirische Analyse (Teil I). *Der Finanzbetrieb, 9,* 233–238.

Buchner, R., & Englert, J. (1994). Die Bewertung von Unternehmen auf der Basis des Unternehmensvergleichs. *Der Betriebsberater, 49,* 1573–1580.

Damodaran, A. (2012). *Investment Valuation* (3. Aufl.). Hoboken.

Englert, J. (2005). Bewertung von Steuerberatungskanzleien und Wirtschaftsprüfungsgesellschaften. In V. H. Peemöller (Hrsg.), *Praxishandbuch der Unternehmensbewertung* (3. Aufl., S. 527–547). Herne-Berlin.

Grün, A., Grote, L. (2015). Bewertung von Steuerberatungskanzleien und Wirtschaftsprüfungsgesellschaften. In V. H. Peemöller (Hrsg.), *Praxishandbuch der Unternehmensbewertung* (6. Aufl., S. 1053–1068). Herne–Berlin.

Hachmeister, D., & Ruthardt, F. (2015a). Unternehmensbewertung mit Multiplikatoren: Idee und Umsetzung (Teil II). *Deutsches Steuerrecht, 53,* 1769–1773.

Hachmeister, D., & Ruthardt, F. (2015b). Unternehmensbewertung mit Multiplikatoren: Erfahrungen beim Einsatz vor US-Gerichten. *Der Betrieb, 68,* 1511–1516.

Hafner, R. (1993). Unternehmensbewertungen als Instrument zur Durchsetzung von Verhandlungspositionen. *Betriebswirtschaftliche Forschung und Praxis, 45,* 79–89.

Hannes, F. (2015). Die Rechtsprechung zur Unternehmensbewertung. In V. H. Peemöller (Hrsg.), *Praxishandbuch der Unternehmensbewertung* (6. Aufl., S. 1383–1409). Herne/Berlin.

---

[28] *Hannes* (2015), S. 1391.

[29] Vgl. *Piltz* (2005), S. 784.

[30] Vgl. *Piltz* (2005), S. 786. Die Tatsache, dass das IDW in der 13. Auflage des WP-Handbuchs, Bd. I (2008), von der Darstellung eines multiplikatorgestützten Mischverfahrens (Umsatzverfahrens) zur Bewertung von Wirtschaftsprüferpraxen Abstand nimmt, lässt aber einen Rückschluss auf die diesbezügliche Meinungsbildung im Berufsverband zu; vgl. hierzu auch *Grün und Grote* (2015), S. 1058 f. Bitte ändern zu (2015), S. 1058 f.

Hayn, M. (2003). *Bewertung junger Unternehmen* (3. Aufl.). Herne-Berlin.

Hayn, M. (2005). Bewertung junger Unternehmen. In V. H. Peemöller (Hrsg.), *Praxishandbuch der Unternehmensbewertung* (3. Aufl., S. 495–526). Herne-Berlin.

Hayn, M. (2015). Bewertung junger Unternehmen. In V. H. Peemöller (Hrsg.), *Praxishandbuch der Unternehmensbewertung* (6. Aufl., S. 961–994). Herne-Berlin.

Helbling, C. (1998). *Unternehmensbewertung und Steuern* (9. Aufl.). Düsseldorf.

IDW (2014). *Wirtschaftsprüfer-Handbuch* (Bd. II., 14. Aufl.). Düsseldorf.

Kaplan, S. N., & Ruback, R. S. (1995). The valuation of cash flow forecasts: An empirical analysis. *The Journal of Finance, 50*, 1059–1093.

Löhnert, P. G., Böckmann, U. J. (2015). Multiplikatorverfahren in der Unternehmensbewertung. In V. H. Peemöller (Hrsg.), *Praxishandbuch der Unternehmensbewertung* (6. Aufl., S. 785–806). Herne–Berlin.

Mandl, G., & Rabel, K. (1997). *Unternehmensbewertung*. Wien-Frankfurt.

Mandl, G., & Rabel, K. (2015). Methoden der Unternehmensbewertung (Überblick). In V. H. Peemöller (Hrsg.), *Praxishandbuch der Unternehmensbewertung* (6. Aufl., S. 51–94). Herne-Berlin.

Matschke, M. J., & Brösel, G. (2013). *Unternehmensbewertung. Funktionen–Methoden–Grundsätze* (4. Aufl.). Wiesbaden.

Nowak, C. (2000). *Marktorientierte Unternehmensbewertung*. Wiesbaden.

Peemöller, V. H., Meister, J. M., & Beckmann, C. (2002). Der Multiplikatoransatz als eigenständiges Verfahren in der Unternehmensbewertung. *Der Finanzbetrieb, 4*, 197–209.

Piltz, D. J. (2005). Die Rechtsprechung zur Unternehmensbewertung. In V. H. Peemöller (Hrsg.), *Praxishandbuch der Unternehmensbewertung* (3. Aufl., S. 779–796). Herne-Berlin.

Schmidt-von Rhein, G. (1997). *Bewertung von Freiberuflerpraxen*. Wiesbaden.

Schüler, A. (2014). Zur Unternehmensbewertung mit Multiplikatoren. *Die Wirtschaftsprüfung, 67*, 1146–1158.

Sieben, G., & Maltry, H. (2015). Der Substanzwert der Unternehmung. In V. H. Peemöller (Hrsg.), *Praxishandbuch der Unternehmensbewertung* (6. Aufl., S. 759-783). Herne-Berlin.

Anwendung der Optionspreistheorie in der Unternehmensbewertung

8

8.1 Optionspreistheorie in der Unternehmensbewertung – wozu?

Unternehmensbewertungen, die *in praxi* unter der Bezeichnung „DCF-Methode" firmieren, beruhen oft, nicht aber notwendigerweise, auf einer mehr oder weniger starren Fortschreibung des Istzustandes unter bestimmten Prämissen bezüglich der Trendentwicklungen. Insbesondere wird an den herkömmlichen Verfahren kritisiert, dass sie nur unzureichend geeignet sind, die Wertrelevanz von Handlungsmöglichkeiten darzustellen, die erst dann als Entscheidungsalternativen in Betracht kommen, wenn sich gegenüber einem vorgegebenen Entwicklungstrend eine wesentliche Veränderung der Umfeldbedingungen ereignet hat.

Auf welche Weise die Vorziehungswürdigkeit einzelner Handlungsalternativen sich mit **variablen Umfeldbedingungen** ändert, wurde bereits in Abschn. 4.3.2.2. erläutert: Im Beispiel „Severin Frings" wurde dargestellt, wie die Handlungsalternative eines Tonstudiobesitzers, sein Produktprogramm zu diversifizieren, in ihrer Attraktivität von möglichen Veränderungen des Kundenstammes abhängt. Das Problem der Interdependenz zwischen optimalen Handlungsalternativen und möglichen Umfeldveränderungen konnte aufgelöst werden, indem die zeitliche Abfolge von Realisationen eines Umweltzustandes und Handlungsalternativen in Form eines Entscheidungsbaums dargestellt wurden; die optimale Lösung konnte durch Rückwärtsinduktion gefunden werden.

Nun sind solche latenten Handlungsalternativen, die man auch als **Optionen auf reale Handlungsmöglichkeiten** (Realoptionen, *real options*) bezeichnet, im Wirtschaftsleben sehr verbreitet. Eine Kategorisierung dieser Realoptionen kann in Abhängigkeit von der Art der zu Grunde liegenden Handlungsmöglichkeit (Investition, Desinvestition, strategische Neuorientierung, „Abwarten") erfolgen. Ein in der Literatur in verschiedenen Variationen wiederkehrendes Einteilungsschema findet sich in Abb. 8.1.[1]

---

[1]Hier entnommen aus: *Rams* (1998).

© Springer-Verlag GmbH Deutschland 2017
C. Kuhner, H. Maltry, *Unternehmensbewertung*,
DOI 10.1007/978-3-540-74305-7_8

	Invest Option = Option, zu investieren	Flexibility Option = Option der Strategieänderung	Divest Option = Option, zu desinvestieren
Begriff	Strategisch-dynamischer Freiheitsgrad, während oder am Ende der Laufzeit der Option eine (Folge-) Investition vornehmen zu können	Strategisch-dynamischer Freiheitsgrad, während der Optionslaufzeit flexible Neudispositionen vornehmen zu können	Strategisch-dynamischer Freiheitsgrad, während oder am Ende der Lauf-zeit der Option einen (Teil-)Verkauf oder (Teil-)Marktaustritt durchführen zu können
Handlungs-richtung	Expansion	Effizienzsteigerung durch Lernvorgänge	Verlustbegrenzung bei einem gegebenen Projekt, Versicherung
Beispiel	Planung einer Investition	Verzögerung einer Markteinführung	Konkurs bei beschränkter Haftung der Eigenkapitalgeber

Abb. 8.1 Varianten von Realoptionen

Die Bewertung derartiger Handlungsspielräume[2] ist grundsätzlich durch die dynamische Programmierung möglich. Praktisch wird dies allerdings in den meisten Fällen an der Komplexität der Umfeldbedingungen scheitern: Die Darstellung der Interdependenz von Handlungsalternativen und Umfeldvariablen setzt nämlich nicht nur eine erschöpfende Erfassung möglicher Umweltzustände, sondern auch eine präzise Quantifizierung der zugeordneten Zahlungen und Eintrittswahrscheinlichkeiten voraus. Es liegt deshalb nahe, nach Lösungsalgorithmen zu suchen, die eine vollkommene Abbildung des Zustandsbaumes nicht erfordern und das Problem auf der Grundlage einer geringeren Datenbasis handhabbar machen. Ein möglicher Lösungsansatz ergibt sich aus der **Ähnlichkeit** von realen Handlungsspielräumen **mit Optionen auf Wertpapiere**, die am Kapitalmarkt gehandelt werden.[3]

---

[2]In der Literatur häufig auch als „strategischer Zuschlag" bezeichnet, vgl. *Matschke und Brösel* (2013), S. 739.

[3]Zur Theorie der Realoptionen vgl. grundlegend: *Trigeorgis* (2000). Für eine Bestandsaufnahme der Realoptionstheorie und ihrer praktischen Anwendung vgl. *Hommel et al.* (2003).

8.2 Grundkonzeption arbitragefreier Bewertung in der Kapitalmarkttheorie

Konzeptionell lässt sich die Wertentwicklung des einer Option zu Grunde liegenden Wertpapiers, etwa einer Aktie, als ein Prozess darstellen, der sich entlang eines Zustandsbaumes entwickelt, im einfachsten Fall mit zwei Zuständen und zwei Zeitpunkten (vgl. Abb. 8.2).

Im Zeitpunkt 1 kann alternativ ein günstiger oder ein ungünstiger Zustand eintreten; den Zuständen sind jeweils unterschiedliche Zahlungen zugeordnet. Man stelle sich nun vor, ein Wirtschaftssubjekt erwerbe in Zeitpunkt 0 eine Option auf den Kauf der Aktie (*underlying*) zum Preis von 95 € in Zeitpunkt 1. Wenn der günstige Zustand eingetreten ist, wird die Option ausgeübt und der Inhaber gewinnt 10 €; im ungünstigen Zustand verfällt sie. Es ergibt sich das Zahlungsprofil der Abb. 8.3.

Wie kann der Wert dieses Zahlungsprofils bestimmt werden? Man könnte zunächst auf den Gedanken verfallen, dass es hierzu notwendig ist, Erwartungen über die Eintrittswahrscheinlichkeiten der beiden Zustände zu bilden. Demgegenüber lautet die **Kernaussage der Optionspreistheorie**: **Unter bestimmten Annahmen** an den Vollkommenheitsgrad des Kapitalmarktes **ist es nicht erforderlich, Erwartungen über die Eintrittswahrscheinlichkeiten der verschiedenen Zustände** zu bilden. Die Bewertung der Option ergibt sich nämlich aus einem reinen Arbitragekalkül.

Im vorliegenden Fall existiert eine einfache Arbitragetransaktion, die das Zahlungsprofil der Aktie aus zwei anderen gehandelten Aktiva rekonstruiert: nämlich aus einer risikofreien Kapitalanlagemöglichkeit und der Option. Stellen wir uns vor, es gäbe eine risikolose, zu 10 % verzinsliche Kapitalanlagemöglichkeit mit einer Laufzeit von einer Periode, die in Wertpapieren zu je 50 € Nennwert (= Marktwert in t = 0) gehandelt werden. Dann kann das Zahlungsprofil der Aktie **dupliziert** werden, wenn zum Zeitpunkt t = 0 ein festverzinsliches Wertpapier sowie fünf Optionen auf die Aktie erworben werden (vgl. Abb. 8.4).

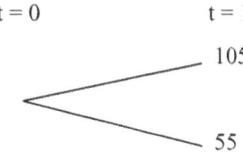

Abb. 8.2 Zahlungsprofil der Aktie

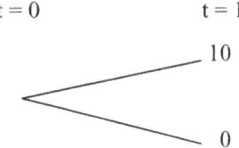

Abb. 8.3 Zahlungsprofil der Option

	Zahlung günstigster Zustand	Zahlung ungünstigster Zustand
1 festverzinsliches Wertpapier	55	55
5 Optionen	50	0
Σ	105	55

Abb. 8.4 Rekonstruktion des Zahlungsprofils der Aktie in t = 1

Die Summe der zustandsabhängigen **Zahlungen des Duplikationsportefeuilles** entspricht exakt dem zustandsabhängigen Zahlungsprofil der Aktie. Sind die Märkte arbitragefrei, so folgt daraus, dass es am Markt nie wesentliche Unterschiede geben wird zwischen dem Kurswert der Aktie und dem Kurswert eines Portefeuilles, das aus einem festverzinslichen Wertpapier und fünf Optionen der beschriebenen Ausgestaltung besteht. Damit ist aber auch schon die Bewertung einer Option am Markt zum Zeitpunkt t = 0 festgelegt; sie ergibt sich als:

$$\frac{[\text{Kurswert der Aktie in t} = 0] \; - \; 50}{5}$$

Beträgt der Kurswert in t = 0 etwa 70 €, so ist die Option 4 € wert.

Das einfache Beispiel belegt, dass die Bewertung einer Option in einem Marktregime, das Arbitragetransaktionen erlaubt, lediglich von dem Kurswert des zu Grunde liegenden Aktivums sowie dem Kurswert des risikolosen Aktivums (der definitionsgemäß gleich seinem Nennwert ist) abhängt. Die Eintrittswahrscheinlichkeit des günstigen oder ungünstigen Umweltzustandes fließt nicht unmittelbar in das Bewertungskalkül ein. **Optionsbewertung bietet mithin die Möglichkeit, unsicherheitsbehaftete Zahlungsprofile zu bewerten, ohne dass man Erwartungen über Zustandswahrscheinlichkeiten bilden muss.**

Die scheinbare Paradoxie dieser Feststellung löst sich auf, wenn man in Betracht zieht, dass derartige Erwartungen in der Marktbewertung des zu Grunde liegenden Wertpapiers schon enthalten sind; Optionsbewertung greift also indirekt auf die aggregierten Erwartungen der Kapitalmarktteilnehmer zu, wie sie sich in den Kursen der zu Grunde liegenden Wertpapiere niederschlagen. Dabei kann und darf die Bewertung einer Option auf ein Wertpapier nicht von anderen Voraussetzungen bezüglich der Entwicklung der Fundamentalfaktoren ausgehen als von denjenigen, die bereits in der Bewertung des zu Grunde liegenden Papiers enthalten sind. Wäre dies nicht so, dann würden sich Arbitragemöglichkeiten bieten.

Unterstellt man im einfachsten Fall Risikoneutralität der Marktteilnehmer, so kann man aus dem aktuellen Marktkurs, der Verzinsung der risikolosen Anlage sowie der zustandsabhängigen Zahlungscharakteristik vom Markt **implizierte** Eintrittswahrscheinlichkeiten für den günstigen bzw. den ungünstigen Zustand herleiten. In unserem Beispiel

t = 0   t = 1

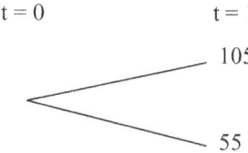
                                    105

                                     55

Abb. 8.5 Zahlungsprofil der Aktie

gilt in t = 0 ein Kurs von 70 € für ein Wertpapier des nachstehenden Zahlungsprofils sowie eine risikolose Verzinsung von i = 10 % (vgl. Abb. 8.5).

Nimmt man an, dass auf dem Kapitalmarkt risikoneutrale Anleger agieren, dann muss im Bewertungsgleichgewicht der Ertrag aus der risikolosen Alternativanlage von 70 € zum Zeitpunkt t = 0 dem erwarteten Kursgewinn aus der Aktienanlage in Höhe von $35 \cdot p - 15 \cdot (1-p)$ genau entsprechen (p – Wahrscheinlichkeit des günstigen Zustands), d. h.:

$$7 \; € = 35 \; € \cdot p + (-15 \; €) \cdot (1 - p)$$

$$\Rightarrow p = \frac{7 + 15}{35 + 15} = 0,44$$

Wird der prozentuale Kursgewinn bei einer Aufwärtsbewegung als u *(up)* bezeichnet, der prozentuale Kursverlust bei einer Abwärtsbewegung hingegen als d *(down)* bezeichnet,[4] dann ergibt sich folgende allgemeine Formel für die vom Markt implizierte Wahrscheinlichkeit (**Pseudowahrscheinlichkeit**) eines günstigen Zustandes:[5]

$$p = \frac{i - d}{u - d}$$

Für das obige Beispiel [Abb. 8.3.] ergibt sich: p = 0,44

Der Wert der Option C_1 im Zeitpunkt 1 beträgt damit:

$$C_1 = 0,44 \cdot (105 - 95) + 0,56 = 4,4 \; €$$

Durch Diskontierung mit dem Faktor 1,1 ergibt sich der Wert der Option im Zeitpunkt 0 in Übereinstimmung mit dem oben durch explizite Duplikation ermittelten Wert zu 4 €.

Das einfache 2 Zeitpunkte/2 Zustände-Beispiel dient dazu, das Grundkonzept der Optionspreistheorie zu verdeutlichen. Genau dieses Grundkonzept wurde mit Erfolg auf die komplexe Realität moderner Kapitalmärkte übertragen. Ein erster Schritt der **Annäherung an reale Verhältnisse** besteht darin, dass man die Annahme einer einmaligen Realisierung zweier alternativer Elementarzustände erweitert, um den Entwicklungspfad

---

[4]Im Beispiel ist u = 0,5 wegen 105 = (1 + 0,5)·70 und d = −0,2143 wegen 55 = 70·(1−0,2143).

[5]Zur Veranschaulichung: Im Beispiel gilt offenbar 70·i = 70·u·p + 70·d· (1-p) ⇔ i = u·p + d(1-p).

des Kurses des *underlyings* in der Zeit nachzuzeichnen. Vergröbert kann eine Kursbewegung über einen bestimmten Zeitraum hinweg dargestellt werden, indem sich das geschilderte Grundmuster einer Kursbewegung n-fach wiederholt. Die Kurshöhe im Zeitpunkt $t = n$ folgt dementsprechend einer **Binomialverteilung**. Für eine Option auf ein Wertpapier, die in $t = n$ fällig wird, lässt sich zu jedem Zeitpunkt während der Laufzeit $t = 0, 1, 2, \ldots, n - 1$ durch Kauf oder Verkauf der risikofreien Anlage sowie des zu Grunde liegenden Wertpapiers ein Arbitrageportefeuille erstellen, das die Zahlungscharakteristik der Option genau dupliziert. Danach ergibt sich der Wert der Option im Zeitpunkt 0 zu:

$$
\begin{aligned}
C_0 = S \cdot & \left\{ \sum_{k=0}^{n} \binom{n}{k} p^k (1-p)^{n-k} \frac{(1+u)^k \cdot (1+d)^{n-k}}{(1+i)^n} \right\} \\
- & K \cdot (1+i)^{-n} \cdot \left\{ \sum_{k=0}^{n} \binom{n}{k} p^k (1-p)^{n-k} \right\}
\end{aligned}
\tag{8.1}
$$

Das bekannte Modell zur Optionswertberechnung von *Black* und *Scholes* basiert im Grunde auf dem beschriebenen Arbitrageprinzip sowie auf einem binomialen Entwicklungspfad der geschilderten Art. Der Wert einer Option wird allerdings für den **Grenzübergang n $\rightarrow \infty$** berechnet, der den Übergang von diskreter zu kontinuierlicher Zeit beschreibt. Gemäß dem zentralen Grenzwertsatz konvergiert die Kursverteilung des Basiswerts am Ende des Betrachtungszeitraumes in eine Normalverteilung. Im Einzelnen liegen **der Grundvariante des *Black-Scholes*-Modells** folgende **Voraussetzungen** zu Grunde:[6]

1. Rationales Handeln der Investoren,
2. Alle Investoren sind Preisnehmer, keine Beschränkung des Marktzugangs,
3. Keine Steuern, Transaktionskosten und Informationskosten,
4. Jeder Investor kann beliebige Bruchteile von Wertpapieren kaufen und auch (leer-) verkaufen,
5. Kontinuierlicher Handel von Aktien und Optionen,
6. Die Kursänderungen der Aktien sind normalverteilt,
7. Konstanter Zinssatz für eine risikofreie, unbeschränkte Aufnahme/Anlage,
8. Keine Dividendenzahlungen,
9. Europäische Optionen, d. h. Ausübungsmöglichkeit einmalig am Ende der Laufzeit.

Unter diesen Voraussetzungen, die in der umfangreichen Nachfolgeliteratur jeweils modifiziert oder aufgehoben wurden,[7] ergibt sich folgender arbitragefreier Preis einer Kaufoption:

---

[6]Der Urtext ist: *Black und Scholes* (1973), S. 637–654.
[7]Vgl. *Copeland et al.* (2008), S. 298 ff.

Einflussgröße	Einfluss auf Wert der Kaufoption	Einfluss auf Wert der Verkaufsoption
Kurssteigerung des Basisobjektes	+	-
Erhöhung des Ausübungspreis	-	+
Steigerung der Basiswertvarianz	+	+
Verlängerung der Laufzeit	+	+
Erhöhung des risikolosen Zinssatzes	+	-
Erhöhung der Dividendenzahlung (s.u., Abschn. 8.3)	-	+

Abb. 8.6 Wirkrichtung ausgewählter Einflussgrößen auf den Wert einer Option

$$C = S \cdot N(d_1) - K \cdot e^{-rT} \cdot N(d_2)$$

mit

$$d_1 = \frac{\ln\frac{S}{K} + (r + \sigma^2/2)T}{\sigma\sqrt{T}}, \qquad d_2 = d_1 - \sigma\sqrt{T}$$

und den Variablen:

S   Kurs des Basispapiers,

K   festgelegter Basiskurs zum Bezug der Aktie,

T   Laufzeit der Option in Jahren,

r   kontinuierlicher Zinsfaktor mit $r = \ln(1 + i)$,

σ Standardabweichung der Aktienrendite p.a. (=Volatilität),

C   Wert der Kaufoption,

N   Wert der Verteilungsfunktion der Standardnormalverteilung.

Weil die Verteilungsfunktion der Normalverteilung nicht analytisch berechenbar ist, werden die *Black-Scholes*-Optionspreise herkömmlicherweise mit eigens dazu vorgesehenen Programmen errechnet. Einfache Programmversionen sind im Internet frei zugänglich.

Die Wirkrichtung der Einflussgrößen auf den Wert einer Kauf- bzw. Verkaufsoption lässt sich gemäß Abb. 8.6 schematisieren.

8.3   Nutzbarmachung des Grundkonzepts zur Bewertung von Realinvestitionen

In den letzten drei Jahrzehnten hat die arbitragefreie Bewertung von Wertpapieroptionen nach dem *Black-Scholes*-Modell sowie seinen Verfeinerungen und Modifikationen eine Bedeutung erlangt, die nicht hoch genug einzuschätzen ist. Optionspreistheoretische Anwendungen beschränken sich dabei nicht nur auf Börsentransaktionen: Ausgestaltungskomponenten von Finanzierungsverträgen wie Kündigungsrechte, Bezugsrechte, Haftungsbeschränkungen etc. entpuppen sich bei näherem Hinsehen als Optionspositionen, die ohne Weiteres arbitragefrei bewertbar sind, soweit ihre Zahlungscharakteristik einen festen Bezug zu börsennotierten Werten aufweist.

In ähnlicher Weise liegt die **Anwendung des Optionspreiskalküls** auf die Bewertung realer Investitionen dann besonders nahe, **wenn die Zahlungscharakteristik des jeweiligen Projektes in besonderem Maße von der Entwicklung eines börsennotierten Preises abhängt.**

8.3.1   Invest Options

Auf welche Weise die Option, eine Investition vornehmen zu können, auf der Grundlage der Optionspreistheorie zu bewerten ist, soll folgendes Beispiel verdeutlichen:

Beispiel: *Deutsche Petroleum AG*

Die *Deutsche Petroleum AG* plant zum 28.02.2016 den Erwerb einer stillgelegten Bohrinsel vor der grönländischen Ostküste, unter der noch Reserven in Höhe von 4.500.000 Barrel Öl erwartet werden. Die Produktion erbringt erst ab einem Rohölpreis von 31 $ pro Barrel positive Deckungsbeiträge in Höhe von (Barrelpreis – 31 $) pro Barrel. Z. Zt. liegt der Barrelpreis bei 29,5 $; die Volatilität (= Standardabweichung der Kursänderung) des Ölpreises lag im Durchschnitt des letzten Jahres bei 24 %.

Nach dem Erwerb plant die *Deutsche Petroleum*, die Bohrinsel bis zum 31.08.2016 wieder förderungsfähig zu machen; Rüstkosten fallen hierfür an in Höhe von 3,5 Mio $. Die Ingenieure der *Deutschen Petroleum* gehen fest davon aus, dass die Restreserven innerhalb von 10 Wochen abgepumpt werden können; die Finanzabteilung versichert, dass man sich für den Verkauf des Rohöls auf dem Rotterdamer Markt den Spotpreis per 31.08.2016 durch Termingeschäfte bis Ende November sichern könne. Nach Abpumpung der Reserven plant die *Deutsche Petroleum AG* die „kostengünstige Entsorgung" der Bohrinsel durch Sprengung und Versenkung (Geschätzte Kosten: 1,0 Mio $).

Falls der Spotpreis am 31.08.2016 keine Förderung mit positiven Deckungsbeiträgen erlaubt, wird die *Deutsche Petroleum AG* von der Förderung Abstand nehmen und die Bohrinsel im September 2016 versenken: Aufgrund der ungünstigen klimatischen Bedingung kann in dem Gebiet der Bohrinsel von Mitte November bis

Barrelpreis am 31.08.2016	Strategie	Gesamtertrag
≥ 31 $	Bohrinsel rüsten, Öl abpumpen, Bohrinsel versenken	- 4,5 Mio. $ + 4,5 Mio. Barrel · (Preis/Barrel - 31$)
< 31 $	Bohrinsel rüsten, Bohrinsel versenken	- 4,5 Mio. $

Abb. 8.7 Zahlungscharakteristik für das Explorationsobjekt

Mitte April nicht gefördert werden. Bei Förderung im Laufe des Jahres 2017 würden neue Kosten der Betriebsbereitschaft und aufgrund der großen Korrosion Erhaltungs- aufwand in Höhe von 15 Mio $ entstehen. Auch bei den Entsorgungskosten wird aufgrund für das zweite Halbjahr 2017 vermuteter Greenpeace- Aktivitäten im fragli- chen Gebiet mit einer Steigerung um ein Vielfaches gerechnet.

Wieviel $ sollte die *Deutsche Petroleum AG* maximal für die Bohrinsel bieten, wenn der Zinssatz einer risikolosen Anlage bei 5 % liegt?

Als solches betrachtet, weist dieses Investitionsprojekt einen negativen Gegenwarts- wert auf. Um nämlich Deckungsbeiträge zu erwirtschaften, die zumindest die Rüst- und Verschrottungskosten von 4,5 Mio. $ decken, müsste der Rohölpreis auf 32 $/Barrel steigen; im Betrachtungszeitpunkt beträgt er 29,5 $/Barrel. Allerdings enthält das Gesamt- projekt einen Handlungsspielraum, der einer *invest*-Option entspricht: Erst am 31.8.2016, 6 Monate nach Erwerb der Bohrinsel, ist nämlich eine Entscheidung darüber nötig, ob überhaupt Öl gefördert wird oder darauf verzichtet wird. Die Förderung wird nur dann aufgenommen werden, wenn der Barrelpreis zu diesem Zeitpunkt über 31 $ liegt; bei diesem Preis sind die erwirtschafteten Deckungsbeiträge gerade positiv. Aus diesem Handlungsspielraum ergibt sich die Zahlungscharakteristik der Abb. 8.7 für das gesamte Projekt.

Die Zahlungscharakteristik weist das typische nicht-lineare Profil einer Options- position auf; die Verluste sind nach unten hin beschränkt, die Gewinne hingegen nach oben unbeschränkt. Sie entspricht einer Kaufoption (*call option*) auf Rohöl (vgl. Abb. 8.8).

Da der Rohölpreis der einzige risikobildende Faktor ist, ist die Zahlungscharakteristik des Projektes identisch mit einer Option auf Rohöl zum Basispreis 31 $, Stichtag 31.8.2016. Unter den vorgegebenen Verhältnissen lässt sich das gesamte Projekt durch eine Rohöloption **arbitragefrei** bewerten: Insgesamt werden bei Kauf der Bohrinsel am 28.2.2016 jeweils 4,5 Mio. Optionen auf ein Barrel Öl zum Basispreis von 31 $ erworben. Nach der *Black-Scholes*-Formel beträgt der arbitragefreie Preis für eine derartige Option 1,6695 $. Er ergibt sich mit den Zwischenwerten:

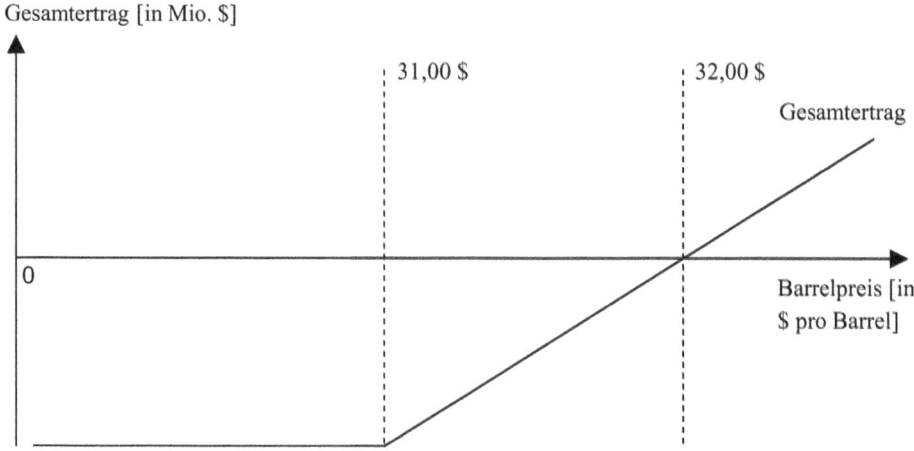

Gesamtertrag [in Mio. $]

Abb. 8.8 Ertragsverlauf des Explorationsprojekts

$$r = \ln 1,05$$
$$d_1 = -0,06365, \quad N(d_1) = 0,474751$$
$$d_2 = -0,23336, \quad N(d_2) = 0,407752$$

Der Grenzpreis für die Bohrinsel beträgt damit

$$4,5 \text{ Mio. } 1,669 \text{ \$} - 3,5 \text{ Mio.\$(Rüstkosten)} - 1,0 \text{ Mio.\$(Abbruchkosten)}$$
$$\approx 3 \text{ Mio.\$.}$$

Bei der im Beispiel betrachteten Realoption handelt es sich um eine Option auf eine Investition, die in der Literatur auch unter den Kategorien Erweiterungsoption, *invest option*, Expansionsoption klassifiziert wird. Die Anwendung des optionspreistheoretischen Kalküls ist in diesem Beispiel besonders überzeugend, da sich das Risikoprofil der Zahlungen exakt durch eine Optionsposition auf ein börsengehandeltes Aktivum abbilden lässt. Allerdings ist in dem Beispiel die Risikoexposition des Zahlungsprofils wohl etwas vereinfacht dargestellt: Ein Investitionsprojekt wie das Geschilderte wird mannigfaltigen Risiken ausgesetzt sein, die nicht unmittelbar durch Optionspositionen auf Börsenwerte duplizierbar sind.[8] Wie ist etwa das Risiko zu beurteilen, dass sich die Förderung im September durch Wetterunbilden schwieriger als erwartet gestaltet? Und wie das Risiko, dass die explorationsfähige Erdölmenge niedriger ist als die erwarteten 4,5 Mio. Barrel? Oder: dass unvorhergesehene *Greenpeace*-Aktivitäten schon im Spätsommer des laufenden Jahres stattfinden?

---

[8]Vgl. hierzu auch die Kritik bei *Ballwieser* (2002), S. 184–201.

Eine optionspreisgestützte Bewertung derartiger Risiken könnte man vornehmen, wenn man die aus ihnen resultierende Varianz der *cash flows* schätzen würde und dann als Vergleichsmaßstab den fairen Preis einer am Markt gehandelten Option berechnen würde, die nach Laufzeit, Varianz und Basispreis eine ähnliche Ausgestaltung aufweist. Bei einer solchen Analogisierung der Börsenbewertung entfällt allerdings das zentrale Argument für die Übertragung optionspreistheoretischer Methoden auf Realinvestitionen: Wenn keine Duplikation der Zahlungscharakteristik durch Börsenwerte möglich ist, dann ist der errechnete Wert einer Realoption kein Wert, der sich aus Arbitrageüberlegungen herleitet, sondern lediglich ein mehr oder weniger grober Vergleichswert. Eine **theoretisch einwandfreie Bewertung** ist im Grunde genommen **nur dann durchführbar, wenn** das **Zahlungsprofil durch** unmittelbar **am Markt gehandelte Aktiva abgebildet** werden kann.

8.3.2 Flexibilitäts- und Deinvestitionsoptionen

Bei den so genannten **Flexibilitätsoptionen** stellt sich die Investitionsentscheidung nicht als eine ja/nein-Entscheidung dar, vielmehr soll bei der Bewertung eines flexiblen Handlungsspielraumes der Mehrwert gemessen werden, der auf die Möglichkeit zurückzuführen ist, eine Investition aufschieben bzw. zum günstigsten Zeitpunkt terminieren zu können. Hierzu ist es nötig, in das *Black-Scholes*-Grundmodell die **Kosten des Abwartens** zu integrieren. Bei Aktienoptionen haben die Kosten des Abwartens einen konkreten Inhalt: Es handelt sich um Dividenden, die dem Optionsinhaber entgehen, solange er seine Option nicht ausübt. Es sind dies nicht reine Opportunitätskosten, denn um den Betrag der Ausschüttungen vermindert sich bei informationseffizienten Märkten auch unmittelbar der Wert des jeweiligen Papiers. Bei kontinuierlicher Verzinsung und Dividendenausschüttung ist das *Black-Scholes*-Modell wie folgt zu modifizieren:

$$C = S \cdot e^{-yT} \cdot N(d_1) - K \cdot e^{-rT} \cdot N(d_2)$$

mit:

$$d_1 = \frac{\ln\frac{S}{K} + (r - y + \sigma^2/2)T}{\sigma\sqrt{T}}, \ d_2 = d_1 - \sigma\sqrt{T}$$

Dabei stellt y die in kontinuierlicher Zeit anfallende Dividendenrate (in %) dar bzw. die entgangenen zeitanteiligen Gewinne bei Aufschub eines Projektes. Flexibilitätsoptionen entsprechen aus der Natur der Sache heraus sogenannten **amerikanischen Optionen**, die zu jedem Zeitpunkt während der Laufzeit ausgeübt werden können.[9] Der Wert einer amerikanischen Option mit Laufzeit T ist grundsätzlich errechenbar als der **maximale Wert einer europäischen Option mit der Laufzeit $0 \leq t \leq T$**. Er kann mit einschlägigen Bewertungsprogrammen ermittelt werden.

Legt man das *Black-Scholes*-Modell **ohne** Dividenden zu Grunde, so ist der Wert einer amerikanischen Option identisch mit dem Wert einer europäischen Option, da der Wert der europäischen Option mit zunehmender Laufzeit monoton ansteigt. Werden allerdings Dividenden berücksichtigt, so löst sich dieser Zusammenhang auf, weil gleichermaßen die „Kosten des Abwartens" mit der Zeit ansteigen. Die Bewertung einer Flexibilitätsoption mittels des modifizierten *Black-Scholes*-Modells soll anhand der Bewertung eines Patents verdeutlicht werden.

Beispiel: *Clamogen AG*

Die *Clamogen AG* muss entscheiden, ob, und wenn ja, zu welchem Preis sie ein vom Agrargenetischen Institut der *Rheinischen Friedrich-Wilhelms-Universität Bonn* angemeldetes Patent erwerben will. Das Patent bezieht sich auf gentechnisch veränderte Cocktailtomaten mit gelb-violett gesprenkelter Pigmentierung und besitzt eine Restlaufzeit für die exklusive Verwertung von acht Jahren. Im Falle der Einführung des Produktes am Markt glaubt *Clamogen*, bei einer einmaligen Einführungswerbung in Gastronomie- und Trendjournalen im Volumen von 10 Mio. € Zahlungsüberschüsse zum Gegenwartswert von 8 Mio. € aus der Vermarktung des Saatgutes verdienen zu können. *Clamogen* rechnet mit einer gleichen Verteilung der Erträge über einen Lebenszyklus von drei Jahren. Aufgrund des Erlöschens der Exklusivrechte nach acht Jahren ist eine erfolgreiche Produkteinführung spätestens bis zum Ende des fünften Jahres nach Erwerb des Patents möglich. Die Rendite langfristiger Bundesanleihen liegt bei 5 %. Die Volatilität des Branchenindexes für Produzenten gentechnisch veränderten *trend foods* liegt bei 40 %. Dieser Wert repräsentiert auch die Unsicherheitseinschätzung der erwarteten Zahlungsüberschüsse aus der Vermarktung des Patents.

Offensichtlich ist die Vermarktung des Patents, ebenso wie die Inbetriebnahme der Bohrinsel, ein Projekt mit negativem Gegenwartswert (NPV). Bei Kauf des Patents steht die *Clamogen AG* allerdings vor der weiteren Entscheidung, das Produkt sofort einzuführen oder abzuwarten und es erst im Falle einer verbesserten Marktlage einzuführen, im Falle einer verschlechterten Marktlage, gemessen an der Entwicklung des Vergleichsindex, aber zunächst darauf zu verzichten. Der Verzicht ist mit Opportunitätskosten in Höhe von 33 % p.a. auf den Gegenwartswert der erwarteten Überschüsse verbunden.

---

[9] Im Gegensatz zu der sogenannten, oben dargestellten Grundform der Europäischen Option, die nur zu einem Stichtag ausgeübt werden kann.

Bei sofortiger Einführung errechnet sich für das Investitionsprojekt ein negativer Gegenwartswert i. H. v. 8 Mio. € – 10 Mio. € = −2 Mio. €. Die Möglichkeit des Aufschiebens der Markteinführung mit dem Ziel, eine potenzielle Verbesserung des Geschäftsklimas abzuwarten, ist allerdings als zusätzlicher wertbildender Faktor zu veranschlagen. Sie hat den Charakter einer amerikanischen Option, wobei die Volatilität des *underlyings* an einem Branchenindex gemessen wird.[10] Der Aufschub verursacht auf der anderen Seite jeweils Opportunitätskosten in Höhe von 33 % p.a. auf den Projektwert, weil dem Optionshalter durch den Verzicht auf die sofortige Initiierung des Projekts Opportunitätskosten in Form von entgangenen *cash flows* entstehen. Sie sind das Analogon zu den entgangenen Dividenden bei Aktienoptionen. Inputgrößen zur Berechnung der Flexibilitätsoption sind also folgende:

Marktwert	8 Mio. € (= Gegenwartswert der Erträge bei sofortiger Einführung)
Ausübungspreis	10 Mio. € (= Einführungsinvestition in Werbung)
Volatilität	40 %
Dividendensatz	33 % (= Opportunitätskosten p.a. des Verzichts auf die Einführung)
Laufzeit	5 Jahre
Zinssatz	5 %

Unter Berücksichtigung dieser Flexibilitätsoption ergibt sich ein Grenzpreis von immerhin 310.930 € für den Erwerb des Patents.

Den Flexibilitätsoptionen ähnlich sind **Abbruchoptionen**, d. h. Handlungsspielräume, die es erlauben, ein laufendes Investitionsprojekt jederzeit abzubrechen, wenn es durch Änderungen der Umfeldvariablen nachhaltig unrentabel geworden ist. Sie sind ebenfalls amerikanische Optionen, da sie während eines Zeitraumes ausgeübt werden können. In ihrer Struktur entsprechen sie einer Verkaufsoption. Als eine **besondere Form der Abbruchoption ist die beschränkte Haftung der Anteilseigner einer Kapitalgesellschaft** anzusehen: Die Wertentwicklung eines Eigenkapitalanteils mit beschränkter Haftung weist die typische nicht lineare Struktur auf: An Wertsteigerungen sind Eigenkapitalgeber in unbeschränkter Höhe beteiligt; während sich Wertminderungen maximal lediglich im Verlust ihres Kapitalanteiles niederschlagen. Mithin können Beteiligungen beschränkt haftender Personen als Kauf einer Verkaufsoption auf den Unternehmenswert dargestellt werden; d.h. sie beinhalten das Recht des Eigenkapitalgebers, den auf ihn entfallenden Anteil am residualen Zahlungsprofil eines Unternehmens zu einem fixen Preis (0 €, wenn keine Einlagen mehr ausstehen) auf die Partei der Fremdkapitalgeber zu übertragen. Insbesondere in Zeiten der Bestandsgefährdung wird diese Wertkomponente nicht ohne Weiteres zu vernachlässigen sein.[11]

---

[10]Vgl. zur Verwendung und zur Konstruktion derartiger Indices etwa: *Friedl* (2003), S. 385 f.

[11]Vgl. hierzu *Jonas* (1999), S. 348–368.

8.4   Möglichkeiten und Grenzen einer Übertragung des Realoptionskonzeptes auf die Unternehmensbewertung

Um den Optionsansatz in der Unternehmensbewertung nutzbar zu machen, bietet es sich entweder an, ein Unternehmen als eine einzige Option zu begreifen und zu bewerten, oder konkrete Projekte, etwa einzelne Produkte in der Entwicklung, aus dem Gesamtzusammenhang beispielsweise einer DCF-Bewertung herauszulösen und deren Optionswert zum ermittelten DCF-Wert hinzuzuaddieren. Die erste Vorgehensweise setzt voraus, dass die Wertentwicklung eines Unternehmens hinreichend durch eine einzige Optionsposition repräsentiert wird; diese Hypothese kommt typischerweise bei der Bewertung kleiner Wachstumsunternehmen zum Tragen. Die zweite Vorgehensweise setzt voraus, dass einzelne Projekte sich aus der Wertschöpfungskette einer Unternehmung ohne Weiteres herauslösen lassen, d. h. insbesondere, dass Interdependenzen zwischen der betrachteten Realoption und anderen latenten Handlungsspielräumen der Unternehmung vernachlässigbar sind. Diese Voraussetzung wird in vielen Fällen nicht gegeben sein: So könnten die durch die Ausnutzung eines Patentes veranlassten Investitionen der Produkteinführung zu einer nachhaltigen Beschneidung des Finanzierungsspielraums einer Unternehmung führen und sich damit negativ auf das *cash flow*-Wachstum aller anderen Bereiche auswirken.

Neben der **Separierbarkeit** der Option müssen als weitere Voraussetzungen für eine erfolgversprechende Anwendung des Realoptionsansatzes die **Exklusivität** und die **Existenz eines börsengehandelten Basisinstruments** gewährleistet sein. Exklusivität bedeutet, dass das Unternehmen der alleinige Inhaber der Option ist. Exklusivität ist i. d. R. nur gegeben durch die Existenz eindeutiger Verfügungsrechte wie die Explorationsrechte bzw. Patentnutzungsrechte im Beispiel. Viele reale Handlungsmöglichkeiten von im Wettbewerb stehenden Unternehmen haben jedoch keinen Exklusivcharakter, weil sie konkurrierenden Unternehmen ebenso offen stehen. Ob in solchen Fällen die Bewertung durch optionspreistheoretische Ansätze eine tragfähige Grundlage bildet, darf bezweifelt werden.[12]

Die Existenz eines Basisinstruments ist immer dann unzweifelhaft, wenn der zentrale werttreibende Faktor einer Investition ein Preis ist, der an Kapitalmärkten notiert. Hieraus erklärt sich die relativ große Verbreitung des Realoptionsansatzes bei der Bewertung von Investitionen in Rohstoffförderung. Auf anderen Gebieten wird die Nutzung der Optionspreistheorie zur Diskussion gestellt, indem die prognostizierte Zahlungsstruktur aus Börsenwerten rekonstruiert wird. Dies geschieht entweder durch unmittelbare Bezugnahme auf eine Vergleichsgruppe börsennotierter Unternehmen, deren Zahlungsstruktur als perfekt mit der Zahlungsstruktur des betrachteten Projektes korreliert gedacht wird (was i. d. R. nicht der Fall sein wird).

---

[12]Zur Kritik der Realoptionsmethode in der Unternehmensbewertung vgl. in ähnlichem Sinne etwa: *Witt* (2003), insbes. S. 134–140.

Eine weitere Möglichkeit, einen Bezug zu Börsenwerten herzustellen, ist die **Annahme eines vorgegebenen Bewertungsmodells**, nach dem sich Preise am Kapitalmarkt mutmaßlich bilden. So wird etwa auf einfache Multiplikatoren zurückgegriffen, wenn z. B. angenommen wird, zentraler kursbildender Faktor für die Bewertung eines Internet-Unternehmens sei die Zugriffsrate/Tag und anhand der prognostizierten Entwicklung der Zugriffsraten mittels eines Multiplikators „x € Börsenwert pro Zugriff" ein Bezug zu börsengehandelten Basiswerten hergestellt wird. Derartige Hilfskonstruktionen sind allerdings immer **fragwürdig**; gerade die Börsenentwicklung der jüngeren Vergangenheit mit ihren zahlreichen Strukturbrüchen ist ein eindrucksvoller Beleg dafür, dass der Markt sich keineswegs an Multiplikatormodelle der geschilderten Art[13] gebunden fühlt.

Ein zusätzliches Hindernis für die Verbreitung optionspreistheoretischer Bewertungsansätze in der Unternehmensbewertung ist der durchgehend hohe Informationsbedarf, der eine Anwendung des Ansatzes für externe Bewerter wohl i. d. R. ausschließen dürfte.

Optionspreistheoretisch gestützte Kalküle haben in der Unternehmensbewertung in jüngerer Zeit besonders im Zusammenhang mit der Börsenentwicklung der späten Neunzigerjahre Anwendung gefunden. Oft wurden sie eingesetzt, um die durch sogenannte Fundamentaldaten augenscheinlich nicht mehr erklärbare Kursentwicklung von Wachstumsunternehmen zu „rechtfertigen". Parallel zum Niedergang der Börse nach dem Aufplatzen der „New Economy-Blase" im Jahre 2001 hat sich auch die Konjunktur **optionspreisgestützter Unternehmensbewertungskalküle** etwas abgeschwächt. Wenn auch die Anwendung kapitalmarkttheoretischer Optionspreismodelle nur in den wenigsten Fällen zu einem annähernd präzisen Wert im Sinne der Arbitragefreiheit führen wird, so bietet zumindest das Konzept, als Denkhilfe verwendet, **wichtige**, weil **kontraintuitive Einsichten**: So ist es ein Ergebnis optionspreistheoretischer Erwägungen, dass mit der Varianz erwarteter *cash flows* der Wert einer Handlungsoption steigt, dass der Optionswert mit steigender Projektlaufzeit zunimmt und dass die Möglichkeit, die Realisation eines Projektes hinauszuzögern, für sich genommen werthaltig ist.

Auch wird das Bewusstsein, dass **Handlungsoptionen als solche werthaltig** sind, den Blick des Betrachters bei der Aufdeckung latent vorhandener Handlungsoptionen schärfen. Und schließlich regt optionspreistheoretisches Gedankengut dazu an, die in Börsenkursen implizierte Information über werttreibende Faktoren einer möglichen Akquisition, d. h. insbesondere über Wahrscheinlichkeiten alternativer Umweltzustände, zu extrahieren.

Vielleicht liegt die Bedeutung der Optionspreistheorie in der Unternehmensbewertung mehr in der Vermittlung derartiger – vergleichsweise einfacher – Einsichten als in der Rekonstruktion arbitragefreier Werte für real vorhandene Unternehmen.

---

[13]Vgl. oben Kap. 7.

Literatur

Ballwieser, W. (2002). Unternehmensbewertung und Optionspreistheorie. *Die Betriebswirtschaft, 62*, 184–201.

Black, F., & Scholes, M. S. (1973). The pricing of options and corporate liabilities. *Journal of Political Economy, 81*, 637–654.

Copeland, T. E., Weston, J. F., & Shastri, K. (2008). *Finanzierungstheorie und Unternehmenspolitik. Konzepte der kapitalmarktorientierten Unternehmensfinanzierung* (4. Aufl.). München.

Friedl, G. (2003). Bewertung von Investitionen in die Entwicklung neuer Produkte mit Hilfe des Realoptionsansatzes. In U. Hommel, M. Scholich & P. Baecker (Hrsg.), *Reale Optionen* (S. 377–397). Berlin/Heidelberg.

Hommel, U., Scholich, M., & Baecker, P. N. (Hrsg.). (2003). *Reale Optionen*. Berlin/Heidelberg.

Jonas, M. (1999). Die Bewertung beschränkt haftender Unternehmen unter Unsicherheit. *Betriebswirtschaftliche Forschung und Praxis, 51*, 348–368.

Matschke, M. J., & Brösel, G. (2013). *Unternehmensbewertung. Funktionen-Methoden-Grundsätze* (4. Aufl.). Wiesbaden.

Rams, A. (1998). Strategisch-dynamische Unternehmensbewertung mittels Realoptionen. *Die Bank, 38*, 676–680.

Trigeorgis, L. (2000). *Real options: Managerial flexibility and strategy in resource allocation* (5. Aufl.). Cambridge.

Witt, P. (2003). Die Bedeutung des Realoptionsansatzes für Gründungsunternehmen. In U. Hommel, M. Scholich & P. Baecker (Hrsg.), *Reale Optionen* (S. 121–141). Berlin/Heidelberg.

Abbildungsverzeichnis

© Springer-Verlag GmbH Deutschland 2017
C. Kuhner, H. Maltry, *Unternehmensbewertung*,
DOI 10.1007/978-3-540-74305-7

Stichwortverzeichnis

© Springer-Verlag GmbH Deutschland 2017
C. Kuhner, H. Maltry, *Unternehmensbewertung*,
DOI 10.1007/978-3-540-74305-7

The manufacturer's authorised representative in the EU is Springer
Nature Customer Service Centre GmbH, Europaplatz 3, 69115 Heidelberg,
Germany. If you have any concerns regarding our products, please
contact ProductSafety@springernature.com

Printed and bound by CPI Group (UK) Ltd, Croydon, CR0 4YY

23/04/2026

02095643-0006